世界上下五千年

付金柱　耿　君　主编

LIBRARY OF WORLD LITERATURE

北京燕山出版社
BEIJING YANSHAN PRESS

目录

001 序

尼罗河的太阳
001 从远古走来的尼罗河
004 时间这样开始——公历的由来
005 法老的超生转世梦——金字塔
009 女神与妖女的化身——克列奥帕特拉七世

淹没在历史长河里的国家
012 古老的巴比伦英雄史诗——《吉尔美什》
014 刻在石柱上的法律——《汉谟拉比法典》
017 巴比伦之囚
018 神奇的空中花园

两河流域的英雄传说
021 亚述兴衰记
023 波斯王国基业的壮大者——居鲁士
025 用智慧与苦难作斗争的犹太民族

南亚次大陆的人与神

- 029 古韵悠远的哈拉帕文化——森严的种姓制度
- 032 孔雀王朝的君主
- 034 佛祖的诞生

欧洲文明的源头——爱琴文明

- 037 人神共舞的希腊神话
- 039 克里特文明
- 040 希腊城邦
- 042 男子汉的国度——斯巴达
- 044 梭伦改制
- 045 奥运圣火点起来
- 048 从马拉松到温泉关——希波战争
- 051 哭泣的雅典——伯罗奔尼撒战争
- 053 照亮世界的思想——苏格拉底、柏拉图、亚里士多德
- 058 《荷马史诗》与《伊索寓言》
- 059 艺术的殿堂
- 061 亚历山大的金戈铁马

从传说中走来的古罗马

- 064 母狼喂养的罗马城主
- 067 白鹅拯救罗马
- 068 英雄斯巴达克
- 070 与罗马争霸的汉尼拔
- 072 为平民献身的格拉古兄弟
- 074 罗马三巨头
- 077 罗马日落
- 079 庞贝古城
- 081 元首屋大维——从共和到帝制的过渡者

084 众叛亲离的暴君
086 耶稣——上帝的儿子

法兰克人的帝国
090 法兰克王国的缔造者——克洛维
092 查理大帝
096 三分天下

中世纪欧洲一瞥
098 封建庄园
100 教会的世界
103 宗教裁判所
105 中世纪的花朵——城市
107 凡人的圣战——十字军东征
110 英法百年战争
112 瓦特·泰勒起义

亚洲的岛国——日本
115 大化改新
117 遣唐使
120 侵朝战争

阿拉伯帝国
123 穆罕默德
125 铁骑出征
127 《一千零一夜》

奥斯曼土耳其帝国
132 帝国初兴

134　攻占君士坦丁堡

俄罗斯大帝
137　伊凡四世改革
140　东进西击

美洲文明之火
142　玛雅文化
143　阿斯特克文化
144　印加文化

世界任我行
147　马可·波罗
149　哥伦布
152　麦哲伦
155　达·伽马

震撼欧洲的德国人
157　马丁·路德
160　闵采尔

向宗教宣战——太阳与地球在转
163　解放自然科学的人——哥白尼
165　在烈火中永生——布鲁诺
167　科学巨人——伽利略

点燃文艺复兴之火的人
171　莎士比亚
174　但丁

- 178 达·芬奇
- 181 薄伽丘
- 183 拉伯雷
- 185 米开朗基罗
- 187 塞万提斯
- 191 牛顿
- 193 培根

资产阶级革命的先声
- 196 尼德兰资产阶级革命
- 198 英国的羊吃人
- 201 国王上了断头台
- 203 无冕国王克伦威尔
- 205 一场特殊的革命——工业革命

北方起狼烟
- 208 俄罗斯的祖国之父——彼得一世
- 211 不可一世的女王——叶卡捷琳娜二世
- 213 农民沙皇——普加乔夫

第一共和国的诞生
- 216 莱克星顿的枪声
- 219 国父华盛顿
- 222 美国宪法

塞纳河上的暴风骤雨
- 224 谱写序曲——法国思想启蒙运动
- 228 暴风骤雨来临——攻占巴士底狱
- 230 理想之光与仇恨之火——罗伯斯庇尔与雅各宾

232　巨人拿破仑
236　拿破仑轶事

为独立与自由而战
242　从奴隶到将军的杜桑
244　多洛雷斯呼声
246　为南美独立解放而战的玻利瓦尔
247　传奇英雄加里波第
250　印度民族大起义
251　苏丹马赫迪反英大起义
253　古巴独立烽火

为了黑人的自由
255　《汤姆叔叔的小屋》
258　约翰·布朗
261　林肯

震撼欧洲的大革命
266　法国二月革命
268　奥地利三月革命
270　意大利革命

崛起的势力
272　铁血宰相的统一大业
275　废除农奴制
276　日本的明治维新

世界进入新时代
278　著名的空想社会主义者

281　无产阶级革命导师马克思和恩格斯
285　第一个无产阶级国际组织——第一国际
287　巴黎公社与《国际歌》

世纪末的列强争霸

291　美西战争
293　英布战争
294　日俄战争

永载史册——十八九世纪的辉煌

297　苏伊士运河的开通
299　人与猴子是近亲
302　触摸雷电的人
304　德意志的小市民和大诗人——歌德
307　英国近代诗坛双璧——雪莱与拜伦
309　没有笑声的喜剧家——巴尔扎克
310　俄罗斯的文学巨匠——托尔斯泰
313　扼住命运咽喉的音乐家——贝多芬
319　钢琴上的战士——肖邦
321　毁誉参半的发明家——诺贝尔
323　科学让她如此美丽
325　坐在鸡蛋上的发明家

俄罗斯的曙光

330　列宁在行动
332　列宁的故事
339　流血星期日
340　沙皇的末日

第一次世界大战

- 342 萨拉热窝的枪声
- 344 三国同盟与三个协约国
- 345 "史里芬计划"的破灭
- 347 坦仓堡战役
- 348 英德海上大决战
- 349 凡尔登战役
- 351 凡尔赛和约

平静时代中的暗流

- 354 帝国主义对苏联的武装干涉
- 355 甘地的不抵抗运动
- 359 现代土耳其之父——凯末尔
- 361 保卫马德里
- 362 震惊世界的经济大危机
- 364 罗斯福新政
- 367 九·一八事变

魔鬼出世

- 369 希特勒发迹史
- 372 一张歪嘴打天下——墨索里尼
- 378 日本法西斯的崛起

第二次世界大战

- 380 慕尼黑阴谋
- 382 闪电战
- 384 不列颠之战
- 385 阿拉曼沙漠战
- 386 莫斯科保卫战

388　自由法国运动
390　偷袭珍珠港
393　中途岛海空大战
395　斯大林格勒战役
397　诺曼底登陆战
398　联合国的成立

多行不义必自毙

401　攻克柏林
402　暴尸街头的元首
403　日本上空的"蘑菇云"
406　纽伦堡——历史的审判台
412　远东国际法庭上邪恶与正义的较量

历史不会忘记

416　黑太阳七三一
418　南京大屠杀
419　安妮日记
421　《绞刑架下的报告》
423　杀人工厂

挥不去的阴云

426　两大阵营的对峙与冷战
428　朝鲜半岛的战火
430　越南战争
433　布拉格之春
434　中东战争
438　两伊战争
440　海湾战争

把人类推向新高

- 443　爱因斯坦与相对论
- 445　人的飞翔
- 447　青霉素问世记
- 449　电影——魔幻的世界
- 453　计算机的发明
- 455　电视的发明
- 457　月球上的脚印
- 459　互联网
- 461　基因工程
- 463　原子能的开发与利用

序

历史是一座知识的宝库,通过阅读历史,我们可以了解人类的发展,知道我们现在身处的时代,甚至能够预言未来。"读史使人明智",对于做人来讲,了解历史同样给予了我们很大的帮助。在漫长的历史长河中,有数不清的故事,这些故事中的人和事,以及包含在其中的精神寓义,是我们取之不尽、用之不竭的财富。所以人们在年轻的时候多了解一些历史,对于个人人生观和世界观的形成至关重要。

这本《世界五千年》以时间为主线,辅以各大洲的历史进程演化,通过一个个生动有趣的故事,让读者在了解历史大势的同时,深入历史的细节,设身处地地体会历史。本书将人类从远古到二十世纪末的历史娓娓道来。这里,有对重大历史事件、重要历史人物的描述,也有对文学艺术、科学发现、社会风俗、文明遗迹等的展现,富有感染力地揭示了世界历史的波澜壮阔、绚丽多姿和曲折悲壮,以及人类创造力的伟大。

在讲到历史上的伟大英雄的时候,读者阅读到的是一个个壮阔的英雄故事,在这些故事中可以体会到榜样的力量;在讲到一些制度风俗的时候,这些制度风俗的来龙去脉、人际关系、深刻影响等都是通过故事情节来表现,深入浅出,避免了枯燥的讲道理和抽象的制度解释;在讲到一些文明遗迹时,更多的是想激发读者的探索欲望,使人对神秘的远古时代或者历史谜团产生浓烈的兴趣。

总之,本书的故事讲述没有一般历史书的艰深晦涩,一个个生动的故事很容易让读者产生阅读兴趣。这样不但有助于读者理解历史,还会给读者留下较为深刻的印象。

作为一本历史入门读物,这本《世界五千年》对于读者来说无疑是一本很好的敲门砖,能激发读者的兴趣,走进历史知识多姿多彩的世界,去探寻更为广阔的天地。

尼罗河的太阳

从远古走来的尼罗河

在非洲东北部,有一条举世闻名的大河——尼罗河。它发源于非洲中部高原,自南向北,穿越无数峡谷险滩,浩浩荡荡,注入地中海。尼罗河全长六千六百七十一公里,是世界上最长的河流。

尼罗河是埃及也是人类的母亲河。每年六月,尼罗河流域进入雨季,丰沛的降雨使河水猛涨。湍急的水流挟奔雷之势,咆哮汹涌,倾泻而下,冲出河床,吞没了宽阔平坦的下游谷地。原本生机勃勃的河谷变成了一片汪洋。直到十月,雨季终于结束了,河水逐渐退去,尼罗河又恢复了往日的美丽、温柔,被洪水驱散的鸟兽,又回到了昔日家园,尼罗河谷又是一片生机盎然。洪水使生活在河谷的众生饱受灾难,也带来了更多的生机。洪水带来的淤泥,千万年来日积月累,在尼罗河下游造就了肥沃的尼罗河三角洲。就在这片美丽、富饶的土地上,在尼罗河的滋养下,孕育了辉煌的古埃及文明。它与古巴比伦文明、古印度文明和古中国文明并称为人类四大文明,成为现代人类文明的摇篮。

大约三千万年前,尼罗河流域被茂密的森林覆盖着,人类远祖埃及法尤姆"原上猿"就生活在这片森林中。它们在树上攀援腾跃,以甜美的果实和嫩叶为食。千万年过去了,气候逐渐变得干燥,大片森林枯萎了,森林之间开始出现广阔的草原。森林已不能提供足够的食物,一些古猿不得不到地上寻找新的食物。为了防止猛兽袭击,它们开始用后肢行走,前肢逐渐解放出来,学会了使用天然石块和木棒,在生存斗争中变成"正在形成中的人"。

到距今三百五十万年至一百五十万年,古猿终于进化为早期猿人。早期猿人的手已经比较灵活了,能够自己把石块打砸成更适合需要的形状,依靠集体的力量获取食物,抵御猛兽的侵袭。

明媚的阳光照耀在尼罗河上,生活在岸边森林中的古猿人,经历了早期猿人、晚期猿人、早期智人和晚期智人四个阶段的进化,已经比他们的祖先更聪明,更能适应环境。他们已经学会了打猎、捕鱼,并用火将食物烤熟,结束了茹毛饮血的生活。他们可以制造更复杂的工具,如把石矛、渔叉装上木柄,能够用兽皮缝制衣服御寒等。尤为重要的是,他们住在固定的洞穴里或搭建的简陋的草屋里,开始相对定居的生活。

大约五六千年前,古埃及人终于在尼罗河谷定居下来。善于观察的古埃及人发现洪水退去的谷地,植物生长得更加旺盛,更适合种植他们喜爱的农作物。于是,他们用简陋的工具,砸掉灌木,铲去杂草,在尼罗河谷开辟农田,转入农耕生活。丰足的谷物使更多的人生存下来,古埃及人部落更加繁盛、强大。为把高地的可耕地也利用起来,他们建设了复杂的小运河系统进行灌溉,用桔槔将水从河面汲引到高岸,再通过纵横交错的水渠引入田地。肥沃的土壤,丰富的水源,带给古埃及人富足的食粮。古埃及文明又向前迈进了一步。

> 啊,尼罗河,我赞美你。
> 你从大地涌流而出,
> 滋养着埃及……
> 一旦你的水流减少,
> 人们就停止了呼吸。

这是古代埃及人民赞美尼罗河的著名诗篇。这条古老的长河,不仅给埃及带来了生命的繁荣,而且成为世界文明的发源地之一。

大约公元前四千年的时候,古埃及部落之间通过不断的战争互相兼并,形成了北部和南部两个王国。北部叫下埃及,南部叫上埃及。公元前三千年左右,上埃及逐渐强盛起来,国王美尼斯亲自率军攻打下埃及,准备建立统一的国家。上埃及和下埃及在尼罗河三角洲展开决战。美尼斯国王头戴饰有白鹰的白冠,意气风发地在阵前督战。上埃及战士受国王的影响,士气高涨,战斗热情旺盛。经过三天三夜的激战,下埃及国王带领群臣,跪在美尼斯国王面前,恭敬地呈出了自己的红色王冠。第二天,美尼斯将决战地命名为"白城",即后来的古埃及首都——孟菲斯城,并在这里举行了盛大的庆功宴。高高在上的美尼斯国王自称"上下埃及之王",他头戴象征埃及统一的红白王冠,接受众大臣的朝拜。

埃及统一后,逐渐形成了一套专制统治机构。国王被尊称为法老,下设各级官吏,对全国人口、土地、财富进行管理。

在统一的国家统治下,社会相对稳定,为古埃及文明的进一步发展奠定了良好的基础。古埃及人在文字、艺术、历法、科学技术等各方面有了更高的发展。

一七九九年,拿破仑率军远征时在尼罗河驻扎。这次驻扎,意外地使埃及古老的图画文字之谜大白于天下。一位法国青年军官在百无聊赖时去参观尼罗河三角洲遗址。在遗址中,他发现一块别致的黑色玄武石上,雕满了小像,上面还刻着三种文字,其中一种是希腊文。好奇的军官将这块石碑带了回去。原以为对照希腊文可以搞清楚另两种文字的意思,没想到竟没有一个人能弄懂这些文字的意思。这便成了一个历史之谜。一八二二年,法国学者商博良弄懂了石碑上部分小图画的意思,这个谜初步解开。后来经过其他学者的研究,终于解开了这个谜。原来这是用希腊文、埃及草体、埃及象形文字记载的一段祭司颂词。通过破译这块石碑的文字,人们终于搞清了埃及古庙宇、旧宫殿的墙壁上、纸版上那些奇怪图画的意思了。例如,一块纪念古埃及第一王朝创建者那美尔胜利的石板上,刻着那美尔用权杖责打一个下跪的俘虏。俘虏头上有只鹰,鹰爪一只牵着穿在人鼻上的绳子,一只踩着六根草。这幅由个别象形符号组成的表意图形,意思是那美尔在这次战争中俘获了六千名俘虏。

通过这些象形文字,我们了解到,公元前一七五〇年,埃及发生过世界上最早的大规模奴隶起义;公元前一二九六年,埃及打败了当时不可一世的赫梯人建立的国家,迫使这个攻占叙利亚和巴勒斯坦、洗劫古巴比伦城的大国签约停战……

这些古老复杂的文字,不仅向人们讲述了尼罗河四千多年的故事,还深刻地影响了西亚乃至整个欧洲的文明进程。我们不能不对尼罗河孕育出的杰作表示叹服!

古老的尼罗河,她目睹了人类千万年的进化和发展;

仁爱的尼罗河,她养育了世世代代埃及儿女,生生不息;

智慧的尼罗河,她孕育了不朽的古埃及文明,迎来了人类文明的曙光。

新世纪的朝阳又从东方升起,美丽的尼罗河闪耀着金光。她见证了人类的历史,又将和人类一起去创造未来的辉煌。

时间这样开始——公历的由来

每年十二月三十一日子夜,都会有许多人静静守候,聆听新年的钟声,并在钟声敲响时为新年许一个心愿。一年三百六十五天,分成十二个月,以一月一日为新年的开始,这已成了我们习以为常的事情了。可是你知道吗,人们把计时单位分为年、月、日,是经过长期实践探索,最后总结出来的。看似简单的划分,却凝聚着古代人民的智慧与心血。

在六千年前的古埃及,每年六七月,尼罗河开始暴涨泛滥,古埃及人搬到高地上居住。十月,河水退回河床,在河谷地带留下的淤泥,形成了肥沃的土壤。古埃及人便回到河谷,耕耘、播种。到第二年三、四月收获他们的劳动果实。

为了确定播种和收获的时间,古埃及人注意观察尼罗河水的涨落,在木杆上用刀划横进行记录。年复一年,聪明的古埃及人通过比较历年的记录,发现尼罗河每次泛滥的时间大致相同,水涨水落的周期几乎都是三百六十五天左右。更令他们惊讶的是,尼罗河开始泛滥时,天狼星和太阳同时出现在地平线上。于是他们把尼罗河泛滥的周期三百六十五天定为一年,并把天狼星与太阳同时升起在地平线上这一天定为一年的开始,并把一年划分为泛滥季、播种季和收获季。为便于计算,又把一季分为四个月,每月三十天。年末的最后五天就作为年终节日。这样世界上最早的太阳历产生了。

古埃及人的太阳历确定三百六十五天为一年,与地球绕太阳公转一周的时间只差四分之一天,在当时的条件下,已是非常准确了。但日子一天天过去,七百多年后,太阳历和实际的时间已经差了半年,寒暑都颠倒了,只好由统治者做临时性的调整。

尽管太阳历有缺陷,但在当时已是最先进的历法,因此被传到欧洲。公元前一世纪时,罗马统治者儒略·恺撒组织学者对太阳历进行改革:设平年和闰年,平年三百六十五天,闰年三百六十六天,每四年设置一个闰年。单月每月三十一天,双月每月三十天,但二月在平年为二十九天,闰年为三十天。恺撒对新历法很满意,因此用自己的族名命名新历法,"儒略历"就这样诞生了。

恺撒的继任者屋大维发现恺撒出生的七月是三十一天,而自己出生的八月却只有三十天。为表示自己不比恺撒地位低,就把二月减少一天,把八月增加一天,后面的月份也做了相应的调整。

儒略历在欧洲得到了广泛应用,但它没有规定哪一年应为起点,因此各地历法起算点各不相同,造成了很大不便。直到公元六世纪时,基督教会把传说中耶稣·基督诞生的那一年作为公元元年。公元元年以前的纪年称为公元前××年,以后的年份称为公元××年。这样,使用公历的广大地区就有了统一的纪年方法了。儒略历被称为公历。

儒略历比埃及太阳历更精确了,但与回归年相比,每年仍有十一分十四秒的误差,第一百二十八年就又差了一天。随着科学技术的发展,天文学家们能更加精确地计算,并且认识到儒略历的误差。一五八二年,掌握欧洲最高统治权的罗马教皇格里高利十三世专门组织天文学家改革历法。规定:将当年十月五日算作十月十五日,以弥补与回归年的差数;将儒略历每四百年设一百个闰年改为四百年设九十七个闰年。每百年整数不能被四百除尽的不再设闰年。新历法在欧洲推行并逐渐推广到世界各地,被称为格里高利历。格里高利历的精确度更高了,但也有缺陷,比如二月一般只有二十八天,比大月少三天,这都是因为当时的统治者造成的,从历法上来说是没必要的,也给人们生活带来了许多不便。许多学者呼吁设立更加精确、科学的历法,但由于现行公历应用实在太广泛了,要推行新历法,必须克服很多困难。

法老的超生转世梦——金字塔

今天,每一个到埃及来的人都会到尼罗河边去欣赏宏伟壮丽的金字塔。尼罗河下游两岸共有九群七十多座金字塔,其中胡夫金字塔最为壮观。这些金字塔是古代埃及法老的陵墓,因为它的外形很像汉字的"金"字,所以我们中国人称之为"金字塔"。

古埃及人相信人死后能够超生转世,但是必须保存好自己的尸体,否则灵魂就无所归依。因此古埃及人十分重视尸体的保存,法老更是精心营造自己的陵墓。金字塔便是古代埃及法老超生转世梦的寄托处。关于人死后能超生转世的说法,源于古埃及的一个古老传说。

传说在很久以前,埃及有一位贤能的法老,叫奥西里斯。他爱护关心百姓,教人们耕种、酿酒、采矿,受到广大人民的拥护和爱戴。

奥西里斯的弟弟塞特一心想篡夺哥哥的王位,时刻伺机下手,一直未能得逞。一次,塞特请哥哥赴宴。席间,塞特指着一个漂亮的箱子说:"谁躺进这个箱子合适,箱子就送给谁。"宾客们纷纷试验,躺来躺去不是大就是小。后来有人怂恿奥西里斯说:"尊敬的法老,我们都想要这个箱子,可是神灵不想把它赐给我们。您躺进去试试吧,我们想知道您是不是时刻都能受到神的庇佑。"奥西里斯一时兴起,便爽快地躺进箱子中,不大不小正好。

"让神保佑你去吧!"众人还没反应过来,塞特快速合上箱子,上了锁,他狞笑着说:"尊敬的法老,亲爱的哥哥,尼罗河宽阔的胸怀,足以让你睡得安稳!"奥西里斯被扔进了滔滔的尼罗河。塞特耀武扬威地登上了法老宝座。

"奥西里斯,你是不会死的。神灵会让你复活的。"悲痛过后,奥西里斯的妻子立志要找回丈夫的尸体,让他重新回到人间。工夫不负有心人,奥西里斯的尸体终于找到了。塞特怕兄长活过来找自己算账,忙命人趁黑夜将尸体偷出来,并肢解成十几块扔在不同的地方。奥西里斯的妻子又不辞辛苦,到各地找到丈夫的尸体块,就地埋葬了。

"父亲,我一定要为你报仇!"奥西里斯的儿子从小就立下了报仇的志愿。他长大后成了一名勇敢的武士。他带领正义的部队推翻了残忍的塞特,为父亲报了仇。之后,他又把埋在各地的父亲的尸体块挖出来,拼在一起,做成了"木乃伊"。在神灵的帮助下,奥西里斯在阴间复活了,并做了阴间的法老。

奥西里斯复活的传说传到后来的法老耳中,激起了他们超生转世,生生世世当法老、统治百姓的贪婪梦。他们渴望自己能重演一回奥西里斯的

"复活剧"。

埃及法老死后,首先要举行洁身仪式,解剖尸体,把内脏和脑髓取出,把尸体浸泡在一种专门的药液中,溶去油脂,泡掉表皮。经过一段时间后,把尸体取出晾干,腔内填入香料外面涂上树胶,以免尸体接触空气,然后用布将尸体严密包扎。这样就制成了"木乃伊"。法老安葬前,要举行隆重的复活仪式,身穿法袍的祭司用神杖轻轻触抚木乃伊的脸,诵道:"我启开尊口,让您讲话;我拨开贵眼,让您看见太阳神;我张开您的耳朵,让您听到颂扬;我使您行走,去巡视万邦。"然后,人们恭恭敬敬地把木乃伊放进石棺，放进法老"永久的住处"——金字塔。

在埃及，最早的坟墓就是在地上挖个坑，再堆成一个沙堆，然后在沙堆周围砌成石墙，这种坟墓被称为"马斯塔巴"（意为石凳）。

到公元前二十七世纪的埃及第三王朝，法老杰赛尔认为低矮的"马斯塔巴"不能作为法老的永久住所。于是，他命令建筑师为他设计了一个巨大的石砌的"马斯塔巴"。但杰赛尔还不满意，又用石块加砌了五层，筑成了颇有气势的金字塔。这是埃及最早的塔形陵墓。因为它由下到上是一级一级的，所以人们又称它为"阶梯形金字塔"。

此后，每一位新法老登基的第一件大事就是主持前任法老的安葬仪式。然后就开始筹建更大规模的金字塔作为自己的灵魂安息之所。第四王朝的第二个法老胡夫即位后，决心为自己建造一个最大的金字塔。他强迫埃及人民背井离乡，到很远的地方运来巨大的石料，墓室顶盖石板约有四百吨重。在没有任何机械的情况下，古埃及人怎样把如此巨大的石块垒砌起来，一直是一个难解之谜。胡夫金字塔工程浩大，估计至少有十万人花了整整三十年才建成。

胡夫金字塔原高一百四十六点五米，占地面积五点二九万平方米，是古埃及最高、最大的金字塔。四千多年来，风沙剥蚀，地势变化，目前高度降为一百三十七点一八米。直到一八八九年巴黎埃菲尔铁塔建成前，它一直是世界上最高的建筑物。金字塔不仅建筑宏伟，而且设计十分科学，反映了古埃及人民已经掌握了丰富的科学知识和高超的建筑技术。塔身的石块没用任何泥浆类的东西而是直接叠在一起，但石头间的缝隙小到以至于数千年后，连锋利的刀片也插不进去。

胡夫死后，他的儿子哈夫拉也开始建造自己的金字塔，并在塔的附近建成两座神庙。在神庙西北方，又雕刻了一个巨大的"狮身人面像"。雕像除狮爪外，其余部分是用一整块天然岩石雕成的。狮身人面像高二十米，长五十七米，表现了古代埃及人民极高的艺术成就。它也和金字塔一样，成为埃及悠久历史和文明发展的象征。

金字塔的建造增加了古埃及人民的负担，激化了社会矛盾，受尽折磨的劳动人民忍无可忍，多次发动起义。法老的木乃伊经常被愤怒的人们扔出金字塔。法老的超生转世梦当然不能实现，但金字塔历经风雨保存至今，成为人类由愚昧走向文明的伟大见证。

女神与妖女的化身——克列奥帕特拉七世

公元前一世纪的一天,富丽堂皇的埃及王宫笼罩在一片悲哀的气氛中。原来,老国王托勒密十二世已经病入膏肓,埃及臣民整日惶惶不安。此时的埃及王国在内部战乱和外族入侵的双重打击下,已经岌岌可危。所有的人都害怕随着老国王的去世,新的灾难随之降临。

在王宫里,奄奄一息的老国王,用他无神的双眼凝视着他的一双儿女,十八岁的克列奥帕特拉和她的异母兄弟托勒密十三世,他再三叮嘱姐弟俩同心协力,共同执政,把埃及王国治理好,然后就怀着留恋的心情告别了人间。

克列奥帕特拉七世(公元前69—前30年)是埃及托勒密王朝的末代女王。她亭亭玉立,风姿绰约,更有一双迷人的眼睛和动人的笑容。她和异母兄弟托勒密都想独占王位,为此,姐弟二人展开了激烈的斗争。最终她利用自己的天生丽质,巧妙地借助两任罗马统治者的力量,在斗争中取得了胜利。克列奥帕特拉七世深刻地影响了埃及和罗马的历史。她的许多传奇故事至今仍为史学者和文学家津津乐道,被称为埃及艳后。

最初,在激烈的王位争夺战中,女王处于下风,被逐出亚历山大城。这时罗马统治者恺撒追击他的政敌来到埃及,大兵驻扎在亚历山大城。他正想借此机会把罗马的势力扩张到埃及,可手握实权的托勒密十三世却拒绝了他。必须想一个办法,恺撒苦苦思索。正在这时,卫士前来禀报:"埃及女王克列奥帕特拉给您送来了礼物。"随后,卫士们把一条卷着的毛毯抬了进来。毛毯厚得出奇,恺撒不由得心生疑窦,小心翼翼地用宝剑去挑毛毯。毛毯豁然打开,一个绝代佳人让恺撒眼前一亮。她姿色娇美、玉肌脂肤,令人销魂的眼睛脉脉含情。原来是克列奥帕特拉把自己作为见面礼来博取恺撒的欢心。

女王借助恺撒的精兵打败了托勒密十三世,迫使他自杀。按照埃及的传统,女王应该与另一个同父异母弟弟托勒密十四世结婚。虽然名义上是两人共同执政,实际上是女王独掌大权。

克列奥帕特拉对恺撒献媚逢迎,每日艳舞笙歌,颇得恺撒的欢心。一年后,女王为恺撒生下儿子,取名托勒密·恺撒。

恺撒回国后，邀请克列奥帕特拉到罗马访问。女王携同小丈夫托勒密十四世一起到达罗马城，受到了隆重欢迎，还住进了恺撒的私人住宅。恺撒还在维纳斯女神像旁，竖起了埃及女王的黄金塑像，以表示无上的爱情。埃及女王艳压群芳，春风得意，眼看整个罗马城就要拜倒在她的石榴裙下，但乐极生悲，恺撒被政敌刺死，罗马动荡不安。埃及女王失去了后台，黯然离开罗马。

托勒密十四世对女王的风流放荡很愤怒。女王先下手为强，毒死了小丈夫，立自己的儿子托勒密·恺撒为国王，称他为阿蒙神之子。母子俩共同统治埃及，女王终于放心地成为至高无上的统治者。

恺撒死后，罗马执政官安东尼不断扩张势力，夺取了罗马最高统治权。但他对埃及没有支持他攻击政敌深为不满，因此率领大军抵达小亚细亚的塔尔索斯城，向女王兴师问罪，准备乘机吞并埃及。

克列奥帕特拉面对危局，决心冒险再次用自己的美貌征服对手。

这一天，地中海蔚蓝如洗，阳光灿烂，罗马军营的将士突然发现一只富丽堂皇的楼船驶来。船帆是高贵的紫色，船楼用金片包镶，在阳光下闪闪发光。童男玉女击鼓奏乐、翩翩起舞。女王打扮得像美丽的女神，光彩照人。她热情邀请安东尼上船赴宴。女王风雅而不失端庄，高贵中透出妩媚。安东尼如醉如痴，哪里顾得上兴师问罪。两人坠入爱河，双双来到亚历山大城，度过了一个甜蜜的冬季。

安东尼沉湎于女王的美色，不久就娶了这位绝代佳人为妻，把罗马的规矩抛到了九霄云外。公元前三十四年，安东尼征服了亚美尼亚，违反了到罗马举行凯旋仪式的惯例，擅自返回亚历山大城，按埃及的传统举行庆典，宣布女王为"众王之王"。安东尼的行动引起了罗马人的不满。安东尼在女王的魅惑下，采取了更大胆的行动，休弃了前妻屋大维娅。她是罗马另一位巨头屋大维的姐姐。屋大维要为姐姐雪洗耻辱，带领大军远征埃及。

屋大维击败了安东尼，包围了亚历山大城。安东尼绝望地自杀了，女王也成了阶下囚。屋大维早知克列奥帕特拉的美貌，他害怕自己也无力抗拒女王的魅力，便不与女王见面。当女王得知屋大维要把她带回罗马示众后，她知道一切都该结束了。

克列奥帕特拉设计让人给她送来一只藏有小毒蛇的装满无花果的小

篮子。然后她沐浴更衣,把自己打扮得典雅华贵。即使死去她也要保持美丽。毒蛇咬在女王的手臂上,一个用美色拯救生命与国家的梦,随着美色的消逝而破碎了。

即使是骄傲的罗马人也不得不承认,娇艳风流的克列奥帕特拉用她的美色震撼了古罗马世界。

淹没在历史长河里的国家

古老的巴比伦英雄史诗——《吉尔美什》

世界四大文明古国之一的古巴比伦,位于西亚两河流域。两河,一条是幼发拉底河,一条叫底格里斯河,都发源于今土耳其境内,流入波斯湾。沿河地区水源丰富、土地肥沃。早在公元前四千年时,苏美尔人就已是这里的主人。他们辛勤劳动,创造了丰富灿烂的苏美尔文化。他们发明了楔形文字,是人类最早的文字之一。楔形文字在西亚地区广泛传播,为人类文明的发展做出了重大贡献。后来,古巴比伦人继承了这份宝贵的文化遗产,并且把它发扬光大。十九世纪考古学家们发现的《吉尔美什史诗》就是其中杰出的代表。

《吉尔美什史诗》长达三千五百行,是人类最古老的英雄史诗,记录了古代乌鲁克王朝的一位英雄的传奇故事。

吉尔美什是乌鲁克王朝的国王,他力大无穷,文武双全,热衷于建造豪华的城堡和宫殿,喜欢四处扩张,炫耀武力。百姓因此疲于奔命,不得安宁。

有一位豪杰名叫安吉杜,他心地善良,从小生长在草原上,练就了一身本领,乐于助人。为了解救人们的苦难,他找到吉尔美什和他决斗。两人从城中打到郊外,从草原战到山巅,打了九天九夜没分胜负。两人惺惺相惜,吉尔美什接受安吉杜的劝说,放弃恶行,决心和安吉杜一起造福人民。

乌鲁克草原尽头的山脉,覆盖着茂密的森林,是乌鲁克人盖房建屋唯一的木材来源。可是恶魔洪巴巴霸占了它。洪巴巴凶恶残忍,它口吐火

焰,烧死了许多到森林里砍伐木材的乌鲁克人,还掠走了美艳的女神伊什塔尔。吉尔美什和安吉杜决心为民除害。他们来到森林,与恶魔展开一场恶战。洪巴巴的怒吼犹如狂风呼号,喷出的毒焰,烟云翻滚;吉尔美什的长剑如虹,光芒万丈;安吉杜挥动利斧,虎虎生风。这一仗打得天昏地暗,地动山摇。两位英雄同心协力,终于杀死了恶魔,救出了女神伊什塔尔。

女神伊什塔尔倾慕吉尔美什英俊勇武,向吉尔美什百般献媚,并许诺,如果吉尔美什与她结婚就会永享荣华富贵。但吉尔美什还要率领人民保卫疆土,他断然拒绝了伊什塔尔。一个凡人竟敢轻视女神,伊什塔尔恼羞成怒,发誓要惩罚吉尔美什和乌鲁克人民。

伊什塔尔和众神派天牛下凡。天牛是一个庞然大物,一只角就长两米,几十斤重。天牛喷射毒气,被毒气熏到的人都痛苦地死去了。两位英雄再次奋勇迎战。安吉杜躲过天牛的猛烈冲撞,乘机抓住牛角,吉尔美什用利剑刺穿了天牛的心脏。伊什塔尔的身上也溅满了天牛的污血,受到安吉杜的嘲笑。众神更加愤怒,他们施展魔法,让安吉杜得了重病。他脸色变黑,眼睛睁不开,耳朵也听不到,整日被噩梦折磨,在痛苦中死去。

"人为什么要死呢?"失去挚友的吉尔美什悲痛万分。他苦思冥想,开始追求永生之道,使人类免受死亡的威胁。一个老人告诉他,只有唯一没被史前洪水淹死的由人变神的先祖才知道永生的秘诀。吉尔美什踏上了漫漫长路。

他穿过森林,杀死了拦路的猛狮;涉过大河,打败了凶猛的河怪;在黑暗的地洞里躲过毒蝎的袭击;他划船渡过死海,终于抵达彼岸的神仙境界。

神仙老祖被吉尔美什的精神感动,告诉他,吃了深海中的青春草,就可以长生不老。吉尔美什潜到海底,找到了青春草。他舍不得自己吃,立即奔向乌鲁克城,他要让全国人民共享幸福。

穿过茫茫沙漠,吉尔美什满身汗水和尘土,他疲惫不堪,突然发现一条小溪。他把仙草放在岸边,跳入溪水洗澡。一条蛇悄悄爬过来,吞吃了仙草。吉尔美什无奈地叹道:"看来人类注定要衰老和死亡。"他继续向乌鲁克奔跑,要和人民共同在短暂的人生中创造幸福。《吉尔美什史诗》是古巴比伦文化的瑰宝,它所创造的英雄,是勇敢、智慧和坚忍不拔精神的化身,激励着两河流域人民努力创造美好生活。

刻在石柱上的法律——《汉谟拉比法典》

一九〇一年十二月,一支法国考古队在伊朗西南部考察时,意外地发现了三块刻有奇怪文字的黑色玄武石。经过反复研究,这三块岩石上竟刻着古巴比伦王国汉谟拉比王制定的法典。这是迄今发现的最早的比较完整的成文法典。"刻在石柱上的法律"轰动了世界。

古巴比伦王国是阿摩利人在约公元前一八九四年建立的,当时是两河流域较弱小的城邦。经过一百多年的发展,到第六代王汉谟拉比统治时期,终于成为最强大的城邦。

汉谟拉比是一位具有卓越政治才能和军事才能的君主。他善于审时度势,利用各种矛盾各个击破敌国。他借助与强国联盟,吞并弱小的邻国,逐渐扩张自己的势力,时机成熟时转而攻打原来的盟友,最终征服了从波斯湾到地中海沿岸的广大地区,使巴比伦成为西亚的政治经济中心。看来,他那时就早已懂得,"国家之间,只有永恒的利益,没有永恒的朋友"的道理。

汉谟拉比统一西亚后,古巴比伦王国进入了奴隶制帝国时代,建立了强有力的中央集权的国家机器,拥有一支强大的常备军。因而,国王能对国家进行有效的统治和管理。汉谟拉比在法典的序言中就骄傲地宣称:"我要像太阳一样普照大地,造福于人类;我要让正义在人间永存,消灭那些邪恶之徒。"

《汉谟拉比法典》由序言、正文和结语三部分组成。序言和结语宣扬"君权神授"和国王的功德,宣扬法律的"公平"和"正义"。正文共二百八十二条,包括诉讼程序、盗窃罪、伤害罪、婚姻、继承、财产、债务等方面的规定。

法典反映了古巴比伦王国的社会结构和经济状况。法典中把人们分为三个等级:有公民权的自由人(阿维鲁),无公民权的自由民(穆什根努)和奴隶。不同等级的人,法律地位明显不同。奴隶根本不被当人看待,自由民可以杀死冒犯他的奴隶,只需赔给奴隶主一定的钱财作为补偿;奴隶若打死自由民,则要被残酷地杀死。奴隶主更是可以随心所欲地处置自己的奴隶。奴隶主和一般的自由民法律地位也不同。奴隶主杀死自由民,只要付一笔赔偿金就可以了;而自由民伤害了奴隶主必须处以严厉的刑罚。

法典中有许多关于土地制度的规定。王室占有大量土地,主要由对王室负有一定义务的人耕种经营。主要分三种情况:(1)祭司、商人等为国王服务,作为报酬领取土地;(2)士兵可领取小块土地;(3)纳贡人领取土地并交纳租税。

《汉谟拉比法典》是一部保护奴隶主阶级利益、体现奴隶主阶级意志的法律。它严格地保护奴隶主对奴隶的所有权,规定拐带、藏匿奴隶者要被处死;理发师私下剃去作为奴隶标志的发式,要断指。法典通过对盗窃罪重罚的种种规定,严格保护奴隶主阶级的私有财产权。

曾有人这样描绘过巴比伦法官应用《法典》审理案件的情形：

一个富人和一个穷人对簿公堂。富人对法官说："他借了我的钱，超过还钱期限三天了，还要拖延。"穷人连忙申辩说："不是我不想还钱，我妻子生病了，我实在是近期之内还不了钱。下个月我一定还他。"法官慢条斯理地说："根据汉谟拉比陛下《法典》第一百一十七条的规定：'欠债逾期不还，责令欠债人的妻子与儿子到债主家做三年奴隶，以偿债务。'"法官宣判完毕，命人将哭啼求饶的穷人赶出法庭，再传另一起案件的当事人。这起案件缘于一个奴隶主打瞎了另一个奴隶主的奴隶。动手的奴隶主要支付半个奴隶价钱的赔偿金，另一个奴隶主坚决要求赔一个奴隶的价钱。法官听了二人的争吵，不耐烦地说："按《法典》第一百九十九条和第二百四十七条规定，打瞎奴隶眼睛与打瞎耕牛的眼睛一样处理，赔一半价钱。"两个当事人一喜一忧下去了。紧接着一个人推推搡搡地把一个五花大绑的人弄了进来。"法官大人，我抓到一个逃跑的奴隶。"法官命人验证奴隶身份后宣判道："根据《法典》第十七条规定，逃跑奴隶送还原主人。抓获逃奴的自由人赏两个舍克勒。"愤怒的奴隶被押下去了。拿到赏钱的自由人美滋滋地说："我可以用这两个舍克勒买二百四十公升小麦或两公升上等植物油了。"一会儿，颤颤巍巍上来两个老头。一个指控另一个说："他想谋害我，请法官大人对他进行审判。"法官有气无力地说："根据《法典》第二条规定，将被告推到河里去。如果他浮着，说明他无罪，立即释放。如果他沉下去了，说明他有罪，将他的家产分给原告，作为补偿。"法官觉得疲倦极了，不容被告分辩，命人将原告与被告带到河边去判决，然后宣布退庭。围观的群众对法官的审判又好气又好笑，可他们不敢对此议论什么，纷纷散去了。

《汉谟拉比法典》虽然还保留了"以眼还眼"、"以牙还牙"的原始复仇的习惯法，但总体上看是发达奴隶制的产物，对两河流域奴隶制的巩固和发展起到了积极的推动作用。同时，以公开的法律统治和管理国家，在当时也是一个巨大的进步。

《汉谟拉比法典》作为古巴比伦灿烂文化的重要组成部分，在人类社会发展史上具有重要的地位。古巴比伦王国和汉谟拉比王都已淹没在漫漫黄沙之下，只有刻着法典的石柱，被人们精心保存在巴黎卢浮宫博物馆里，向人们讲述那个曾经辉煌的时代。

巴比伦之囚

汉谟拉比的强大统治,使古巴伦王国盛极一时。但繁荣背后是巨大的隐忧:连年征战激化了被征服地区的民族矛盾;奴隶主阶级对奴隶和自由民的残酷压榨,使阶级矛盾日益尖锐。在奴隶与自由民不断反抗和外族侵袭双重打击下,古巴比伦王国日渐衰弱,最后终于在公元前一六〇〇年左右,被来自北方的赫梯人灭亡。

公元前六二六年,迦勒底人攻陷巴比伦城,建立了新巴比伦王国。当时统治西亚地区的是亚述帝国。新巴比伦国王那波帕拉沙尔联合米底人共同反抗亚述统治。公元前六一二年攻陷亚述首都尼尼微,以后不断扩张,新巴比伦重新走向强大。

而在此时,希伯来人在巴勒斯坦地区建立的以色列——犹太王国却已经衰落。大约公元前二〇〇〇年,巴勒斯坦北部的希伯来人建立了以色列王国;南部部落形成了犹太王国。后来犹太国首领大卫统一了巴勒斯坦地区,建立了以色列——犹太王国,建都耶路撒冷。

大卫的儿子所罗门王在位时期(公元前960—公元前930年)是以色列——犹太王国的全盛时期。所罗门非常有智慧。传说有一天京城里发生了一件棘手的案子,两个妇女争夺一个婴儿,双方各执一词,办案官员谁也弄不清谁说的是真话。事情闹到所罗门王那里,所罗门不假思索地说:"既然无法认定谁是孩子的母亲,就把他分成两半,一人一半好了。"这时两个妇女表现出了不同的态度,一个表示赞成,另一个却死活不答应,宁愿不要孩子。所罗门王立刻命人把赞成的妇女抓起来,把孩子交给了他真正的母亲。

所罗门在治理国家方面也充分展示了他的智慧。他把全国划分为十二个行政区,任命总督去管理,同时限制总督的权力,主要职责是负责税收管理。所罗门深知巴勒斯坦地处亚、欧、非三大洲的枢纽位置,自古就是东西方贸易的交汇处,是各强国争夺的焦点。因此,他在加强国内政治稳定、经济、军事实力的同时,对邻国采取友好的政策。他娶了埃及法老的女儿为妻,并把她立为王后。又开辟和控制了一些重要商路,同埃及、腓尼基和阿拉伯半岛的一些地区开展频繁的贸易交往。

所罗门统治的四十年中，是以色列——犹太王国政治、经济发展、军事强大的时期，也是古希伯来文化发展的重要阶段。但所罗门晚年大兴土木，聚敛财富，加重了人民负担。以色列——犹太王国开始走向衰落，最终重新分裂为以色列和犹太两个国家。

公元前五八九年，新巴比伦国王尼布甲尼撒二世指挥大军包围了耶路撒冷。犹太人在国王约西亚的领导下奋起抗击。但犹太国的实力毕竟比不上对手，在抵抗了三年后，耶路撒冷城破国亡。尼布甲尼撒二世拆除城墙，焚毁犹太神庙，把犹太王国的大部分居民迁徙到巴比伦，并把大部分人罚做奴隶。失去自由的犹太人被迫承受非人的待遇，做最繁重的工作。这在历史上被称为"巴比伦之囚"。这一时期也被称为"犹太人受难"时期。直到五十多年后，居鲁士攻克巴比伦，犹太人才重新获得了自由。

神奇的空中花园

古代人民创造了光辉灿烂的文化，其中被古希腊学者称为"世界七大奇迹"的古代建筑就是杰出的代表。而巴比伦空中花园尤其令人赞叹、神往。

巴比伦地处平原，没有高山也没有森林，夏日里干燥炎热。巴比伦人世代居住在这里，已习以为常了，但国王尼布甲尼撒的王后米堤亚公主赛米拉斯却难以忍受。这是为什么呢？原来赛米拉斯王后来自巴比伦的盟国，位于伊朗高原的米堤亚王国。公元前六一四年，巴比伦和米堤亚订立盟约共同抗击亚述人的统治。公元前六〇五年，终于灭亡了称霸多年的亚述帝国。为巩固两国联盟，巴比伦国王尼布甲尼撒娶了米堤亚的公主赛米拉斯为王后。赛米拉斯王后聪慧、漂亮，可她早已习惯了故乡青山环抱、溪水潺潺、森林茂密的景色。现在每日面对巴比伦一片平原、遍地尘土，便思念家乡、郁郁寡欢。

为取悦王后，尼布甲尼撒决定在巴比伦城建造一座大假山。

他召集了全国的建筑师，驱使成千上万的奴隶开始了艰苦的劳作。几年后，大假山终于建成了。它边长一百二十多米，高二十五米，用石柱和石板一层层垒叠起来。假山共分三层，每层铺上用油脂浸透的柳条垫，上面每铺上一层石板，便浇铸一层铅，做成防渗水层。再运来肥沃的土壤，种植

奇花异草、松柏梧桐。远远望去这些树木、花草好像生长在空中,所以叫做"空中花园"。

空中花园上还建造了金碧辉煌的宫殿,国王和王后可以凭栏远眺,纵览巴比伦风光。王后既新奇、又兴奋,哪里还顾得上思乡怀旧啊。国王也更高兴了。

空中花园不仅体现了巴比伦卓越的建筑成就,而且展示了巴比伦人很高的科技水平。为给高层的树木、花草浇水,建筑师们设计了一套绝妙的提灌设备,用螺旋泵把幼发拉底河的水提高到最高层,再顺着灌水渠流下。

当时可没有现在的电机、水泵，巴比伦人真是富于智慧。

和空中花园并称为"七大奇迹"的还有埃及的胡夫金字塔，是目前唯一保存下来的建筑。其他五个分别是：

以弗所（今土耳其境内）的阿尔地米斯神庙。建于公元前六世纪中叶，是供奉月神和狩猎神阿尔地米斯的。

希腊奥林匹亚的宙斯神庙。是当时希腊人为纪念战胜波斯帝国而建的。神庙中石柱耸立、浮雕精美绝伦。众神之首宙斯雕像高约十五米，神态威严，浑身缀满黄金珠玉。

哈利卡尔那索斯的摩索拉斯陵墓（在今土耳其境内）。是由希腊建筑师皮堤奥设计监造的。白色的大理石铺成台基，上面竖立三十六根圆柱，支撑起二十四层台阶，顶端是国王和王后合乘驷马战车的雕像，雄伟壮丽。

爱琴海东南罗得岛上的太阳神巨像。是公元前三〇五年，罗得人民打败马其顿人，把缴获的武器卖掉，购置材料筑成。神像高三十六点五米，据说神像双足踏在港口两边的石台上，船只可从其胯下自由进出。巨像用青铜板覆盖表面，所以又称青铜神像。

亚历山大城法洛斯岛上的灯塔。这是世界上第一座灯塔，高达一二二米。塔基四方形，中段塔身为八角形，上端有八根花岗石圆柱支起一个圆顶盖，顶盖上巍然矗立着希腊传说中海神波赛敦的雕像。每当夜幕降临，点燃顶盖下的火炬，巨大的铜镜能把火光反射到四十公里以外。

世界七大奇迹仅包括了地中海沿岸和岛屿上的建筑，世界各地还有许多当时希腊人未知的壮丽、宏伟的建筑。但由于自然灾害和频繁的战乱，它们大都湮没在历史长河之中。我们只能从古籍上粗略了解它们的概貌，或在废墟上神思遐想它们辉煌的往昔。战争给人类带来多少灾难啊，可就是现在，仍有人幻想用武力称霸世界。为了掠夺更多财富，他们才顾不上人民的死活和文明的兴衰呢！

两河流域的英雄传说

亚述兴衰记

亚述人原来是一支游牧民族,公元前三千年代末开始形成国家。在两河流域不断的军事冲突中,亚述人养成了勇猛善战的习性。到公元前十三世纪,亚述人不断融合其他民族,吞并邻近城邦,发展成为西亚四强之一。

在国王提格拉特帕拉沙尔一世时期,亚述血洗了东北部边境的一些部族,横跨叙利亚,直达地中海东岸,而后又挥师南下,征服了巴比伦。亚述盛极一时。但是在其他部族的打击下,不久就陷于分裂。

公元前十世纪,亚述重新崛起。在国王提格拉特帕拉沙尔三世领导下,进行了改革。不再屠杀被征服地的普通居民,而是设立行政区,派行政长官进行统治,加强中央集权。军事上改变了过去军事贵族把持兵权的状况,实行募兵制,建立了国王直接控制的常备军。又把军队分成专门的战车兵、骑兵、重装步兵、轻装步兵、攻城兵、辎重兵、工兵等兵种。这在世界军事史上具有划时代的意义。亚述人为适应攻城的需要,设计了投石机和冲城器。兵种的划分和装备的改进,极大地提高了亚述军队的战斗力。从此,亚述军队在西亚地区所向披靡。

公元前八世纪,亚述相继占领了小亚细亚半岛和其他地区,于公元前七三二年包围了大马士革。

大马士革是叙利亚首都,也是通往北非和西亚的门户,易守难攻。亚述军队用了整整一年时间,也没攻进大马士革。这时,亚述工匠新研制的投石机和攻城器发挥了它们的威力。

　　投石机是一个巨大的木框,装置一种特制的转盘,转盘上放着巨大的石块。士兵把绳子缠绕在转盘上,利用惯性把石头射到城中。

　　这一天,亚述国王亲自指挥大军兵临城下。士兵们拉动绳索,巨大的石块像雨点一样落在城头上。可怜的大马士革士兵做梦也想不到亚述人能把石头抛上来,很多人还没明白是怎么回事就倒在血泊里。其余的人也被吓破了胆,四散奔逃。

　　亚述王又命令士兵用尖头的攻城器猛撞大马士革的城墙。巨大的铜锤猛烈地撞击城墙,顿时尘土飞扬,地动山摇。城墙轰然倒塌。疯狂的亚述人像潮水一般冲进城中。但大马士革人没有屈服,他们与敌军展开了惨烈的巷战。亚述人每前进一步,都要付出血的代价。战斗持续了七天七夜,亚述人终于占领了大马士革。

亚述士兵进入大马士革后,烧杀抢掠,残暴至极。浑身是伤的叙利亚国王也被斩首。一场血腥屠杀后,大马士革城内死尸堆积如山,仅城北门一处,被斩下的人头就堆成一座小山丘。耀武扬威的亚述人将叙利亚的金银财宝一车一车运回了亚述,只留下一座如地狱般的空城。

携血洗大马士革的余威,亚述国王继续他的扩张。亚述人凭借着自己的聪明智慧与凶狠残暴的手段,在战场上节节胜利。亚述人在过河时,把充了气的皮囊排在河面上,一座浮桥便架了起来。另外,亚述人对战败国肆意凌侮报复,令许多国家不寒而栗,不战自败。据记载,亚述王曾让不肯俯首称臣的战败国的国王换乘自己的座车巡城一周,还把战败国的贵族囚在木笼中沿街示众。公元前七二九年,亚述吞并了整个巴比伦;公元前六七一年,占领埃及;公元前六三九年,攻占伊朗高原。至此,亚述控制了包括两个文明古国在内的广大地区,建立了强大的亚述帝国。

建立在对外疯狂掠夺,对内残酷剥削奴隶劳工基础上的军事强国毕竟难以长久。不到一百年,被征服地区的人民纷纷反抗,陆续脱离亚述的控制,建立独立的国家。亚述帝国日渐衰落。公元前六一二年,新兴的巴比伦王国与米堤亚王国联军攻陷了亚述首都尼尼微。不久,亚述帝国终于覆灭了。

波斯王国基业的壮大者——居鲁士

波斯位于伊朗高原西南部,由几个部落组成,曾臣服于北部的米堤亚王国。波斯本来分为东西两部分,后来冈比斯统一了波斯,但仍是一个默默无闻的小国。但冈比斯的儿子居鲁士,很快使波斯强大起来,建立了强大的波斯帝国。

关于居鲁士的出生和成长,还有一个动人的传说。

据说,米堤亚国王阿斯提亚格斯有个女儿叫曼丹尼。他梦见此女身上发出一股洪水,淹没了他的都城,泛滥整个亚洲。他害怕曼丹尼嫁给本国贵族会危及自己的王位,于是把她嫁给属邦波斯首领冈比斯。后来,国王又梦见曼丹尼身上长出一根青藤,荫蔽了整个亚洲。他更害怕了,于是将女儿召回都城。这时,曼丹尼已经怀孕,不久生下儿子,就是居鲁士。阿斯提亚格斯怕居鲁士长大后取代他统治亚洲,命令近臣哈尔帕哥斯将婴儿带回家中,偷偷杀死。

哈尔帕哥斯看着可爱的婴儿,怎么也不忍心下手,愁得唉声叹气。恰好国王牧人的妻子生下了一个死婴,哈尔帕哥斯用死婴假冒居鲁士向国王复命。

居鲁士在牧人的抚养下长大了。他十岁时与村中的儿童做游戏被选为国王,他举止威严,一板一眼真像国王一样。正赶上阿斯提亚格斯巡游,他一眼就认出居鲁士是自己的外孙。好在僧侣劝他,居鲁士已在游戏中做了国王,就不会第二次做国王了。阿斯提亚格斯这才放了心,把居鲁士放回了波斯。

可是米堤亚王担心的事情还是发生了,居鲁士率领波斯人打败了米堤亚军队,阿斯提亚格斯也成了外孙的俘虏,被迫向波斯臣服。

这时西部的吕底亚趁米堤亚失败之机向东扩张领土。公元前五四七年吕底亚王克洛伊索斯率军渡过哈利斯河,与居鲁士接战。居鲁士指挥大军势如破竹,直攻到吕底亚都城之下。吕底亚以精锐骑兵布阵,挡住了波斯军的攻势。居鲁士想出妙计,他让载重的骆驼排在前面,向敌军进攻。吕底亚的战马可没见过这样的庞然大物,惊骇得不敢向前。波斯军乘势攻进城中。吕底亚并入了波斯版图。

居鲁士随后采取分化和征服的政策,使小亚细亚沿海的希腊城邦臣服,并将该地区划分为迪斯省和滨海省。拥有优越地理位置和繁荣经济的希腊城邦,给波斯帝国的扩张提供了强大的支持。居鲁士转而向中亚进军,一直打到今天锡尔河畔。

东西两面安定后,居鲁士又开始征服巴比伦的计划。

此时的巴比伦王波尼德虽然也感到了危机,但他不是积极组织军队防御,而是把命运交给了神灵。他崇拜月神,为之修建庙宇,加重征税,引起了全国的不满;他把其他城邦的神像搬到巴比伦,认为没了神的保护,各城邦只有永远向他臣服,却没想到践踏了当地的宗教,百姓和僧侣都记恨他。公元前五三九年,居鲁士进军巴比伦,包围了巴比伦城。波尼德还认为巴比伦城高墙厚,又有护城河环绕,是攻不破的城池。但波斯人乘黑夜挖出一条水渠,把护城河水引到别处,然后又买通城内不满波尼德的贵族和僧侣打开城门,兵不血刃占领了巴比伦城。

居鲁士与别的征服者不同,他总是善待被征服地的民族,吕底亚国王克洛伊索斯和巴比伦王波尼德都没有被杀害。他尊重被征服地的风俗和宗教。在巴比伦,他依巴比伦的旧例在新年节握马都克神像的手,表示他是巴比伦正统的新王。并把波尼德掠到巴比伦各城邦的神像送还原地。居鲁士还释放了被奴役五十多年的"巴比伦之囚",让这些犹太人带着宗教祭器返回巴勒斯坦。

居鲁士采取的一系列措施,赢得了各地城邦的好感,提高了威望。原来臣属巴比伦的各邦都向他臣服,就连腓尼基人的战船也听他调遣。真是不战而屈人之兵。居鲁士也被尊为"世界之王、正统的王、四方之王"。

居鲁士的文治武功,壮大了波斯帝国的基础。但这位远见卓识的帝王没能走得更远。公元前五二九年,居鲁士率军进攻东北游牧民族马萨革泰人。他先用计伏击了马萨革泰人,迫使女王之子自杀。但随后被女王骄兵之计迷惑,率军深入险地,被马萨革泰人重重包围。居鲁士也战败身死。

传说马萨革泰君王割下居鲁士的头,放入盛满鲜血的革囊,愤愤地说:"你嗜血,就让你喝饱血。"

后来,居鲁士的尸体被运回波斯,葬在一座宏大豪华的陵墓里。

居鲁士的儿子冈比斯继承了父亲未竟的事业,于公元前五二五年灭亡了埃及。波斯成为横跨亚、欧、非三大洲的大帝国。

用智慧与苦难作斗争的犹太民族

对第二次世界大战稍有了解的人都知道,法西斯头子希特勒在二战期间疯狂地屠杀犹太人。这段血腥的历史,不仅给犹太民族带来了深重的灾难和难以愈合的创伤,而且让全人类蒙受了耻辱。但细心的读者会发现,从犹太民族形成起,他们就一直用智慧与苦难作斗争,并最终确立了在世界民族史上的地位。今天,犹太民族以其出色的经营能力和艰苦奋斗精神,不仅实现了在祖居之地复国的梦想,而且被誉为"最聪明"的民族。

犹太人古称希伯来人,原先是美索不达米亚平原的游牧民族。公元前二十一世纪中期,希伯来人进入巴勒斯坦地区,与在此定居的迦南人发生了激烈的冲突。虽然经济和文化方面落后于对手,但希伯来人英勇善战,吃苦耐劳,终于征服了迦南人。在长期冲突中,希伯来人也开始接受并习惯于定居的农耕生活。不过希伯来人也分化成两大部落:住在死海以西、山区南部的称犹太部落,住在北方的称以色列部落。到公元前二十一世纪末,南北两部落开始形成国家。两部落的矛盾冲突,削弱了民族力量,为以后的苦难埋下了祸根。

大约公元前十六世纪末,古埃及军队征服了巴勒斯坦地区。按古埃及惯例,把当地的犹太人迁徙到尼罗河流域,罚做国王和祭司、贵族的奴隶。犹太人开始了第一次苦难的历程。

在埃及,犹太人生活在社会最底层。他们被迫从事最繁重的体力劳动,为法老建金字塔,在祭司的监督下修建神庙,从遥远的地方运来巨大的石料。在忍受奴隶主鞭打的同时,还要与酷暑和饥饿作斗争。稍不如意,还可能被奴隶主转卖甚至杀戮。但犹太人一直没有忘记他们的故乡,秘密保持联系,准备返回巴勒斯坦。

四千多年过去了,犹太人的梦想一直没有实现。但他们回归故土的愿望更加强烈了。在首领摩西的组织、策划下,犹太人相互联络,开始了艰难的回归之旅。

首领摩西的出生,还有一段曲折的经历。在摩西未出生之前,埃及国王下了一道命令,希伯来人如果生下男孩,一律处死。因为当时在埃及受奴役的希伯来人已多达百万。他们虽然干着最苦最累最危险的工作,但他们的吃苦耐劳、团结向上、坚忍顽强的精神与不断壮大的人口,让埃及国王感到了潜在的威胁,因此他颁布了这样一道灭绝人性的法令。摩西刚出生时模样秀美,母亲不忍心杀死他,便偷偷做了一个不透风不渗水的摇篮,把他藏在河边的芦苇丛中。三个月后,埃及公主在河边无意中发现了他,便把他带回去抚养成人。摩西成年后,民族生存危机与回归感让他下定决心要离开埃及。出于礼貌,摩西与哥哥去觐见国王拉美西斯二世,提出了回乡要求。岂料拉美西斯二世气呼呼地喊道:"好!你们把几十年来喝到肚里的尼罗河水全吐出来,什么时候吐尽了,什么时候放你们回去!"末了,拉美西斯二世还恶狠狠地说:"不出几十年,你们希伯来人就会绝种的。回去?做梦吧!来人,把这两个希伯来狗乱棍打出去。"愤怒的摩西立志要带族人返回故乡。他趁拉美西斯二世娶赫提公主的大喜日子,利用埃及人放松警惕的时机,带领六十万男子,六十万女子,悄悄踏上了回归之路。为抗击埃及的追兵,摩西把青壮年男子编成军队,保护部落的前进。很多人在骄阳炙烤下倒毙在路上,还有一些人因病饿再也不能回到故乡,但犹太人没有放弃。传说,当摩西带领大家走到红海边时,前面大海拦路,后面追兵杀声震天。犹太人陷入绝地,只有向上帝祈祷。这时,奇迹出现了,海水向两边退去,出现了一条大路,摩西立即带人从海中穿过。埃及的追兵也进入海中,却被海水无情地吞没了。

据《圣经》上的记载,摩西在西奈山上宿营时,有一天突然失踪了。族人说看见他带着两块毛石出去了。这天下午,乌云蔽日,电闪雷鸣,西奈山笼罩在暴风雨将要袭来的黑暗与恐怖中。这时,摩西回来了。人们看到那两块毛石上,竟刻着上帝耶和华在雷电中昭示犹太人的话。从此,耶和华成了犹太人唯一信奉的神。摩西向族人宣布了耶和华要人们遵守的十条戒律,即著名的"摩西十戒"。

经过长途跋涉,他们穿越沙漠,渡过大河,翻过雪山,终于看见了故乡。辛苦过度的摩西遥望故乡心潮澎湃,可是他来不及踏上乡土便轰然倒了下去。

犹太人回到巴勒斯坦,开始了民族复兴。分别建立了以色列国和犹太国。公元前十一世纪大卫王统一了各部落,建立了以耶路撒冷为首都的以色列——犹太王国。大卫的儿子所罗门是一个富有智慧和开拓精神的君主。他对内加强统治,对外与邻国开展广泛的贸易,以色列——犹太王国达到了全盛时期。所罗门大兴土木,在耶路撒冷的锡安山上建造了金碧辉煌的耶和华神殿。耶路撒冷成为世界性的经济、贸易和宗教中心。

表面的繁荣不能掩盖内部深刻的危机。王国南北对抗的局面没有根本解决,建造神殿、宫殿和城堡也耗费了大量财力,使国力削弱。所罗门死后,北方人耶罗波安攻陷耶路撒冷,国家再次分裂。南方称犹太,北方称以色列。

公元前五八六年,巴比伦国王尼布甲尼撒攻陷耶路撒冷,拆毁城墙,焚烧庙宇、王宫,把大批犹太人掳至巴比伦,大部分被罚做奴隶。历史上称为"巴比伦之囚"。

好在尼布甲尼撒还有一些仁慈,他允许犹太人自建房屋,保存了自己的宗教和语言。直到五十多年后,居鲁士征服了巴比伦,下令释放所有的犹太人,犹太人才得以重回耶路撒冷。

犹太人居住的巴勒斯坦地区由于处于亚、非、欧三岔路口,历来是兵家必争之地。在以后的历史中,犹太人又经历了许多苦难,但凭借他们的智慧和坚忍,顽强地生存下来。但直到今天,他们和近邻巴勒斯坦民族仍然处于战争的阴影下。全世界人民都希望中东地区尽快实现和平,两个民族友好、和睦,共同发展和走向繁荣。

南亚次大陆的人与神

古韵悠远的哈拉帕文化——森严的种姓制度

今天的印度和巴基斯坦地区,由于被雄伟的喜马拉雅山与欧亚大陆隔开,被称为南亚次大陆。它北依喜马拉雅山,南濒印度洋,东接孟加拉湾,西临阿拉伯海。北部有印度河、恒河两大水系,地势平坦、土壤肥沃,有利于农业生产,成为人类文明最早的发源地之一。

古印度最早的居民是达罗毗荼人,他们在此建立了以哈拉帕和摩享佐·达罗为代表的中心城市。这表明达罗毗荼人已有了较发达的文化,早期的印度文明被称为哈拉帕文化。

哈拉帕文化属于青铜器文化。在两座城市的遗址中,发现了大量的青铜武器和工具,但仍有许多石器。居民主要从事农业生产活动,畜牧业也很发达。他们能用陶轮制造陶器,而且掌握了金属焊接技术。在遗址中发现了棉织品以及与两河流域相似的图章,表明印度河流域与两河流域有相当密切的贸易往来。

哈拉帕和摩享佐·达罗两座城市都有高厚的城墙,建筑材料多为烧制的红砖,房屋之间差别很大。由此可以知道,当时已有了较严重的阶级分化,很可能已经形成了早期奴隶制国家。

哈拉帕文化没能续写她的辉煌。约在公元前二十一世纪,雅利安人开始越过兴都库什山口进入印度。他们掠夺土地,霸占财产,把达罗毗荼人贬为奴隶。入侵者与被征服者的尖锐对立,是印度等级制度的根源。

雅利安人属于白种人，他们自认为比当地居民高贵，因此通过肤色的区别，区分人的等级地位。种姓制度开始萌芽。种姓（瓦尔那）的原意就是颜色、品质的意思。随着雅利安人在印度的扩张和内部社会分化，严格的种姓制度终于形成了。

印度种姓制度把人划分为四等：第一等级是"婆罗门"，即主管宗教祭祀的氏族贵族。他们通过各种宗教活动获取大量财物，参与政事，充任国王的顾问，国王则以大量的土地和奴隶作为回报。第二等级叫"刹帝利"，包括国王、官吏和武士。掌握国家军政大权，可以征收赋税，并通过战争掠夺财富和奴隶。婆罗门和刹帝利是社会的统治阶级。第三等级"吠舍"，是雅利安人中的一般自由民，一般从事手工艺、农业和畜牧业，也从事商品交换。他们要交税赋和布施供养婆罗门和刹帝利。第四等级"首陀罗"，由被征服的土著居民和破产的雅利安人组成。他们不但要从事最繁重的劳动，而且没有任何政治、经济权力，也不能参加宗教仪式。

各种姓原则上不能通婚。低种姓的男子娶高种姓的女子构成"逆婚"，要受重罚。土著少数民族以及不同种姓的男女生的子女被称为"贱民"或"不可接触者"，备受歧视。他们只能做抬尸体、掏粪便、屠宰牲畜和执行死刑等为当时社会所鄙视的工作。只能居住在村外，进入城镇时必须敲打木器，以提醒别人避开他们身上的"晦气"。刹帝利和婆罗门即使偶然看见贱民都不能容忍，被看见的人常常遭到毒打。

为维护等级制度，婆罗门把持宗教、祭祀大权，因为即使国王也畏惧神灵。他们制定了繁琐的祭祀礼仪，全部由婆罗门操纵。每个参加宗教仪式的人都要贡献祭礼，当婆罗门认为要用人做祭品时，就当场把人杀死。

奴隶主阶级运用法律维护种姓制度。著名的《摩奴法典》规定，首陀罗必须老老实实地为其他种姓效劳，若侮辱、伤害高种姓的人，动手的就斩去双手，辱骂的要割掉舌头。高种姓的人可以任意打骂首陀罗，甚至杀死他们，只需用牲畜赔偿他的主人即可了事。

森严的等级制度制造了许多社会矛盾和社会悲剧。比如，上等人婆罗门和刹帝利之间也存在着歧视与对立。一位公主轻蔑地对一个婆罗门的女儿说："你的父亲整日向别人献媚，靠乞讨过日子。而我的父亲天生高贵富有，他受人赞扬、受人奉承，还不断向人施舍，你们的日子过得不如我们舒适呀！"一位首陀罗青年爱上了一位刹帝利女子，但无情的种族差别

让青年饱受情感煎熬,最终郁郁而死。发生在三千多年前印度一个小村庄里的故事更能让我们认识到种姓制度的残酷。阿提拉是刚从外省搬到这个村子中的小婆罗门。他长得清秀可人,又聪明伶俐,可村中其他婆罗门小孩不但不喜欢他,还常常殴打他,骂他是"小杂种"。原因就是他的皮肤不像其他婆罗门小孩那样白净。阿提拉幼小的心灵中对首陀罗和贱民的地位产生了极大的恐惧。他非常害怕自己被驱逐出婆罗门,成为屈辱低贱的首陀罗。一天,村中的婆罗门祭司召集村民开审判大会。一个动手打了婆罗门的首陀罗被当众剁去了双手。一个背地里议论婆罗门的首陀罗被割去了舌头,并用烧红的铁杆烫他的嘴,用烧沸的油灌他的嘴和耳朵。正当阿提拉恐惧地躲在妈妈怀中发抖时,祭司把手指向了他:"今天,我们要开除一个假冒的婆罗门,就是这个小杂种!这个不要脸的婆罗门女人,竟然同一个首陀罗通婚,她也不配做婆罗门。大家看看这个小杂种,皮肤黑乎乎的,哪像高贵的婆罗门。从今天起,他们一家成为贱民!"阿提拉与母亲被赶到村外居住,以后他们的服饰与言行要向高贵的人表示:"我们是贱民!我们是不可接触的人!"不久,阿提拉的母亲在痛苦中撒手归西,幼小的阿提拉悲愤地伏在母亲尸体上大喊:"为什么要分等级呀?"

在长期发展过程中,四个种姓制度又分化出一些种姓。统治者想用严格的种姓制度掩盖阶级对立,限制劳动者的发展,极大地阻碍了社会的发展和进步,反而使矛盾冲突更加尖锐。许多低种姓的人都大声疾呼,渴望早日获得自由。

直到二十世纪中叶,印度共和国建立,才颁布了废除种姓制度的法令。但由于四千年的传统,等级观念的毒瘤并非一纸法律所能废止。要实现真正的平等还需社会文明的进一步发展。

孔雀王朝的君主

孔雀王朝的建立者是旃陀罗笈多,因他以孔雀为姓而得名。孔雀王朝结束了古印度的列国时代,统一了南亚次大陆的北部地区。旃陀罗笈多的儿子宾头沙罗继承王位后,养育了多个子女。当阿育王出生时,宾头沙罗王感到国泰民安,无忧无虑,因此给新生儿起名为"无忧",音译为"阿育"。阿育王(公元前273—公元前236年在位)是孔雀王朝最有名望的君主。他建立的功勋为印度史文学作品传颂,并在世界流传。

阿育王少年时讨厌宫廷繁琐的礼仪和呆板的教育,多动好奇,倔强聪明。他喜欢学习各种技能,听祖父当年南征北战的故事。但因为他不守规矩,虽然才艺出众,富于谋略,却没有得到父母的宠爱。他喜欢朴素的装束,不穿戴华丽的衣饰,不偏好精美的食物,尤其看不惯其他兄弟高谈阔论,颐指气使的样子。因此,也被其他兄弟疏远了。

但是几位大臣可看出了一些门道,这个小王子平日粗茶淡饭,可志向高远,才华横溢,真有做君主的德行呢。因而都愿意接近他。

显示才华的机会终于来了。阿育王子十八岁时,被任命为阿般提省总督。奉命去平定西北呾叉始罗城的叛乱。他没有贸然发动强攻,而是劝说城里的军民进行和解,并许诺答应他们一些条件。一场残酷的战斗还未开始就被他轻易化解了。阿育王子不仅获得了很高的赞誉,更赢得了广泛的民心。

公元前二七三年,久病不愈的宾头沙罗王感到死期将临,想把王位让给长子修私摩。但修私摩正在西北作战,老王就命阿育立即去接替修私摩让他回都城继位。修私摩骄傲自大,不得大臣的拥护,于是大臣们劝说即将启程的阿育王子暂缓行程,等待时机。

不久,宾头沙罗王去世了,阿育王在大臣的拥戴下即位,任命成护为第一大臣。修私摩闻讯大怒,率领大队人马昼夜兼程,直奔首都化氏城。他看见阿育王凝神伫立在城前,立即策马冲过去,哪想到这只是个木头人。修私摩掉入陷阱,被烈火烧死。阿育王在亲信大臣的帮助下,用了四年时间,消灭了其余和他争夺王位的王子的势力,直到公元前二六九年才正式举行登基典礼的仪式。

阿育王坐稳王位后,又开始了对外扩张。

羯陵伽是孟加拉湾沿岸的一个强国。不仅海外贸易发达,经济富庶,而且军事力量强大。阿育王深感该国是自己的威胁。公元前二六二年,经过充分准备的阿育王,组织了六十万人的大军进攻羯陵伽。战争进行得非常残酷,孔雀王朝的军队遭到了顽强抵抗,付出了惨重的代价。但最终取得了胜利。随之对羯陵伽进行了血腥的大屠杀。

大屠杀的悲惨景象也震撼了阿育王,他也在心中深深自责。在高僧优波毱多的劝导下,阿育王皈依佛教。他在诏令中说:"在今天,诸神对所宠爱的在羯陵伽被杀的、死亡的和被俘的百分之一或千分之一的那些人感到惋惜。"印度考古学家在一座两千年前建造的王宫遗址中发现,宫殿许多高大的石柱上刻满了国王的诏令。其中有一道诏令写道:"神圣仁慈的国王即位八年征服羯陵伽,俘虏十五万人,杀戮十万人,死者数倍……国王陛下因征服羯陵伽而感到悔恨,因为征服一个未被征服的地方,势必会发生杀戮、死亡和俘虏。所以国王陛下深感悲痛……"这真实记载了阿育王征服羯陵伽的过程与阿育王悔罪的心态。

其实,阿育王不仅是后悔血腥的杀戮,更重要的是顺应形势,开始用佛教教化平息民众的怨恨,加强自己的统治。此后,他颁布了大量的诏令,劝谕人民尊奉佛教。阿育王还废除了斗兽之类的血腥游戏,限制杀生祭祀,停止宫廷狩猎,还不许宫廷餐桌上再出现鸡鸭鱼肉。这确实在一定程度上缓和了阶级矛盾,减轻了人民痛苦。

阿育王还召开了第三次佛教结集大会,向国外派出僧侣,弘扬佛法,最终使佛教成为世界性的宗教。

阿育王晚年笃信佛教,不时布施寺院。在他病重期间,曾一日数次命人将大批黄金送往寺院。他临终时,示意大臣将吃剩的半个苹果也送给鸡园寺。

阿育王统治时代,印度出现了短暂的和平时期,文化、艺术、建筑都有了很大的发展。在鹿野苑出土的阿育王狮子柱头,是古印度雕刻艺术的瑰宝:四头半身雄狮挺立在圆柱顶端,足踏圆盘形石座,下雕莲花纹饰,显示了古印度艺术家精湛的艺术技巧。印度共和国成立后,选取这座雕像作为国徽图案,体现了它在印度人民心目中崇高的地位。

佛祖的诞生

看过《西游记》的读者一定还记得,齐天大圣孙悟空大闹天宫,天兵天将、神仙星宿都奈何不了他。最后,玉帝请来如来佛才将他压在五行山下。孙悟空跳不出如来佛的手掌心也成了广为流传的俗语。

孙悟空当然只是一个文学艺术形象,但那位佛法无边的如来佛却大有来历。他的现实原形就是佛教的创始人——释迦牟尼。

据佛经传说,古印度摩诃松那国有位王子,在旅途中看见七只小老虎躺在母虎身边,母子都饿得奄奄一息。王子动了恻隐之心,用竹尖刺破喉咙,让垂死的母虎吮食鲜血,再吃掉自己。母虎和幼虎都因而得救。舍身饲虎的王子积了功德,灵魂升入天堂。

转世后,他投胎到释迦族迦毗罗卫国(在尼泊尔境内)王后腹中。按照印度的习俗,妇女要回娘家分娩。走到兰毗尼的时候,王后到路边花园里休息,握住树枝,从右胁生下了婴儿,取名乔达摩·悉达多。可惜,母亲没能等到孩子长大,七天后就因病离开了人世。

悉达多由姨母抚养成人,受到了良好的教育。他博览群书,习练各种技艺,很受父王的喜爱。十六岁时,和构利城公主耶稣陀罗结婚,生养了儿子罗怙罗。本来他在王宫里过着优裕的生活,又有娇妻爱子,应是满心欢喜才对。可这位王位继承人却总是心事重重,思虑着人生的苦难。

一天,悉达多到宫外游玩,看见一位老人腰弯背驼,拄着拐杖慢慢行走。他不禁心生感慨:垂老的人生是多么无奈呀。在城外的大路上,悉达多又遇到了一个失去双脚的人,在地上爬行向路人行乞。他又怜惜又悲伤,怎么能让残疾的人没有痛苦呢。在山脚下,王子看见了一支送殡的队伍,孤儿寡母哭得昏天黑地,可死人怎么听得到呢。悉达多越看越苦闷:人世怎么会有这么多的痛苦,怎样才能获得真正的幸福呢?他决心放弃王位继承权,到森林里修行,寻找普度众生的法门。

在二十九岁生日那天,悉达多剃去了头发,换上猎人的装束,悄悄离开王宫。据说,那天天神施展法术,让王宫里所有的人都昏睡不起,以便于悉达多出走。国王忧心如焚,急忙派人寻找。可悉达多正和智者探讨修行的方法,坚持不肯回家。

最初,他向婆罗门教学者求救,他们教他通过祈祷、奉献牺牲和举行隆重的宗教仪式,使灵魂得救。但悉达多认为这样不能超脱生死,永远脱离轮回。于是,他就到尼连禅河畔的森林苦修。人们都称他为"释迦牟尼",意思是释迦族的寂寞贤人。

漫长的六年过去了,历尽了千辛万苦的释迦牟尼已是衣衫褴褛,骨瘦如柴,终于昏倒了。醒来后,他明白苦修得不到结果,于是走到尼连禅河中,洗净了身上多年的污垢。一位善良的牧羊女动了恻隐之心,喂给他乳汁吃,释迦牟尼的身体和精神都得到了恢复。他向婆罗奈斯城走去。在离城不远的伽耶看见一棵高大的菩提树,就坐到树下,决心找出解救人世苦难的办法。传说,释迦牟尼冥想时,许多魔怪化作美女引诱他,挥动利器攻击他,释迦牟尼都不为所动。四十九天后,他突然感到心中灵光一闪,使他从梦魇中解救出来,成为大彻大悟者。

此后,释迦牟尼创立了佛教,并为弘扬佛法四处奔波。

佛教的核心是"四谛",即四条真理。

一是苦谛。

人间的生、老、病、死,有所求而不得的都是苦。

二是集谛。

是说苦的原因,在于人的欲念,有欲念达不到目的就是痛苦。在欲念支配下的行动就是"造业",就会陷入生死轮回的苦海。

三是灭谛。

是佛教追求的目的。就是彻悟产生苦的原因,达到一种"涅槃"的境地,即"不生不灭"的境界。

四是道谛。

这是达到"涅槃"的途径,就是修道。

释迦牟尼提出"众生平等"的口号,不排斥低种姓的人入教,不主张搞铺张的祭礼,也不要求信徒修苦行,争取了很多信徒。信徒们称释迦牟尼为"佛陀"。

但释迦牟尼所说的平等,只是宗教意义上的平等。他不反对种姓制度,但反对婆罗门的特权地位,主张把刹帝利提到最高地位。这种主张非常符合以国王为代表的世俗统治者的利益。因此佛教得到了印度国王的支持,得到了广泛的传播。

公元前四八六年二月,释迦牟尼已经八十岁了。他在传教途中染病,知道自己死期已至,便让弟子在婆罗树之间架起绳床。自己面朝西,侧身躺在袈裟上,用右手支头,最后一次教诲弟子竭诚光大佛法,就这样圆寂了。

弟子们火化了他的遗体,把骨灰和舍利子分送各地,建塔供奉。又在各地建造卧佛像和其他姿态的佛像。他的弟子牢记他的教诲,辛勤传教。佛教逐渐传到中国、东亚、南亚各地,成为世界四大宗教之一。

欧洲文明的源头——爱琴文明

人神共舞的希腊神话

希腊文明是欧洲文明的源头。古希腊人以其勤劳、智慧和丰富的想象力,创造了巨大的精神财富。早期的希腊文明更多地以神话的形式流传下来。以《荷马史诗》为代表的古希腊文学作品为我们描绘了一个人神共舞的多彩世界。

古希腊哲学家泰勒斯曾说过"神充斥一切!"他指出古希腊人几乎都认为世界是由神祇创造的。希腊人就是在对神的崇拜、描绘中不断创造和发展自己文化的。没有一幢房子里没有祭奉神祇的场所,没有一天,没有一次集会不带对神祇的问候。每一次欢乐、每一次烦恼,无论是幸福的欢呼或者痛苦的颤抖都会感到神祇就在身边。神话是神祇般英雄的传说和形象,是古希腊民族精神的产品,是希腊人崇尚勇敢、正义、美好的精神追求。

最早的神祇形象来源于古希腊人对自然的思考和崇拜,因此这时的神是与自然形象紧密联系在一起的,他们主管各自领域,如海洋女神、水泽女神、森林女神等。

随着人类生活的复杂化,古希腊神话中又增加了对社会秩序的追求,对神祇进行了人性化改造。在《荷马史诗》中,神不仅有了人的形状,而且像人一样有欲望,能感觉饥饿,要睡觉,会生病并且有纷争。荷马这样描绘神的世界:众神之神宙斯是神也是人的最高主宰,他的妻子是赫拉。智慧女神雅典娜,月亮和狩猎女神阿可忒弥斯,爱情与美貌女神阿佛洛狄忒,太

阳神阿波罗,战神阿瑞斯,神祇使者的亡灵接引神赫耳墨斯等。他们主管人的世界。宙斯的一个兄弟哈得斯,主管阴界灵魂。他们生活在奥林匹亚山上,执掌世界的权柄。

为限制神祇的权力,古希腊神话中还有一批难以捉摸的妖魔势力。如表示命运和造化的摩伊拉和阿埃萨。他们和神的冲突其实反映了人世间正义和邪恶的斗争。

神是全知而又无处不在的,如果不遵从神的旨意就要受到惩罚。西绪福斯是一个暴君,死后被罚在地狱把巨石推上山顶。每当他把巨石推到山顶时,巨石就会自动滚落回去。如此反复,循环无终。坦塔罗斯也是一个有罪的国王。他把自己的儿子剁成碎块,烹成佳肴供神祇享用。宙斯大怒,罚他站在水中,水深至下巴。当他张口喝水时,水就减退;头上悬着挂满新鲜水果的树枝,但他想吃水果充饥时,树枝就自动升高。

神祇们还参与到人的生活中,甚至幻作人形,帮助正义的英雄取胜。雅典娜就直接帮助奥赛罗打败了敌人。

希腊神话随着历史的发展不断丰富和发展,不断融入时代的精神追求。它塑造着一个历史时代,又被打上时代的烙印。希腊神话的主题大都是英雄的创举和折磨,是各种命运和遭遇。追求理想、荣誉,用美化的形象描述社会,体现了希腊人的精神追求。希腊神话经历了时代变迁和历史风云,几乎成为希腊乃至欧洲一切文学和艺术活动的基本素材。它从传说进入诗歌,又从诗歌进入故事,从故事进入戏剧,贯穿希腊历史,并在罗马文化中生根落户,成为全欧洲的文化宝藏,成为艺术再创造的源泉。

克里特文明

爱琴文明是指爱琴海地区以克里特文明和迈锡尼文明为代表的早期奴隶制文明,又称克里特——迈锡尼文明,是欧洲文明的开端。

十九世纪以前,人们都认为古希腊文明就是欧洲文明的源头。把《荷马史诗》中描述的克里特文明看做是诗人的想象和传说故事。直到十九世纪七十年代,人们按照史诗的描写进行了考古发掘,惊讶地发现:欧洲文明还有更早的源头,《荷马史诗》是历史的再现。

传说在远古的时候,统治克里特岛的国王叫米诺斯。他建造了一座有无数宫殿的迷宫,里面养了一头米诺牛。为了供养它,国王要求希腊雅典每年进贡七对青年男女,让凶恶的米诺牛在迷宫里吃掉。

雅典国王的儿子特修斯决心为民除害。他要求父王让他去杀掉米诺牛。特修斯到达克里特后,米诺斯的女儿爱上了他。她为保护特修斯,送给他一把剑和一个线团。特修斯进入迷宫后,把线头系在宫门上,向迷宫深处走去。他奋力抓住米诺牛的角,一剑刺穿它的心脏。然后带着伙伴们,沿着线顺利地走出迷宫。胜利的特修斯带着公主登上了回国的大船。临行前,雅典国王爱琴与儿子约定,胜利了将黑色的船帆换成白色的。兴奋的特修斯忘了换帆,船乘风一直驶回雅典。几天后,翘首以待的爱琴国王远远地看见挂着黑帆的船回来了。他以为儿子已经殉难。悲痛之下,老国王跳海自杀了。为了纪念这位国王,人们就用他的名字为这片海域命名,称为爱琴海。

英国学者伊文思读着动人的诗篇,决心去克里特岛进行考古发掘。一九〇〇年三月,伊文思在克里特岛北部克诺萨斯山冈上找到了米诺斯宫殿的遗址。伊文思因证实爱琴文明而获得巨大的荣誉,并在此后三十年一直致力于克里特文明的研究。

根据考古资料,早在远古时期,克里特岛就已有居民生息。公元前三千五百年左右,进入金石并用时代,出现类似城堡的建筑。大约公元前二〇〇〇年,克里特岛进入青铜时代,在北部的诺萨斯和南部的法埃斯特出现了早期的奴隶制城邦。这些城邦的王宫建筑雄伟,展现了克里特文明的高超建筑技艺和雕刻、绘画技巧。

米诺斯王宫是一组宏伟复杂的建筑群。一点六万平方米的王宫依山而建,宫门和庭园之间由石梯相连。中央是一个长方形的庭院,四面环绕着国王宝殿、王后寝宫、有宗教意义的双斧宫以及其他楼房、贮藏室等。王宫共有三层,还建有地下室。复道、阶梯、长廊曲折相通,千门万户,宫室交错,确实很容易迷路。难怪称为迷宫。

迷宫的墙壁上,绘着栩栩如生的壁画。虽然历经三千年尘封土掩,依然色彩艳丽。两只鹰头狮身怪兽昂首伸爪,男子捧着金银器皿,妇女们穿着镶宽边的长袍,体态轻盈,形态逼真。可以想象当年美酒盛筵,纵歌欢舞的场面。

王宫最漂亮的地方是王后的寝宫,地面铺着光洁的石地板,墙上绘着彩禽,在林间起舞,蓝色的海豚和五颜六色的飞鱼掠过碧波。

据考证,公元前十五世纪末,希腊人中的阿该亚人渡海入侵,洗劫了米诺斯宫,把许多艺术珍品运回自己的国家,还带走了大批工匠。从此克里特岛的文明迅速衰落。但克里特文明的火种却在希腊半岛继续传播,爱琴文明最终被希腊文明继承并发扬光大,成为人类文明发展重要的源泉。

希腊城邦

公元前八至十六世纪,随着克里特——迈锡尼文明的衰落,希腊文明发展的重心转移到希腊本土地区——希腊半岛。

这时,希腊半岛正处于氏族社会解体过程中。铁器广泛使用,农业、手工业、航海贸易飞速发展,加剧了社会阶级分化。氏族贵族为加强自己的统治,开始建立暴力机关,希腊各地开始形成奴隶城邦国家。城邦国家一般以一个城市为核心,统治周围的农村公社。奴隶主贵族集中在城市里,奴隶在农村为奴隶主耕作农田。当时希腊各地先后建立了二百多个国家。较为著名的有小亚细亚西部沿海的米利都、以弗所,南部希腊的斯巴达、科林斯,中部希腊的雅典、底比斯等。

希腊经济的繁荣促进了人口的快速增长,小规模的城邦面临"人口过剩的压力",而且随着航海贸易的发展,城邦的工商业贵族迫切需要开辟海外原材料和商品市场。希腊城邦开始了著名的"大殖民"活动。大殖民活动的范围主要包括黑海和地中海部分地区。这里恰好是希腊和西亚地区贸易的交通枢纽。建立臣服于自己的城邦,不仅可以拓展海外发展空间,也有利于保护贸易安全,进而获得航海贸易的控制权。

希腊殖民者,仿照本土的制度在地中海、黑海、爱琴海,甚至叙利亚和埃及等地,都建立了一系列的城邦国家。比较重要的有西西里的叙拉古、麦加拉,南意大利的尼亚波里、他林敦,博斯普鲁斯海峡的拜占庭等。

在拓展海外殖民地的同时,希腊本土也不断爆发城邦战争。各城邦互相结盟、征战以获得更多的土地或主导权。

在伯罗奔尼撒半岛,斯巴达逐渐成为最强大的国家。斯巴达非常重视军事训练,因此有很强大的军事实力,不断在战争中取得胜利。公元前五四六年,斯巴达军和阿哥斯军在塞里亚提斯平原展开激战。斯巴达人佯装抵挡不住,接连丢了三座营寨。阿哥斯国王以为打败斯巴达的机会来了,命令部队迅猛追击。一位将军劝说道:"斯巴达人向来勇猛顽强,现在却轻易败退,恐怕要使诡计。"但国王已经被击败斯巴达的狂喜冲昏了头脑,哪里听得进去。就在阿哥斯轻敌冒进时,斯巴达勇士已从两翼快速包抄,切断了阿哥斯的退路。号声、鼓声震耳欲聋,斯巴达军队从四面杀来。昨天不堪一击的兵士转眼就变成以一当十的雄狮。这一仗彻底击败了阿哥斯,阿哥斯被迫签订了屈辱的城下之盟,割让塞里亚提斯平原,放弃了对伯罗奔尼撒东北部的霸权。斯巴达以武力威胁其他城邦,建立了"伯罗奔尼撒同盟",成为南部希腊的霸主。

而在中部希腊,雅典经过梭伦改革和克利斯提尼改革,成为阿提卡半岛最强大的国家。

但这时,希腊城邦遭遇了来自波斯帝国的威胁。为争夺海上霸权和对黑海地区的控制,双方进行了持续近半个世纪的希波战争,希腊取得了最终的胜利,进入全盛时期。

赶走了强敌,又到了兄弟相争的时候了。雅典和斯巴达又展开了长达十年的"伯罗奔尼撒战争"。双方消耗了大量的人力、物力,虽然斯巴达取得了至高的霸权,但战争已使希腊走向衰落。

公元前三三七年,马其顿国王腓力二世征服北部希腊后,在科林斯召开希腊各城邦会议,马其顿成为希腊的盟主,确立了在希腊的统治地位。希腊奴隶制城邦时代宣告结束。

男子汉的国度——斯巴达

斯巴达是古希腊最强大的城邦国家,位于伯罗奔尼撒半岛南部拉哥尼亚平原上。南面临海,其余三面高山环绕。

斯巴达是著名的尚武之国。他们把生产劳动交给奴隶(希洛人),平均每七个希洛人养活一个斯巴达人。斯巴达人的全部精力都投入到军事活动中。他们要把每个男子都训练成骁勇的斗士,把每个妇女训练成养育勇士的母亲。整个斯巴达就像一座大兵营。

婴儿出生的时候,父母不是用水而是用烈酒给他洗浴,如果婴儿抽风或晕死,就毫不犹豫将他丢弃。活下来的婴儿再抱到长老那里检查,如果长老认为婴儿不够健康,就要把他扔到山谷里去。斯巴达人认为只有健壮的婴儿才能成长为百折不挠的勇士。

活下来的婴儿既是幸运也是不幸,因为还有更残酷的事情等着他们呢。

七岁以前,孩子由父母抚养。他们不给孩子吃精美的食物,教育他们知足、愉快,不吵闹,不惧怕黑暗和孤独。

年满七岁的孩子必须离开父母,编入少年团队。少年团队对读书写字要求不高,主要教儿童模仿成年男子的作战和争论的方式。成年人担任的队长训练孩子们服从和忍耐,教练指导军训时,总是刺激孩子们的虚荣心,竭力把训练变成真正的殴打。没有人甘愿认输,弱者在斯巴达战士中是没有地位的。

为了考验儿童肉体的忍受力,每年敬神节时,都要对儿童进行鞭打。孩子们跪在神像前,任凭皮鞭劈劈啪啪打在身上,不许哭喊、求饶,更不许躲避、逃跑。据说一个斯巴达男孩在上学路上捉了一只狐狸,藏在衣服里面。上课时狐狸又抓又咬。可他咬紧牙关不动声色,直到被狐狸活活咬死!大家不仅不感到悲伤,反而,齐声赞扬!

随着年龄的增长,小斗士的训练更加艰苦。夏天他们头顶烈日,赤脚穿山越岭;冬天只穿薄薄的衣服涉水、行军,晚上就睡在干草上。他们的食物既少又差,根本吃不饱。目的是让他们能忍受饥饿,并迫使他们培养"谋生"的能力——偷窃。而斯巴达军队出征很少需要什么粮草,不论走到哪里,只要需要,就地巧取豪夺就够了。

为了仿效男子汉不讲废话的品行,少年们要像石像一样沉默。只有长官向他们问话时,才用最简洁的语言回答。斯巴达人认为,雄辩滔滔于事无益,不如实际行动能够真正解决问题。

斯巴达少女虽然不住进兵营,但也需练习赛跑、投掷和格斗。她们锻炼体质和意志,是为了养育下一代,鼓舞丈夫和孩子们奋勇进取,建功立业。一个妇女教训儿子说:"别埋怨剑太短,你向前一步,剑的长度就足够了。"另一位母亲送给即将要出征的儿子一面盾牌,叮嘱道:"拿住它,否则就躺在上面!"就是要儿子要么消灭敌人凯旋,要么英勇战死,让别人用盾牌抬着尸体回来。

男子二十岁完成基本的训练,开始真正的军人生活。练习各种作战技能,演练阵法。为训练实战本领,斯巴达人定期屠杀希洛人。通过严格的军事化生活,斯巴达人组建了最强大的军队。他们在伯罗奔尼撒半岛建立了霸权,在希波战争中功勋卓著,又通过伯罗奔尼撒战争,打败了雅典,成为希腊的盟主。

但斯巴达人的训练是残酷的,是对人性的扭曲。战争,杀人与被杀成了斯巴达人唯一的生活目的。没有文化、艺术的生活在今天看来是多么单调乏味啊。不过,斯巴达人坚忍、团结、勇敢的品质和必胜的信念,确实是一个民族必不可少的基本素质,否则在激烈的生存竞争中落后还是小事,恐怕若干年后连自己的名字都只能到历史书里去找了。

梭伦改制

雅典是公元前六八二年在阿提卡半岛建立的希腊城邦。雅典形成之初,氏族贵族完全垄断政权,雅典平民和工商业奴隶主没有任何国家权利。因此,平民与贵族的矛盾非常突出,国内接连发生动乱,更严重的局面一触即发。

在这样的背景下,一位年轻的诗人登上了雅典的政治舞台,他就是梭伦。

梭伦出身于贵族家庭。年轻时一边经商,一边游历,增长了见识,与哲学家泰勒斯等人被誉为"七贤"。

当时,雅典的萨拉米斯岛被邻邦墨加拉占领,雅典几次进攻都以失败告终。统治者为掩饰自己的无能,颁布一条禁令:任何人都不能以书面或口头的方式提议争夺萨拉米斯岛,违者处死。

梭伦不能忍受丧失国土而又懦弱无为的耻辱。他假装疯癫,到广场上吟诵诗篇:

"萨拉米斯啊,我们美丽的家园,它那样富饶,让我们留恋!让我们向萨拉米斯进军,向敌人宣战!让我们收复宝岛,雪洗雅典人的耻辱!"

激昂的诗篇唤醒了雅典人的爱国热情和民族尊严。在广大公民的强烈要求下,丧权辱国的法令取消了,梭伦被推举为军事指挥官,收复萨拉米斯岛。

萨拉米斯的胜利,展现了梭伦出色的军事才能,使他声望大增。公元前五九四年,平民、工商业奴隶主推举梭伦为执政官。

梭伦看到雅典旧体制给广大人民带来深重的苦难,"灾祸降临到每个家庭,高高的院墙也无法阻挡""这伊奥尼亚最古老的地方竟陷于绝境",便下定决心改革雅典政治。

梭伦改革的主要内容有四点:

(1)颁布"解负令"。取消自由人的一切公私债务,归还一切因债务而抵押的土地,解放因债务沦为奴隶的自由民,禁止一切以人身为担保的借贷。保护了自由民。

(2)以财产的数量为依据,将公民划分为四个等级,确立各个等级的权利和义务。提高了新兴贵族的地位。

（3）改革国家权力机构，提高公民大会的地位，设立四百人会议和公民陪审法庭。削弱了贵族议会的权力。

（4）推行一系列有利于发展奴隶制工商业的措施。

梭伦改革改善和提高了自由民的经济地位，使新兴工商业奴隶主的地位得到确立和保障，扩大了雅典奴隶主阶级统治的基础，削弱了氏族贵族的势力，使雅典开始走向奴役外族奴隶的道路，也为雅典民主政治的形成奠定了基础。

梭伦的改革是不彻底的，他根本上还是贵族利益的代表，不可能更多的满足平民的要求。因而广大平民对他感到失望。被侵犯的贵族更是视他为大逆不道，不断攻击、诋毁他。在这样的双重压力下，梭伦被迫离开祖国，到埃及、塞浦路斯、小亚细亚等地游历达十年之久。在小亚细亚，吕底亚国的国王热情地接待了梭伦。国王骄傲地带梭伦游览了他富丽堂皇的王宫。梭伦对国王的夸耀并不感兴趣，他诚恳地对国王说："富有并不代表幸福。要想拥有长久的富有和幸福，您必须改革国内不合理的制度。否则，你醉心的这一切将不复存在。"国王越听梭伦的话越不高兴。最后，竟将梭伦拒之门外，宣布他是不受欢迎的人。没过多久，这位骄傲自大的国王成了波斯人的阶下囚。他深深后悔没有听取梭伦的改革建议。

梭伦回国后，隐居在家从事著述和研究，想把他的见闻用诗歌和寓言的形式记录下来。可是，梭伦没有能完成他的计划。约公元前五五九年，这位雅典民主政治的奠基人溘然长逝，他的骨灰，撒在他为之战斗过的萨拉米斯岛上。

梭伦去世后，雅典又经历了一段僭王政治时期（僭王是通过政变夺取政权的统治者）。公元前五〇九年，新当选的执政官平民领袖克利斯提尼，继承了梭伦民主改革事业，进一步扩大了雅典的民主力量。雅典奴隶主民主政治最终确立，为雅典的发展奠定了良好的基础。

奥运圣火点起来

四年一度的奥运会，差不多是每个人都耳熟能详的事情了。"更高、更快、更强","重在参与"更是为人乐道的格言。但你知道奥运会是怎样产生的,它最初是什么样子吗?这里还有几段动人的传说。

古希腊伊利斯国有一位美丽的公主,她在海边游玩时遇到了海神之子珀罗普斯。珀罗普斯倾慕公主的美貌,公主爱恋珀罗普斯英俊英武。两个年轻人堕入爱河。可伊利斯国王不答应这件婚事,他还想把女儿嫁给邻国国王以换取一片土地呢!于是,他假意要考验珀罗普斯的本领,要和他赛车。

这一天,奥林匹亚山下阳光明媚,清风徐徐。珀罗普斯可不知道国王的毒计,满心欢喜想取得比赛的胜利,好娶公主为妻。比赛开始了,双方的马车越跑越快,珀罗普斯稍占上风。国王看机会来了,举起长矛刺来。谁知他的马车恰巧轧到一块石头上,车子一倾,没刺到珀罗普斯不说,自己也掉下来摔死了。两位年轻人终于喜结良缘。结婚时,举行的赛车和赛马活动,就成了奥运会的开端。

还有传说说,奥运会是由宙斯夺得最高统治权后,举办盛大庆祝赛会发展来的。也有人说,宙斯的儿子赫拉克利斯是个智慧勇敢的小伙子,他为了成为天神,做了十二件大事,打败了许多天神。为了庆祝自己成为天神,赫拉克利斯举行了隆重的庆典,举办了格斗、赛马等活动。这种活动后来发展成了奥运会。

这当然只是美丽的传说。奥林匹克运动会的真正起因,是出于战争和狩猎的需要。在古希腊城邦,每个男性公民都是战士,为了增强战斗力,他们都很重视身体锻炼和各种技能的训练。召开运动会,应该是检验训练成果的一种最好的方式。学者普遍认为,最早的奥运会是在公元前七七六年举行的。因在奥林匹亚山下举行而得名。

古希腊非常重视奥运会,运动会开始前和进行期间要有一至三个月的休战期,各城邦不得互相进攻,违反的要付巨额罚款,并遭到各城邦共同的反对。

古代奥运会裁判员的权力很大,只有那些威望高、名誉好的人才能担任。每个人都把这项工作当做极高的荣誉。他们身披紫色的长袍,头戴月桂花冠,手执法鞭,执行裁判和组织工作。裁判员执法公正严明,为了避免嫌疑,在赛会结束前不拆看任何信件。

参加竞赛的人要在伊利斯集训一个月,集训期间一律素食。经过考核,裁判员把考核及格者的姓名写在板上,放到奥林匹亚最醒目的地方。中选的人参加运动会不仅是权利,也是必须履行的义务,如果拒绝参赛,要交罚金,而且名誉扫地。这对崇尚荣誉、尊严的希腊人当然是最严厉的惩罚。

竞赛通常在六月底、七月初举行。各城邦的公民从四面八方赶来,为本邦运动员加油、喝彩。没有战争阴影笼罩的人们,身着节日盛装,兴高采烈。因此,当时人们也称奥林匹克运动会为"和平节"。

奥运会的第一天不安排赛程,而是举行隆重的祭祀活动,只允许成年男子参加。祭拜主神宙斯和其他神祇后,竞技者自报姓名与国家,向神宣誓保证不使用违禁手段取胜。裁判员也会向神宣誓公正履行职责,然后当众询问竞技者:"你们是希腊人吗?你们是自由人吗?你们的品行是否端正?"竞技者必须如实回答。如果观众认为竞技者不合格,可以向裁判员提出。从这个过程我们就能知道,只有希腊城邦有公民权的自由人,并且品行良好,才能参加运动会。这也反映了当时社会的阶级差别和道德要求。

运动会的项目都是和军事技能紧密相关的。大致分为武技、赛跑和五项竞技三大类。武技有摔跤、拳击和格斗。因为规则非常简陋,限制性的动作非常少,因此,比赛往往成了一场真正的战斗,选手常受重伤甚至被当场打死。

跳远、赛跑、摔跤、掷铁饼、投标枪合称为五项竞技。古希腊遗留下来的十五个铁饼,其直径约十五至二十三厘米,重量约三至九磅不等。现代使用的铁饼的大小与重量,就是取这十五个铁饼平均值确定的。

古希腊人欣赏体现健美的形象,从第十五届奥运会起,竞技者必须脱得精光才能参赛。不过不必紧张,当时奥运会只允许男子参加,女子连入场观看都不允许,偷看要受处罚,甚至被扔进山谷。所以绝不会"有伤风化"。后来,在奥运会结束后的几周内,在奥林匹亚专门为女子举办赫拉运动会。"掷铁饼者"塑像是保存下来的古希腊艺术珍品,反映了当时运动员的健美体魄。

当时赛跑可不像现在这样轻松,选手要全副武装参加比赛。身披铠甲,手持盾牌,就像冲锋陷阵一样。

竞赛的优胜者获得极高的荣誉,被授予橄榄枝编成的花冠,象征吉祥、和平、幸福。后来又加上一枝象征健康与勇气的棕榈叶。优胜者给城邦带来荣誉和喜庆,也获得城邦人民的赞誉和尊敬。连续三次荣获冠军的,可在奥林匹亚塑像。

但举行运动会只是增加了解和交流的机会而已,不能指望它直接带来和平。公元前五世纪,雅典和斯巴达为争夺希腊盟主爆发了伯罗奔尼撒战争。以后,古奥运会时断时续,到公元四世纪末,被罗马征服者禁止。

十九世纪末,法国人顾拜旦奔走呼号,倡导举行世界性的奥运会,增进国家地区间的了解,加深友谊,促进和平。一八九四年,首届现代奥林匹克运动会在雅典举行。以后每四年一次,规模越来越大,内容也越来越丰富,更加具有观赏性和艺术性,成为最重要的体育盛会。举办城市各显神通,力求把奥运会办得更有特色,更具魅力。不过,从奥林匹亚采集圣火种,经过传递,点燃主会场的火炬,升起象征五大洲团结的五环旗,是现代奥运会必须举行的仪式。

熊熊圣火燃起来,奥运五环旗飘起来。人类正努力发扬奥运精神,高举"和平、友谊、进步"大旗,共同创造美好明天。

从马拉松到温泉关——希波战争

公元前五六世纪,希腊城邦进入全盛时期,在小亚细亚沿岸和黑海地区建立了许多附属城邦。希腊的强大与扩张,与波斯帝国产生了尖锐的冲突,为争夺海上贸易控制权,爆发了持续近半个世纪的希波战争。

公元前五〇〇年,波斯国王镇压小亚细亚希腊城邦米利都人起义,对雅典支持米利都怀恨在心。公元前四九二年,大流士以此为借口,率军远征希腊,拉开了希波战争的序幕。

大流士采取水陆并进的战略,但海军遭遇风暴,大部分船只沉没。陆军在色雷斯受到当地居民的阻击,无法前进,只好无功而返。

大流士又派使者到希腊各邦索取"水和土",意思是让希腊人投降。有些城邦屈服了。但雅典人把波斯使者扔下悬崖,斯巴达人逼迫波斯使者跳井,让他到井里去取水和土。大流士非常愤怒,公元前四九〇年,他派大将达提斯再次远征希腊。

波斯舰队浩浩荡荡横渡爱琴海,在雅典东北马拉松平原登陆,准备南

下进攻雅典。雅典立即派长跑能手斐力披第斯向斯巴达求援。但斯巴达人认为这是雅典与波斯争夺海上霸权,与斯巴达利益关系不大。于是借口按风俗要到月圆时才能出兵。雅典内部也发生了争执,最终主战派占了上风,他们决心独自抗击波斯。

雅典军队很快组织起来了,米尔提亚斯被推举为最高指挥官。他率领一万名雅典士兵和领邦普拉提亚的一千名援兵,准备出征。他高声呼喊:"希腊将保持自由,还是被套上枷锁,取决于你们的战斗!"士兵们齐声高呼"为自由而战"。

米尔提亚斯根据波斯人擅长中距离密集齐射和平原作战的特点,布置兵力。比较弱的一面吸引敌人,两翼重兵突袭冲击敌阵。希腊士兵高举盾牌,冒着箭雨,奋不顾身杀入敌群,波斯弓弩手没了用武之地,双方展开激烈的肉搏战。希腊人勇猛善战,波斯军很快溃退了,一路自相践踏,死尸横陈。这一仗,波斯损失四千六百多人,而希腊仅有一百九十二人阵亡。

米尔提亚斯为了尽快把马拉松大捷的喜讯告诉雅典人民,又派斐力披第斯报讯。经过苦战的斐力披第斯已经多处受伤,但他欣然受命,脱下盔甲,跑向雅典。一路上斐力披第斯又渴又累,伤口还流血,但他不肯停歇,一直跑进雅典城,高呼"欢庆吧,我们胜利了!"但他自己没能和同胞共庆胜利,而是把生命献给了祖国。为纪念他,一八九六年在雅典举行的第一届奥林匹克运动会上,增加了马拉松赛跑,赛程就是马拉松到雅典的距离,四十二公里又一百九十五米。

马拉松会战后,希波双方都积极备战。希腊三十一个城邦结成联盟,以斯巴达国王为统帅。波斯也调集了更多的兵力和战舰于公元前四八〇年,再次进攻希腊。

波斯王薛西斯亲自率兵从陆路进攻希腊,波斯有二十万之众,斯巴达国王李奥尼达率领的希腊联军只有四千人,扼守希腊要冲温泉关。面对声势浩大的波斯军队,希腊联军中部分人胆怯了。他们对李奥尼达说:"太可怕了!波斯人射出的箭足可以遮住阳光。"李奥尼达淡淡地说:"很好!我们可以在阴凉下痛快地杀敌了。"将士们被李奥尼达镇定的情绪感染了,纷纷准备誓死报国。波斯人原以为希腊联军会被自己的阵势吓退,没想到希腊联军却战斗热情高涨,正在进行积极备战,于是波斯军向希腊联军发动了攻击。波斯人发动了一轮又一轮猛烈的攻势,希腊联军奋力杀敌,经过三天激战,仍牢牢控制着阵地。后来,薛西斯在一个希腊叛徒的带领下,派一支部队抄小路绕到温泉关后,两面夹击。希腊联军司令李奥尼达,毫无惧色,率领将士杀入敌群,浴血奋战。李奥尼达身中数刀,但他依然挥舞大刀,奋勇杀敌。最后,一支冷箭让他失去了最后的战斗力,他倒下了。波斯士兵蜂拥而上,想抢走尸体前去邀功,不料希腊士兵用自己的身体将李奥尼达的尸体团团围住。直到最后一个希腊士兵被砍倒,波斯人才从尸堆中刨出李奥尼达的尸体。薛西斯恼恨异常,命人将李奥尼达的头颅割下示众,以发泄怒火。

温泉关虽然失守了,但延缓了波斯进军速度,使希腊联军有更充分的时间备战。在萨拉米斯海战中,希腊海军巧用计谋,以少胜多,全歼波斯海军。陆军又在普拉提亚大败波斯,控制了战争主动权,取得了希波战争的胜利。

那些战死温泉关的将士们,捍卫了希腊的尊严,因而得到了世世代代希腊人民的尊敬。人们在温泉关竖立纪念碑,铭记勇士们的功绩。直到今天,人们还能在希腊中部的温泉关的石碑上,看到古希腊诗人西摩尼为那些壮烈捐躯的斯巴达勇士撰写的诗句:"亲爱的过客,请告诉斯巴达人民,我们尽忠血战,为祖国献身于此!"

哭泣的雅典——伯罗奔尼撒战争

雅典和斯巴达是希腊两个最强大的城邦。希波战争胜利后,两国的势力都进一步得到发展。公元前四七九年,雅典与爱琴海以及小亚细亚的希腊诸城邦结成海上同盟,称为"提洛同盟"。在此之前,斯巴达已经组织了"伯罗奔尼撒同盟"。两大集团冲突不断,终于爆发了一场全面的战争。

战争的导火索是在亚得里亚海东岸的小国伊庇丹努点燃的。公元前四三六年,伊庇丹努的民主派与贵族党发生冲突,争夺城邦的统治权。伯罗奔尼撒同盟国科林斯早就看中了这个富庶的城邦,派兵支援民主派。但这激怒了伊庇丹努的母邦科西拉,双方展开了激战。科西拉海军击败了科林斯舰队,取得了胜利。但为防止实力强大的科林斯卷土重来,向雅典请求支持。

这时的雅典正春风得意,由于在希波战争中全力抗击波斯,它的地位、声望已经超过了老对手斯巴达。尤其是建立提洛同盟,使它取得了爱琴海的制海权,成为"海上君主"。科西拉地处交通要道,是通往意大利的必经之路,是雅典向西扩展势力的第一步。因而,雅典立即出兵科西拉,又使科西拉加入提洛同盟。伯罗奔尼撒同盟恨之入骨,伺机反攻。

公元前四三二年,在科林斯的支持下,波提狄亚宣布脱离提洛同盟,雅典马上派兵镇压,把伯罗奔尼撒的援军也围困在城中。雅典还对另一个退盟的麦加拉采取制裁措施,禁止麦加拉商船出入盟国港口。

雅典的强权行动,终于激怒了斯巴达。在同盟国的要求下,斯巴达派使团向雅典提出最后通牒:驱逐民主派领袖伯里克利,解除麦加拉禁令,从波提狄亚撤军。实质就是叫雅典无条件投降。风头正劲的雅典人当然不会答应,战争终于爆发了。

公元前四三一年,斯巴达盟邦底比斯夜袭普拉提亚,三百名官兵遭到城内居民的痛击,全部命丧街头。斯巴达和雅典都派兵援助自己的盟友,双方展开了四年之久的苦战。

擒贼擒王,斯巴达凭借陆军优势,派六万重装步兵入侵阿提卡,准备一举攻下雅典城。雅典首席将军伯里克利扬长避短,采取"坚壁清野,固守城池"的策略,把军民和财产转移到城中,据城坚守。同时派遣海军袭击伯罗奔尼撒沿海城邦。双方从战争一开始就力图破坏对方持久作战的潜力。大军所到之处,烧杀抢掠无恶不作,昔日繁华的城市,只剩下断壁残垣,良田也变成了荒野。斯巴达围城一个多月,没有取得胜利,后方又频频告急,只好撤兵。同时,斯巴达又鼓动支援提洛同盟国家背叛雅典,削弱雅典的力量。

第二年,斯巴达再次围攻雅典城。城内聚集了大量人口,许多人没有足够的食品,夜里就在街头露宿。脏乱的环境引发了可怕的瘟疫。瘟疫持续了两年之久,雅典四分之一的人民被夺去了生命,伯里克利也死于瘟疫。突如其来的灾难大大削弱了雅典的实力。

在这艰难时刻,又是海军优势拯救了雅典的命运。雅典舰队夺取了海港派娄斯。派娄斯位于斯巴达美赛尼亚地区,是斯巴达的奴隶希洛人的故乡。雅典人乘机鼓动希洛人起义,得到了广泛的响应。希洛人是斯巴达人口的十五倍,斯巴达的土地都由他们耕种。斯巴达的安全受到极大威胁,被迫向雅典要求和谈,但遭到拒绝。斯巴达只好采取进攻策略,扭转局势。

真是东方不亮西方亮。斯巴达人在安菲玻里的战斗中取得了优势。他们联合叛离雅典的城邦将大批雅典军队团团围住。双方在都面临重大危机的时候,终于走到谈判桌前签订了《尼西亚和约》。第一阶段战事暂告结束,史称"十年战争"。

但和平不是目的。和约签订后,双方虽然避免大的冲突,但敌对活动从未停止过。公元前四一五年,雅典派兵远征西西里,进攻叙拉古。由于将领意见不一,国内势力钩心斗角,雅典远军既没能一鼓作气攻下叙拉古,又没抓住撤军的时机,被源源不断赶来的斯巴达援兵围困在海港中。战斗十分残酷,舰船上、海水中、海岸边到处是厮杀的将士,鲜血染红了海水。三万多雅典将士命丧沙场,七千余名幸存者被俘后卖为奴隶,其中一千多人被囚禁在山谷里,悲惨地死去。

远征军的覆灭,震惊了雅典。海陆军精锐丧失殆尽,盟邦也纷纷背离。雅典岌岌可危。

分散在海外的海军余部接到雅典危急的消息,纷纷返航,保卫雅典。斯巴达也在波斯的帮助下,建立了强大的舰队。双方在赫勒斯语海峡展开决战。雅典海军轻敌导致全军覆灭,斯巴达全面封锁了雅典。

雅典已丧失了全部战争资本,被迫接受屈辱的条件,拆毁城墙,不再建立海军,放弃大量海外领地,承认斯巴达为盟主。于是以斯巴达为首的伯罗奔尼撒同盟取得了最后的胜利,这场长达二十七年的战争被称为"伯罗奔尼撒战争"。

但内战没有真正的胜者。战争对古希腊的经济、贸易造成了极大的破坏,整个城邦陷入长期的动荡和危机之中,古希腊奴隶制从繁荣走向衰落。正是在这种局面下,北方新兴起的马其顿征服了希腊。真是"鹬蚌相争,渔翁得利"呀!

照亮世界的思想
——苏格拉底、柏拉图、亚里士多德

古希腊人崇尚探索世界的奥秘,追寻世界的本源。从泰勒斯开始涌现出一批哲学家。在希腊由盛转衰的过程中,学者们更加深入思考,提出自己对世界、对人生的看法,奠定了古希腊哲学的基础。他们被希腊人尊称为"爱智者",苏格拉底、柏拉图、亚里士多德是其中最杰出的代表。

苏格拉底(公元前470—前399年)出生于离雅典不远的阿洛佩凯。他的父亲是个石匠,母亲是个接生婆。苏格拉底从小鼻扁唇厚,个子不高肚子不小,父亲见他如此丑陋,认定他最终不过是个低俗的手艺人,所以一心想把他培养成一个手艺不错的石匠。但是,苏格拉底喜欢学习与思考。为了获取知识,他常常跑到雅典城的大广场上听演说家们高谈阔论。青少年时代他就熟读了荷马史诗和当时著名的作品,努力学习自然知识。三十岁以后,他深深忧虑古希腊社会现实,开始探讨与现实密切相关的伦理道

德问题,并积极宣传自己的思想。雅典人经常看到他在市场、运动场或街头,面对公众滔滔不绝地演讲,同别人谈论战争、政治、友谊,特别是伦理道德问题。有人这样形容当时的苏格拉底:"这个鼻梁塌陷、衣冠不整的朴实的小个子,白天在街头巷尾与无业游民争执,晚上则洗耳恭听妻子的唠叨。"这时的苏格拉底已成了较有名望的学者。

苏格拉底认为自然界的发展是由神安排的,研究自然界是亵渎神的。因此哲学应致力于伦理道德问题的探讨,引导人们过道德的生活。

苏格拉底同别人辩论的方法非常独特。他不是猛烈抨击对方,而是从对方的基本观点出发,提出问题,直到对方自相矛盾。因此更令人信服。

苏格拉底很幽默,富于忍耐力。传说他的妻子很霸道,经常对他大吵大闹。有一天妻子又开始了无休止的指责,苏格拉底悄悄出门躲避,怒火中烧的妇人从楼上泼下一盆冷水。苏格拉底浑身湿透却仍笑着对周围的人说:"我早知道,雷霆过后,必有暴雨。"

苏格拉底并非是懦弱的人,他在伯罗奔尼撒战争前期当过重装士兵。在战场上,他勇敢机智,曾获"勇敢战士"的光荣称号。在学术上,他坚定捍卫自己认定的真理。他坚持按法律规则审判被指控的人,敢于批评当权者的恶行。因而不论贵族派还是民主派都痛恨他。在他七十高龄时,他被以不尊敬雅典神灵,引外来神灵践踏雅典神坛,蛊惑上进的青年人的罪名投入监狱,并接受审判。

在法庭上,苏格拉底慷慨陈词:"我是这个国家里最忠实的奴仆,我用毕生的精力在为这个国家的每位公民服务。只要我还有一口气,我就不能停止对真理的追求。虽然我现在站在被告席上,但我并不感到耻辱。我是一个活不多久的老头,但我是一个站立不屈的人。今天,我有可能被你们判处死刑。可若干年后,人们会牢记我的。而他们(控告苏格拉底有罪的人)却会因为邪恶和道德败坏而被处死。"最后,法庭判处苏格拉底有罪。苏格拉底对这一判决报以嘲讽的大笑。笑声激怒了法官,他下令将苏格拉底处以死刑。

苏格拉底的学生坐在审判席下,强抑悲痛,飞快地记载了老师最后的"演说"。这部《苏格拉底的申辩》至今仍堪称声情并茂的佳篇,也是研究苏格拉底哲学思想的重要资料。

根据当时雅典法律规定,处死犯人的方法是赐以毒酒一杯,但在处死前关押的一个月中,法庭允许犯人的亲友探监。苏格拉底的学生和朋友买通狱卒,让他越狱,苏格拉底拒绝了。他坚决要遵守法律判决,不愿为求生而违反法律。

当时有许多青年人天天去监狱探望苏格拉底,其中有位名叫克利托的青年问苏格拉底有无什么遗言时,苏格拉底回答说:"我别无他求,只有我平时对你们说过的那些话,请你们要牢记在心。你们务必保持节操,如果你们不按我说的那样去生活,那么不论你们现在对我许下多少诺言,也无法告慰我的亡灵。"说完他便起身去洗浴了。

在苏格拉底即将被处死的那天晚上,他把自己的妻子和女儿打发开,而去同他的学生斐多、西米亚斯、西帕斯、克利托等谈论灵魂永生的问题。不久,狱卒走了进来,说:"每当我传令要犯人服毒酒时,他们都怨恨诅咒我,但我必须执行上级命令。你是这里许多犯人中最高尚的人,所以我想你绝不会恨我,而只会去怨恨那些要处死你的人,我现在受命执行命令,愿你少受些痛苦。别了,我的朋友。"说完泪流满面,离开了牢房。苏格拉底望着狱卒的背影说:"别了,朋友,我将按你说的去做。"然后他又掉转头来,和蔼地对那些青年说:"真是个好人,自我入狱以来,他天天来看望我,有时还跟我谈话,态度亲切。现在他又为我流泪,多善良的人呀!克利托,你过来,如果毒酒已准备好,就马上叫人去取来,否则请快点去调配。"克利托回答说:"据说有的犯人听到要处决了,总千方百计拖延时间,为的是可以享受一顿丰盛的晚餐。请你别心急,还有时间呢!"这时苏格拉底说:"诚然你说得对,那些人这样做是无可非议的,因为在他们看来,延迟服毒酒就获得了某些东西;但对我来说,推迟服毒酒时间并不能获得什么,相反,那样吝惜生命而获得一顿美餐的行为在我看来应当受到鄙视,去拿酒来吧。请尊重我的要求。"

一会儿送毒酒的人来了,苏格拉底镇定自若,面不改色,接过酒杯一饮而尽。在场的人无不为将失去这样一位好友而悲泣。苏格拉底见状大为不悦,他说:"你们怎么可以这样呢?我为了避免这种场面才打发走家里的人,常言道:临危不惧,视死如归。请大家坚强点!"苏格拉底接着在室内踱了一会儿,说自己两腿发麻,便躺了下来。送酒的人走过来摸了摸他的身体,觉得已没有热气。突然苏格拉底又喃喃地说:"克利托,你过来,我们曾向克雷皮乌斯借过一只公鸡,请你不要忘记付钱给他。"说完,这位伟大的哲学家合上了眼,安静地离开了人世。

苏格拉底虽然没有留下任何著作,但他的思想影响深远,是古希腊哲学的分水岭。他有多名学生成为古希腊哲学流派的创始人,其中柏拉图影响最大。

柏拉图(公元前428—前348年)出生于雅典贵族家庭。柏拉图原名阿里克托利斯,因他身材魁梧,体育老师给他取了个绰号叫"柏拉图",意为大块头。渐渐地,人们忘了他的真名,都叫他"大块头"。柏拉图的父亲一心希望儿子成为一名伟大的政治家,给他请了许多当时著名的老师。柏拉图二十岁时,拜在苏格拉底门下。此后,他跟随苏格拉底学习了八年,直到苏格拉底死去。

柏拉图年轻时就反对德谟克利特的唯物论,认为它对贵族统治构成了极大的威胁。他没能力驳倒唯物论,便请几个掌握政权的朋友烧毁了德谟克利特的许多著作。

苏格拉底死后,柏拉图对雅典的民主政体更加不满,便出国漫游。他先到麦加拉,与那里的苏格拉底弟子们进行探讨,又曾在昔勒尼学习数学。在埃及,他认真考察了当地的等级制度,很受启发,在此基础上用对话体形式,写下了著名的《理想国》,描绘了他认为的最理想的世界图景。为实现自己的目标,柏拉图来到西西里岛的叙拉古,向国王狄奥尼修一世鼓吹自己的思想。柏拉图希望由一位有智慧的"哲学王"统治国家,狄奥尼修一世只相信武力才能解决一切。失意的柏拉图只好离开。

第二年,柏拉图了解到反对苏格拉底的人已经失势,就返回雅典,在阿卡米德开办"学园",积极宣传自己的"理念论",并按照他的政治哲学培养各方面的从政人士。有人称柏拉图的学园是一所"政治训练班"。

后来,柏拉图又先后两次应邀赴叙拉古宣传自己的哲学和政治思想,都没有成功。有一次竟卷入叙拉古的宫廷斗争中,被押上一条斯巴达人的船,船员将柏拉图载到昔勒尼,押到奴隶市场上贩卖,幸而被熟人认出,付钱赎身,他才得以回到雅典。

柏拉图晚年笔耕不辍,留下了许多著名的著作,八十岁高龄时卒其天年。他创办的学园由弟子主持,代代相传,延续了数百年。他的唯心主义哲学体系广泛传播,衍生出众多流派,中世纪的基督教神学、近代唯心论,都从这一思想源泉中汲取营养。

亚里士多德(公元前384—前322年)是古希腊伟大的思想家,百科全书式的学者。他十七岁时就读于柏拉图学园,被柏拉图称为"学园的精英"。

他曾受聘为马其顿王子亚历山大的老师,回国后,在吕凯伊昂创办学校。在自己的学园里,他建立了欧洲第一个图书馆。因他经常率领一群弟子在林阴道上散步授课,所以得名"逍遥学派"。

亚里士多德创办了吕凯伊昂学园后,常带领学生们研究生物学。亚历山大国王也通令全国,凡捕到稀奇古怪的动物,都要送给他的老师。亚里士多德在与学生解剖生物时发现一条规律:越是高级的动物,它的生理机能越复杂。

亚里士多德创造性地总结了前人的研究成果,对当时已知的学科都做了深入探索,并开辟了逻辑学、动物学等新学科。他的著述有四百卷之多,包括政治学、逻辑学、经济学、文学理论和自然科学的多个学科,堪称百科全书,为人类留下了宝贵的精神财富。他写的《工具论》是世界上第一部完备的逻辑学著作。

亚里士多德反对老师柏拉图的"理念论",肯定客观世界是真实存在的,把世界发展归结为"四因说",即质料因、动力因、形式因和目的因。强调事物都是运动和变化的。这在当时都是非常进步的思想。

亚里士多德提倡轻松愉快的教学方法。他带着学生到郊外,边散步边讲学。这对当时呆板的教学方法是一大冲击和革新,对后世也有积极影响。

亚里士多德也有一些错误认识,比如他认为重的物体要比轻的物体下落更快等。但他总结并具有开拓性的思想成就,在人类科学文化史上具有显著地位。

苏格拉底的死给亚里士多德的心理蒙上了重重的阴影。他曾经沉重的对学生说:"哲学家的结局往往是悲惨的!"最终,亚里士多德也没能逃过政治厄运。亚历山大大帝死后,雅典人疯狂反对马其顿的统治。亚里士多德作为亚历山大的老师,自然受到了牵连。幸好学生及时通风报信,亚里士多德逃过了雅典人的追捕,躲到家乡——卡尔喀斯城避难。第二年夏天,这位伟大的哲学家在凄凉中死去。

《荷马史诗》与《伊索寓言》

古希腊文化是人类文明的宝库,许多著作千载流传。《荷马史诗》和《伊索寓言》就是最具影响的两部文学作品。

《荷马史诗》相传是盲诗人荷马所著。记载了公元前十一至前九世纪的希腊历史故事,描述的都是希腊英雄传说。包括《伊利亚特》和《奥德赛》两部分。

《伊利亚特》描写了特洛伊战争的场景。巴比伦国王的妻子海伦是一个绝世美女,被特洛伊王子帕里斯暗中掠走。两国因此爆发了战争。希腊联军在主帅阿溪里的率领下,节节胜利,包围了特洛伊城。但特洛伊城高墙厚,粮草充足,希腊人打了十年也没攻入城中。一天早晨希腊人拆毁了营盘,乘船返航。特洛伊人欢庆胜利,把希腊人遗留下来的大木马作为战利品拖入城中。哪里想到,木马中藏着希腊勇士。夜深人静时,他们爬出木马,打开城门,四处放火。希腊军立即转航攻入城中。特洛伊城陷国亡。从此,"木马计"就成了千古传诵的精彩故事。

《奥德赛》则记述了伊色卡国王奥德赛在战争后历尽险阻回国的故事。

希腊军队在特洛伊的屠杀触怒了天神,天神掀起巨浪,打翻了返航的希腊舰队。大多数将士淹死在大海中,只有奥德赛率领侥幸逃生的人在海上漂泊。他战胜了狂风恶浪,智斗吃人妖精,拒绝了女妖的诱惑,历尽千辛万苦,才回到家乡。这时,他已经在海上漂泊了十年。

伊色卡的贵族都以为奥德赛已经死了,为取得王位,纷纷向奥德赛的妻子求婚。王后十分忠贞,她相信丈夫一定会平安回来,因此毫不犹豫地拒绝了。这些人因此霸占王宫,整日大吵大闹。

奥德赛扮作老乞丐,和妻子、儿子相认,设下巧计,杀死了夺权的恶棍们,在神的帮助下打败了复仇的贵族,重新获得了王位。

《荷马史诗》内容曲折离奇,语言丰富多彩,是人类文化的瑰宝。

希腊文学另一颗明珠《伊索寓言》则以其言简意赅,寓意深刻,富于智慧为后人喜爱。

相传伊索是一个奴隶,他相貌丑陋却聪明绝顶。他创作的寓言反映了广大奴隶和平民对贵族统治的不满和反抗。

《狼和小羊》讲述了这样的故事:

一天,狼和小羊都在河边喝水。狼责怪小羊把水弄脏了,害得他不能喝水。小羊说:"你在上游,我在下游,我怎么会把你喝的水弄脏呢?"狼又气势汹汹地说:"你去年骂过我的父亲。"小羊更委屈了:"那时我还没出生呢!"狼恶狠狠地说:"即使你辩解得再好,我也绝不放过你!"说完猛扑过去,把小羊吃掉了。

是啊,坏人存心做坏事,总会找到借口,即使没有,也是要做的。

《农夫的儿子们》劝导人们要团结。农夫的儿子们总是互相争吵,怎样劝导都没有用。在他快去世的时候,拿一束小木棍让儿子们折断。每个人都用尽力气也折不断。农夫又把木棍分开,每人一支,儿子们很轻易地折断了。他们终于明白了,团结就是力量。

《农夫和蛇》警告人们不要怜悯恶人;《龟兔赛跑》劝诫人们不要骄傲;《乌鸦和狐狸》讽刺了虚荣的人;《鹰和螳螂》赞美了劳动者的聪明和智慧……

伊索创作的许多寓言故事抨击和嘲讽了贵族统治的残暴与愚昧,因而引起了奴隶主和统治者的嫉恨。据说在公元前五六〇年,伊索被统治者绑在海边高耸的岩石上,威逼他放弃揭露和批判统治阶层的活动。伊索不为之所动,最后被残忍地推下了岩石。

伊索创作的寓言,经后人不断整理、补充,又吸收了许多古印度、阿拉伯和基督教的故事。经过多次整理,形成了今天我们看到的《伊索寓言》三百六十篇的规模。

《荷马史诗》和《伊索寓言》都是人类文化瑰宝,是人类智慧的结晶。

艺术的殿堂

古希腊不仅在哲学、文学上有很高的成就,也是艺术发展的神圣殿堂。

古希腊的戏剧艺术有很高的成就,有悲剧和喜剧两种形式。戏剧是在群众性的节日歌舞和祭祀表演中发展起来的,大多取材于希腊神话传说。古希腊最著名的剧作家有"三大悲剧作家"爱斯奇里斯、索福克利斯、幼里庇底斯和喜剧家阿里斯托芬。

爱斯奇里斯的作品充满高昂的战斗精神和爱国主义情怀。其代表作《普罗米修斯》堪称最上乘之作。普罗米修斯是一个神，因看到人类受宙斯惩罚生活在黑暗之中，非常同情，盗取了火种给人类带来了光明。宙斯因此将他捆在高加索的悬崖上，白天让鹰啄食他的肚腹，晚上再让伤口愈合。如此日日折磨。但普罗米修斯毫不屈服，陷入无以复加的悲惨境地。

其他剧作家的剧作也各具特色，极富艺术魅力。因在希腊戏剧史上的开创性作用，爱斯奇里斯被称为古希腊的"悲剧之父"，而阿里斯托芬被恩格斯誉为"喜剧之父"。

古希腊人重视城邦的建设和对神的祭祀，因而在建筑和雕刻艺术方面也取得了很高的成就。

古希腊早期代表性建筑是神庙。主体大多是长方形，周围绕以圆形廊柱。根据圆形廊柱不同，可分为多利亚式、爱奥尼亚式、科林斯式三种。多利亚式神庙以雅典卫城的雅典娜神庙为典型代表，廊柱粗壮、厚重朴实。爱奥尼亚式廊柱较为纤细，有柱础和涡卷式柱头装饰，代表性建筑是雅典的伊利盎神庙。科林斯式的廊柱柱头以卷叶形装饰，风格华丽精巧，雅典卫城的奥林比昂神庙是其代表作。

后期希腊的建筑以雄伟富丽为主要特征。建筑在亚历山大港的灯塔，高百米多，塔上灯火可照射到四十公里以外。被誉为古代世界七大奇迹之一。

古希腊的雕刻艺术也有很高的成就，在世界美术史上占有极重要的地位。古希腊的雕刻作品主要分为两大类：一种是附属于大型建筑物的装饰性浮雕或雕塑；另一种是独立的人像，包括神像、个人肖像和艺术人像。"掷铁饼者"、"雅典娜神像"都生动形象，极富艺术表现力。

后期希腊雕刻艺术也向大型化发展。同样被列为世界七大奇迹之一的罗德岛"太阳神像"高三十余米，历时十二年才完成，可惜毁于地震。雕刻家阿基山德鲁等人创造的"拉奥孔群像"生动地刻画了拉奥孔父子与巨蛇搏斗时面部痛苦绝望的表情，以及全身肌肉紧张挣扎的状态。

古希腊艺术开创了人类文明的新时代，是现代艺术的源头和现代艺术家艺术灵感的重要源泉。

亚历山大的金戈铁马

伯罗奔尼撒战争后,希腊城邦迅速衰落,小国寡民的城邦制走到了尽头。希腊北部的马其顿国王腓力二世乘机起兵,成为希腊霸主。

一天,趾高气扬的腓力二世对许多侍从说:"我买了一匹未经训练的烈马。谁能把它驯服,我就把这把随身佩戴的宝剑赠给谁。"在名与利的驱使下,侍从们纷纷上去驯马。许多名勇敢优秀的侍从都在暴烈的野马面前败下阵来。就在腓力二世十分沮丧的时候,十二岁的亚历山大请求父王允许他去驯马。在众人担忧与疑惑的目光中,亚历山大勇敢地走到了烈马前。他先把马头转向太阳,然后轻抚马背,就在马放松戒备之时,亚历山大飞身上马。马儿顿时扬蹄尥蹶,企图将骑手摔下马背。折腾一会儿,见骑手稳坐背上,马又撒腿向前狂奔而去。就在大家心提到嗓子眼上时,汗流浃背的马乖乖地回来了。马背上的小骑手向众人露出了胜利的笑容。从此,亚历山大在国王与众大臣眼中,就成了一个少年英雄。

亚历山大十八岁的时候,向父王请命:"您一下子将所有的地方征服光了,将来我还有仗可打吗?请您将攻打雅典的任务交给我吧!"腓力二世高兴地任命他为马其顿军队副统帅,率兵出征希腊。

亚历山大率军在希腊中部的喀罗尼亚城附近,与希腊联军展开了大决战。马其顿军队在阵前摆开了"马其顿方阵",腓力二世指挥右翼,亚历山大指挥左翼。开战后,亚历山大指挥军队首先打垮了天下无敌的底比斯人的"神圣部队",然后又帮助吃了败仗的父王调整阵形,从右翼打败了希腊联军。这一仗,确定了马其顿在希腊各城邦中的统治地位。

公元前三三六年,腓力二世遇刺身亡,年仅二十岁的亚历山大继承了父亲的王位。亚历山大初登王位时,雅典人兴奋得像过节似的。他们认为亚历山大这个"小孩儿"当了国王,希腊就可以摆脱马其顿的控制了。当亚历山大把底比斯这座古老的城市变成了一堆瓦砾后,雅典投降派首领厄斯启尼带人前来乞降。亚历山大抚摸着厄斯启尼的头说:"我是'小孩儿'吗?"厄斯启尼战战兢兢地说:"那是德摩斯梯尼说的胡话。我们雅典城的全体居民热烈欢迎您的光临。"一个月后,希腊各城邦都派人前来叩见亚历山大。亚历山大向希腊人宣布自己是希腊—马其顿联军的最高统帅。

接着,亚历山大又开始向亚洲扩张。

公元前三三四年,亚历山大率领三万步兵、五千名骑兵和一百六十艘战舰,渡过赫勒斯湾海峡,进攻小亚细亚。波斯军占据格拉尼科河右岸高地,严阵以待。亚历山大调兵遣将,佯攻敌军右翼,然后突袭左翼。亚历山大亲自率军冲锋陷阵,马其顿士兵士气高昂,很快打垮了波斯军。亚历山大轻易夺取了小亚细亚各城邦。

第二年,波斯国王大流士三世御驾亲征,决心一举击败"小国"马其顿。两军在达伊苏对阵。波斯军人数占优势,又在本土作战,以逸待劳,又有海军接应,本来占据优势。但亚历山大集中兵力冲杀敌军中路,大流士三世十分恐惧,竟然丢下部队逃跑,这一来,整个波斯军心动摇,溃不成军,纷纷逃跑。在狭窄的山路上自相残杀,死伤无数,就连大流士的母亲、妻子和女儿都被俘虏了。

亚历山大取得达伊苏战役的胜利,军威大振,更加坚定了征服亚洲的决心。传说有人献给他一辆神话中皇帝的战车,上面有一个奇怪的绳结,十分复杂。预言说谁能解开,谁就能占领整个亚洲。亚历山大试了几次,没有成功,就持起宝剑,一下子把绳结劈为两半,说道:"管它什么结子,让亚洲在我的剑下屈服吧。"

马其顿和希腊士兵远离本土作战,都很思念家乡,亚历山大把战利品分给将士,宣布免除他们家人的租税,安定了军心。

亚历山大在征战中认识到海军非常重要,在进一步进攻波斯之前,他集中兵力围攻腓尼基的推罗,以摧毁波斯海军力量。经过七个月的苦战,推罗陷落。居民惨遭涂炭,八百多人战死,三万多人被卖为奴隶。亚历山大用投降和缴获的敌舰组建了自己的强大海军。

被吓破胆的波斯国王大流士,向亚历山大求和,愿意割让幼发拉底河以西的土地,给付巨额赔款,并把自己的一个女儿嫁给亚历山大。亚历山大傲慢地回答:"我要的是波斯帝国的全部领土,绝不是它的一部分。"

亚历山大十分注重收买人心。他利用埃及不满波斯人统治的心理,轻而易举进军埃及,不仅对埃及祭司慷慨馈赠,而且表示对埃及神祇的尊崇。他还在埃及建立了亚历山大城,作为后方军港。

剪除了波斯的羽翼,巩固了自己的后方,亚历山大带领他补充了许多亚洲和埃及士兵的新联军,开始对波斯的最后攻击。他打败了波斯军主力,洗掠了巴比伦、苏萨和波斯波利斯的王宫,灭亡了波斯。

随后亚历山大转战中亚,进军印度,他要做"全亚洲之王"。但就在他占领了印度西北部之后,士兵不适应印度气候,瘟疫蔓延。在士兵的要求下,亚历山大撤出印度。

此时,亚历山大已建立了一个前所未有的大帝国。它西起希腊、马其顿,东到印度河流域,南临尼罗河第一瀑布,北至锡尔河,首都设在巴比伦。

亚历山大还积极准备远征地中海西部和南部地区,但因患病,年仅三十三岁就亡故了。他建立的帝国也很快崩溃了,亚历山大金戈铁马的雄风随之烟消云散了。

从传说中走来的古罗马

母狼喂养的罗马城主

意大利罗马博物馆,有一座奇特的青铜雕像:一只母狼呲着尖利的牙齿,警惕地注视着前方,狼腹下有两个男婴,正忘情地吸吮着狼乳。这座雕像只有四百多年的历史,但它表现的却是两千七百多年前的一个古老传说:

公元前十二世纪,特洛伊城被希腊攻陷后,特洛伊英雄爱乌斯率领一批人,冲出重围,乘船逃往茫茫大海。海风把船一直吹到意大利台伯河入海口。他们怀着求生的渴望溯流而上,在一片充满生机的平原登陆。当地的阿波利去奈人热情地收留了他们。

部落酋长拉提乌斯见爱乌斯气宇轩昂,见识广博,就把女儿拉维尼娅许配给他。爱乌斯和妻子一起幸福地生活,养育了儿子阿斯卡纽斯,建起了亚尔巴龙伽城。爱乌斯去世后,阿斯卡纽斯成为亚尔巴龙伽国王。

阿斯卡纽斯的小儿子阿穆留斯,在父亲死后,发动兵变,夺取了哥哥努米托尔的王位,残忍地杀害了侄子,还逼迫侄女西尔维娅去当贞女。贞女是不允许结婚生子的,阿穆留斯想以此免除后患。

但可怕的消息传来了,西尔维娅竟和战神马尔斯结合,生下了一对双生子。阿穆留斯十分惶恐,立即派人处死了西尔维娅,命女奴把双生子扔进河中。女奴提着放着婴儿的篮子来河边,见河水上涨,感到害怕,撂下篮子就走了。篮子被河水托起,挂在岸边一枝低垂的树枝上。

河水退去,篮子又落到地上,婴儿哇哇大哭起来。正巧一只母狼到河

边喝水,听到哭声跑过来,不但没有伤害他们,还用乳汁喂养他们。

这件奇事被一位猎人发现了。他把孪生子抱回家抚养,给哥哥起名叫罗慕洛,弟弟叫勒莫。

兄弟俩长大后,各自练就了一身好武艺,逐渐为人们所爱戴。在一次与牧民的冲突中,勒莫被对方抓住,带到一位老者面前。老者看着勒莫,几乎不敢相信自己的眼睛。他仔细询问勒莫的身世,竟然真是自己的外孙!原来老人就是被阿穆留斯篡位的努米托尔。

勒莫了解真相后,立即找到了哥哥,哥俩决心向残忍的阿穆留斯复仇。

他们集合队伍向亚尔巴龙伽进发，一路上又有很多痛恨阿穆留斯的人加入他们的行到。

仇人杀死了，弟兄俩把王位还给了外公。而他们拒绝了外公的挽留，带着拥护他们的人一起去建立新的城堡。他们来到了当年母狼喂养自己的地方——帕拉丁山冈。用谁的名字命名新城呢？由谁来统治呢？两人又发生了争执，最后商定由飞来的鸟决定。不一会勒莫身边飞过六只鹞鹰；但一阵电闪雷鸣，从罗慕洛身边飞过十二只鹞子。勒莫说他先看到了鸟，赢了；罗慕洛却说他见的鸟多，才是真正的胜者。双方争得更厉害了。

罗慕洛不顾弟弟的反对，开始划定城堡的界限。勒莫不仅嘲笑他，还弄平罗慕洛挖的土沟。罗慕洛怒不可遏，拔剑杀死了自己的兄弟，并踩着弟弟的尸体当众宣布："谁敢越过我的城墙，下场同样！"再也没有人敢冒犯他了，罗慕洛用自己的名字命名新城，叫罗马城。

传说那一天是公元前七五三年四月二十一日，古罗马人把这一天作为开国纪念日。

罗马城刚开始发展时，城内妇女数量很少，邻近部落又不愿意把姑娘嫁过来，罗慕洛只好使用计谋解决这个问题。罗慕洛举办了一次盛大的节庆，邀请邻近的部落都来参加。那天，萨宾部落来的人最多，许多人带着妻子儿女一起来参加活动。正当人们沉浸在节日的喜庆气氛中时，罗马城内的青年男子蜂拥而出，抓住萨宾族的年轻女子就跑。愤怒的萨宾人带领族中勇士，向罗马城发动了复仇战争。

两个部族的人展开了激烈的战斗，许多勇士倒在了刀剑下。一年后，双方还在进行惨烈的战斗。一天，正当双方战得不可开交之时，一大批妇女冲到了阵前。她们正是被罗马人抢走的萨宾女子。此时，她们个个泪流满面，怀抱嗷嗷待哺的婴儿，跪在萨宾族的父兄、丈夫面前，求他们放下武器，不要让她们成为可怜的孤儿寡母。罗马人和萨宾人的武器同时掉在了地上……

后来，两族首领签订和约，将两部合并为一个部落，共同居住在罗马城内。

传说仅仅是传说，事实上罗马城最初是由台伯河边帕拉丁山冈附近七个村庄联盟而成的。一个强大的帝国又在孕育成长。

白鹅拯救罗马

罗马城建立后,通过不断与周围村镇联合逐渐发展起来。由于台伯河两岸土地肥沃,罗马日益繁荣、强大。到公元前四世纪末的时候,它征服了意大利中部。许多部落都服从它的统治,或与它结盟。但西北部的高卢人不断南侵。

高卢人个子矮小,体格强健,作战十分勇猛,受了伤也不离开队伍。他们进攻罗马的盟国克鲁新城。罗马派去的使者要求他们退兵。高卢人可不惧怕任何人,他们断然拒绝了使者的要求。罗马元老院非常愤怒,派兵援助克鲁新。高卢和罗马的战争不可避免地爆发了。

高卢首领布林亲率七万大军与罗马军队激战。骁勇的高卢人奋不顾身,冲垮了罗马军的防线,罗马士兵惊慌失措败回罗马城,连城门也没来得及关上。罗马居民只好撤出城外,只有一部分部队和年轻的元老坚守内城卡庇托林山冈,以待援兵。

高卢兵通过洞开的城门进入罗马城,他们没有遇到任何反抗。但当他们走到中心广场时,却看见一百多个身着节日盛装的老人,手持长长的圣杖,端坐在椅子上,他们是不愿撤走的元老,决心以身殉城。

残忍的高卢人没放过这些无畏的老人,元老们的鲜血染红了罗马广场,房屋、庙宇也被付之一炬,变成了瓦砾。经过了几次猛攻,高卢人没能夺取卡庇托林山冈,就把它包围起来。一天黑夜,高卢人选出身手敏捷的年轻勇士,悄悄从背面的悬崖峭壁向上攀登,准备偷袭山冈。

黑沉的夜幕笼罩大地,伸手不见五指,只有天上的星星有一点暗淡的微光。经过一整天激烈战斗的罗马士兵都已睡着了,粮食缺乏,他们都很疲惫。更何况谁能想到敌人会从高不可攀的峭壁攻上来呢?

眼看高卢人就要爬上山顶了,突然,在万籁俱寂的夜空中,响起了"嘎、嘎"的鹅叫声。这些白鹅是罗马人奉献给神庙的圣礼,就在食物最缺乏时,罗马人也不曾想把它们吃掉。正是这些鹅拯救了罗马。

白鹅尖锐的叫声唤醒了罗马士兵,他们拿起武器,赶到崖边,用长矛、盾牌、石头把高卢人打下深谷。这次胜利,鼓舞了罗马人的士气,他们更加警惕地保卫山冈,保卫罗马。

七个月后,高卢人也失去了信心,他们索取了一千斤黄金作为赎金,撤出了罗马城。

白鹅报警,使卡庇托林山冈没有失陷,从此,"白鹅拯救了罗马"成为罗马人的骄傲。为感谢白鹅,每年罗马人都给白鹅戴上华丽的项圈,庄严地抬着它游行,并尊称为"圣鹅"。

英雄斯巴达克

在古罗马城址,至今还矗立着一个巨大的圆形竞技场残垣。即使现在看去,它也仍然高大雄伟,在当年,更是一座令人瞩目的建筑。圆形竞技场可以容纳五万名观众,当年罗马贵族就是在这里欣赏残酷的角斗士表演。

角斗,是罗马奴隶主贵族最欣赏的一项野蛮而又残酷的"娱乐"。他们挑选精壮的奴隶进行训练,然后在竞技场中一对一,或分成两队拼杀。角斗士是受迫害最深重、处境最悲惨的奴隶。"宁为自由而战死,绝不为富人的娱乐而丧生。"忍无可忍的角斗士,在斯巴达克的率领下奋起反抗,掀起了波澜壮阔的奴隶起义。

斯巴达克是色雷斯人,在一次抗击罗马入侵时被俘,关押在卡普亚的角斗学校做角斗奴隶。由于斯巴达克在角斗场上表现出色,被罗马奴隶主释放为自由民,在角斗学校任教练。他常对角斗士们说:"我希望用压迫者的血来偿付被压迫者的呻吟,我希望烧毁所有的竞技场。我希望看到自由的太阳辉煌地照耀在空中,让可耻的奴隶制度从地面上永远消灭掉。我甘愿为奴隶们的自由和幸福献出血和生命!"于是,斯巴达克秘密联络角斗士,策划集体逃亡。公元前七十三年,由于叛徒告密,只有七十八人逃到了维苏威火山,建立了起义营地。很快,附近破产农民和逃亡的奴隶都来投奔起义军,起义军很快发展到一万多人。他们袭击奴隶主庄园,解放奴隶,震惊了罗马统治者。

罗马元老院派出大批军队包围了维苏威火山,起义军面临危险的境地。如何逃出敌人的包围呢?斯巴达克灵机一动。他让士兵们采伐野藤,编成绳梯,沿着悬崖放下去。起义军趁着夜色顺梯而下,绕到敌人背后,一举击溃了罗马军队。整个罗马亚平宁半岛都震动了,起义军声威大震,队伍壮大到七万人。几次打败罗马军队的围追堵截,有一次还差点活捉罗马统帅。

但就在这时,起义军内部发生了分歧;斯巴达克主张向北越过阿尔卑斯山,让奴隶们返回家乡,另一些将领倡议向罗马城进军。起义军发生了分裂。一支随斯巴达克北上,另一支向南进军。分裂削弱了起义军的战斗力,南下部队很快就被击败了,两万多名士兵阵亡。于是罗马统治者集中兵力追击斯巴达克。

由于起义军处于劣势,被包围在一个山谷里。这时,斯巴达克再次显示了他的军事天才,他命人把敌人的尸体绑在竖立的木桩上,旁边点燃篝火,远远望去,好像是一个个哨兵在站岗放哨。又派一些士兵敲鼓吹号,迷惑敌人。然后在夜色中溜出了敌人的包围圈。

天亮了罗马军才发觉上当,急忙追击,又中了起义军的埋伏,大败而归。

一连串的胜利增强了斯巴达克的信心,在确定不能翻越阿尔卑斯山后,他率领起义军南下,准备渡河攻打罗马。

罗马贵族慌作一团,没有人敢当执政官了,他们几经周折,才选派克拉苏去镇压起义。但克拉苏也没能挡住斯巴达克的进攻,起义军很快到达了意大利半岛的南端。但由于没有渡船,登陆西西里的计划无法实现。老奸巨猾的克拉苏觅到了这个千载难逢的良机,命令挖了一条横贯地峡的壕沟,宽四点五米、深四点五米,沟边修筑了高大而坚固的防护墙,想把起义军困死在半岛南端。

这时罗马元老院又从西班牙调来庞培,协助克拉苏镇压起义军。斯巴达克带领义军用木头、树枝、敌人和马的尸体填满了壕沟,冲破克拉苏的封锁,双方展开了殊死搏斗。六万多奴隶壮烈牺牲了,愤怒的斯巴达克冲向克拉苏,但密集的敌兵包围了他。许多奴隶身负重伤仍坚持战斗。斯巴达克也腿部负伤,一位战士牵过一匹战马,请他突围。斯巴达克大声说:"这一仗胜利了,就能缴获敌人的战马;失败了,还要马干什么。"敌兵再次围攻上来。斯巴达克拖着受伤的腿,一手举着盾牌,一手挥舞短剑,继续奋战。最后全身被刺伤几十处,壮烈牺牲。

惨无人性的克拉苏,把俘获的六千名起义奴隶,钉死在从卡普亚到罗马城路边的十字架上,向世人展示着他的罪孽。

斯巴达克领导的奴隶大起义虽然失败了,但它沉重打击了奴隶主的统治。列宁说:"斯巴达克是大约两千年前最大一次奴隶起义中的一位最杰出的英雄!"斯巴达克也成了英雄和勇士的代名词。

与罗马争霸的汉尼拔

天下英雄,谁与争锋。正当罗马国势强盛、所向披靡时,来自迦太基的汉尼拔,以其卓越的军事才能,进入罗马本土,导演了一场精彩、壮烈的争霸战。

公元前三世纪,非洲北部的迦太基人(又称布匿,今突尼斯)成为海上强国,直接威胁着罗马的海上霸权。双方进行了延续一个多世纪的大战。后世史学家称为"布匿战争"(共进行了三次)。在第二次布匿战争中,迦太基名将汉尼拔成了令罗马人闻风丧胆的不败战神。

汉尼拔出身将门。他的父亲哈米卡尔和姐夫哈斯路德巴尔都是迦太基的重要将领。他小的时候,父亲就命他在神坊发誓,永远做罗马的敌人。二十五岁时,汉尼拔被任命为迦太基驻西班牙军队的统帅。他关心士兵疾苦,不贪图醇酒、美色,善于用兵,深得将士们爱戴。

公元前二一九年,汉尼拔开始征服西班牙东部沿海一带,进攻罗马盟国萨贡杜姆。罗马派使者警告汉尼拔,责问他:"你们究竟要战争,还是要和平?"汉尼拔轻蔑地说:"让罗马人挑选吧!"还痛斥罗马人干涉萨贡杜姆内政。于是公元前二一八年春,罗马正式向迦太基宣战,第二次布匿战争开始了。

汉尼拔以其惊人的胆略,决定到意大利本土作战。他避开强大的罗马海军,选择了翻越阿尔卑斯山,出其不意,攻击罗马的后方。他率领九万名步兵,一点二万骑兵和几十头战象,强渡希伯鲁斯河,击败卡诺尼亚部落,越过比利牛斯山,长途跋涉到阿尔卑斯山下。由于已是九月,山区已经降雪。山高坡陡,气候恶劣,沿途又有土著部落不断侵袭,行军非常艰难。不少马匹和将士滑落山谷,有的在战斗中牺牲。经过三十三天的艰苦努力,汉尼拔终于征服了阿尔卑斯山,到达意大利北部。此时,汉尼拔只剩下两万名步兵、六千没马的骑兵和一头战象了。

汉尼拔抓紧战机,分化拉拢高卢部落,高卢人也想利用汉尼拔打击罗马。汉尼拔很快获得了马匹和兵源补充,挺进波河。惊恐万状的罗马人急忙派执政官领兵拒敌。汉尼拔的骑兵前锋在波河西岸截击罗马军队,把罗马执政官斯奇比奥也刺成重伤。恰好罗马另一位执政官塞姆普罗尼乌率领四万援军赶到。他不顾斯奇比奥的劝阻,强渡波河与汉尼拔决战。汉尼拔用优势骑兵压住罗马骑兵,派一支伏兵攻击敌人的后方。罗马军遭到前后夹击,溃不成军,节节退却,于是在中部地区布下防线。

汉尼拔不仅在军事上赢得了胜利,而且使更多观望的高卢部落倾向自己。为打击罗马心脏地区,汉尼拔绕过敌人重兵布防的要塞,悄悄穿越托斯坎纳沼泽。沼泽的毒气,差点熏瞎了汉尼拔的眼睛。但他终于踏上了通向罗马的大路,把罗马大军丢在了深谷。汉尼拔料定敌军必然追赶,就在特拉西美诺湖畔山谷布下了天罗地网。罗马将领发现汉尼拔已绕道向罗马进军,立即率兵追赶,冒着浓雾进入山谷。迦太基人的号角震撼着山谷,从四面杀来。毫无防范的罗马人无法组织有效的反击,只能任人宰割。战斗变成了可怕的屠杀。

罗马被骁勇善战的汉尼拔吓破了胆,他们甚至不敢与汉尼拔正面交锋。直到公元前二一六年,双方才在康奈再次展开决战。汉尼拔以四万人对阵八万人,他巧布口袋阵,把罗马军队压缩在一个狭小地带,以六千人的代价,几乎将敌军全部歼灭。罗马一时陷入极其危险的境地。

罗马的危机使元老院异常震惊和愤怒。他们采取了最危险也最无奈的措施:年满十七岁的青年全部征召入伍;国家出钱赎买了八千个奴隶。这样,罗马军队再次被武装了起来。新任独裁官费边不与汉尼拔直接交锋,而是伺机打击他的后卫部队,拦截粮草、破坏兵源。远离国土作战的汉尼拔陷入了困境,不得已向驻守西班牙的弟弟哈士多路巴求援。翘首以待的汉尼拔最终等来的是罗马人用篮子送来的弟弟的人头。这时,汉尼拔接到让他速回国的密令。元气丧失殆尽的汉尼拔回国了。

在公元前二〇二年,汉尼拔率军在迦太基的扎玛与罗马军会战。这一仗是汉尼拔第一次也是最后一次败仗。罗马成了西地中海的霸主。

公元前一九六年,汉尼拔出任迦太基最高行政长官。由于他大力改革时弊触犯了贵族利益,这些贵族便向罗马告密,说汉尼拔要积蓄力量反对罗马。汉尼拔被迫逃亡在外。

汉尼拔先后到达叙利亚等地,想联合西亚诸国打败罗马。他的努力非但没有结果,反而给罗马进攻亚洲提供了借口。汉尼拔六十五岁那年的一天,发觉自己的住所被人包围,想到自己征服世界的美梦终将不会实现,他吞下了随身携带的毒药。

四十多年后,迦太基城被罗马人变成了一片焦黑的废墟。凄惨的景象让许多人怀念昔日与罗马争霸的那位英雄——汉尼拔。

为平民献身的格拉古兄弟

提比略·格拉古(公元前162—前133年)和盖约·格拉古(公元前153—前121年)是一对志同道合的兄弟,是在为平民争取权利的斗争中,成为古罗马共和国杰出的改革家。他们的母亲贤淑持重,年轻守寡,悉心持家教子,培养了格拉古兄弟良好的知识修养和正义的品质。

青年提比略随军征战,恪守军纪,作战英勇,在军中深孚众望。在参加镇压西班牙努曼齐亚人时,罗马军队陷入重围,被迫求和。由于提比略的声誉很高,他的父亲过去对努曼齐亚人信守诺言,努曼齐亚人只接受提比略前往议和。提比略委曲求全,使两万余名处于绝境的官兵得以逃生。但罗马元老院却认为这是乞降求生的可耻行为,要惩处提比略和其他高级军官。民众自动聚集起来为他申辩,提比略不仅幸免处罚,而且成为家喻户晓的知名人物。

当时罗马土地兼并严重,贫富差距很大,罗马城内关于土地改革的呼声沸沸扬扬。失去土地的退伍老兵和无地的农民强烈要求重新分配土地。他们张贴标语,呼吁提比略出面"为穷人恢复公地"。公元前一三四年,提比略在人民的拥戴下,当选保民官。

提比略和支持土地改革的官员一起,拟就了土地改革方案,提出贵族占地的最高限额,多余部分由国家收购,分给贫民和老兵。这大大损害了贵族地主的利益,他们攻击提比略要制造国家混乱。另一位保民官马尔库斯占有大量公地,在贵族的利诱下,不顾人民的反对和提比略的忠告,行使否决权,使法案无法通过。提比略为争取马尔库斯的支持,提出用自己的财产给他补偿,马尔库斯拒绝了。怒不可遏的提比略毅然召开公民大会。他慷慨陈词:"罗马士兵出生入死,保全了别人的荣华富贵。他们被誉为世界的主人,自己却没有一寸土地!退役后携妻带子,四处流浪!这难道是公正的吗?"民众群情激昂,一致罢免了马尔库斯,推选提比略、盖约·

格拉古以及提比略的岳父组成三人委员会,并通过土地法。

但是,法案的实施困难重重。公地情况缺少详细的档案,地主们千方百计阻挠调查;即使是分得土地的农民也无钱购置农具和种子。元老会的贵族又拒绝批准给予提比略必要的经费。提比略提出用原帕加马国王遗赠给罗马的财富资助农民。反对派立即诬蔑提比略要尝尝当国王的滋味。

选举下年度保民官那天,提比略的演讲博得了民众阵阵掌声。这时,保守派指使的暴徒冲进场内,高呼:"提比略要当国王!""保卫共和国,拯救罗马!"并包围了提比略和他的支持者,三百多人被活活打死。提比略的尸体被扔进了台伯河。随后,保守派无情地清洗改革派。

保守派的倒行逆施激起了民众的愤怒,罗马共和国动荡不安。提比略的弟弟盖约从撒丁岛返回罗马,竞选保民官,继承哥哥未竟的事业。

盖约当选保民官后,经常怀着悲痛之情发表坚强有力的演说,回顾提比略的悲惨遭遇,痛斥贵族保守派违反法律,残杀保民官,以激发民情,推进改革。

盖约在继续推行提比略土地法的同时,提出一整套改革方案,以保证平民和军人的基本需求,抑制贵族特权。第二年,又提出到北非迦太基建立殖民地的计划和给予所有意大利人公民权的法案。他改革的目的是扩大罗马的统治基础,但触动了罗马公民的特权。

保守派利用罗马公民不愿移居海外的情绪,提出在意大利开辟殖民地的计划,蒙蔽了一些人。虽然意大利各地的人支持盖约,但罗马公民不愿放弃特权,开始和保守派一起驱逐没有公民权的人。

公元前一二一年,在一次祭神仪式上,执政官的侍从故意侮辱盖约的支持者,引起争斗,被人打死。保守派乘机抬着尸体示威。元老院宣布盖约等人是人民公敌,派兵攻打他们。改革派逃到了阿芬丁山冈,提出和谈,但保守派毫不留情地发起进攻,缺乏武装的改革派纷纷倒在保守派的屠刀下。盖约逃到台伯河畔的丛林里,不愿被俘受辱,命令奴隶杀了自己。

格拉古兄弟为争取平民的合法权益,积极献身罗马共和国改革事业,揭开了内战时代的序幕。他们是奴隶主阶级改革派的先驱。

罗马三巨头

罗马三巨头是克拉苏、庞培、恺撒三个握有实权的人物。他们是共同瓜分罗马政权的同盟。

克拉苏出身于平民氏族,在随苏拉征战意大利的战斗中,立下战功,开始崭露头角。公元前七十二年,克拉苏被任命为罗马军统帅,镇压斯巴达克起义。他把俘虏的六千个起义奴隶,钉死在罗马通向卡普亚大路两旁,赢得了声誉。

与此同时庞培也从西班牙得胜回来。庞培出身于贵族家庭,托庇于苏拉的权势,迅速走向罗马政治舞台,先后夺取西西里岛,征服非洲,成为罗马深孚众望的人物。庞培看到苏拉走向没落,开始摆脱他的控制,并且讥讽苏拉:"崇拜初升太阳的人要多于崇拜落日的人。"迫使苏拉破例为自己举行凯旋仪式。

在讨伐西班牙的战役中,庞培侥幸取胜,这使他成为罗马炙手可热的人物。回到罗马后,他与刚刚镇压了斯巴达克的克拉苏展开了权力争夺。

克拉苏与庞培彼此钩心斗角,但出于政治上的需要,最终又携起手来,共谋合作。通过一系列紧张的活动,他们一起当选为公元前七十年度的执政官。顺应民主派势力增长的形势,他们采取了一些取悦骑士和平民的措施。

就在克拉苏与庞培为政治上的节节胜利而喜悦的时候,一颗政治新星又出现在罗马政坛。这就是尤利乌斯·恺撒。

恺撒出身于著名的贵族家庭,受过良好的教育。恺撒十三岁的时候就穿上成年男子的长袍,从事社会活动。十五岁时,他战胜众多竞争对手被选为朱庇特神的祭司。当时罗马的执政官苏拉很想拉拢恺撒,准备把女儿嫁给他。恺撒看不惯苏拉的残暴,便拒绝了亲事,因此遭到苏拉的迫害被迫流浪在外。

恺撒是个聪明有志向的人。他在外逃亡时听说苏拉死了,便立刻动身回罗马,在途中,他不幸被海盗抓获。恺撒答应给海盗双倍的赎金,得以脱身。脱险后,恺撒带领一支军队剿灭了海盗,并从中获得了大笔财产。

恺撒回到罗马后,积极为自己的从政事业做准备。他积极参加社会活

动,不断提高自己的知识和演讲水平。渐渐地,恺撒获得了良好的声誉。公元前六十九年,恺撒出任财政官。为了提高在平民中的声望,他设法恢复了已故改革家马略的声誉,马略妻子去世后,他发表了热情洋溢的悼词。

后来,恺撒与庞培的亲戚、苏拉的外孙女庞培娅结婚,与上层政治首脑建立了姻亲关系。公元前六十三年他担任大祭司,还在第二年被选为行政长官。

恺撒为了笼络人心,常常慷慨解囊,救济贫民,资助公共事业,以至于他被任命为西班牙总督时,因债务缠身脱不了身。幸好克拉苏解囊相助,才使他摆脱了债主,得以走马上任。

恺撒任西班牙总督期间,精心整军治财,征服了不少部落,使西班牙人成为罗马新的缴税纳贡人。恺撒还从这些税贡中拿出一部分赏给下属,从而赢得了将士们的拥护。恺撒在西班牙任满后,于公元前六十年回到了罗马。

当时罗马正举行执政官选举。恺撒为参加选举,放弃了凯旋仪式。他以雄辩的口才、改革派的形象、慷慨大度的品德以及赫赫战功,赢得了广大平民的支持。为了保证胜利,他谋求克拉苏和庞培的支持。为了巩固这层关系,恺撒取消女儿与他人的婚约,将年仅十四岁的女儿嫁给年近五十岁的庞培为妻。

公元前六十年夏,罗马三位有巨大影响力的政治家达成了相互支持的秘密协议,被号称为"三巨头同盟"。因为任何一方无法单独掌权,只有联合起来,才能与元老院抗衡。

在庞培和克拉苏的支持下,恺撒当选为公元前五十九年的执政官,他采取了一系列改革措施。执政官任期届满后,恺撒又出任高卢总督,利用武力吞并了几乎整个高卢地区。恺撒还写了一部记录战事的《高卢战记》。

恺撒的胜利,引起了另外两巨头的不满。为弥合裂痕,公元前五十六年,三巨头在路卡城会晤,达成新的协议,恺撒继续任高卢总督,庞培、克拉苏任当年执政官,卸任后分别任叙利亚和西班牙总督。

随后两年恺撒的声望更加高涨,元老院任命庞培为独任执行,借以限制恺撒的权利,想乘机除掉恺撒。

公元前五十四年,克拉苏在与安息的战斗中丧生,三巨头瓦解,变成了恺撒与庞培的直接斗争。公元前四十九年,元老院要求恺撒交出总督权位,解散军队。恺撒声称为自由而战,带兵杀回罗马,击败了庞培的军队,取得了内战的胜利,被推举为终身独裁者。

庞培在逃往埃及时被杀。恺撒实施了一系列改革措施,修订了儒略律,恺撒还积极向帝制迈进。一天,执政官安东尼把一项王冠加在他头上,高呼:"恺撒大帝万岁!"可是没有人响应。恺撒只好懊丧地说:"我是恺撒,不是大帝!"

恺撒在向帝制迈进时采取了一系列强制的改革措施,这引起了元老院贵族和政敌的强烈不满。公元前四十四年三月十五日，恺撒坐在抬床上来到元老院。他刚跨进议事厅，后背就挨了一刀，紧接着又是几刀。恺撒拔剑转过身，看到手握利刃的人中竟有他的亲信布鲁特斯。他又惊又怒地呼道："还有你？！"他绝望地放下宝剑，拉起自己的袍子遮住头部。

恺撒在愤恨与遗憾中死去了。后人根据他的功业，尊称他为"恺撒大帝"，尽管他最终没有戴上王冠。

恺撒的死，使罗马三巨头时代结束。

罗马日落

罗马共和国在内乱的不断打击下，共和制逐渐走向没落，政权落在了独掌兵权的屋大维手中，开始了罗马帝国时期。

公元一至二世纪，由于内战的结束和对周边民族及地区扩张战争的暂时停止，航海和技术的进一步发展，罗马帝国社会经济出现了一个长期稳定和发展时期，即"罗马和平"。帝国西临大西洋，东至美索不达米亚，北抵莱茵河与多瑙河流域，南及北非广大地区，成为称雄一时的强大帝国。罗马城则被称为"永恒之城"。

在公元三世纪，帝国出现了全面危机。奴隶主残酷的压榨，使奴隶失去了最低限度的劳动积极性。他们消极怠工，甚至毁坏庄稼。农业的衰败波及工商业，城市也失去了商旅云集的繁荣景象。大庄园主挖沟筑垒，建立私人武装，逐渐演化成割据地方的豪强地主，大大削弱了中央的权力。各行省的驻军自立首领，拥兵自重。皇帝成为地方军阀的傀儡。公元二三八年，元老贵族拥立的四个皇帝全被军人杀死。随后的十五年里，走马灯似的换了十个皇帝。军人出身的皇帝戴克里先和君士坦丁，利用自己对军权的控制，一度强化了集权统治。君士坦丁还将首都迁到拜占庭，定名为君士坦丁堡，企图借助东方行省的经济力量来维持帝国的实力。君士坦丁力图保持奴隶制度，强调奴隶主的特权。他正式承认基督教的合法地位，利用基督教宣扬忍耐、顺从的教义作为精神统治的支柱。但君士坦丁挽救不了奴隶制帝国的命运，帝国内部不断爆发起义，周边民族的不断入侵更加剧了帝国的危机。

公元二六三年,西西里爆发了大规模的奴隶起义;二七三年,罗马造币厂奴隶也掀起了争取自由的斗争。大约与此同时,高卢爆发了大规模的"巴高达"运动。起义军占领许多城市和乡村,推举自己的首领为皇帝。

四世纪三十年代,北非爆发了阿哥尼斯特(意为争取正义信仰的"战士")运动,他们到处打击奴隶主和大地主,使西罗马帝国统治更加虚弱。

摇摇欲坠的罗马帝国又受到日耳曼人的攻击。日耳曼人骁勇善战,被罗马人称为蛮族。他们在西进的匈奴人的逼迫下,成群结队自东向西迁徙,潮水般地涌入罗马帝国境内。日耳曼人中的西哥特人迁居到巴尔干半岛北部,不堪忍受罗马官吏、奴隶主的压迫,开展了英勇的反抗斗争。

在内外交困的打击下,公元三九五年,罗马帝国一分为二:以君士坦丁堡为首都的东罗马帝国和以罗马城为首都的西罗马帝国。

西罗马帝国的噩梦并没有结束。五世纪初,西哥特人再次大举进攻。西哥特人首领阿拉里克率领大军开进意大利,直逼罗马。出征前,阿拉里克向妻子许诺:要让罗马城里最有地位的贵妇人侍奉她,要把罗马城内的财宝都赠给她。

当时,西罗马十七岁的皇帝荷拉留是个低能儿,一听说西哥特人攻来,吓得手足无措。幸好他的执政官斯提里科精明强干,迅速调来军队,利用西哥特人庆祝复活节的时机,偷袭西哥特人大胜,并且俘虏了阿拉里克的妻子。斯提里科虽然取得了胜利,但他深知,西罗马绝不会最终打败西哥特人的。因此,他与阿拉里克订立了和约,结为盟友。

几年后,西罗马有位将军反叛,斯提里科想借助阿拉里克的力量平息叛乱。不料此举遭到罗马元老院的强烈不满。元老院贵族向皇帝进言,说斯提里科想利用阿拉里克推翻皇帝,企图让自己的儿子当皇帝。低能皇帝听信谗言,下令处死了斯提里科父子。罗马皇帝此举正好给阿拉里克制造了进攻借口。阿拉里克以替朋友和盟友斯提里科报仇为由,率军进入意大利,直逼罗马城下。

阿拉里克率军团团围住罗马城,并切断了罗马城内的粮食供应。眼见各地奴隶贫民纷纷投奔阿拉里克,而罗马城内因饥荒和瘟疫而一片萧条,皇帝荷拉留龟缩在拉温那又不思解围,罗马城内的贵族不得已派人向阿拉里克乞降。阿拉里克傲慢地对罗马使臣说,罗马城除了居民的生命,其他的东西都要带走。罗马使臣又试探着说:"城内还有积极备战的士兵。"言外之意是罗马人不能接受他的苛刻条件。阿拉里克大笑着说:"那好,草长得越茂盛,割起来越顺手!"经过再三请求,阿拉里克答应撤围。西罗马付出的是大批财宝、释放所有外族奴隶、派贵族子弟当人质的代价。

不过,西罗马皇帝对这个结局,并不感兴趣。他拖延时间,等东罗马援军到来后,他明确宣布,拒绝与阿拉里克签订和约。阿拉里克决定攻陷罗马。四一○年,西哥特人联合匈奴再次进军罗马城。奴隶们在夜间打开城门,迎接西哥特人。这座固若金汤的"永恒之城",八百年来第一次陷入敌手。昔日奢华的帝国之都惨遭洗劫:到处是尸体和鲜血,许多人被卖为奴隶,罗马城失去了往日的繁荣。

公元四七六年,日耳曼雇佣军统帅奥多亚克废黜了西罗马末代皇帝罗慕洛·奥古斯都,西罗马帝国灭亡了。西欧历史进入中世纪。

虽然远在君士坦丁堡的东罗马帝国依然延续了一千年,但它已失去了昔日罗马帝国在欧洲的中心位置,它连母语也被希腊语取代了。那个曾经光芒万丈的古罗马,成了落日后的黄昏。

庞贝古城

在城市规划建设方面,古罗马人具有很高的成就,许多历史文献记载了这些美丽、繁荣的城市。但由于天灾人祸,一些古城已面目全非,甚至了无踪迹,以至于人们怀疑它们是否存在过。庞贝古城就是其中最著名的一座神秘之城。

一些考古学家坚信庞贝古城的存在,并且按照有关典籍进行挖掘、探寻。十八世纪初,意大利农民在维苏威火山西南八公里左右的地方修筑水渠时,挖出了许多古罗马钱币。一七四八年,人们又在附近挖出一块经过雕琢的大理石块,上面刻着"庞贝"字样。原来它早已深埋在地下,庞贝古城终于找到了。

一八六○年起,考古工作者开始有计划的发掘工作。经过两个世纪断断续续的努力,这座在地下沉睡了一千七百多年的罗马古城,大部分得以重见天日。人们终于可以走进古城,遥想它当年无尽的风采。

庞贝城总面积约一点八平方公里,四周为石砌城墙,设有七个城门。纵横各两条大街,将全城分成井字形的九个街区,街区有小巷穿越。石板铺就的大街宽阔平坦,两边建有人行道。每一个十字路口都有石制的水池,上面装饰着精致的雕像。渡漕把城外山上的泉水引到城内的水塔,然后流向各公用水池和富豪的庭院。

古城西南部有一个长方形广场,城内最宏伟的建筑都集中在这里。广场东南为官府所在地;东北是商场,店铺鳞次栉比;商品琳琅满目,当地葡萄酒、呢绒、东方的香料、宝石,非洲的象牙等都在这里交易。发掘出的一个水果铺的货架上,摆满了栗子、胡桃、无花果等果品,虽然经历了一千多年,从外形上还能辨认出来。

庞贝城东南角,有两座规模宏大的建筑物——竞技场和大剧院。竞技场可以容纳两万多人,几乎相当于该城全部人口。

不论是公共建筑还是贵族的豪宅,墙上都绘有壁画。豪宅中到处摆着塑像,陈设着珍奇的金银饰品,还在一家发现了一幅描绘亚历山大与大流士三世战斗场面的壁画,由一百五十万块彩色玻璃和大理石片镶嵌而成,十分精美、生动。

《自然史》的作者普林尼与庞贝古城同时遇难。普林尼的侄子小普林尼目睹了一切,他把这一灾难讲给了历史学家。这样,人们才知道庞贝古城消失的原因。

那是公元七十九年的一天,庞贝城内的居民与往常一样吃过早点,乘车穿过叫卖声此起彼伏的大街,去剧院看看彩排,到竞技场看看角斗士训练。中午时分,维苏威火山上空出现了五颜六色的巨大云团。云团像根大柱子慢慢升高、扩散。不一会儿便遮住了阳光。庞贝古城的居民奇怪地走出家门眺望远处从未见过的景观。突然,一条赤红色的火舌从维苏威火山山顶喷吐出来。火舌一升一升,将天空舔得通红通红。很快,火舌释放出的巨大热量包围了观望的人们。人们开始躁动不安起来。有人在街上惊恐地大喊起来:"魔鬼来了!世界末日到了!"大地也随着人们惊慌地抖动起来。天空是可怕的绚烂,大地是心惊肉跳的晃动。就在人们乞求黎明到来、乞求上天保佑之时,红色的岩浆向人们奔涌而来。来不及逃命的人被岩浆迅速吞噬。接连七天七夜的火山咆哮,庞贝古城被岩浆深埋在十四米的地下了。庞贝古城消失了,只留下少数几个逃跑幸存的人的可怕记忆。

发掘古城时,发现了许多受难者的石膏像。在突如其来的灾难中来不及躲避和藏匿的居民,被火山尘埃封住,尸体腐烂了,尘埃却凝结成人体的模型。考古学家把石膏灌进去,再现了受难者临终时的各种姿态和神情。

庞贝古城的发掘,不仅解开了庞贝之谜,更重要的是再现了古罗马人的一些生活场景,给研究当时的社会、经济、文化提供了许多丰富的文物资料。

元首屋大维——从共和到帝制的过渡者

恺撒被刺后,他的养子屋大维被罗马元老院抬了出来,让他统率部分恺撒的部队,与恺撒的另外两大将领——安东尼和雷必达抗衡。

屋大维虽然年龄不满二十岁,但野心勃勃,权术老道。他先使用元老院的势力来压制力量最强大的安东尼,后又与安东尼和雷必达结成"后三巨头同盟",对付与打击元老院,为自己大权独揽开辟道路。

公元前四十三年秋的一天清晨,罗马突然宣布戒严令,大街小巷张贴着"公敌"的画像和追捕他们的文稿,全城所有的城门、街道、广场、河口和山头,都布满了手持武器杀气腾腾的士兵。文稿鼓动人们去捉拿公敌——也就是元老和支持他们的骑士,宣称:任何割下公敌头颅的人都可以领到一笔巨额奖金,如果是奴隶杀了"公敌",除了领奖外,还可以恢复自由;而谁要是窝藏"公敌",将与"公敌"同样论处!

一时间,血腥味充斥了罗马城。一队队手持利剑的士兵在城里穿梭,一颗颗滴血的头颅怒目圆睁。那些被列入"公敌"名单的人,那些屋大维派的政敌与私敌们,上天无路,入地无门,即使躲藏在水井里、阴沟里、烟囱中、瓦堆下,或者痛哭流涕地俯伏在士兵的脚下也没用。他们不是被杀,就得自杀,在屋大维的严厉攻势下,还出现了儿子告发父亲,妻子供出丈夫的事例。罗马人人性的扭曲大概是从这时开始的吧。

几天下来,被处死和没收财产的敌人有三千多名,罗马的另类精英被消灭殆尽。

屋大维巩固了自己在罗马的绝对地位后,开始了对罗马以外的政治对手的进攻。他与安东尼一起,先在马其顿打败了杀害恺撒的仇敌布鲁特斯和喀西约,迫使他们自杀;然后在公元前三十六年进攻庞培的军队,庞培一路失利,逃亡东方后被杀。至此,与屋大维相抗的人只有安东尼和雷必达了。

屋大维对雷必达采取"表面提拔,实际剥夺"的办法。他把雷必达从罗马西部的军队中召回,授予他大教长的虚位,解除了他的军权;这样罗马和罗马以西的领地与军队都控制在屋大维的手里;对安东尼在东部的行省与军队,屋大维觊觎已久,在等待机会。

安东尼据有东方行省,势力很大。他到达东方后,以埃及为据点进行统治。当时的埃及隶属于罗马,其女王是克里奥帕特拉。克里奥帕特拉美艳绝伦,风流盖世,安东尼对她一见钟情。公元前三十七年,安东尼与克里奥帕特拉结婚,并宣布把罗马东方的领土分一部分送给女王与其子女。消息传来,罗马群情激愤:"安东尼总督迷恋上了尼罗河的妖蛇。""罗马将军听从埃及女王的排遣,耳朵太软了。""安东尼简直是罗马的叛徒,卖国贼!"

这一切,屋大维听在耳里,喜在心上。被激怒的罗马权贵们决定拥护屋大维而反对安东尼。经元老院和人民大会讨论,安东尼被宣布为"祖国之敌",他的权力被剥夺,罗马宣布讨伐安东尼和克里奥帕特拉,远征的讨伐队伍就由屋大维来指挥。屋大维一统天下的机会终于到来了。

公元前三十一年九月,罗马讨伐军与安东尼、埃及女王的舰队相遇于希腊西海岸的克里兴,双方战舰的数量相当。会战开始不久,双方胜负尚未见分晓,埃及女王错误地认为安东尼大势已去,在紧要关头釜底抽薪,率领六十艘战舰撤出战场,返回埃及,而安东尼正为情所困,也扔下部队逃回埃及。失去指挥的战舰无心再战,遂全部投降。屋大维犹如天助,没费吹灰之力便取得决定性胜利。

第二年夏天,屋大维一路乘胜追击,安东尼的军队如山崩瓦解,相继投降。也曾威名赫赫的安东尼在绝望下自刎而死,埃及女王克里奥帕特拉在向屋大维示意而遭到冷落后,也在宫内用毒蛇把自己咬死。

击败安东尼后,屋大维已再无对手,他已经成为同恺撒一样伟大的强权人物。当时他才三十六岁。东征凯旋之后,屋大维开始采用"元帅"称号。"元帅"本为共和时代获胜的军队司令官在战时才可以暂时获得的称号,由于屋大维终身享用这一称号,才使这一称号有了专制君主的意义。公元前二十七年,屋大维又获得了"奥古斯都"(意为至尊至圣)的称号。后又获得了大教长和"祖国之父"的职务和称号。这样,屋大维成为真正的集政治、行政、军事、宗教大权于一身的专制君主。无论是元老院还是公民会议,都已成为他手中的政治工具。元老院不断地给屋大维授予各种荣誉和各种称号就是明证。

屋大维的这种统治形式就是元首政治。在元首政治下,共和国的一切机构仍然存在,但都已名存实亡。屋大维是没有皇帝称号的皇帝,他也是从共和到帝制的关键环节。

屋大维是罗马前期的一位杰出统治者,他实行了一系列的改革,创立了一些新的官僚体制。比如,屋大维实行精英政治,竭力提高元老贵族和骑士的政治经济地位,规定各级高级官职必须由元老和骑士担任,国家的决策相对更合理可行。再如,屋大维对军队进行了整编,将军队缩编为二十八个精锐的军团,建立了近卫军,完成了由公民军向职业化军队的过渡。

屋大维是能征善战的将领,在打败各路豪杰后,他决定把和平赐给罗马人。公元前三十年的某一天,屋大维号召公民们到雅努斯神庙去。在熹微的晨光中,他站在庙前的一个台阶上,高举双手,向欢呼的人们大声喊道:

"公民们,雅努斯神庙供奉着我们的马尔斯战神,伟大的战神保佑着我们。庙门打开时,战神就出来保护我们。二百年来,神庙的大门一直敞开着,罗马也一直处在战争中。现在战争结束了,罗马和平了。因此我决定,神庙的大门从此关闭,让伟大的马尔斯战神获得安静,让我们罗马享受和平!"

屋大维的演讲赢得人们的阵阵掌声,当庄严的祭祀仪式结束后,雅努斯神庙沉重的大门被缓慢地关上了。此后二百年中,和平女神住在了罗马。

屋大维统治了罗马四十三年。这是古罗马最安定、最富庶的"黄金时代"。

众叛亲离的暴君

公元六十八年的一个黑夜,在罗马郊外一所破旧的房子里,三十一岁的皇帝尼禄坐在地下室中,命令仆人到房子后面去给他挖坟墓。只见绝望的尼禄手中拿着两把锋利的匕首,目光呆滞,两腿颤抖。虽然已经众叛亲离,西班牙和高卢行省的总督掀起了反对他的残暴的暴动,近卫军背叛了对皇帝的忠诚,元老院宣布他为人民公敌,并判处鞭笞死刑,可尼禄没有自杀的勇气。他要求一个随从先自杀,给他做示范,但对这个残暴的皇帝已无人服从了。东方已发白,天快亮了,远处传来人喊马叫声,尼禄藏匿的地方即将被发现了。无可奈何下,尼禄叹息一声,"多么伟大的一位艺术家要死了啊!"然后把匕首放在跟前的随从的手里,抓住这只手向自己的喉咙刺进,结束了罪恶的一生。

尼禄是恺撒家族的最后一个统治者,公元三十七年,他出生在罗马附近繁华的海滨城市安齐奥。他的父亲是罗马帝国的一个官员,劣迹昭彰,杀人无数。母亲美如天仙却毒如蛇蝎,也以杀人、折磨人为乐。尼禄三岁时父亲死去,母亲阿格里庇娜同克劳第厄斯皇帝结婚。婚后她先用种种诱惑诱使克劳第厄斯皇帝立尼禄为嗣,后来又劝他废掉亲生儿子布里坦尼克斯的王位继承权,让尼禄代之继承王位。国王对阿格里庇娜的要求依次答应了,但阿格里庇娜怕皇帝改变主意,便在得到了她想要的一切后用一盘毒蘑菇把国王毒死。她又拿出大笔钱收买卫队,然后正式宣布十六岁的尼禄为罗马帝国新的皇帝。

年轻的尼禄一登上王位后,他所秉承的恶劣人性便发作了。由于担心十四岁的异母兄弟布里坦尼克斯会争夺他的王位,尼禄找到那个曾帮助其母配制毒蘑菇的人,得到了一种烈性毒药。在一次宫廷宴会上,尼禄把毒品放进了布里坦尼克斯的酒中。席间,尼禄一边津津有味地吃饭,若无其事与跟前的大臣高谈阔论,一边等待那个十四岁的小孩饮进毒酒。布里坦尼克斯喝下毒酒,全身开始出现痉挛,大臣大喊着找御医,涌上前想要帮助这小孩,尼禄平静地解释说,他只不过是在发癫痫病,不要动他。一小会儿后布里坦尼克斯死了。这是尼禄开创的第一个杀人记录。

尼禄的母亲阿格里庇娜常常以女王身份自居,分享他的权力,使他不能随心所欲,对此尼禄十分恼恨。处死了兄弟后,母子间的关系更加恶化了。尼禄十九岁那年,爱上了罗马一位贵夫人,要同阿格里庇娜亲自做主为他选定的妻子离婚,阿格里庇娜听到后气愤地责问尼禄:"听说你不喜欢自己的妻子,跟别的女人胡来。我要警告你:皇后是我选定的,我不许你废掉她。"

"我喜欢谁就要谁,我是皇帝。我可以决定一切!"尼禄这样回答母亲的威胁。随着尼禄对母亲的厌恶的增加,他决定对自己的生母下毒手。一天,尼禄在海滨举行宴会,宴会后他派一只特别的船送母亲回家。夜里,这只船行驶在大海上,特殊处理的船体破裂成碎片。尼禄想用这个方式淹死阿格里庇娜,但没想到他母亲游到了岸边,大难不死!阿格里庇娜派人给尼禄送信,尼禄知道自己的毒计未成功后又生出一条毒计。在和信使讲话时,尼禄偷偷把一把匕首放在地上,然后脸色一变说:"你是阿格里庇娜派来的刺客。"根据这条罪状,尼禄派出一支军队,杀死了自己的亲生母亲。

尼禄对待妻子也是血腥残暴的。他十五岁时娶了继父克劳第厄斯十三岁的女儿为妻,当他厌倦这个女孩子后,就把她放逐到一个岛上,后来又派人杀死了她。第二个妻子波比亚,只因为有一次她抱怨尼禄回家太晚,就被尼禄残忍地杀死了。尼禄的第三个妻子是斯塔蒂丽亚,这个女人原本有家有业,尼禄先强迫她同丈夫离婚,弄到手后很快又对她厌恶起来,竟在她怀孕的时候,残暴地把她打死了。

尼禄的教师和顾问森尼卡曾是尼禄的心腹,在这位老师离开他后,尼禄传去命令让他自杀,之后又命人砍下他的双手。

尼禄以杀人为乐,随意杀人。只要他提出一个人的名字,就可以把他处死。许多元老院议员、名人和卫队官员都被处死了。他们或被斩首,或者被切开动脉血管,或者遵命自杀。至于被杀的无辜贫民、士兵、奴隶就多得不可胜数了。在他的统治下,整个罗马笼罩在一片恐怖气氛中。

尼禄喜欢挥霍,浪费惊人。他外出野游时由一千辆华丽的马车列队护送,他打赌的赌注使国库空虚。为了满足他的无底洞式的开支,尼禄多次把私人财产充公,杀死北非和西班牙的地主以掠夺他们的财产。他还废除了早年制定的减税法以及对老人和穷人的补助法,霸占寺庙财产,让货币贬值。

公元六十四年七月十八日夜晚，罗马城发生了大火，整整烧了一个星期。城中十四个区有三个全部烧光，七个严重毁坏。许多人不幸遇难，更多的人流离失所。有传言说，这是皇帝想建造新的罗马城，同时想欣赏大火的场面而下令烧的。有些人甚至宣称看见尼禄站在高塔上，身穿戏装，面对一片火海，弹奏着里拉琴，演唱他那关于特洛伊陷落的民谣。火灾之后，尼禄大兴土木，为自己建造了金碧辉煌的宫殿。面对世人的指责，尼禄选中了基督徒来承担责任。他先指控基督徒纵火，后又指控他们"仇视人类"，对这些无辜的穷人、奴隶和异乡人展开残酷的屠杀。古罗马史学家泰西塔斯曾这样记载过："在皇帝的私人竞技场上，一些基督徒被蒙上兽皮，让狼狗活活咬死，另一些人被紧紧地捆在十字架上，点燃后作为黑夜中的火炬。身穿驭手服装的皇帝和人群混在一起欣赏这一壮丽奇观。"

除了残暴、挥霍、嗜血三大特征外，尼禄的艺术爱好也是很突出的特点。这位皇帝从童年时代起，就表现出艺术才能，他从事绘画、雕塑，尤其对音乐很感兴趣，有一定的天资。尼禄能讲流利的希腊语和拉丁语，他的诗写得非常流畅，人们甚至以为是诗人替他写的。他雇佣了罗马最好的歌手教他唱歌，并常常在街上，在皇宫花园里露天剧场邀请平民听他弹琴演唱。在节日里，他举办有奖演出并亲自参加，甚至到希腊去参加演员和音乐家的表演比赛。在尼禄时代，戏剧演出中的杀戮和处死情节都成了真的，扮演"死囚"角色的奴隶在舞台上被"正法"，可见尼禄在娱乐中还念念不忘杀人！

尼禄的恐怖统治、疯狂屠杀和对基督徒的残酷迫害，激起全社会的反对，他的雕像被玷污，墙上写满咒骂他的文字。最后，罗马的军队起来造反，北非和西班牙的军队发生暴动，地方官员宣布独立，老百姓围住王宫要食其肉寝其皮。在四面楚歌和众叛亲离中，终于出现了本文开头那迟来的一幕。

耶稣——上帝的儿子

在罗马的东方行省巴勒斯坦地方，居住着多灾多难的犹太民族。这个民族在历史上曾遭到亚述、埃及、波斯、塞琉古、罗马的侵略,多次饱尝亡国之苦。到了罗马统治时期,犹太人的反抗斗争受到更为残酷的镇压,因此出现了宣扬"救世主将要降临"的秘密宗教派别——犹太教。到公元一世纪时,据传,犹太人的救世主降生了,他就是耶稣。

耶路撒冷城里有一个少女,名叫玛利亚。她已经和约瑟订了婚,但是没有出嫁就怀孕了。约瑟感到很难过,他想解除这个婚约。但一个梦打消了约瑟的疑虑。在梦中,上帝派了一个使者找到约瑟,对他说:"玛利亚是受上帝圣灵感动怀的孕,她怀的是上帝的儿子。这孩子是上帝派来拯救百姓苦难的,他的名字叫耶稣。"约瑟醒来诚惶诚恐,赶紧把玛利亚娶过来,不久,在伯利恒城一家小旅店里的马棚中,玛利亚果然生了一个男孩,取名叫耶稣。

耶稣出生的那天是十二月二十五日,住在附近的居民看到有一颗明亮的星星从天上落向耶路撒冷城,都高呼道:"救世主降生到人间来了!基督降生到人间来了!"他们相信,某处降生的那个婴儿,就是上帝看到人类苦难太多后派来救世的他的儿子。

在犹太人兴奋地为耶稣祈祷的时候,罗马统治者知道了这件事情。他们认为这是有意蛊惑人心,煽动叛乱。为了断绝犹太人的念想,罗马统治者竟然下令要把耶路撒冷城所有两岁以下的婴儿都杀死。约瑟和玛利亚得知了这个消息,连夜抱了耶稣逃到埃及,罗马人一路追杀也没赶上。

耶稣在异乡慢慢长大,他走遍了中东各地。直到十二岁时,才在父母的带领下回到耶路撒冷城,进行朝圣。庄严的朝圣活动让耶稣大为震惊,他一边虔诚地听讲,一边向别人请教,对宗教充满了憧憬和向往。后来的某一天,耶稣在约旦河边见到了一个名叫约翰的教士,约翰舀起河里的水给人洗礼。约翰边施洗礼边大声地说:"快来洗礼呀,洗去你的罪恶,做个纯洁的人。"耶稣听着听着便流下眼泪,扑通一声跳下河中,请求约翰给自己洗礼。

受洗后,耶稣经受了种种考验,神圣性逐渐表现出来,头顶上出现了一束巨大的光圈,甚至白天都能看见。从此,耶稣自称为上帝的儿子,开始传教,收了不少门徒。

传教中,耶稣显示了很多神迹,教徒越来越崇信他。据说有一次一个麻风病人来朝拜他,耶稣伸手一摸,麻风病人的病就好了。又有一次耶稣走到他的门徒彼得家里,看到他的岳母躺在床上发烧,耶稣又是伸手一摸,老太太的热度马上退了下去。还有一回,耶稣带了门徒去航海,突然海上刮起大风,大浪冲上了船舷,航船眼看就要沉没。这时耶稣站起来对大风大浪痛呵一顿,海面马上平静下来。

耶稣四处传教,四处行善。他给人治病,让哑巴开口讲话,给没有饭吃的人分饼——据说耶稣拿了个饼,用手一掰,一个就变成两个。耶稣不停地掰,不停地分给众人吃。结果几千人都吃饱了,他手中还剩下两张饼。

耶稣总是劝人们信仰上帝。一天,他指着一棵无花果树说:"从今以后,你永远不结果子。"那棵无花果树立刻就死了。人们看了都很奇怪。耶稣就教训说:"只要你诚心信仰上帝,就有力量把一座山挪到海里去!"还说:"凡是和睦的人都会是幸福的。他们会将自己的生命献给上帝,他们死后将在天堂里生活,过着无比快乐的日子。凡是与上帝作对,不遵守上帝信条的人,他们死后,就会下地狱⋯⋯"他劝人们做好事,不要贪财,他告诫人们,"富人死后是不能进天堂的,他们进天堂比骆驼想穿过针孔还难!"耶稣常对跟随他的人说:"凡是虚心的人都是幸福的,天国将属于他们;凡是和睦的人都是幸福的,他们将被称为上帝的儿子;凡是被人辱骂,被人欺凌的人都是幸福的,他们死后将在天上得到赏赐;凡是仇恨别人的人,一定要受到上帝的审判!"耶稣顿了一顿,强调地说,"你们还听着,要爱自己的仇敌,不要同恶人作对。有人打你的右脸,你就再把左脸送给他打;有人抢你的外衣,你就再把内衣送给他⋯⋯"

耶稣的名声越来越大,崇信他的人越来越多,引起了罗马统治者的恐慌和仇恨,他们想杀死耶稣,并悬出赏格招募举报者。耶稣这时有十二个门徒帮他布道,内中有一个叫犹大,他看到悬赏动了心,就跑到祭司长那儿问:"我把耶稣交到你们手中,给多少钱?"祭司长立刻给了他三十块银币。见钱眼开的犹大许诺说:"逾越节的晚上,我指给你们看谁是耶稣。"

节日的晚上,耶稣和十二门徒一起共进晚餐。十三个人围坐桌旁,共同举起杯子,感谢上帝的赐福。耶稣环视一下门徒们,叹了口气后说:"你们中间有一个人出卖了我!"门徒们都很惊慌,面面相觑。犹大脸色苍白,手指哆嗦,低着头不敢说一句话。饭一吃完他便急忙溜开了。

饭后耶稣带着门徒,唱着圣歌走出门。他们来到了非常安静的橄榄山。突然,山下传来了一阵嘈杂声,祭司长和官吏带了好多拿着棍棒和大刀的打手向山上爬来。同来的还有犹大。犹大走到耶稣跟前,轻轻地吻了吻耶稣的脸颊。耶稣双目直视,大声问道:"朋友,这亲吻是暗号吗?你要出卖上帝之子吗?"

犹大不吱声,退到一旁,士兵们蜂拥而上,扭住了耶稣。

耶稣被捕以后,受尽了酷刑。最后,罗马总督判处他死刑。耶稣受难时面无惧色,他目光柔和地看着众人,给门徒们送上最后的祝福。罗马人把耶稣残忍地钉死在了十字架上!

三天后,人们发现他的尸体奇怪地消失了,人们都说耶稣复活了,又和上帝的子民们在一起。

耶稣传的宗教给犹太人巨大的安慰和鼓舞。此后犹太人拒不遵行对皇帝的礼仪,拒绝应征入伍,不怕罗马长官的处罚。他们认为,当今悲惨世界仅仅是通向天堂极乐园的一间外室,要他们以身殉道,何乐而不为之。耶稣送来了使他们获得自由的话,耶稣使他们在世界的权势面前,再也不显得卑贱无助了。耶稣让他们成了受慈父宠爱的孩子,耶稣答应让他们继承世界的一切。耶稣死了,但耶稣创立的基督教流传下来,而且越来越强大,最后罗马政府也对之妥协,终于承认了它的合理性。

法兰克人的帝国

法兰克王国的缔造者——克洛维

日耳曼人主要生活在北欧地区,公元三世纪进入由蒙昧向文明过渡时期。在匈奴西进过程中,日耳曼人不断侵扰古罗马帝国,西罗马帝国最终被日耳曼雇佣军灭亡。日耳曼各部族在罗马境内建立了许多自己的国家,其中法兰克王国版图最大,存在时间最长,对欧洲历史的影响也最大。

五世纪初期,法兰克人利用高卢发生"巴高达"起义的机会,逐渐占领了高卢北部地区。公元四八一年,出身墨洛温家族的克洛维,继承了法兰克王位,建立了墨洛温王朝。

克洛维四六五年出生,他的父亲希尔德里克是法兰克人的一位杰出军事将领。父亲的赫赫战功,为墨洛温家族赢得了极高的荣誉,克洛维也在随父征战过程中学习了许多军事技能和统治经验。他即位时虽然只有十六岁,但他很快就把王国大权牢牢抓在手里,并把为法兰克开疆拓土定为自己的奋斗目标。

四八五年,克洛维整治军备,率领大军向高卢内地进攻。罗马大将西阿格里乌斯率兵在苏瓦松(巴黎东北)与克洛维会战。克洛维把战阵部署在平原上,另派两支劲旅迂回到罗马军背后。罗马骑兵很快突破法兰克阵地,法兰克人似乎失去抵抗能力,中路洞开,西阿格里乌斯以为胜利已向他招手了。没想到两翼的法兰克骑兵突然合拢,切断了罗马骑兵和步兵的联系,包抄的部队也从后面杀来。面对勇猛顽强的法兰克人,罗马军队魂飞胆丧,四散溃逃。克洛维占领了西罗马帝国在高卢的最后一块领地——苏瓦松地区。苏瓦松战役为法兰克王国的形成奠定了基础,克洛维有了侵略扩张的稳固后方。

克洛维还利用苏瓦松战役,巩固了自己的统治地位。战斗结束后,法兰克人洗劫了苏瓦松城,在抢来的大批财物中,有一只原属教堂的特别大的精美别致的广口杯。这是教堂的圣物,神父恳求克洛维归还,并许诺向他提供支持。克洛维已经看到基督教的力量非常强大,用一只广口杯换取教会的支持当然太值得了。不过法兰克人的习惯是由抽签决定战利品的分配的,一名武士反对克洛维的要求,并愤怒地将杯子打碎。习惯法连国王也必须遵守,克洛维强忍怒火,没有发作。但在阅军时,克洛维故意找茬儿,责备打碎杯子的武士没有好好保养武器,随后用战斧劈碎了他的头颅。"苏瓦尔之杯"事件使法兰克人更加敬畏克洛维。

克洛维深深懂得,单靠武力是很难达到自己的目标的,如果获得罗马教会的支持,法兰克的扩张就会事半功倍。法兰克人一向信奉多神教,崇拜偶像。但克洛维的妻子出身于勃艮第王族,是一个基督教徒。克洛维顺应时势,于四九六年率领三千名亲兵接受了基督教的洗礼,皈依基督教。

罗马教会在风雨飘摇的动荡社会中,也迫切需要寻找一支强大的政治势力做靠山,借以保护自己的土地和财产。克洛维接受洗礼后,教会就以"上帝"的名义为克洛维的扩张作辩护。在教会的支持下,克洛维加快了侵略扩张的步伐,他夺取了莱茵河中游西岸阿勒曼人的大片领土,击败了西班牙半岛和高卢南部的西哥特人。五〇七年,克洛维与西哥特国王阿拉里克进行了最后决战。双方在伏依野原野展开激战,阿拉里克兵败被杀,克洛维夺得了大片领土。

克洛维的战功使他成为法兰克至高无上的权威,但他时刻警惕其他潜在的对手,着手剪除旧日的同盟者。克洛维派人煽动里普阿尔法兰克人军事首领西吉伯特的儿子克洛德里克弑父夺权,又派人刺杀了克洛德里克。在亲兵的护卫下,克洛维来到谋杀现场,召集里普阿尔法兰克人,表白自己与此事无关,痛斥这是"一件罪恶的勾当",号召里普阿尔法兰克人接受他的"保护"。不明真相的里普阿尔法兰克人早就敬仰叱咤风云的克洛维,失去首领后群龙无首,接受了克洛维的统治。

克洛维用各种手段兼并其他部落,国势日益强盛。克洛维把原来罗马帝国国有的土地、森林、荒地和奴隶主的庄园,大量赏赐给他的亲兵、贵族和教会,法兰克人开始向封建制社会过渡。

五一一年,法兰克王国的开创者克洛维在巴黎死去,葬于圣彼得教堂。他为后代留下了一个强大的王国,开启了欧洲封建社会的大幕。

查理大帝

公元七五一年,法兰克王国宫廷总管丕平,在罗马教皇的支持下,夺取王位,接受教皇的加冕,开始了加洛林王朝的统治。

丕平的儿子查理,经常随父出征作战,受到了军事上和政治上的锻炼。七六八年,丕平去世时,法兰克王国已经成为西欧最强大的封建制国家。查理遵照父亲的遗嘱,与弟弟卡洛曼平分了法兰克王国。但仅仅过了三年,卡洛曼去世了,查理统管了全部国土,开始了大规模的南征北战。

七七四年,罗马教皇哈德良受到伦巴德王国的侵袭,向查理求援。查理乘机率军翻越阿尔卑斯山,进攻意大利北部的伦巴德王国。

伦巴德的国王是查理的岳父。伦巴德曾多次进犯罗马,查理应教皇之请率兵打败了伦巴德人。伦巴德国王便把女儿嫁给查理为妻。由于查理对伦巴德公主态度生硬,伦巴德国王非常恼恨,发誓与查理对立到底。

查理的大军迅速逼近伦巴德都城巴威亚。伦巴德国王很想亲睹一下女婿的风采,便在一位法国贵族的陪同下登城观望。国王远远地看见尘土滚滚,遮住了半边天。国王问道:"带队的是查理吧?"法国贵族摇摇头说:"不,那是查理的辎重马车。"远处又扬起漫天的沙尘,是一队骑兵奔驰而来。"这回查理该出现了吧?"

"不,这里没有查理!"法国贵族还是摇头。

"还没有?查理有多庞大的军队?"国王吃惊地问道。

一会儿,又一片密集、整齐的队伍威风凛凛地来到城下。"上帝呀,查理终于来了!"国王又惊叫道。

"国王,您再看看远处吧,查理在那里。"国王顺着法国贵族的手指一看,远处黑压压地涌过一大片乌云,乌云中闪烁的白光将黄昏的巴威亚照得如同白昼。那片乌云是查理的身着黑铁衣的卫队,白光是士兵手中的兵刃。

"天啊!快关城门!快关城门!"国王惊骇得浑身发抖。查理的大军

让他大开眼界,又魂飞魄散。

"勇士们,今晚我们暂时不进城了。我们现在需要一间小小的祈祷室来礼拜上帝。"查理站在紧闭的城门下大声说道。

第二天天蒙蒙亮时,伦巴德国王小心翼翼登上城墙查看查理的军队。

"天呐!"伦巴德国王大吃一惊,他眼前赫然耸立着一座雄伟的礼拜堂。透过开阔的大窗户,他看见教堂顶上是花格子的天花板,墙壁上还有精美的壁画作装饰。"这样的礼拜堂,我们伦巴德国倾全力也要一年才能建好呀!"国王放弃了所有的梦想,打开城门,迎接查理入城。

得意洋洋的查理向早已吓得浑身筛糠的老岳父说:"你年纪大了,应该在我为你选择的那个地方颐养天年了。你的国家嘛,我不会不管它,让我儿子担任伦巴德的总督,好好治理它吧。"就这样,法兰克的版图又扩展到了意大利北部。

查理的父亲丕平在位时,曾许诺把意大利中部献给教皇,历史上称为"丕平献土"。为取得教会的支持,查理继续向罗马进发,实践先王的诺言。欣喜若狂的教皇获得了梦寐以求的大片土地,把查理看做大救星,因而授予查理"罗马人长老"的称号。查理终于控制了意大利北部和中部,南部的本尼文托公国也成了他的附庸。

从七七二年开始,查理发动了长达三十年的征服萨克逊人的战争。萨克逊人生活在莱茵河以东,是查理东进的第一站。查理强行将他们迁徙,不服从的就坚决屠杀。他还大量建造教堂,强迫萨克逊人信奉基督教,利用基督教巩固他的战果。

七七八年,查理挥师西进,越过比利牛斯山,进攻西班牙地区的阿拉伯人。经过多次征战,查理夺取了厄布罗河以北广大地区,建立了"西班牙边防区"。

十年后,查理再次东征,这一次他的目标是多瑙河流域。他首先占领了上游的巴伐利亚,废黜其公爵,将该地区置于自己的直接统治之下。第二年又进军中游的阿瓦尔汗国,阿瓦尔汗国自信"坚不可摧的环形壁垒"挡不住法兰克王师的铁蹄,查理如愿以偿,还掠取了大量财富。

五十年的东征西讨,查理把法兰克王国建成了欧洲最庞大的帝国。它西临大西洋,东至易北河及波希米亚,北达北海,南至厄布罗河及意大利中部。

为使自己的王国千秋万代,永葆盛势。查理十分重视和教会的联盟。他支持教皇打击贵族,扩张教会势力,还直接参与其中的斗争。八〇〇年十二月,刚刚登上教皇宝座的立奥三世被贵族逮捕。查理亲自带兵击败贵族的反抗,将教皇护送回罗马。感激涕零的立奥三世迫不及待地要报答这位大恩人,希望永远得到查理的武力支持。就在这年圣诞节,教皇亲自主持查理在圣彼得大教堂做弥撒。立奥三世把一顶金冠戴在查理头上,授予他"查理大帝"称号,称之为"罗马人的皇帝",查理成为罗马帝国的继承人和基督教世界的保护者。

查理大帝绝不是只懂得武力征服的"野蛮人",他在行政管理,司法与军事制度、经济管理,教会组织以及文化教育等方面积极推行改革措施,体现了他杰出的政治才能。他的文治也有辉煌的业绩,在很大程度上奠定了西欧封建社会的发展模式。

查理大帝把帝国划分为许多辖区,任命一些贵族为伯爵、侯爵或公爵,代表国王行使地方行政权力。教会和军事贵族则拥有国王封赐的采邑。这些贵族还要在战时负责征集兵源,跟随国王作战。查理的建制、分封和兵役制对欧洲封建等级制具有直接的影响。

查理对司法制度进行了改革。法兰克帝国国土广大,民族众多,发展极不平衡,保留有许多氏族制和奴隶制的残余。通过修改、补充习惯法,查理大帝加强了法律条文的法典化,并确立了一些陪审作证制度。

经济是国家的基础,查理十分重视经济体制的统一,他统一货币,实行统一的税收和劳役,保护商品流通,加强对外贸易管理,在自然经济条件下为商品经济发展留下了空间。

查理大帝勤奋好学,深知文化教育对国家繁荣发展的重要性,广泛建立学校,传播了文化。

别看当时法兰克是一个大帝国,可法兰克老百姓几乎都是文盲,就连朝中的达官显贵,大字不识一个的也大有人在。原来,古代希腊罗马的文化随着城市的没落已被破坏殆尽。罗马时代的公私藏书都散失干净了。据说,当时有两个苏格兰人在集市上高声叫卖"知识",法兰克老百姓竟然没听说过知识二字,更不知知识为何物,因而被苏格兰人大肆嘲笑。查理大帝听说这件事后,召见并重用了这两个苏格兰人。同时下令教会和寺院办学,广招学者前来讲学。从此,希腊文、拉丁文、修辞学、辩论术和天文学逐渐走进法兰克,让法兰克人有了"第二次生命"(古希腊哲学家曾说过,教育使人有了第二次诞生。)

传说,有一次查理远征回来,亲自检查学校里男孩子的作业。他发现,家境一般的孩子的作业比家庭富贵的孩子的作业好得多。他命人将作业好的孩子召来,对他们说:"你们的努力让我深感喜悦。继续努力吧,你们努力的结果将使我赐予你们主教的管区和华丽的修道院。"同时,查理大帝对那些作业不好的富家子弟厉声说道:"上帝在上,我鄙视你们显赫的出身和华丽的衣饰!我起誓,除非你们努力学习,否则你们永远不会得到我的任何赏赐与恩宠!"

查理大帝没有食言。某个教区的主教死了,许多王公大臣,包括王后在内的达官显贵,纷纷请求查理大帝将自己的亲信安排到那个主教位置上。查理一一拒绝了他们的要求,而是把一个勤奋好学、穷人出身的青年教士提拔为那个教区的主教。

由于查理大帝笃信基督教,兴建了许多大的宗教宫殿和教堂,这为法兰克建筑、绘画、雕刻等艺术的发展起了一定推进作用。

查理大帝统治期间,法兰克民族的文化教育较过去几个世纪有了较大的发展和繁荣。因为他统治的王朝叫加洛林王朝,所以这一时期的文化称为"加洛林文化"。

查理致力于巩固与罗马教会的同盟关系,以基督教保护者自居,控制和利用教会作为他的政治工具。他不断加强教会的权力,努力推广基督教,保护教会的财产权利,奠定了中世纪教会最高权威的根基。

查理帝国威震海外,拜占庭皇帝和阿拉伯哈里发也尊重查理的帝号,以礼相待。查理大帝怀着对泱泱大国的眷恋,于八一四年病逝。

三分天下

朋友们一定都很熟悉三国演义的故事,刘备在诸葛亮的帮助下,与曹操、孙权分庭抗礼,最终实现了三足鼎立的梦想。可是,你知道吗,欧洲也曾出现过"三分天下"的历史一幕。

查理大帝依靠强大的军事力量,建立了一个庞大的帝国。他当然希望自己创下的宏伟基业能够代代相传,可惜他强健的体魄和过人的智慧都没有传给自己的儿子。他的两个儿子查理和丕平都先他而死。只剩下路易,他却把全部注意力都集中在了宗教上。

公元八一四年,七十二岁高龄的查理大帝撒手人寰,他看着痴迷于祈祷的儿子,无奈地闭上了双眼。

路易大帝可没把父亲的苦恼放在心上,他笃信天主会给予他所需的一切,整日沉湎于宗教仪式之中,不理朝政。朝臣们议论纷纷,儿子们也吵吵闹闹,要求父亲把权力交给他们行使。路易既无奈,也乐得清静,就把帝国划分为三个部分:长子罗退尔掌管帝国东部,次子丕平得到了亚奎丹,三子路易分得日耳曼南部巴伐利亚及其附近地区。罗退尔还被确定为帝国继承人。

路易暂时过了几年安宁日子,问题又来了。他的四儿子秃头查理长大成人了,也要求分得一块土地。可路易已把土地分完了,三个儿子谁也不肯把自己的领地划出一部分给弟弟。

八三八年,次子丕平去世,三个儿子都想得到他的那块土地,争吵不休。路易也在两年后去世。老大罗退尔认为理应由他继承帝位,遭到了三子路易和查理的反对。

八四二年,路易和秃头查理联合起来,向罗退尔发动进攻。双方几次交手,罗退尔都处于下风,只得和两个兄弟谈判。

八四三年,三兄弟在凡尔登缔结了《凡尔登条约》,正式将查理曼帝国一分为三:

罗退尔获得帝国中部。北起北海,从莱茵河下游以南,直到意大利中部,以及尼罗河流域的长条区域,号称中王国。老三路易的权力范围在莱茵河以东,号称东法兰克王国。秃头查理获得些尔德河和缪斯河以西的地方,号称西法兰克王国。

查理曼帝国解体了,但三兄弟的争夺还没结束。罗退尔的中王国民族众多,冲突激烈。北部和东、西法兰克王国接壤的地区被路易和查理不断蚕食。罗退尔死后,中王国彻底分裂了,阿尔卑斯山以北为两兄弟瓜分;意大利半岛北部建立了意大利王国;中部为教皇领地;南部被东罗马帝国和阿拉伯帝国所分割,后来又建立了西西里王国。

八七〇年,东法兰克王国和西法兰克王国订立了《墨尔森公约》,允许罗退尔的后裔保留意大利的领地,确认双方对北部地区的瓜分成果。

至此,近代欧洲三个主要国家意大利、法国、德国的雏形已经形成了。

中世纪欧洲一瞥

封建庄园

查理大帝为巩固自己的统治,实施分封制度。从那时起,国王、封建主和教会把各自占有的土地通过层层采邑分封,逐渐形成了以国王为主的金字塔式的封建等级制度。从此,封建庄园成为西欧社会的基本组织形式和生产单位。

封建领主拥有领地的行政、司法、军事和财政大权,他们直接剥削农奴的劳动。庄园中高大巍峨的城堡是领主的住宅、教堂和教士的宅院。农奴们则在城堡外建起简陋的茅舍遮风避雨。庄园中还建有磨坊、面包房、铁工房等手工作坊。这些都属于领主所有,农奴和手工业者为满足领主的需要而进行劳动,如果农奴用作坊,就得向领主支付费用。

西欧庄园规模不一。小庄园就是一个自然村,大的庄园则由多个自然村组成。封建领主往往利用政治特权和经济优势,吞并原来村社的公有土地,兼并破产农户的私田,直至拥有整个村庄。

庄园内的耕地分为三种:最好的土地是领主的自用地;分给农奴耕种的份地;公用地。领主的自用地和奴隶份地分割成条形,犬牙交错。农奴们轮流为领主耕种自用地。每个农户每周必须有一个成年男子自备农具到领主的田里耕作三到五天。其余时间才可以耕种自己的份地。遇到收获季节,更要首先收割领主的庄稼,保证领主的收益。领主对农奴的这种剥削方式,称为劳役地租。

采取劳役地租形式有它的缺陷。不甘忍受剥削的农奴常常以消极怠工的方式对抗领主,领主的收益就会减少。领主就把自用地也分给农奴耕种,每年从他们的收获中抽取二分之一或五分之三的收获物作为地租,这就是实物地租。后来,封建领主干脆规定每亩土地应缴纳一定数额的货币作为地租,形成货币地租。

农奴创造了庄园的财富,奠定了中世纪西欧社会发展的基础。但他们没有自由,世世代代被束缚在庄园的土地上。封建领主可以对农奴施以酷刑,也可以把他们和土地一起出卖或转让。农奴除交纳地租外,还要承担其他劳役。他们为领主砍柴伐木、修屋造桥、巡逻守卫。他们无偿为领主铺路、修桥,还要在通过这些路和桥时,交纳行路税、过桥税。领主还向农奴强征"军器税",索取他们最好的马匹和牲畜。遇到战争时,农奴还要自备武器装备随同领主征战、厮杀,直到丢掉性命。

在封建庄园里,常常能看到许多滑稽而又令人心酸的场面:

燥热的夏夜里,劳累了一天的农奴们又聚在水洼旁,将水中聒噪的青蛙赶出水,驱逐到离庄园主卧室较远的草地上,免得让"呱呱"的叫声惊扰了庄园主的美梦。

一位女农奴,从鸡舍中把一群鹅和鸡拨来挑去,最终选了一只可爱的小白鹅和一只肥胖的大母鸡。她小心翼翼地把两只家禽带到主人家,交到肥胖的管家手中,管家捏捏小鹅的头,掰掰金色的鹅掌,冷冷地说:"这么丑陋的鹅,怎么能当做嫁小姐的礼物送来呢?"女农奴吓得连连称是。胖管家命人拿来一只凳子,放在地上,然后突然冲大母鸡一拍巴掌,鸡吓得马上扑棱棱跳了起来,随即又重重地跌在地上。"这样的病鸡也敢拿来?你看看,它连这么矮的凳子也飞不上去!"管家面露凶色喝道。女农奴嚅动着嘴唇小声辩解道:"它天天都在下蛋,它飞不起来是太胖的缘故。""你自己看着办吧!"管家气哼哼地走了。女农奴抹着眼泪把鹅、鸡带走了。

农奴还要承受教会的压迫。他们必须把自己收获物的十分之一交给天主教会,叫做什一税;还要交纳弥撒费、洗礼费、教堂修缮费等名目繁多的费用。同样在上帝面前祈祷,农奴却从来不曾从"仁慈"的上帝那里得到任何赐福,他们向上帝奉献祭礼,获得的是更加沉重的剥削和压迫。他们终年劳作,却总是一贫如洗。他们住在低矮的茅屋里,往往耕畜就睡在身旁。冬季里没有御寒的棉衣,只能用绳子把单衣束紧,顶着寒风为领主劳动。由于承担沉重的地租和苛捐杂税,他们的收获所剩无几,只靠很少的食物充饥。

农奴被剥夺了受教育的权利,封建统治者希望他们永远蒙昧无知,才更便于统治。他们连结婚的自由都没有,因为他们都是农奴主的"私有财产"。农奴的女儿要想嫁出庄园,必须事先征得领主的同意,并交一笔领主满意的赎金。

封建庄园建立的初期,由于农奴获得了比奴隶更多的自由,劳动积极性有所提高,促进了经济的发展,但随着封建剥削的加重,庄园日益成为农奴的地狱、领主的天堂。在农奴辛勤劳动的基础上,封建贵族们过着花天酒地,穷奢极侈的生活。而农奴终日劳作,仍然衣不蔽体,食不果腹。

统治者为维持对农奴的剥削和统治,建立了一整套国家机器。领主们豢养了大批武装随从,随时监视、镇压不满的农奴。在庄园设立的法庭也是十足的镇压农奴的工具。

残酷的剥削必然带来激烈的反抗。最初,不堪忍受的农奴采取消极怠工、抵制劳役和捐税的办法进行斗争,然后就是逃离庄园,躲进深山老林,有的逃入城市,以求摆脱农奴身份。农奴逃亡致使大量土地荒芜,庄园经济受到很大打击。

封建主用残酷的刑罚镇压农奴的反抗,终于导致农奴斗争发展为武装起义。十世纪末,法国诺曼底公爵的农奴发动起义,他们制定有关土地和水源的法律对抗领主。各地方农奴起义风起云涌,封建领主不能照原样统治下去了。随着城市在西欧各地重新兴起,自然经济的封建庄园经济日趋衰落。

封建庄园经济是西欧封建制的基础,随着庄园的没落,新的生产方式已敲响了封建社会的丧钟。

教会的世界

欧洲中世纪时期,基督教得到了广泛的传播。北非希波城主教奥古斯丁(354—430年)撰写了两部著名的神学著作《忏悔录》和《上帝之城》,宣扬精神高于物质,上帝高于一切的思想。上帝创造一切的神创论,上帝主宰一切的前定论,上帝的启示是真理的源泉的神启论,上帝施恩于人使其灵魂升入天堂的神恩论,成为神学理论的四大支柱。

奥古斯丁思想得到了绝大多数教徒的尊崇,逐渐成为罗马教廷统治思想。在统一的思想传播过程中,教会成为欧洲不可忽视的强大力量。法兰克王国的丕平和他的儿子查理都利用教皇的势力不断侵略扩张。教皇也正在寻找一支强大的政治势力做靠山。教皇还亲自在圣彼德大教堂为查理加冕,封他为"罗马人的皇帝"。罗马教廷和查理大帝相互勾结,逐渐把教会的权力扩大到世俗领域。

十一世纪,教皇格里戈利七世趁德国皇帝年幼之机,进一步扩张教会的势力。他在赦令中公开提出:教皇的权力高于一切,教皇不仅可以任免主教,也有权废除君主,有权审判和惩罚国王。但没有人能够制约或审判教皇。开始把神权凌驾于世俗权力之上,由此引发了德国皇帝与教皇的一场权力争夺战。

年轻的德国皇帝亨利四世不顾教皇赦令,委派了许多空缺主教。教皇闻讯,写信威逼德王忏悔。德王一气之下召开宗教会议,宣布废黜教皇。教皇马上回击:剥夺亨利四世国王的权力,并将他开除出教。教皇的处置,使反对德王的公侯与教士趁机起来发难于他。处境被动的德王被迫上演了一出悔罪剧目。

亨利四世先是向教皇进行书面忏悔。接着又顶风冒雪,翻过阿尔卑斯山,赶到卡诺宾莎城堡,直接向教皇忏悔。亨利四世脱下御寒的皮帽和皮靴,披着一条悔罪毯,站在雪地上痛哭流涕,哀求教皇赦免他的罪过。亨利四世在雪地上哀求了四天,才在其他教士的恳求下,受到了教皇的勉强接见。

教皇声色俱厉地训斥了亨利四世,亨利四世伏在地上只是痛哭,不敢言语。在高级神职人员的请求下,教皇接受了亨利四世的忏悔。

教皇与德王的斗争并没有结束。后来亨利四世又一次被教皇革职革教,教皇也又一次被亨利四世废黜。这一回,掌握军事实权的亨利四世用武力把教皇从罗马赶出,教皇客死在意大利。直到一一二二年,在沃尔姆斯城,罗马教皇和德意志新国王共同签署了一个宗教协定:德意志境内的主教将不再由皇帝直接任命,而是由有皇帝或他的代表出席的情况下,由教士自己选举产生;主教的政治权力由皇帝授予,宗教权力由教皇授予。

一一九八年一月英诺森三世当选新教皇,进一步扩张、强化教会的势力。一二一五年他主持召集了第四次拉特兰宗教会议,通过了许多重要决议,如教会财产权,谴责阿尔比和华尔多派的教义等。英诺森三世还利用他的政治手段迫使对抗教皇的英王约翰称臣纳贡,扶植并控制了德国国王腓力二世。英诺森三世还发动了两次十字军东征,使教皇成为整个欧洲的最高统治者。

为维护教会的统治,教皇洪诺留三世于一二二〇年开始设立宗教裁判所,用以逮捕、审判反对传统教义的"异端邪说",镇压反抗教皇统治的人。

中世纪的欧洲到处笼罩着宗教神权的恐怖统治,被称为"黑暗的中世纪"。

教会的势力随着西欧王权的加强和统一逐渐走向衰落。经历了宗教改革后，天主教的地盘大部分丧失，各国摆脱了教皇的控制。罗马教皇退居为意大利一个小君主的地位。

宗教裁判所

一四一四年十一月，希拉格大学校长、伯利恒教堂的神父约翰·胡司教授应邀到康斯坦次参加宗教大会。胡司是一位正直的天主教徒，他反对教会掠夺大量财富，主张宗教改革。

当时，天主教会为聚敛钱财，大量印制所谓的"赎罪券"，借此大发不义之财。胡司针对这一丑行，导演了下面一场讽刺剧：

"发赎罪券啦！免费发放赎罪券啦！"一位身着主教衣服的人高声喊道。喊声马上吸引来许多群众，"赎罪券不是要出钱买吗？"群众奇怪地问道。

"教皇的钱柜子满了，无处放钱了。今天教皇亲自向大家发放赎罪券啦！""主教"大声宣布道。

一位身着教皇服装的人忸忸怩怩走了出来。此人头戴纸帽，长袍曳地，假胡子在唇上一翘一翘。他尖声怪气地对群众说："孩子们！我是教皇，年轻时靠当海盗挣了不少钱。当了教皇后，想不到挣的钱比当海盗还多。今天我请客免费给大家发放赎罪券。"

围观群众"哄"地大笑起来，有人开始尖叫："看呀，她是那个名妓呀！哈哈，妓女也能当教皇啦！"

胡司对教会如此尖锐深刻的揭露和嘲讽，大大激怒了教会。胡司被宣布为"异端"，革除教籍。

这一次胡司接到邀请，要赴的是鸿门宴，胡司内心是十分清楚的。但为了揭露教皇的伪善，宣传宗教改革思想，胡司已无所畏惧。

胡司到达康斯坦次，受到广大平民的热烈欢迎。教会慑于群众的力量，没敢立即逮捕胡司。相反，德皇签署了保证他安全的命令，教皇也宣布取消革除他教籍的赦令。但他们无法改变胡司的信仰，一个月后，就把他投入了地牢。

宗教裁判所纠集一批教士审判这位闻名欧洲的神学教授，但他们被胡司驳斥得哑口无言。裁判人再也不让胡司为自己辩护,再次宣布剥夺他的教职和教籍,一四一五年七月六日,胡司被交给刽子手,绑在火刑柱上。大主教假惺惺地走到胡司面前,说:"你现在可以回到主的怀抱,只要你放弃异端邪说。"胡司义正词严地回答:"如果由于我软弱的过失动摇了人民的信念,我还有什么颜面去见上帝,去见千千万万的人民呢!"

  熊熊烈火吞噬了一个正直的灵魂。

  宗教裁判所是怎么回事呢,它为什么有剥夺人生命的权力呢?

  原来在中世纪的欧洲,教会的权力很大,就连国王也要听命于教皇。但由于许多正直的、有独立思想的教徒,不满教会横征暴敛,出现了许多教派,反对罗马教廷。罗马教廷开始运用各种手段进行镇压,宗教裁判所应运而生。

  宗教裁判所又叫"异端裁判所"、"宗教法庭",是中世纪天主教会审讯和判处所谓异端分子和学说的机构。一二二〇年由教皇洪诺留三世通令建立,委派多明教会会士主持。主要在法国、意大利、西班牙等地设置。宗教裁判所的最高首脑是教皇,裁判官由其任命并直接控制,不受地方教会和世俗政权的制约。它的职能是制裁违反传统教义的异端分子和反对教会统治的人士,通过秘密审讯和严刑拷问,迫使他们改变信仰。一般的人都会被处以没收财产、监禁、流放或火刑。

  西班牙的宗教裁判所尤为猖狂,一四八三至一八二〇年间受其迫害者约三十多万人。宗教裁判所是教皇加强其神权统治的暴力工具。

  宗教裁判所不能容忍其他教派对基督教的冲击。波斯人摩尼创造的摩尼教,其融合了佛教、基督教、犹太教以及古巴比伦迷信的精神,形成了一个能吸引广大贫苦朴实的平民的教派。其影响力使基督教会十分仇视。后来摩尼落到宗教裁判所手中,被钉死在城墙下,还把他的皮剥下来挂在城门口示众,以此威吓信奉摩尼教的人。阿尔庇教徒的命运更惨。经过一个世纪的折磨和绞刑,他们的名字才从宗教裁判所的报告中消失。

  宗教裁判所也是神学反对科学的罪恶工具。大家熟悉的科学家伽利略,通过实验观察的方法,开创了科学研究的新天地,但却动摇了神学的基础。罗马宗教法庭把伽利略投入牢房,并宣布不得印刷、宣传和阅读他的著作。伽利略没有屈服,完成了支持哥白尼太阳中心说的又一部巨著《关于托勒密和哥白尼两大世界体系的对话》,引起了教皇的震怒。他们不顾七十高龄的伽利略已身染重病,对他进行最残酷的审讯,受尽折磨的伽利略被判处终身监禁。可他仍在喃喃地说:"地球还是在围绕太阳转动啊!"

另一位科学勇士布鲁诺,提出了宇宙无限的观点,积极传播科学思想。疯狂的宗教裁判所用尽酷刑,也没能使他屈服。在火刑柱上,面对熊熊燃起的大火,布鲁诺仍坚信胜利属于真理,他坚定地认为"未来的人们会了解我,知道我的价值的"。

是的,真理是任何强权和暴力不能阻挡的,她必然随着时代的进步向前发展。宗教裁判所的暴虐不能挽救神学和教会衰落的命运。人类沿着科学的道路走向美好的未来。

中世纪的花朵——城市

早在上古时期,欧洲已经出现了许多著名的城市。但到了罗马帝国后期,西方古代城市在战火中一个个走向衰落。直到十世纪以后,西欧生产力有了一定的发展,庄园中专门从事手工业的农奴,开始从庄园分离出来,西欧新兴城市逐渐形成、发展起来。

当时西欧的城市规模很小,主要是手工业者和商人的聚居地。西欧各封建主之间一般互不相属,从庄园逃出来的手工业者和农奴,在港口、河渡口或陆路交通发达的地方定居下来,从事商品生产,形成了集市。流动商人纷纷赶来从事商品交换,有的便定居下来开设店铺。这些集市就是以工商业为主的城市雏形。

城市一般筑有城墙,设有垛口和瞭望台,外面有河道环绕,只有通过吊桥才能进入城市。城市规模较小,一般只有几千居民,与当时的唐朝长安、君士坦丁堡、大马士革等城市相比真是天壤之差。

城市里的房屋大都是木制的,一幢接着一幢,三层的、五层的楼房参差不齐。房子距离很近,以至于狭窄的街巷几乎终年不见阳光,非常阴暗。许多居民在夜晚用松脂火把照亮,有时把火种埋在灰烬里。因此经常失火,而且往往是火烧连城,大片的住宅被无情的火焰焚毁。

街巷都是泥土路面,只有比较热闹宽阔的地段才铺上鹅卵石。往往是晴天尘土飞扬,雨季泥泞不堪。

市场是城市最宽敞、最热闹的地方,往往位于城市中心。市场周围是市议会、店铺、摊床。除进行商品交换外，市民大会、审判案件也都在这里举行。

正在兴起的城市，吸引着大批农奴和处于农奴地位的手工业者，他们逃离庄园到城市定居，加速了城市的发展。手工业者为维护自己的利益，组织了同行业者的社会组织——行会。行会具有组织生产，统一产品规格、价格，分配原料、确定工资等职能。每个手工业者必须隶属于一个行会，否则就无权在城市里从事生产。行会还保持同业者的相互帮助。每个行会都选举自己的首领，设立自己的会所。所有成员都必须遵守行会规定，不得粗制滥造，不得囤积大量原材料，不得雇用超出规定数量的徒工，不得招徕其他行业者门前的顾客，以避免同行竞争。行会又具有军事性质，担负守卫城市的任务。

由于城市大多建立在封建领主的土地上，受领主的统治，手工业者和商人都要向领主交纳赋税。随着城市工商业的发展，领主不断加重城市的负担，城市居民与领主的矛盾越来越尖锐，斗争更加激烈。城市居民组织自己的自治组织，开展反对封建领主的斗争。其中最著名的是法国琅城平民起义。

法兰西琅城教区的主教戈德里听说市民们向领主缴付一笔巨款，要建立自由的城市公社，马上由坚决反对转到宣誓维护公社的一切权利。不久，平民缴纳给教会的金钱被主教耗尽了，主教便思虑进行新的勒索。

一一一二年，戈德里主教邀请国王来琅城参加复活节仪式。借机怂恿国王收回城市公社，并向国王许诺，如果取消公社便给他付更多的钱。贪财的国王答应了。主教洋洋得意地对封建领主说："谁为建立公社拿出了多少钱，谁就得为它的取消付出同样多的钱！"

平民听到这个消息怒不可遏，纷纷拿起武器冲进主教的府邸。戈德里主教吓得乔装成仆人，躲进地下室的酒桶里。愤怒的人们还是找到了他。

"看在仁慈的主的分上，大家放了我吧。我保证，我再不干涉琅城的任何事务，我愿意用我全部的积蓄赎罪。"戈德里大主教苦苦地哀求平民。

"听呐，这只不讲信义的狼在向我们保证他的诚实守信啦！""不能放过他，他是一条毒蛇，复苏了会狠狠地咬我们的！""打死他！打死他！"群众高声喊着。一个农奴用斧子砍掉了主教的头，另一个农奴斩断了象征他权力的戴戒指的手指。人们把这个曾是琅城最高贵的人的尸体扒光扔在街头,过往的人们除了投以石块和唾液,再没有任何表示。

后来,琅城平民起义被平息了,但人们的斗争并没有停止,直到后来新主教同意城市由平民自治。

封建领主和教会不愿看到城市自治,甚至动用军队镇压城市居民。经过二百多年的斗争,大多数城市获得了自治权,城市居民成了自由人,逃亡奴隶在城市定居一年以上,也可以获得自由。

在城市工商业发展的推动下,商业活动更加繁荣,各城市、各国之间都有贸易往来。但商人通常使用本地的货币,相互之间成色、分量相差很大,价值不一,带来很多不便。而且长途经商携带大量货币也有很大风险。为满足货币兑换和商品交换,银行和汇票逐渐发展起来,方便了贸易往来。

中世纪西欧城市的发展,对自给自足的自然经济有很大的破坏作用,加剧了农奴和领主的矛盾。城市内部也开始出现分化,手工业作坊主、行东为上层,破产的手工业者、帮工、学徒为下层,分别形成了市民阶层和平民阶层,双方不断发生矛盾冲突。

城市和工商业的发展,需要文化知识的传播,大学、学院应运而生。从十二世纪波洛尼亚大学成立起,到十五世纪,欧洲已有近八十所大学,成为科学研究、探索真理、挑战罗马教会的重要基地。其中最著名的要数法国的巴黎大学。城市为资本主义生产关系的出现和发展准备了条件。恩格斯称当时的城市是"中世纪的花朵"。

凡人的圣战——十字军东征

十一世纪时,罗马教廷已经是欧洲的最高统治者,就连各国的国王也要听命于教皇。但欲望是无止境的,教皇热衷于扩张势力,要把东正教置于自己的控制之下,梦想夺取伊斯兰教控制的巴勒斯坦。

一○九五年冬,罗马教皇乌尔班二世在法国南部的克勒芒召开宗教大会。参加大会的有来自法国、德国、意大利的主教、封建领主、骑士、平民几千人。教皇煽动教众"圣城耶路撒冷是耶稣基督诞生的地方,他的陵墓也在那里,但邪恶的异教主占领了圣城,是奇耻大辱,主恳求你们夺回圣城耶路撒冷",他还鼓吹"东方国家的土地上到处都是蜜和乳,连穷人也都过着丰衣足食的生活"。狂热的教众高呼"拯救圣地"、"到耶路撒冷去"。

当时西欧遭遇多年灾荒,农奴、手工业者生活非常困苦。大大小小的封建领主也梦想着到富庶的东方大捞一把。他们在胸前绣上红十字,表明要走上"主的道路",为"拯救圣地"而东征。

幻想着到东方过上富足生活的贫困农民,是第一批东征战士,饥饿和贫穷使他们失去了理性。他们衣衫褴褛,拿着棍棒、锄镰做武器,带着妻子儿女,奔赴梦想中的天堂。他们一路上不断受到当地人的袭击,又没有足够的粮食,走到集合地点君士坦丁堡时,已死亡了三万多人。

封建领主率领的骑士队伍更加庞大,奴仆们背负着武器铠甲追随着主人。他们沿途烧杀抢掳,当地的居民遭受了深重的灾难。

一○七九年春,十字军渡过黑海海峡,进入小亚细亚半岛,先后攻克了尼西亚、安条克。一○九九年包围了耶路撒冷。驻守耶路撒冷的只有一千多名军人,在敌我力量悬殊的情况下,他们奋力抵抗,打退了敌人一次又一次进攻。经过四十多天苦战,十字军于七月十五日攻陷耶路撒冷。让我们看看十字军是怎样"解放圣地""拯救异教徒"的吧。他们无情地杀戮见到的所有居民,不论是老人、妇女还是孩子;他们洗劫伊斯兰教著名的阿克萨清真寺,劫掠寺里一切值钱的物品;他们逐门逐户闯进住宅,谁先进入谁就获得占有那户住宅的权利,为了防止居民把金银珠宝吞到肚子里,他们骇人听闻地剖开死人的肚肠。血腥的屠杀把耶路撒冷变成了恐怖和仇恨之城,疯狂的掠夺使入侵者个个成了富翁。

为了巩固在叙利亚和巴勒斯坦的统治,十字军建立了耶路撒冷王国及三个附属国,加强掠夺和镇压。当地人民激烈反抗,使十字军统治者丧魂落魄,不得安宁。随后,西欧封建主又发动了第二次东征,但以失败而告终。

一一八七年,土耳其人先后征服西亚广大地区,以迅雷不及掩耳之势攻占了耶路撒冷,击溃了第三次东侵的十字军。

教皇英诺森三世积极策划第四次十字军东征,这一次他的目标是埃及。教皇要求东罗马帝国征集士兵参战,并要东正教从属于罗马教廷,遭到了拒绝。教皇非常愤怒,与他分庭抗礼的东正教早已是他一大心病,必须严厉地惩罚他们。

海上运输能力最强大的威尼斯本来就不愿意进攻埃及。埃及是他们最重要的贸易伙伴,而东罗马帝国却剥夺了威尼斯商人在当地经商的权

力,拔掉东罗马才是最大的目标。于是,威尼斯和十字军达成秘密协议,进攻东罗马帝国,英诺森三世批准了他们的计划。

　　此时的东罗马帝国正处在风雨飘摇之中,一二○四年四月,十字军攻克君士坦丁堡。如狼似虎的十字军对这座历史名城进行了前所未有的破坏和掠夺。藏书丰富的君士坦丁堡图书馆在火海中化为灰烬;圣索菲亚大教堂的祭器,雕刻艺术品也被砸毁、打烂。许多居民在十字军的烧杀抢掠中丧生,劫后余生的人永远活在恐怖的回忆中。信仰基督教的东罗马也惨遭厄运,十字军彻底剥下了"圣战"的外衣。

十字军在东罗马帝国的废墟上建立了拉丁帝国,把东正教会置于罗马的统治之下。威尼斯人也获得了大片领土和许多战利品。

为掩饰十字军东征不断失败的内幕,教会和封建统治者散布奇谈怪论,说什么无罪的儿童比有罪的成年人更能得到上帝的保佑,他们可以奇迹般地夺回圣地。统治者竟然丧心病狂地组织起儿童十字军东征。狡诈的恶魔一样的商人在这里嗅到了发财的血腥气,一个商人貌似慷慨地提供船只,运送十字军。来自法国的数万名儿童在一二一二年分乘七艘商船出发。在地中海,船队遭到风暴袭击,一部分人葬身大海,其余的都被运到埃及卖为奴隶。另一支从德国科伦出发的儿童十字军,在路途上就死亡了三分之二。

此后,教皇又多次组织十字军东征,但响应者越来越少,最终都以失败告终。十字军在东方的占领地相继丧失。一二九一年十字军最后一个据点阿克城被埃及人攻克。历时近二百年的十字军东征彻底失败。

十字军东征是以罗马教皇为代表的欧洲统治者扩张领土、掠夺财富的手段,给亚洲和欧洲人民带来了深重的灾难。西欧封建主追求穷奢极欲的生活,加重了对农奴的剥削,激化了社会矛盾,动摇了封建统治的基础。

英法百年战争

早在十一世纪,法国名义上是一个统一的国家,但长期处于分裂状态,一些大封建主,如诺曼底公国、安茹伯国、佛兰德尔伯国等,这些国家领土辽阔,势力强大,实力都比国王大得多。法王只是由于是查理曼帝国的合法继承人,才得到封建领主表面上的效忠。

法王路易六世继位后,开始与城市联合,强化王权。法王腓力二世时期,在城市的支持下,吞并了阿图瓦和香槟伯国,并于一二○二年宣布剥夺英王约翰在法国的全部封地。此后法王王权得到极大加强。

一三二八年,法王查理四世驾崩。他无子无兄只有一个妹妹,就是英国的王太后。英王爱德华三世因此要求继承法国王位。但是,法国贵族推举查理四世的堂弟为王,称为腓力六世。英王对法国王位念念不忘,竭力反对腓力六世。腓力六世也十分仇恨这个王位的威胁者,先后兼并了佛兰德尔和英王在大陆的残余领地加斯科尼。这可大大激怒了爱德华三世。

位于法国北部的佛兰德尔历来是英法两国争夺的焦点。此地毛纺织业非常发达,依赖从英国进口羊毛,与英国联系十分紧密。当地的居民也支持英国的反法政策。英王当然不肯放弃对该地区的控制。

一三三七年,英王宣布为法兰西国王,英法战争正式爆发。由于这场战争历时一百多年,历史上称为"英法百年战争"。

战争开始后,英国占据了极大优势,他们在爱克留斯海战中大获全胜,铁骑踏上法国本土。一三四六年双方在克勒西会战,英国弓箭手万箭齐发,法国骑兵纷纷坠马,英军乘势占领了法国重要城市加来港。

一三五六年,英国太子统率英勇善战的英军与法王约翰在波图会战。约翰指挥不利,法军被击溃,法王约翰和幼子腓力都成了英军的俘虏。

处于劣势的法国被迫与英国签订《布列丁尼和约》。和约规定:爱德华三世放弃对法国王位的要求;法国把加来港和阿奎丹地区领土划归英国;法国还要支付一笔巨款,作为被俘国王的赎金。

法王约翰成了英国的阶下囚,病死在伦敦。查理五世继承王位后,推行改革措施,扩大雇佣军队伍,力图雪洗耻辱。

一三八九年五月,法国正式宣布废除和约,英军再次入侵法国。法军采取坚壁清野和游击战术,从英军手中收复了许多城市和土地,取得了战争第二阶段的胜利。

胜利后的法国统治集团发生了内讧,英王亨利五世乘机率兵在诺曼底登陆。一四一五年十月,英法在埃金库尔展开决战,军心涣散的法国人再次惨败,英军节节胜利,法国贵族丧失了抵抗的信心。一四二〇年,双方签订《特客瓦和约》,法国再一次割让土地,并且承认亨利为法国国王查理六世的继承人。亨利五世还娶了查理六世的女儿加萨林为王后。

一四二二年亨利和查理六世先后去世,亨利与加萨林所生之子,仅十个月的婴儿被立为英法两国的国王——亨利六世。

查理六世的儿子太子查理并不甘心放弃王位,他退居罗亚尔以南的狭小地区,积蓄力量,试图东山再起。一四二八年,英国包围了通往法国南部的门户——奥尔良城,法国岌岌可危。

就在国家存亡的关键时刻,刚刚成年的法国姑娘贞德挺身而出。她把当地的青年组成义军,抗击侵略者。贞德还求见太子查理,请求他派出军队,拯救法国。在贞德的感召下,查理坚定了复国的决心,让贞德率领援军救援奥尔良。贞德面对强大的英军毫不畏惧,她身先士卒冲入英军阵地。不甘亡国的法国士兵也奋力拼杀,守城军民冲出城门夹击英军。英军被打得落花流水,撤围逃跑。被包围长达二百零九天的奥尔良城终于自由了。

贞德率军一路高歌猛进,各地农民和城市贫民纷纷拿起武器,加入抗英保国的队伍。

太子查理乘胜向兰斯进发,按法国传统在兰斯大教堂加冕为法兰西国王。一四五三年,法军收复了除加来港以外的全部失地,英法百年战争至此结束。

法国在战后出现了统一和稳定的局面,英国却因战败加剧了内部矛盾。

瓦特·泰勒起义

"在亚当耕种,夏娃纺织的时候,谁是贵族?"约翰·保尔在广大农村奔走呼号,传播人人平等的思想,这句话成了深入人心的反封建斗争的口号。

十四世纪以来,英国商品经济有所发展,封建领主实行货币地租,加重了对农民的剥削。一三四八年欧洲爆发黑死病(流行性鼠疫),英国约有一半人口死亡,尸体遍地,城乡一片凄凉。

正在积极进行英法战争的爱德华三世,为解决劳动力紧缺问题,多次颁布《劳工法令》,规定农奴必须按瘟疫前的工资受雇于任何主人,否则要判处罚金、监禁,流亡的农奴要被烙印。这些法令对于身处水深火热的农奴来说,无异于雪上加霜,他们不仅要受领主的奴役,还要受商人、高利贷者的盘剥。广大人民怨声载道,一场反抗暴政的斗争,在各地酝酿。

约翰·保尔是这场斗争的杰出组织者之一,他到各地揭露封建制度的罪恶,号召农奴向国王请愿,争取土地和自由。约翰·保尔的宣传活动引起了统治者的切齿痛恨,他先后三次遭到逮捕和监禁。

一三七七年,英王查理二世为筹集战争经费开征人头税,激起了人民的反抗。一三八一年五月,埃塞克郡的农奴首先起义。几天之内,起义烈火蔓延到全国各地,英国四十个郡中有二十五个郡的农奴参加了起义。起义军推举肯特郡的瓦特·泰勒为领袖。瓦特·泰勒是一个贫穷的泥瓦匠,他参加过百年战争,通晓军事,又有很强的组织能力,受到起义者的一致拥戴。分散在各郡的起义队伍也乐于听从他的指挥。由于瓦特·泰勒在起义中的重大作用,习惯上把这次起义称为瓦特·泰勒起义。

瓦特·泰勒率领义军,打败贵族武装,杀死税吏,解放农奴,烧毁封建文书。他们冲进监狱,救出了约翰·保尔,俩人并肩战斗,指挥队伍向伦敦进军。

坎特伯雷是英国重要的政治、经济、文化中心,是英国大主教的驻地。大主教苏雷伯雷是最残酷的封建主之一,农奴对他恨之入骨。起义军很快击败了负隅顽抗的贵族,占领了坎特伯雷。瓦特·泰勒在大教堂庄严宣布:大主教苏雷伯雷作为国贼被判处死刑,在抓获之后要立即执行。他还将缴获的贵族的粮食、牲畜以极低的价格卖给当地农民,把有关的封建文件、档案全部焚毁。广大农奴欢欣鼓舞,纷纷加入起义军队伍,继续进军伦敦。

起义军以摧枯拉朽之势,挺进伦敦。一三八一年六月十三日,在伦敦市民和平民的欢呼声中,起义军开进伦敦,国王和一些贵族早已吓得躲进了内城伦敦塔之中。

瓦特·泰勒军纪严明,禁止起义者私自抢占财物,对伦敦市民秋毫无犯。他们在伦敦市民的支持下草拟了一个应该处决的贪官污吏名单。瓦特·泰勒亲自带人到伦敦塔捉拿大主教苏雷伯雷,在塔山将他和其他民愤极大的大臣一起处决。起义军还捣毁了伦敦的法院和监狱。

起义军的声威吓坏了英国国王,他被迫答应和农民代表谈判。瓦特·泰勒代表农民提出废除农奴制,人人平等;贵族不得欺压农民;准许买卖自由;国王大赦起义者等要求。国王假惺惺地答应了。他命令官员立即赶制"批准文书",加盖国王玉玺发给农民。一些农民为国王的虚假许诺迷惑了,拿着一纸空文离开了伦敦。

瓦特·泰勒和约翰·保尔认为,国王还没有满足最贫穷者的要求,率领三万贫苦农民留在伦敦,进一步提出没收教会土地、财产,分配给农民,废除劳动立法的要求。

这时国王及其亲信已经秘密集合反动力量,准备反扑。他们假意邀请瓦特·泰勒到斯密莫斯茨菲尔德广场谈判。对国王轻信的瓦特·泰勒在黄昏中如约前往,身着便装,只带了一名随从。国王和贵族早有预谋,他们外披袍服，内衬铠甲，暗藏兵器。趁瓦特·泰勒不备，伦敦市长华尔源兹等人一拥而上刺杀了瓦特·泰勒。

失去领袖的起义者再也不能抵挡刽子手的疯狂反扑。国王取消一切承诺，调动军队疯狂镇压起义农民，形势急转直下。约翰·保尔也被判处绞刑。

瓦特·泰勒起义最终失败了，受历史条件的局限，他们的斗争和要求，不可能触及封建社会的本质，还幻想着国王给予和保护他们的利益。但起义的狂风巨浪冲击了封建统治，加速了英国农奴制的崩溃。

亚洲的岛国——日本

大化改新

日本是亚洲东部的群岛国家,公元五世纪时,大和族大体上统一了日本。日本统治者实行部民制,国王(天皇)和氏族贵族占有大量土地,强迫被征服和破产的氏族成员当了近似奴隶的部民。部民没有人身自由,无偿为贵族耕作和负担其他劳役。

随着生产力的发展,部民制已不适应生产力的发展,六世纪中叶,阶级矛盾激化,出现了"五谷不登,百姓大饥"的景象。统治集团内部也展开了激烈的斗争。天皇和苏我氏主张革新政治,利用佛教统一思想,建立中央集权国家,而以物部氏为首的保守派则坚决反对。

五八七年,苏我氏和物部氏为争立皇太子,爆发了内战。结果,苏我氏获胜,掌握了朝廷实权。五九三年立推古天皇(女)即位,立顾户皇子为皇太子,担任摄政,史称圣德天子。

圣德天子决心改革国内政治,加强中央集权。他参考中国的官制,创立了中央统一的《冠位十二阶》官制代替氏族政制,削弱世袭贵族的势力。六〇四年,圣德天子又颁布了《十七条宪法》,这并不是现代国家的宪法,而是关于君臣尊卑的政治思想。圣德天子还积极派遣隋使,学习中国先进文化,在日本弘扬佛教,提高皇室的地位。

圣德天子的改革措施为大化改新做了必要的准备。

圣德天子和推古天皇先后去世后,苏我八鹿独掌朝权,专横跋扈,竟然捏造罪名夷灭了圣德天子之子山背大兄家族,引起了朝臣震惊。

皇了中大兄也感到杀身之祸近在眼前,秘密筹划,剪除苏我入鹿。

与中大兄一起受教于遣隋留学生南渊请安的大臣中臣镰足看到中大兄志存高远,有意接近他。一天,中大兄踢球时鞋子脱落了,中臣镰足赶紧拾起来,跪着为皇子穿上。从此两个志同道合的人成为知心好友,一起探讨改革事宜。

六四五年六月,天皇在宫中接见朝鲜使者。苏我入鹿得意洋洋陪坐一旁,颐指气使,虽然他发现中大兄没有到场,却一点也没在意。总是装作很谦恭的中大兄在他眼里是微不足道的。

突然,中大兄率领一些武士冲进宫中,随即关闭宫门。早已埋伏在暗处的中臣镰足率武士擒住了苏我入鹿。中大兄当众宣布苏我入鹿十大罪状,将其处死,率人包围苏我家的宅邸。入鹿之父苏我虾夷眼看大势已去,焚宅自杀。以中大兄为首的革新派,组织了新的政权。

中大兄拥立孝德天皇即位,建年号大化。自己以皇太子的身份掌握朝廷实权,同时任命中臣镰足等革新派为大臣。

第二年,新政权迁都难波(今大阪),发布改新诏书,进行一系列的改革,历史上称为"大化改新"。

在政治上,废除贵族奴隶主的世袭特权,建立中央集权体制。中央设神祇、太政二官,分别掌管神事和行政事务。太政官下设八省,分管行政事务。另设监督百官的弹正台和军事机关王卫府。地方设国、郡、里三级行政单位。

经济方面,废除部民制,土地收归国有,部民获得自由。仿效隋唐的均田制,实行班田收授法,每隔六年分给六岁至六十岁男女口分田,受田人没有土地所有权,只有使用权。农民向国家负有纳租(谷物)、庸(服劳役)、调(交纳土产)的义务。

中央集权的封建制度是以等级尊卑为基础的。除确立朝臣、贵族对皇帝的服从和百官位阶制度外,大化政权还规定了"贱民"制度。贱民即守卫皇陵的陵户和公私奴婢等,他们比普通农民还低一等。农民虽无政治上的权利,但有人身自由。所谓的贱民就什么都没有了,而且不能和良民通婚。大化改新并没有彻底废除奴隶制。

大化改新使日本的阶级关系发生了深刻的变化,促进了政治经济的发展。但革新势力和守旧势力的斗争依然激烈。有位皇子在守旧派的支持下,发动叛乱,被中大兄绞死。皇室内部也不断进行斗争。

六六八年,中大兄即位为天智天皇,立其弟大海子为皇太子。但天智天皇逐渐丧失了进取心,吸收守旧贵族参与朝政。天智天皇病死后,守旧势力试图拥立大友皇子即位,但大海子兴兵讨伐,打败了朝廷军队。

六七三年二月,大海子即位,称天武天皇,继续推进改革事业。七〇一年,制定颁布《大宝律令》,以法律形式肯定了大化改新的成果。

大化改新推动了日本从奴隶制向封建制的转变,日本很快发展成东亚强国。

遣唐使

积水不可极,安知沧海东。
九州何处远,万里若乘空。
向国唯看日,归帆但信风。
鳌身映天黑,鱼眼射波红。
乡树扶桑外,主人孤岛中。
别离方异域,音信若为通。

这是唐朝诗人王维在送别好友日本遣唐留学生阿倍仲麻吕(中文名晁衡)时写下的送别诗。

在公元六〇七年,日本的圣德天子就派小野妹子出使隋朝。当时的隋炀帝看到日本使臣递的国书上写着:日本是日升的地方,中国是日落的地方,日升之国向日落之国问好。不禁勃然大怒道:"一个弹丸之地也敢如此猖狂!"大臣忙劝解道:"我朝正与高句丽作战,需要日本牵制高句丽。"隋炀帝这才平息怒气,热情接待了日本使臣。

以后,日本不断向中国派遣留学生。

大化改新以后,政治稳定,经济繁荣,日本学习唐朝先进文化制度的热情更高了。日本政府不断派出使臣和留学生,起初每次在百人左右,到八世纪初,人数常常达到几百人,包括使节、僧人、医生、商人、留学生。因为是出使唐朝,所以称为遣唐使。

这些留学生和僧人,以极大的热情学习中国文化和制度,在中国往往留学数年,甚至二三十年。学成归国后,也积极传播先进文化和思想,促进了中日文化交流。在这些留学生中,阿倍仲麻吕是一位杰出的代表人物。

七一七年,仲麻吕和吉备真备、僧人玄昉等五百五十七名遣唐使,从大阪起航,经过长期艰险的路程,来到日夜向往的文化之都——长安。

仲麻吕勤奋好学,在国子监太学中,攻读了《礼记》等经典。仲麻吕太学毕业后参加了科举,考中了进士。他的才华得到了朝廷的赏识,不久被任命为执掌校理刊正四库图书的官员,还辅佐太子的学习。仲麻吕也想继续深造,推迟了归国日期。

仲麻吕不仅学识渊博,才华横溢,而且是一位天才诗人。他和许多著名诗人,如李白、王维、赵晔等人结下了深厚的友谊,经常吟诗唱和。

仲麻吕为唐明皇所赏识,几次请求归国,都未被允许。七五三年,已经五十六岁的仲麻吕再次请求与遣唐使一起回国。唐玄宗感念他功勋卓著,终于同意,任命他为唐朝回聘日本使节。

消息传出后,他的好友纷纷前来送别。仲麻吕为感谢大家的情谊,解下宝剑留赠友人,挥毫赋诗:

衔命将辞国,非才忝侍臣,
天中恋明主,海外忆慈亲。
……
西望怀思日,东归感义辰。
平生一宝剑,留赠结交人。

仲麻吕随遣唐使从苏州乘四艘木船,驶入大海,与他同行的有高僧鉴真。船队航行到冲绳岛时,遇到了风暴。其他三条船分别开到了日本,唯仲麻吕乘坐的船却杳无音信。很多人都认为他们已经遇难。李白怀念好友,以悲痛的心情写下了《哭晁卿行》:

日本晁卿辞帝都,
征帆一片绕蓬壶。
明日不归沉碧海,
白云愁色满苍梧。

值得庆幸的是,仲麻吕并没有死,他乘的船随风漂到越南海岸,遭到当地人的袭击。他和幸存的十多个人,历尽艰险回到长安。仲麻吕又被皇帝任命为左散骑常侍等职。七七〇年一月,在长安去世。

以仲麻吕为代表的遣唐使是中日文化交流的使者,他们带回日本的先进文化和科学技术,给日本的发展注入了活力。

侵朝战争

一五九〇年,丰臣秀吉统一日本。但日本的地方割据势力仍很强大,矛盾斗争此起彼伏。丰臣秀吉妄图通过对外战争缓冲国内矛盾,弥补财政不足,积极准备入侵朝鲜。

丰臣秀吉的如意算盘是:以朝鲜为跳板,占领中国、东南亚以及印度,建立起称霸亚洲的"日本大帝国"。

一五九二年四月,十六万日本军队乘船渡海,在朝鲜釜山登陆,侵朝战争拉开了序幕。

当时的朝鲜政治腐败,内乱不息,国库空虚,军备废弛。面对如狼似虎的日本侵略军,国王不仅不组织反抗,反而仓皇出逃,一直跑到鸭绿江边的义州。朝鲜军队也无心抵抗,一时间,日军如入无人之境,很快占领了汉城和忠清、全罗、京畿、咸镜各道,一直打到图们江边。日寇的铁蹄践踏了朝鲜大半领土,所到之地,烧杀掠夺无恶不作。京城(汉城)被劫掠一空,昔日繁华都城变成了一片废墟。

朝鲜人民不甘做亡国奴,他们自发组织义兵,保家卫国。庆尚道儒生郭在首先举起义兵大旗,他变卖家产,率领义兵收复了许多失地,被称为"红衣将军"。

李氏王朝的一些爱国将领,也不甘心祖国沦亡,积极投入抗日救国的战斗行列中去。水师将领李舜臣屡败日军,威名远扬,是其中最为著名的将领。

李舜臣召集手下将领制定对日作战方略时,分析了日军侵占朝鲜的形势,表明了誓死抗敌的决心。他说:"今之敌势猖狂,皆出于我不兴水战,使敌恣意登陆。……我愿以一死为期,直捣虎穴,扫尽妖氛,欲报国耻之万一。"将领们同仇敌忾,纷纷表示愿与敌血战到底。

李舜臣当时为全罗道左水师,他很注意整顿军备。他设计了一种战舰,长约十一丈,宽约三丈,船形似龟,故名龟船。龟船船身覆以铁板,敌人无法焚毁；铁板上装有锥刀，防止敌人接近；船首设龙头，内装硫黄焰硝，一旦对敌，龙头口吐烟雾，可以迷惑敌人，掩护自己。船内装有火炮，四周有七十二个炮眼，能从四面观察和攻击敌人；船两侧各有二十支橹，四十支桨，橹桨一起摇动，船驰如飞，敌舰望尘莫及。

当年五月七日至八日，李舜臣所率水师在玉浦、合浦和赤珍浦，两日三战，击沉敌船四十余艘，重创敌军，自己九十艘战船竟无一损失。胜利的消息很快传遍朝鲜半岛，极大地鼓舞了全国人民的士气。

五月底和六月初，李舜臣水师在泗州、唐浦、唐项浦、永登浦四战日军，再次取胜。

侵朝日军这时也认识到，要想征服朝鲜，首先必须消灭李舜臣的水师部队。因此集中舰队，找李舜臣决战。

李将军接到报告，见乃梁海面有敌舰集结，并有日舰从别处赶来。他当机立断，对其各个击破。李将军先派部分舰船与敌人接战，佯败退至闲山岛附近。敌舰在追击中队形散乱，朝鲜的主力舰队突然杀出。经过一天激战，击沉敌舰数十艘，毙敌几千人，随后乘胜东进，在釜山与敌增援舰队激战，击沉日舰四十多艘，取得了"闲山岛大捷"。

九月，李舜臣联合李仁祺的水军，进攻釜山港，当时日军在釜山集中了四百七十多艘舰船，但一见舰船上李将军的旗号，许多日军弃舟登岸，不战而逃。这一战击毁敌船百余艘，朝鲜水师战船无一损失。日军海军主力被消灭，水陆并进的计划成为泡影。

一五九二年夏天，中国明朝政府派大将李如松率兵四点三万人赴朝抗日，相继收复平壤、汉城，把日军压缩到釜山及其附近的狭窄地带。日本侵略军为争取时间，假意和谈。发动侵略的丰臣秀吉竟无耻地提出了朝鲜向日本割地赔款，明王朝将公主嫁到日本，朝鲜派王子到日本为人质等条件，和谈当然破裂了。

在近四年的和谈期间，丰臣秀吉一直为侵略做准备。除重新征集、装备军队外，他还派人到朝鲜散布谣言，说李舜臣故意放走敌将。昏聩的朝鲜国王信以为真，将李舜臣撤职并逮捕入狱。

丰臣秀吉认为时机已经成熟，于一五九七年二月纠集十五万日军，再次入侵朝鲜。接替李舜臣统领水军的是元均，此人优柔寡断，指挥无方，不久兵败被杀。人民强烈要求李舜臣复职。

此时,朝鲜水师只有水船几艘,水兵一百二十余名。李舜臣慷慨上疏国王:"今臣尚有战船十二,出死力拒敌,则犹可为也。战船虽寡,微臣不死,则不敢侮我矣。"他利用鸣梁海峡的有利地形,使巧计使敌船陷入浅滩,挫败敌船三百余艘,杀敌数千人,取得"鸣梁大捷"。

一五九八年七月,明朝派陈璘、邓子龙率水军援朝。中朝联军一路破敌,在露梁海面与日军激战。日军遭到毁灭性打击,但李舜臣和邓子龙都壮烈牺牲。

这年八月,丰臣秀吉病死,日军残部狼狈逃回日本。侵朝战争以失败告终。

阿拉伯帝国

穆罕默德

穆罕默德(公元570—632年)是世界三大宗教之一——伊斯兰教的创始人,同时也是麦地那国家的缔造者。麦地那是世界上第一个伊斯兰教国家,它基本上占据了整个阿拉伯半岛,这为阿拉伯社会、经济和文化的发展创造了有利的条件。在穆罕默德死后,他的后继者最终将麦地那国家发展成了横跨亚、非、欧的阿拉伯帝国。

穆罕默德出身于古莱西部落的哈希姆氏族,早年遭遇了颇多不幸。在他出生前两个月,父亲便客死他乡,六岁时母亲又被病魔夺去了生命,年幼的穆罕默德只得跟随祖父生活。八岁时祖父亡故,他被伯父收养。由于伯父家境贫寒,因此一家人生活极为艰难。二十五岁时他开始为麦加的一个富孀赫底彻管理骆驼,而且还帮助她到叙利亚一带经商。后来,穆罕默德与她结婚,生活日渐富裕。

穆罕默德生活的时代,正值阿拉伯半岛新旧两个社会形态的更替变革时期,即原始社会的解体和阶级社会的形成时期。这一时期,不仅阿拉伯内部各部族之间冲突不断,而且外族入侵对半岛的安定也构成了严重威胁。社会的动荡不安和对安宁生活的向往,使阿拉伯各阶级都表现出强烈的统一愿望,这种愿望集中地反映在对一神教的崇拜上。

阿拉伯人原是多神论者,崇拜石头、月亮和泉水等等。然而,要想使社会归于安定,国家走向统一,则多神教不得不让位于一神教。六一〇年,穆罕默德开始宣传伊斯兰教。"伊斯兰"一词意思是"顺从"。信仰伊斯兰教的人称"穆斯林",意思是"服从者",即服从安拉和使者的人。安拉在阿拉伯语和古叙利亚语中都是上帝的意思,我国穆斯林一般称安拉为真主。《古兰经》规定:"你们要崇拜真主,除他之外,绝无应受你们崇拜的。""穆罕默德是真主的使者。"这是伊斯兰教的首要信条。穆罕默德要人们服从安拉和使者,顺从主人、长官和各级当权者,实质上是为他统一国家做思想准备。

穆罕默德在传播伊斯兰教的过程中,遭到了以艾卜·苏菲扬为代表的部落贵族的坚决反对。他们认为放弃祖辈信仰的多神教,会影响自己的宗教地位和经济收益。最初,他们使用各种颇具诱惑力的手段,企图使穆罕默德放弃一神教的宣传,但均未奏效。于是,他们开始采用暴力手段阻挠伊斯兰教的传播,这种暴力冲突最终演变为一系列的战争。

在冲突的初期,穆罕默德所处形势极为不利。六二二年九月二十四日,苏菲扬纠集麦加的部落贵族,准备将穆罕默德杀死。穆罕默德闻讯后,当夜和他的主要支持者艾卜伯克逃出麦加。二十七日晨,他们向雅特里布逃走。十月九日到达雅特里布,这就是著名的"徙志"。后来,这一年被定为伊斯兰教的纪元。雅特里布改称"麦地那",意为"先知之城"。

穆罕默德在麦地那受到了欢迎,并被当地的各部落拥戴为领袖。最终,穆罕默德依靠伊斯兰教信徒以及敖斯和海兹勒支的武装力量,组成了政教合一的第一个伊斯兰教的国家。他成为新国家的政治领袖和宗教首领,掌握政治、经济和军事大权。六二四年,穆罕默德下令征收天课,以增加国家财政收入。六二六年,他下令制定并颁布了成文法。

为了巩固新政权,穆罕默德还发动了一系列战争。其中,较为重大的战争有六二五年八月和六二七年八月与麦加贵族苏菲扬展开的两场战斗。这两次战争重创了麦加贵族的势力,穆罕默德的力量则日益壮大。六三〇年,穆罕默德率领大军占领麦加。麦加贵族接受伊斯兰教,承认穆罕默德是先知和政治领袖。麦加的天房和黑石则成为伊斯兰教的圣物,麦加成为阿拉伯的宗教中心,麦地那则是新国家的政治中心。此后半岛上的许多部落陆续信奉伊斯兰教。六三二年,穆罕默德因病去世时,大体上统一了阿拉伯半岛,麦地那国家为阿拉伯帝国奠定了基础。

铁骑出征

穆罕默德通过传播伊斯兰教,把阿拉伯民族团结起来,奠定了阿拉伯帝国的基础。他的继承人称为哈里发,指挥阿拉伯铁骑东征西讨,经过不懈的努力,建立了横跨欧、亚、非的大帝国。

哈里发的第一个目标是叙利亚。叙利亚扼守三大洲海陆交通要冲,任何一个称霸世界的国家都必须占领这个战略要地。

六三三年秋,阿拉伯远征军在死海南面与东罗马军队遭遇。剽悍、勇猛的阿拉伯骑兵,往来冲杀,东罗马军几乎全军覆灭。东罗马皇帝派自己的弟弟率领大军前去增援。有备而来的东罗马人利用地形,使阿拉伯骑兵无法发挥优势,惨败而归。

两国战争愈演愈烈。哈里发派出"安拉之剑"——大将哈里德,再次西征。哈里德定下猛虎掏心的战略,不是按部就班地逐个城市攻打,而是横穿沙漠,直取叙利亚首府大马士革。

哈里德用重金买通希拉城,打开了东罗马帝国的大门。然后把马匹换成骆驼,带上充足的水,横越大沙漠。

大马士革的守军面对突如其来的阿拉伯人丧魂落魄,外城很快失守。大主教在城内居民的要求下和哈里德谈判,大马士革归顺了阿拉伯。哈里德随即打败了东罗马的援军,杀死了领军的皇帝之弟。两年后攻克了耶路撒冷,在中东地区站稳了脚跟。

阿拉伯铁骑像不可阻挡的洪流,先后征服了伊朗、埃及、利比亚。六六一年,阿拉伯帝国正式建立,定都大马士革。

随着阿拉伯人的扩张,贵族内部的矛盾冲突日趋激化。麦加贵族艾卜·苏菲扬之子拒不承认阿里为哈里发,并派人将之刺死。叙利亚总都摩阿维亚拥兵自立,建立了倭马亚王朝,开始了阿拉伯帝国时代。

倭马亚王朝利用武力、联合贵族多种手段稳定了国内政局,继续进行大规模的扩张。在西方,首先征服了北非,而后越过直布罗陀海峡,占领了西班牙,但在进攻法兰克王国时被击败。

在东线,以迅雷之势占领了阿富汗首府喀布尔,以此为基地入侵中亚细亚。在怛逻斯河流域,阿拉伯人与中国唐朝将领高仙芝几次会战,都无法取胜,只好止住东征的脚步。

到八世纪中期,阿拉伯帝国西濒大西洋,东到印度河,南至尼罗河,北接咸海,成为横跨亚、欧、非的大帝国。

公元七五〇年,阿布阿拔斯利用农民起义推翻了倭马亚王朝的机会,自称是穆罕默德叔父阿拔斯的后代,夺取政权,自立为哈里发,建立了阿拔斯王朝,后迁都巴格达。阿拔斯王朝统治的最初一百年,是阿拉伯帝国的"黄金时代"。仅从首都巴格达公共课堂的数量和豪华程度上就可以看出当时的繁荣景象。巴格达的课堂多得惊人,而且内部装饰华丽,设有娱乐、休息的场所。帝国的王宫简直就是黄金与白银的世界。八二五年,哈里发与宰相的女儿结婚,婚礼中用一千颗硕大的珍珠当做彩饰抛向新郎新娘,新人坐的席子是用珠宝编织而成。由此,我们可以想象当时的阿拔斯王朝是多么的强大和奢华。

为了防止倭马亚家族东山再起,他下令诛灭倭马亚家族,九十多人一夜丧命。只有阿卜杜勒·赖哈曼王子乔装成平民,才幸免于难。

赖哈曼王子在倭马亚王朝旧部的帮助下,逃到西班牙,组织军队占领哥多瓦,不承认阿拔斯为哈里发。于七五六年宣布独立,史称后倭马亚王朝。从此阿拉伯帝国开始分裂。

阿拔斯王朝控制着当时世界贸易最发达、经济最繁荣的地区。九世纪时,达到了阿拉伯帝国的黄金时代。中央集权比较稳固,经济文化都有很大发展,首都巴格达尤其繁荣,不仅王宫镶金嵌玉,富丽堂皇,就连公共浴室也装饰华美,还供应水果、糕点,简直就是享受和娱乐的场所。统治者更是花天酒地,挥霍无度。

贵族的幸福生活来自人民的血汗。统治者敲骨吸髓的剥削必然激起人民的反抗。哈金、巴贝克、黑奴三次大起义此伏彼起,削弱了封建帝国的统治力量。各地封建主乘机扩充力量,独霸一方。九〇九年,自称是穆罕默德女儿法蒂玛后裔的阿布阿卜杜拉在开罗自立为哈里发,建立了法蒂玛王朝,阿拉伯帝国变成了三足鼎立之势。

十一世纪开始后,突厥人夺取了叙利亚地区,后来又攻占巴格达,控制了阿拔斯王朝政权。一二五八年,旭烈兀攻占巴格达,阿拉伯帝国灭亡了。

《一千零一夜》

在古代阿拉伯人建立的国家中,有一个靠近印度的小岛国,国王山鲁亚尔公正廉明,治国有方,国家安定,人民富足。可是他发现自己宠爱的王后竟然有不贞的行为,非常愤怒,拔剑杀了妻子。因此认为女人是不可信赖的毒蛇。山鲁亚尔要报复"可恶"的女人,每天娶一个女子,第二天黎明就把她杀掉。本来安居乐业的百姓从此生活在恐怖之中,纷纷带着女儿逃奔异乡。

一天，宰相愁眉苦脸地回到家中，他实在不忍看着无辜的女孩丧命，年轻有为的国王日益沉沦。宰相的女儿莎赫查德聪慧过人，了解真相后，决心拯救全国的女子。她说服父亲，把她送进王宫。

国王要求行房时，莎赫查德泪流满面，泣不成声，要求国王允许她和妹妹见一面。国王立即派人把妹妹接来。妹妹恳求姐姐："看在安拉的面上，给我讲个奇妙的故事吧！好让我们快快乐乐的度过这一夜。"

莎赫查德说："如果高贵有涵养的国王陛下许可，我很愿意讲个故事。"

国王想，反正明天早晨再杀她，讲个故事也无妨。莎赫查德就开始讲述生动有趣的故事，第二天黎明时，恰恰讲到最吸引人处，于是国王就让她活下来。这样，莎赫查德一个接一个地讲，一直讲了一千零一夜，终于感化了国王，他不仅改掉了恶习，还立她为后，共同治理国家，人民重新过上了幸福生活。《一千零一夜》的故事也从此流传下来。

《一千零一夜》也译作《天方夜谭》，是一部家喻户晓的阿拉伯文学名著。其中包含了爱情故事、冒险故事、神怪故事、幻想故事、谐趣故事、寓言故事、历史故事等，内容十分广泛。故事中的角色，不仅有神翁天仙、天兵天将、妖魔鬼怪、鸟王兽王、海陆大帝等，人类社会各阶层的人物也应有尽有。读者可以透过蒙在故事外面的浪漫纱衣，看到中古阿拉伯世界和许多东方国家的社会生活画面。这些故事大都宣扬真善美，抨击假恶丑，激发人们奋发向上。许多篇章赞美了女性的聪明才智，反映劳苦大众的悲惨生活，抨击统治者的奢靡暴虐。

爱情故事在《一千零一夜》中最多。不论是描写公主与王子、商人爱王妃，还是人仙恋，无不深刻反映男女主人公对自主婚恋的热切向往。

《巴士拉银匠哈桑》描述了一个人仙相恋的美妙故事。银匠哈桑与神王之女麦纳尔·西娜公主相爱，并结为夫妻。三年后，生下了两个可爱的小男孩。公主想念父母姊妹，趁哈桑外出时，向婆母要来自己的羽衣，带着孩子飞回仙国瓦格岛。哈桑为寻妻儿，跨越七道峡谷，渡过七个大海，翻过七座高山，闯过妖魔鬼怪控制的岛屿，经受了麦纳尔·胡达女王的种种折磨和刁难，在几个好心人的帮助下，终于见到了妻儿。深爱西娜的哈桑历尽艰险而深患重病。姐姐努儿·胡达认为妹妹私嫁哈桑是耻辱,百般阻挠。善良的七公主告诉西娜,哈桑为寻她而遭受苦难,差点儿丢掉性命。故事中神蛇、飞马、神象、隐身帽、魔杖相继显示神功,合力成全哈桑与西娜的爱情,情节曲折,想象奇特,引人入胜。

寓言故事巧借鸟兽之口,讲述人间智慧和经验教训,也是《一千零一夜》中的精彩之作。冒险故事、神怪故事等也都各具特色,构思巧妙。其中《渔夫与魔鬼》的故事引人入胜,也最为著名。

有个渔夫,天天出海打鱼。他打鱼有个习惯,每天只撒四网。这一天,他照例撒网打鱼。一连三网都一无所获。第四网时捞上一个锡封的铜瓶。

渔夫十分好奇地把锡盖打开,一股青烟缓缓飘出,随即变成了一个面目可怕的魔鬼。魔鬼哈哈大笑道:"所罗门,我终于出来了!"转而又恶狠狠地对渔夫说:"可怜人,等死吧!"

"我放了你,你为什么要杀死我?"渔夫战战兢兢地问道。

"哈哈!我是个无恶不作的魔鬼,被所罗门的魔法关在了这个瓶子中。我在瓶中的第一百年时,我发誓,谁救了我,我让他终身享受荣华富贵。一百年过去了,没人来救我。第二个一百年时,我发誓,谁救了我,我把地下的宝藏送给他。还是没人来救我。第三个一百年时,我发誓,谁救了我,我就满足他三个愿意。结果还是让我失望了。第四个一百年到来之时,我发誓,谁救了我,我就杀死谁。不过,杀死他前,允许他提一个问题。"

渔夫听了魔鬼的话,镇定了一下,稍加思索后问道:"那我就问你个问题。这个瓶子这么小,只能容下你的一根手指,怎么能让你容身呢?你的话我不相信!"

"那我就让你看看吧!"魔鬼说完,化成一股青烟钻进了瓶子。渔夫迅速拿起锡封盖住了瓶口。

"好心的渔夫,求求你放了我吧,我错了!如果你放了我,我保证让你有享受不尽的荣华富贵,我是说话算数的!"魔鬼苦苦哀求道。

渔夫经不住他的哀求,又打开了锡封。魔鬼出来后对渔夫说:"跟我来!"他们翻山越岭来到一个清澈的湖边。湖里游着红、白、黄、蓝四种颜色的鱼。"我敢说,你打了一辈子鱼也没见过这么漂亮、奇特的鱼吧!快捞几条,把它献给国王,你会有好运的。"魔鬼说完,用脚在地上蹬出一条裂缝,钻进去不见了。

国王看着这么奇特的鱼,不由得兴趣大发,要渔夫带他到那个奇怪的湖边游玩。

国王带着大队人马来到了湖边。游兴尽后,国王又对这个奇怪的地方发生了兴趣,他想知道为什么会有这么奇怪的一个地方。国王带着人四外找人打听。直到天黑,也没找到一个人,只是在山中发现一座黑石宫殿。

国王走进装饰华丽的王宫,发现一个英俊的青年,他上身是人身,下身却是石头。国王奇怪地上前询问。青年向国王哭诉了自己的遭遇。

原来,这个青年也是位国王,他娶了一个漂亮的妻子。过了很长时间,他发现自己的王后竟是听命于一个丑陋的黑人魔鬼的女巫,她每天到魔鬼那里乞食老鼠骨头。青年国王气愤异常,借机将黑人魔鬼刺成重伤,他的王后异常恼怒,施展魔法将他下半身变成了石头。这还不算,她还将他的臣民变成四色鱼。黑人魔鬼一直半死不活地躲在王宫,王后悲伤恼恨之余,便用鞭子打青年国王泄气。

国王听了青年国王的哭诉,又是同情又是气恼,他安慰青年国王说:"放心吧,我不会让你继续痛苦下去的。我会设法帮你报仇的。"

国王提着宝剑,走进黑人魔鬼的房间,将他一剑刺死,自己扮成魔鬼的样子躲在被子里。一会儿,女巫进来了,她哭泣着说:"主人啊,您快醒过来吧。您有什么吩咐尽管说吧!"国王压低嗓子说:"你丈夫的惨叫声让我心烦意乱,我真想一直睡着不醒过来。你快放了他吧,我想安静一会儿。"女巫一听他说话了,高兴地抹着眼泪站起来说:"好好!我的主人,我马上就去办。"女巫飞快地跑到青年国王的房间,拿了一碗水,口中念念有词一阵,把水洒在青年国王身上,国王马上恢复了人状。

女巫又跑到黑人魔鬼的房间:"主人,我照您的吩咐放了那个该死的国王。您能说话真是太好了!"国王抑住厌恶之情,又哼哼唧唧地说:"变成鱼的那些臣民的灵魂整日在我耳边哭喊叫嚷,我都快被吵死了!"女巫一听,忙说:"主人您放心,我马上让那些讨厌的家伙恢复人形,只要您能平安健康,我干什么都愿意。"

女巫将湖水中的鱼恢复人形后又跑到了黑人魔鬼的房间:"主人,您感觉好些了吗?"国王假装精神振奋地说:"趁我精神好的空儿,再传授你自觅食物的咒语。把耳朵凑过来!"女巫欣喜地靠近国王,国王拔出宝剑刺死了她。

从此,两个国王成了挚友,两个国家成了盟友。为了感谢渔夫的带路功劳,两个国王分别娶了他的两个女儿为妻。渔夫正如魔鬼所言,享受着无尽的荣华富贵。

《一千零一夜》还有许多类似的故事,它深受世界各国人民的喜爱。

《一千零一夜》产生于封建社会,当然包含一些落后的思想观念,但瑕不掩瑜,《一千零一夜》不仅是阿拉伯文学的明珠,也是世界文学的瑰宝。

奥斯曼土耳其帝国

帝国初兴

奥斯曼人原属突厥人的一支,住在呼罗珊一带。十三世纪蒙古铁骑西征,奥斯曼人被迫西迁小亚细亚,依附于塞尔柱突厥人建立的罗姆苏丹国。罗姆苏丹国衰落后,奥斯曼人不断扩张自己的势力,并于一三〇〇年宣布独立。

奥斯曼本是部落首领的名字,其他部族就以此称呼这一部落。奥斯曼以一个部落起家,人口少,财力弱,没有固定的收入来源,只有一小块领地。但奥斯曼梦想能像塞尔柱苏丹一样建立称霸西亚的王国。他利用民族情感和其他土耳其部族建立联盟,增强自己的力量,把正在衰落的东罗马帝国作为掠夺财富和土地的对象。一三二六年,奥斯曼人从拜占庭人手中夺取了控制达达尼尔海峡的重镇布鲁萨,并在此建都,为奥斯曼土耳其国家奠定了基础。

但这时的奥斯曼土耳其还不是严格意义上的国家。没有相对稳定的边界,没有行政管理制度和体系,靠掠夺的战利品维持民族的发展。奥斯曼死去的时候,他的国家拥有的财产少得可怜。但奥斯曼把最可宝贵的财富留给了他的子孙和人民,那就是远大的理想和坚忍不拔的精神。临终时,他再三告诫儿子奥尔罕,要主持正义,爱护人民,励精图治。

一三二六年,奥尔罕继承王位,奥尔罕英武有谋,继续联合其他部族对拜占庭进行战争。仅用了七年时间,他就将拜占庭在小亚细亚的领土全部纳入奥斯曼帝国的版图。

版图的扩大,人口的增加,奥斯曼帝国再不能像原来那样统治下去了。奥尔罕开始对国家制度进行全面改造,史称"奥尔罕改制"。

政治上,努力扩大统治基础,对立下战功的人,无论出身如何,都封赐土地;其他部族的土耳其人也都受到平等的待遇。重视教育,大力培养人才。奥尔罕在尼克米底亚城,创办了奥斯曼人第一所清真寺学校,为国家管理培养所需的各种人才。

军事上,改编军队,建立常备军。保持常备军的系统训练,并配备精良的武器,甚至有最新式的大炮,大大提高了军队的战斗力。

行政组织方面,中央设立迪万(国务会议),任命维齐(大臣),向地方派遣法官,管理地方事务。

经济上,保护贸易,从而获得更多财源。

奥尔罕改制使奥斯曼帝国的政治、军事走向了正规,国力增强,为继续扩张奠定了良好的基础。

一三五九年,奥尔罕之子穆拉德即位后,开始向巴尔干半岛进军,后占领了包括阿尔马尼亚在内的巴尔干半岛的大部分地区,并把都城迁到亚得里亚堡。保加利亚、匈牙利都被迫向他臣服。到十四世纪末,奥斯曼帝国已占领了自多瑙河至雅典之间的广大地区。

但是,正当巴耶塞特一世踌躇满志,想大展宏图的时候,遭到了蒙古人的沉重打击。蒙古王帖木儿梦想效法成吉思汗,征服世界,整个中亚和近东都成了他的势力范围。两强相争必有一伤。一四○二年帖木儿与巴耶塞特一世在安卡拉一带展开激战。帖木儿把从印度带来的战象驱入土耳其阵地。庞然大物横冲直撞,土耳其士兵溃不成军,巴耶塞特也成了帖木儿的阶下囚。

巴耶塞特一世壮志未酬,忧愤而死,几个儿子为争夺王位长期混战。内乱消耗了国家力量,被征服国家也纷纷发动起义,奥斯曼土耳其帝国处于混乱之中。

一四二一年穆拉德二世获得王位,重新巩固了国内统一的局面,开始了新的扩张,东罗马帝国的土地被掠夺殆尽,只剩君士坦丁堡一座孤城。此后,土耳其军队打败了第二次东征的十字军,取得科索沃战役的胜利,在欧洲战场上占据了绝对优势。

穆罕默德二世即位后，立即着手准备进攻君士坦丁堡，又一个横跨三大洲的帝国呼之欲出。

攻占君士坦丁堡

十五世纪初，奥斯曼帝国发生危机，巴尔干国家乘势反攻，亚洲的一些王公也纷纷独立。一四二一年，穆拉德二世即位后，重整军备，向东罗马帝国开战，帝国恢复了相对稳定。但穆拉德二世没能实现占领君士坦丁堡的梦想。

一四五一年，穆拉德病逝。年仅十九岁的穆罕默德二世继承了王位。这时奥斯曼帝国已占领了巴尔干半岛东南部，塞尔维亚等国也向它缴纳贡品。在亚洲，奥斯曼统一了安纳托利亚的大部分地区。穆罕默德二世决心继承先人的遗志，开疆拓土，建立庞大帝国。他的首要目标就是攻占君士坦丁堡。

当时的拜占庭帝国只剩下君士坦丁堡及其周围的一小片地区，是奥斯曼帝国包围中的孤岛。穆罕默德从外交、军事等方面为进攻君士坦丁堡做准备。他分别与威尼斯、匈牙利订立和约，答应保护威尼斯商人的权利，换取威尼斯、匈牙利保持中立。一四五一年冬，他下令在博斯普鲁斯海峡最狭处的欧洲岸边建立要塞，与对岸的安纳多卢希塞尔遥相呼应，控制了黑海和地中海的通道。穆罕默德还组织铸造了大批兵船和大炮。

一四五三年四月，穆罕默德亲率十五万大军，团团包围君士坦丁堡，从陆、海同时发起猛攻。当时东罗马国王一看穆罕默德二世的军队，吓得浑身哆嗦。他忙派人向穆罕默德求和，许诺只要不攻打君士坦丁堡，他愿将其他的领土都献给奥斯曼帝国，并且每年向它进贡。不料穆罕默德二世哈哈大笑道："我只要把君士坦丁堡攻下了，再抓到东罗马国王，还有什么不是我的？"东罗马帝国只好抓紧时间备战。守城的士兵不足三万，双方力量对比悬殊。但顽强的守军，利用君士坦丁堡坚固的城墙工事英勇抵抗。奥斯曼人几次攻到城边都被打退，留下一具具尸体。

奥斯曼军队想挖掘地道通入城内，也被守军炸毁。战斗一时处于僵持

状态。穆罕默德心急如焚,连夜召集将领研究对策。最后决定,把防守薄弱的金角湾作为突破口。

　　与此同时,有一名叫巴尔马斯的匈牙利人求见穆罕默德二世,自诩能造出当今世上无与伦比的巨型火炮。一心想攻破君士坦丁堡的穆罕默德二世毫不犹豫地重用了他。经过三个月的铸造,第一门大炮造了出来。穆罕默德经过测试,发现这种巨炮果然威力无比,下令用这种巨炮装备所有炮兵。浩大的造炮工程结束后,奥斯曼帝国又迎来了一项新的、巨大的工程——运炮。几乎整个奥斯曼帝国的人都出动了,夜以继日地奋斗了几个月,翻山越岭,跋山涉水,才把巨炮运到阵地上。

金角湾是海军迫近君士坦丁堡的最佳水域,但守军早已用铁索和沉船把入口堵死,土耳其的军舰根本开不进去。突入金角湾必须通过热那亚人控制的加拉塔。

穆罕默德立即派使者请热那亚人首领谈判,许诺维护热那亚人的特权。在热那亚人的帮助下,奥斯曼军队先在加拉塔的陆地上,用坚实的木板铺设一条道路,上面涂有厚厚的油脂,然后用滑车把船只吊到木板上,再用牛马拖着舰船通过滑道。一夜之间,七十多艘舰船进入了金角湾,守城士兵惊恐万状,急忙调遣兵力防御。这一来就打乱了原来的兵力部署,守军更加兵力不足。

第二天拂晓,穆罕默德命令全线进攻,他亲自到阵前督战。君士坦丁堡四面万炮齐发,炮弹犹如冰雹一样,数万名奥斯曼士兵在苏丹面前振起神威,冲向城墙。一时间,城墙上,云梯上,到处是厮杀的战士。苏丹的巨炮轰开了圣罗门以北的一段城墙,奥斯曼士兵如潮水一般涌入城内。君士坦丁堡守军面对十倍于己的敌人毫不畏惧,展开逐街逐巷的争夺。每一座房屋都成了血腥的战场,鲜血染红了街道。

奥斯曼军队终于占领了君士坦丁堡,早就对君士坦丁堡的富庶垂涎三尺的奥斯曼人开始了疯狂的抢劫。苏丹早已许诺,除了城市本身,他什么也不要,士兵抢得的一切都归自己所有。士兵们纵情劫掠了整整三天,华丽的宫殿被洗劫一空,然后付之一炬,无数艺术珍品被损毁、破坏。人类文明又一次惨遭劫难。

穆罕默德攻占君士坦丁堡,震惊了欧亚。四年后,他迁都于此,更名为伊斯坦布尔,成为奥斯曼帝国的政治、文化中心。

俄罗斯大帝

伊凡四世改革

伊凡四世生于一五三〇年八月二十五日,是莫斯科大公伊凡三世之孙、瓦西里三世之子,是俄罗斯第一位沙皇,是俄罗斯封建专制国家的奠基者和军事扩张路线的开拓者。

一五四七年一月六日,不平常的一天,是俄罗斯历史上一个具有里程碑意义的日子。伊凡四世的沙皇加冕典礼在莫斯科隆重举行。

"恭祝沙皇陛下万寿无疆!万寿无疆!"

唱诗班引吭高歌着,伊凡四世端坐在金丝锦缎的宝座上,表情肃穆,神色凝重,这与他十七岁的年龄不相匹配。其实,这时他内心里已经波涛汹涌,兴奋不已。"终于等到这一天了!"他在心里不断地重复着这句话。

是啊,终于等到这一天了。十四年的等待,伊凡四世才亲尝到权柄的威力。一五三三年十二月四日,正当伊凡三岁的时候,他的父亲瓦西里三世驾崩,小伊凡被扶上大公宝座。"孩子,看来只有我帮你支撑起这个强大的帝国了。"大公夫人擦拭着丧夫的眼泪,对着她那不懂事的孩子说道。大公夫人叶琳娜是个精明强干的女人,她一直"垂帘听政"到一五三八年猝然死去,帮助伊凡四世奠定了根基。这一年伊凡八岁。"妈妈,您放心地去吧,我会成为俄罗斯真正的主人!"小伊凡暗自下定了决心。

时光飞逝,转瞬到了一五四七年,伊凡已经十七岁了。几年来,经过宫廷的血雨腥风、残酷杀戮,他已经牢牢地控制了局势。这时的伊凡,已远非接任大公之位时的八岁孩童,他开始放眼世界,放眼历史,寻求更辉煌的未来，他要建立一个更大的帝国。他追溯过去，有恺撒大帝主宰的第一罗马帝国，有拜占庭帝国时期的第二罗马帝国，"我要建立第三个罗马帝国——俄罗斯帝国！"对此，他深信不疑。于是便有了一五四七年他十七岁登基的那一幕。他已经不满足于大公的称号，他想成就恺撒那般的帝业。伊凡四世采用了表明无限权力的尊号——沙皇。"沙"是从拉丁文"恺撒"一字转音而来，"沙皇"也就是皇帝。从此，伊凡四世成为俄罗斯历史上的第一个沙皇；从此，俄罗斯开始了无休止的扩张史。

"普天之下，莫非王土。率土之滨，莫非王臣。"沙皇的称号、无限的君权让年轻人伊凡忘乎所以，整日不理朝政，沉湎于酒色之中，朝政大事都托付给舅父格林斯基家族处理。"一朝权在手，便把令来行。"格林斯基尽废以往有利于君主集权的措施，将部分城市和土地分配给他的亲属和党羽，加强对下层民众的搜刮，这一倒行逆施激起了各层人士的怨恨。民怨沸腾。一五五二年六月二十一日，天灾又降临莫斯科城，莫斯科城遭受大火袭击，烧毁房屋不计其数，烧死人员一千七百多人。"大火是由格林斯基家族所致。"悲伤过后，人们想到他们怨恨的人，便把这一天灾归咎于他。顿时，群情激愤，狂怒的人群潮水般涌入格林斯基王府，逢人就杀，最后，一把火把王府化为灰烬。

"这还了得！"伊凡四世得知消息后，从温柔乡中醒来，下令剿灭乱民叛乱。叛乱被镇压下去了。经此风云突变，伊凡四世如当头棒喝，大梦初醒，意识到这样下去后患无穷，帝业无望。于是，亲临朝政，整顿朝纲。从公元一五四九年起，伊凡四世开始了军事、政治、司法、经济诸方面的改革。

军事改革是一切改革的中心。伊凡四世充分认识到"枪杆子里面出政权"这一真理，着力加强军队建设。公元一五四九至一五五〇年，伊凡打破按出身高低选任军官的旧制，提高中小贵族在军队的地位。后来，又改革兵役法，令每个世俗封建主按一百五十亩土地出一名骑士的标准，向沙皇提供骑兵队。这一改革大大加强了沙皇的军事力量，为以后的开疆拓土奠定了军事基础。

司法改革主要是统一全国法律，各地设立司法机关，审理重大刑事案，削弱地方长官的司法权；政治改革是改组国家机关，废除世袭领地机关，增加新的中央国家机关。

经济基础决定上层建筑。从一五六五年起，伊凡四世进行经济改革，

推行沙皇特辖区制度。他把全国的土地分为两部分：一为普通区,由贵族管理;一为特辖区,由沙皇直接管理。"当然我应该得到最好的土地了。"伊凡四世把全国最肥沃的土地,最繁荣的商业区划入特辖区,凡在特辖区内的原属于某个大贵族的世袭领地一律收归皇室所有,大贵族失去的领地则从遥远的普通区得到补偿。

这一系列的改革使伊凡四世加强了皇权,确立了独断专行的统治。当然,那些贵族是不会轻易放弃自己的权力和利益的,不断进行叛乱。对此,伊凡四世毫不客气地加以残酷镇压。伊凡因而获得了"恐怖的伊凡"称号,即人们通常所谓的"伊凡雷帝"。长期残酷的杀伐、斗争,加强了他病态性的多疑,以致变得精神失常。一次,他在盛怒之下,竟用手杖打死了继承他皇位的太子。一代英雄养成如此暴戾的性格,是他自己的悲剧,也是历史的悲剧。

东进西击

"轰!轰!轰!"

喀山城下炮声隆隆,硝烟弥漫,一场战斗正在激烈地进行着。

"轰击!轰击!给我使劲地轰击!我要把喀山变为平地!"城下的一名指挥官暴跳如雷地吼叫着。

这个指挥官就是大名鼎鼎的俄罗斯第一位沙皇伊凡四世。伊凡四世自从十七岁登上沙皇宝座后,经过一番深化改革,励精图治,加强了军事实力,进而开始走上了向外扩张的征程。扩张的第一站就是东征喀山。一五五二年六月十六日,伊凡四世亲自统帅十五万大军浩浩荡荡大举进犯喀山。途中,沙皇时而骑着高头大马显示着帝王的气魄和威严,时而步行显示着与士兵同甘共苦的气概,鼓舞着士气。八月,大军兵临喀山城下,伊凡下令攻城,他以为只需几炮就会吓得喀山人屁滚尿流,弃城而逃,哪里想到守城的三万鞑靼人无一不能征善战,以一抵十。双方相持不下,一个月过去了,喀山城还是巍然挺立,未能攻下,气得沙皇七窍生烟,下令猛攻。

"猛攻不行,应该实施巧攻。"暴怒下的伊凡并没有丧失理智,他在思考着攻城的妙计。猛然,他双掌一击,道:"有了!"马上叫来传令兵,传令部队挖掘地道,直通喀山城下,然后填满炸药轰城。

十月二日,伊凡一声令下:"点火!"只听见轰隆一声巨响,火光冲天,大地乱颤,喀山城墙颓然倒塌,石块、守士的肢体被炸得飞上了天空。俄军发疯般冲进城里,逢人便杀,直杀得血流成河,尸堆如山。喀山汗国灭亡,领土纳入了沙皇俄国的版图。伊凡四世达到了自己的目的,又给自己加了一个新的头衔——喀山沙皇。

但是,吞并了喀山汗国之后,伊凡四世并没有就此罢休,他又一鼓作气征服了伏尔加河下游的阿斯特拉罕汗国。俄罗斯是一个内陆帝国,无出海口。对东方征服的一路凯歌,使伊凡雄心大增,"我要做世界霸主,做世界沙皇!"要想称霸世界,就要打开一个出海口,伊凡四世选中了波罗的海。

一五五八年一月,伊凡四世借口处于波罗的海沿岸的立沃尼亚骑士团与立陶宛结盟反对俄罗斯,便指挥大军向波罗的海沿岸大举进攻。这一仗就打了二十五年,大小战役不胜枚举,战争进行得异常艰苦,从一五六一年起,已经由立沃尼亚战争演变成为国际战争,波兰、立陶宛、瑞典等国都卷入了这场战争。经过一系列的激战,战争对俄军越来越有利,伊凡四世的军队节节胜利,以致威胁到立陶宛首都维尔纽斯的安全,沙皇作为世界霸主的梦想正在逐步成为现实,他不禁手舞足蹈起来。

"库尔布斯基叛变了!"

这一消息犹如当头一棒,梦想幻影般地彻底破灭了。这库尔布斯基是俄军前线指挥官,因一时失利遭到伊凡四世的痛斥,失宠的将军担心暴戾的沙皇对自己痛下杀手,不得已投奔到了对方的怀抱。库尔布斯基的投降,使俄军败局已定。"大势已去。"伊凡四世无奈地叹道。一五八三年伊凡四世被迫宣布停战。俄国不但没有夺取波罗的海的出海口,反而又把一部分俄国的领土作为战争赔偿割让给了对方,真可谓偷鸡不成反蚀米。

酗酒纵欲、暴怒多疑和长期无休止的征伐,使伊凡四世迅速地衰老。一五八四年三月十八日,年仅五十四岁的伊凡四世就过早地驾崩了,被葬到了他狂怒时打死的太子的墓旁。

伊凡四世驾崩之后,他的儿子费多尔继位(1584—1598年在位)。这位新沙皇全无其父的雄才大略,昏庸无能,无所建树,公元一五九八年驾崩,留里克王朝从此结束。后来又经过一番政局混乱局面,直到一六一三年,俄罗斯大贵族米海尔·罗曼诺夫被推选为沙皇。从此,俄罗斯开始了罗曼诺夫王朝的统治。这个王朝直到一九一七年二月革命才被推翻。

美洲文明之火

玛雅文化

"0"这一计数符号对我们来说再普通不过了,在我们的日常生活中应用得也最为广泛了。但是,你们知道它的起源吗?

是玛雅人最早发明的这个计数符号。

玛雅文化是古代美洲印第安人文化的摇篮。玛雅人活动的地区在现在的墨西哥南部尤卡坦半岛、危地马拉、萨尔瓦多、洪都拉斯一带。因为他们的文化在美洲印第安文化中创立最早,水平也非常高,所以有"美洲的希腊人"之称。

一提到金字塔,人们首先就会想到埃及,但不知道古代玛雅人建造的金字塔规模要超过埃及的金字塔。这就是位于现在墨西哥境内尤卡坦半岛东北部的库库尔坎坛庙。庙高六米,建筑在二十四米高,分为九层的四方形金字塔的顶部,每层台基四面都有台阶通往坛庙。尤为突出的是,在金字塔台阶的边墙上刻有浮雕,堪称世界艺术珍品。每边的边墙上都刻有带有羽毛的蛇头,张开大嘴,伸出了长长的吐须,在阳光的照耀下,煞是威风。画面形象逼真,栩栩如生,呼之欲出,充分显示了玛雅人卓越的艺术才能。

现在,我们吃着的香甜玉米也是玛雅人最早培育的。公元前一千年代初,原始的玛雅人已经过着定居的农业生活,日出而作,日落而息,刀耕火种,辛勤耕耘着。除玉米外,棉花、番茄、可可、烟草……一种种农作物在他们辛勤双手下培植出来了,他们每一个人都是农艺师,都是育种专家,代代人薪火相传，繁衍不息，传播着人类的文明。

在漫漫的农业耕作中，他们发现农耕与自然界的密切关系，他们观察天象，预测天气变化，已经能准确地计算出金星绕太阳一周需要五百八十三点九二日。公元初，他们又超出了初民们"山中无甲子，岁月不知年"的生活，创制了我们现在仍然在使用的、以三百六十五天为一年的太阳历，不同的是，他们把一年分为十八个月，每月二十天，另有五天为"禁忌日"，四年一闰加一天。多么令人敬佩的创造，玛雅人的智慧真是令我们后人叹服不已。

玛雅人又解决了计数问题。每人不都是有一双手、一双脚吗，手不是有十指、脚也有十趾吗，玛雅由此创造出了独特的二十进位法。如果说，这只不过是一种本能的发明，那么，还有更绝的呢。玛雅人又发明了类似眼睛的椭圆形符号"0"，这比欧洲人要早八百年！他们的数字书写也很独特，如用"."表示一，用"－"表示五，用"÷"表示六。匪夷所思。

玛雅人是美洲最早使用文字的印第安人。玛雅人的文字是一种既表音又表意的"意音文字"，文字图形包括音符和意符两部分，类似于我国的象形文字。玛雅人的文字共有八百多个图形，可以组成三万多个词汇。这些文字被分别刻在石碑或庙宇的墙壁上，有的雕在玉器和贝壳上。在科班城有著名的"玛雅文字梯道"，刻有两千五百个象形文字，世界上许多文字学家都到这里参拜，想参透文字的含意，但大都百思而不得其解，终不能解释，无不悻悻而归。

九世纪末，玛雅城邦突然衰落，不知是什么原因。这已经成为一个令许多历史学家解不开的谜，但它那谜一般的文化令后人受用无穷。

阿斯特克文化

在现在的墨西哥国徽上有这样一个图案，一只凶猛的雄鹰展开强劲的翅膀，坚硬如铁的钩嘴中紧叼着一条小蛇。这幅图案源于阿斯特克人的一个神话传说。

据传说，为阿斯特克人崇拜的部落神曾经给予神启，如果在哪里见到一只叼着一条蛇、站在仙人掌上的鹰，就得在哪里定居。为此，阿斯特克人举族迁徙，四处漂泊，东寻西觅，苦苦寻找这一神指定的居住地。历经若干年的跋山涉水,他们来到了今天的墨西哥城所在地,终于找到了那只鹰。从此,他们就在此繁衍生息,创造了举世闻名的阿斯特克文化。

　　阿斯特克定居后,建立了铁诺第兰城,就是现在的墨西哥城,开始了他们以农业为主的农耕生活,并吸收了墨西哥和中美洲印第安人的各种文化成就,形成了发达的宗教文化。阿斯特克人相信灵魂永生并崇拜多种神祇,其中阿斯特克人的太阳神和战神辉齐罗波齐特里被尊奉为主神,其他神处于依附地位。

　　阿斯特克人在农业上很早就掌握了灌溉技术,在水中打上一排排的木桩,在木桩上铺上木筏,然后往木筏上铺上湖泥,用这种方法扩大耕地面积,被称为"浮动园地"。在耕地不充足的情况下用这种方法使耕地面积大增,充分显示了阿斯特克人的聪明才智。

　　铁诺第兰城的建造代表了阿斯特克人的最高建筑水平,是世界建筑史上的经典之作。铁诺第兰城建在湖中的一个岛上,阿斯特克人建造了三条道路与陆地相连,解决了交通问题,使城里、城外交通通畅;又建造了两条人工的石槽供水系统,为城中人饮水免除了后顾之忧。因为这是一座宗教城市,城中建造了四十座金字塔形的坛庙,供奉各种神祇,其中以供奉主神辉齐罗波齐特里的坛庙最为恢弘壮观,占地约有两英亩,高三十五米,共有一百四十四级台阶,堪称世界建筑史上的一个奇迹。

　　阿斯特克人在建筑艺术上成绩斐然,在气势上开阔宏大,在技艺上鬼斧神工,而在文字方面的成就却远不及玛雅人,发展水平大体处于图画文字的萌芽阶段。

印加文化

　　马铃薯这一作物无论在中餐还是在西餐中都是不可或缺的食品,其制作方式多种多样,大大满足了人们的口腹之欲。饮水思源,我们应该了解一下马铃薯的培育者——印加人。

　　"印加"的意思是"太阳的子孙"。印加国的正式名称是"塔瓦廷苏域",意为"合为一统的四大区域"。十六世纪时,印加国达到全盛时期,疆域北起哥伦比亚,南到智利中部,西起太平洋沿岸,东到亚马逊丛林,南北长达四千公里,人口约六百万。创造了举世瞩目的印加文化。

　　印加文化是南美安第斯山古代文化的集大成者,在农业、冶金技术和交通工程方面达到了印第安文明的顶峰。

　　安第斯山脉耕种条件艰苦,可直接利用的耕地极其稀少。为了生存,就得想办法。于是,梯田在印加人勤劳的双手下产生了。古朴的印加人头顶炎炎的烈日,脚踏炙热的石地,"吭唷吭唷"地喊着号子,一块块巨石沿着山谷陡壁的斜坡堆砌起来,筑成了一堵堵的石墙,造出了一阶阶的梯田。又建造水渠引来渠水。一到秋日,傍山的都是一级级的绿野,错落有致的梯田上生长着印加人培植的四十多种农作物。看到这种丰收的景象,印加人不禁跳起了欢快强劲的丰收舞。

　　印加交通发达,修建了两条贯通全国南北的大驿道,分别长达四千和五千公里,宽五至八米,沿途设有专供驿使居住的驿站和国王、官员的行宫。当代学者称它们是"人类最伟大的工程之一"。印加人的道路系统在长度和建筑质量上远远超过了罗马帝国的道路修筑水平。

　　印加人虽然没有铁器,但已经发现金、银、铜等金属,并能制成各种器皿。在这上面印加人可谓心灵手巧,他们用金银制作的花朵,几乎可以乱真;所制作的飞鸟走兽也栩栩如生,呼之欲出。

　　印加人创造了一种称为"普基"的文字,以绳索的结和颜色作为符号。在一根粗绳上面垂直地拴上成排细绳,以结的距离远近表示数字大小,以不同颜色表示具体事物。鉴于印加氏族众多,幅员辽阔,印加人采用克丘亚语作为标准语言,通行全国。统一了语言,创造了文字,如果这样发展下去,以后就是一个中央集权专制的强大帝国,但历史没有如此上演。玛雅文化、阿斯特克文化、印加文化,三种印第安文化前后相连,创造了丰富的文明,成为世界古文明的发祥地之一。本应该以她独特的民族创造力发展下去,为世界文明创造更为璀璨的文化。但是,到了十六世纪,由于欧洲殖民者的入侵,中断了他们独立发展的历史。从此,印第安遭到了大规模的奴役和杀戮,一个古老而又有生命力的文化就这样殒灭了。

世界任我行

马可·波罗

"我要把我在东方的见闻记录下来。"

一二九八年,在热那亚总督的监狱中,马可·波罗下定了决心,他要把他旅行的经历、东方的见闻,介绍给世人。于是,马可·波罗口述,与他同囚一室的著名作家鲁思梯谦笔录,一本珍贵、奇妙的书——《马可·波罗游记》就这样诞生了。这本书的意义,不仅在于真实地记录了马可·波罗的传奇式经历,更为可贵的是使世界人最早地了解了中国,了解了世界,并对以后新航路的开辟起到了重大的作用。

马可·波罗六岁的时候,他的父亲尼哥拉曾在到东方经商时到过中国,见到过当时中国的皇帝忽必烈。忽必烈在他回国时交给他一个任务:向罗马教皇递交一封信,并要求教皇派聪明人到中国来。小马可听着父亲讲述在中国的神奇见闻,幼小的心灵里充满对东方的向往。他暗下决心:"我一定要到中国去!"

一二七一年,这一年马可已经十七岁,他到中国去的理想实现了。父亲尼哥拉和叔父玛飞决定带马可一起去中国,向忽必烈回复交给他们的任务。他们拿着教皇的复信和礼品,在十几个同伴的陪同下,开始了漫漫的征程。

一行人从威尼斯出发,向南进入地中海,然后横渡里海,经过两河流域,到达中东古城巴比伦。从巴格达再到波斯湾的出海口霍尔木兹。然后经陆路穿过伊朗境内的一个沙漠,进入阿富汗,又向帕米尔高原进发。越过帕米尔高原的雪山,他们来到中国新疆的喀什,穿越沙漠、戈壁,经过丝绸之路上的古城敦煌,入玉门关,过万里长城,穿过河西走廊,一二七五年,他们终于到达上都。他们在途中整整经历了四个寒暑,这一番艰难跋涉可想而知。出发时马克还是一个年方十七岁的翩翩少年,此时已经是历经风险的粗壮汉子了。

尼哥拉和玛飞觐见了忽必烈,呈上教皇的信札和礼品,并向忽必烈介绍了马可。忽必烈见他精壮聪明,非常高兴,接连几天把马可请到宫中讲述沿途见闻。不久,忽必烈带领大队人马返回首都大都,马可等也随同前往。

由于忽必烈的赏识和器重,马可等就留在元朝当官。马可由于年轻聪明,很快就学会了汉语和蒙古语。他除了在大都供职外,还经常奉大汗之命,巡视各省和出使外国。山西、陕西、四川、云南、山东、浙江、福建等地,都留下了他的足迹。他还出使南洋,到过越南、苏门答腊等地。每到一地,他总要考察当地风土人情、物产情况,回来后向忽必烈报告。就这样,他远离祖国,在中国整整待了十七年。

一二九二年,波斯的伊儿汗国派使臣来到大都,请求忽必烈赐婚。忽必烈选择了一位蒙古贵族的女儿作为公主,确定由海道前往波斯。

"大汗陛下,臣熟悉海道,臣愿护送公主前往波斯完婚。"马可主动请缨,忽必烈照准。

这时的马可·波罗已经是一名中年壮汉,而他的父亲和叔父都已是垂垂老者。叶落归根,中西同理,他们非常思念祖国,于是向同样是已到暮年的忽必烈请求:希望完成护送公主的使命后,能够获准辞去官职,返回威尼斯。

忽必烈虽然舍不得他们的离去,但还是理解他们对祖国的思念,赠送他们许多财宝,允许他们将公主送抵波斯后,直接返回威尼斯。君臣难分难舍,洒泪而别。

路上,他们遭到了海盗和风暴的袭击,历时两年零十个月终于安全抵达波斯。完成使命后的马可一行继续西行,于一二九五年底,才风尘仆仆地回到了威尼斯。

整整二十五年的时间,不通音信,家人原以为他们已不在人世。所以,当他们回到威尼斯时,引起一片轰动。人们纷纷向他们打听古老神秘的中国。忽必烈赠送给他们的无数金银财宝和奇珍异物,使历尽艰险的探险家回到威尼斯后,立即成为豪门巨富,显赫一时。

一二九八年,威尼斯和热那亚之间爆发战争。按照当时的法律,每个威尼斯富人必须出钱造军舰支持战争。马可·波罗主持造了一艘名为"东方号"的战舰,并且亲任舰长,出海迎敌。

时运不济,在亚得里亚海的一次海战中,马可和他的"东方号"战舰不幸被俘。热那亚总督在战俘名单中发现马可·波罗的名字。"这不是那个去过中国的马可·波罗嘛!"总督大喜过望,命令部下在监狱中善待这位旅行家,并常请马可·波罗给他讲述东方见闻。

在这种情况下,马可·波罗在狱中开始了《马可·波罗游记》的写作。《马可·波罗游记》在十五世纪被刊印成书,顿时,整个欧洲一时"洛阳纸贵",争相购买,成了一本在各国广泛流传、妇孺皆知的书。而书的作者马可·波罗也因为这本书和他的经历而名垂青史,成为了以后探险家的楷模。

哥伦布

一提到哥伦布,人们马上会像说出歇后语似的说出下半句——发现新大陆。是的,是他首先发现的美洲,但他却以为是他梦寐以求的黄金之地——印度,所以,一直把他发现的那些美洲岛屿称为"西印度群岛",把那里的土著居民称为"印第安人"(印第安是"印度"的译音)。这些错误也一直沿用到现在。

一四九二年八月三日清晨,西班牙南端的巴罗斯港码头上停泊着三艘帆船,船身披红挂绿,色彩鲜艳,岸上人声鼎沸,热闹非凡。其中最大的"圣玛丽亚号"帆船上,站着一个四十岁左右的壮汉。方正的脸,卷曲的头发,双目炯炯有神,一看就是一个坚毅而自信的人。他,便是这只舰队的统帅克利斯托佛·哥伦布。

"起锚!"

随着哥伦布的一声令下,三艘船扬起风帆驶离了码头。站在甲板上的哥伦布两眼注视前方,心里暗暗祈祷:"但愿一帆风顺,寻找到黄金之地。"

这次航行寄托着哥伦布多年来的梦想。出生于意大利热那亚的哥伦布从小就对航海有着浓厚的兴趣。少年时代,他就到过英国、几内亚等地,二十多岁时,他就已经是一位有着多年航海经验的水手了。一次偶然的机会,他看到了马可·波罗的《马可·波罗游记》。从此,他就一直梦想着到东方去寻找黄金。为此,他先后向葡萄牙、西班牙、英、法等国请求资助,以实现他航行到达印度寻找黄金的计划,结果都遭到拒绝。直到一四九二年四月,西班牙女王才答应资助船只和大部分费用,授予他海军大将的军衔,还预先封他为新发现土地上的世袭总督,准许他取得这块土地上的一份收入。

船队在海上航行了一个多月,船员看到的都是茫茫无际的大海,间或有几只到甲板上找东西吃的海鸥,哪里有大陆的影子。水手们沉不住气了。

"这个意大利人在骗我们,哪有他妈的什么大陆!迅速返航!"

水手们一片叫嚷声。这时,又有个水手病死了,这对水手们更是当头一棒,黄金找不到,再把小命搭上,不合算。他们把哥伦布包围起来,让他下令立刻返航,否则把他扔下海喂鱼。

"请大家相信我,我以上帝的名义发誓,三天后必能到达陆地。"水手们这才安静下来。

十月十二日凌晨,一名水手在高高的桅杆顶上首先发现了陆地。他惊喜得一下就跳到了甲板上,大喊:"我们到达陆地了!"顿时,船队一片欢呼,高喊:"万岁!"

黎明时分,船队踏上了陆地,哥伦布俯身下去,捧起一抔泥土,满眼噙着眼泪,激动得说不出话来,终于要实现他的黄金梦了。他把一面绣有绿色十字架的小旗插在了这块土地上,并给它取了一个基督教名字——圣萨尔瓦多。哥伦布断定这就是盛产黄金的印度。他又下令开船继续航行,寻找黄金。

没几天,船队到达古巴岛,这是欧洲人从未到过的。哥伦布认为这是中国的一个半岛,就派了两名使者深入内陆觐见中国皇帝。不几天使者回来说这儿不产黄金,当地人都黑如锅底,估计不是中国。"这的确是中国,有可能是中国的一个少数民族。"哥伦布看着地图固执地说。随后,又一面研究地图,一面指挥船队向东航行。他认为,东面就应该是日本了,他从《马可·波罗游记》中得知,日本也是一个富饶美丽的地方。不久,他们遇

到一个岛,是海地岛。哥伦布看岛上风景秀丽,很像西班牙,便把它叫做"小西班牙"。

十月二十五日,正当他们兴致勃勃地寻找黄金时,噩耗传来,"圣玛丽亚号"船底严重漏水,已无法前行。情急之中,哥伦布只好决定返航。

哥伦布作为欧洲人中在美洲的第一个殖民者,虽然没有得到大量的黄金,但是仍可以通过其他方式满足自己需求财富的欲望。起初,欧洲殖民者还不是赤裸裸的抢夺,而是进行不平等的贸易。当时这些岛屿上印第安人的生产方式还是极其原始的,因此,欧洲人带来的所有制品,甚至废物、玻璃碎片和每张用过的扑克牌对于他们来说都是宝贝。他们用这些东西大量换取印第安人的贵重物品。印第安人把这些远方来的白人当成神仙派来的贵客,热情的招待,满足他们的各种要求,对于他们的野心并没有提防。然而正是这些人宣布了他们灾难的到来。哥伦布到达海地以后,在那里建立据点,把欧洲的先进武器——大炮和火枪带到了岛上,开始了对当地人民的血腥统治和疯狂掠夺。哥伦布为了炫耀他的成功,带着掠夺来的财富和十个印第安人返回,于一四九三年三月十五日回到西班牙的巴罗士港,向欧洲人宣布他已经找到了通往印度的航路。这在欧洲引起了轰动,哥伦布得到了国王的礼遇，成为西班牙的贵族。

不久，西班牙国王决定再次派哥伦布远航。这次，哥伦布先后到达多米尼加、海地等地。此后，哥伦布又两次到达美洲。但由于哥伦布所到之处黄金不多等原因，他并未给西班牙国库带来巨大收入，也未能使自己成为巨富。而此时，葡萄牙人已经到了真正的印度，因此，哥伦布被西班牙人骂做"骗子"，也遭到了西班牙贵族的嫉恨和排斥。一五〇六年五月二十日，他在寂寞与失意中病逝于西班牙的瓦里阿多里德城。

哥伦布至死都认为他所到的地方是印度。后来一个叫做亚美利加的意大利冒险家到了美洲大陆的另一边，看到了太平洋，从而证实了哥伦布发现的并不是印度，而是欧洲人过去不知道的一个新大陆。后来，人们就把那里称为亚美利加洲，即美洲。

哥伦布在航海事业上取得的成就，为后人发现美洲大陆奠定了基础，也为葡萄牙人麦哲伦环球航行提供了必不可少的资料。在世界航海史上，哥伦布功不可灭。

麦哲伦

"地球是圆的。"

这一真理现在对人们来说，就像"人活着要吃饭"一样天经地义。但在麦哲伦环球航行前，这只不过是哥白尼所提出的一个假说，大多数人对这一真理还持否定态度，经过了麦哲伦的实践检验，才得到最终确认。

麦哲伦一四八〇年生于葡萄牙北部一个破落的骑士家庭，十岁的时候就进王宫服役，十六岁进入国家航海事务局。那时，哥伦布发现了新大陆，达·伽马也开辟了通往印度的新航道，年轻的麦哲伦对这两人钦佩不已，从而萌生了当航海探险家的想法。一个偶然的机会，他成了一艘船的船长，从历年来的航行经验来看，他认为地球是圆形的，盼望做一次人类历史上的壮举——环球航行。

"我一定能够做到。哥伦布发现了美洲，达·伽马找到了印度，我要做环球航行！"麦哲伦立下了誓言。

三十三岁那年，麦哲伦一再向葡萄牙国王申请组织船队去探险，进行一次环球航行。可是，葡萄牙已经控制了东方的贸易，不想再花钱找新航道了,一再拒绝麦哲伦的请求。麦哲伦航海无望,一五一七年十月愤然离开葡萄牙。"祖国不支持我,我只有找支持我的国家了。天生我材必有用,就不信会没有人支持我。"抱着试试看的想法,一五一八年三月,他来到了西班牙,西班牙国王查理接见了麦哲伦。麦哲伦向国王献上了一个描绘得十分详细的彩色地球仪,并向他说明了自己拟定的航线,国王立即批准了他的请求,指令他着手组织一支船队出航。

一五一九年九月二十二日,在西班牙塞维利亚城的外港,一支由五支海船、二百三十四人组成的远航队启程了,人类历史上的首次环球航行就此启程了。麦哲伦眼望辽阔浩瀚的大海,难以抑制住内心的激动,他真想长吼几声以壮声气。

一五二〇年二月,船队到达圣马提阿斯湾。如果再往前,便是欧洲航海家从未到过的海域了。三月三十一日,船队驶进圣胡利安港,麦哲伦决定在这里泊船过冬,并下令各船缩减口粮。

八月下旬,船队继续航行。经过两个月的航行,船队到了一个谁也不知道的海峡入口。在海峡中,他们行驶了二十八天。后来,人们为了纪念他,把这个在南美洲智利南部、南纬五十二度的地方,命名为"麦哲伦海峡"。

麦哲伦知道这儿不是他的目的地,他下令向西北横渡。他们在浩瀚无边的大海洋中行驶了两个多月,让他们不敢相信的是竟从没有遇到过暴风雨和惊涛骇浪。船员们高兴地把这个大海洋称为"太平洋"。

一五二一年三月六日,经过一年零六个月的航行,船上的人忽然看到了一块陆地,他们在甲板上欢呼起来:"我们胜利啦!我们要在陆地上大吃一顿,饱睡一觉。"麦哲伦见此情景,也觉得该让船员们休息一下了。麦哲伦到的这个地方,现在叫马里亚纳群岛。那儿的土著居民瞧见麦哲伦的船队,纷纷出来观看。

麦哲伦和船员们一下船就对当地人直打手势,要吃的东西和淡水。土著人瞪着眼睛,看了好半天,才明白他们的意思,热情地给船员们送来吃的和喝的东西。船员们一见便饿虎扑食般地狼吞虎咽起来。

船员们正在大快朵颐,土著人看新鲜般地登上了他们的船,他们从没见过船上的东西,兴奋得直叫,有的开始把船上的东西往下搬,麦哲伦一看,这还了得,慌忙阻拦。土著人便和水手们争了起来,麦哲伦对眼前的情况非常气愤,他大声命令船员:"快拿武器,给他们点颜色看看!"船员们飞快地拿来火枪,顿时枪声大作,土著人倒在了血泊中。

麦哲伦不敢再在岛上停留,忙下令起锚开船。他们经过又一段的航行,又来到了马索华岛。麦哲伦让自己早已从马六甲带来的奴仆用马来语和当地人交谈,双方竟都能听懂。

"环绕地球的设想实现了!"

麦哲伦大喊道。高兴之余,麦哲伦又想替西班牙国王做一件事,那就是建立殖民地。麦哲伦船队发现了"麦哲伦海峡"之后,于一五二一年四月上旬到达菲律宾群岛的宿务岛。富庶的宿务岛引起了麦哲伦的极大兴趣,他决心把这个异国的岛屿变成西班牙的殖民地。麦哲伦利用宗教,对宿务岛的酋王胡马波纳进行威胁利诱,软硬兼施,让他起誓服从于西班牙国王并成为一名忠实的基督教徒。可是离宿务岛不远的马坦岛上的小酋王西拉布拉布对胡马波纳的卑鄙行径恼怒万分,他发誓要诛死一切投降者。然而,他手下有一位效忠于酋王胡马波纳的小首领,认为西拉布拉布的行为是不忠,是谋反。他暗地里派自己儿子带上两只山羊求见麦哲伦,要求麦哲伦次日出兵征服西拉布拉布的部落。

麦哲伦调了三只小船,挑了六十名船员,全副武装,气势汹汹地向马坦岛进发。他们在黎明前三小时到达了目的地,但没有立即开火。麦哲伦先派人去岛上说服西拉布拉布,使他屈服于西班牙国王,可是西拉布拉布毫不示弱,答道:"我们也有戈矛哩!"战斗打响了。岛上的居民打得很顽强。标枪、利箭暴雨般地射向来犯者。麦哲伦一伙寡不敌众,节节败退。麦哲伦命令几名船员去烧岛上居民的房屋,企图以此缓解他们的进攻。没想到,土著一看到自己的房子被烧,变得越发狂怒、勇猛。两个去烧房子的船员来不及逃脱,当场丧命。麦哲伦自己腿上也挨了一箭,只得下令撤退。谁知船员们听说撤退,便抱头鼠窜,丢下麦哲伦和其他六人,直奔小船逃命。土著居民包围了麦哲伦等人。一位勇士刚想用标枪向麦哲伦射去,可麦哲伦先下了手,他把自己的长剑刺入了对方的胸膛。由于用力过猛,再则右臂负伤,他无法拔回长剑。在这一瞬间,其他几位勇士蜂拥而上,把麦哲伦砍翻在地。他在土著居民愤怒的刀枪下一命呜呼。

麦哲伦作为一位伟大的航海家,他的功绩不可辱没。但是他作为一个入侵者被打死,不能不说是一种遗憾。

达·伽马

香料、宝石和黄金,自古以来就是西方人眼中财富的象征。十六世纪的葡萄牙人看到阿拉伯人和意大利人从东方——印度带来的香料与黄金时,不禁垂涎三尺,对遥远的印度产生了浓厚的兴趣。就在葡萄牙人一心向往印度与中国之时,西班牙派出的航海队发现了美洲新大陆。领头人哥伦布骄傲地向西方人宣布,自己发现了印度。再也按捺不住的葡萄牙国王派宫廷侍从官达·伽马担任探险队长,出海寻找通往印度的新路线。

一心想建功立业的达·伽马带着一心想发财的船员在一四九七年七月八日从里斯本出发了。他们沿着迪亚士的航路一直前进,四个月后到达了好望角。在好望角,船队遇到了罕见的暴风雨,经过三天三夜的拼搏,伽马带着船队绕过好望角,进入阿尔戈阿海湾。

一波刚平一波又起,一股由北而来的激流又让船队寸步难行。祸不单行,就在此危急时刻,不堪忍受恶劣处境的部分船员又发生哗变,他们吵吵闹闹要伽马带船返航。伽马当机立断,下令将带头的船员抓了起来。船队又向前继续行进。

第二年春天,伽马到达东非的马林狄,并在此雇用了一名熟悉印度洋航线的水手带路。五月下旬,伽马的船队顺利到达印度的卡利库特城。

当地人既好奇又热情地招待了他们。一位懂葡萄牙语的印度人告诉他们,此地有许多香料与宝石。伽马等人听了激动不已。

第二天,伽马拜见了当地的王公。当他迈进王公府时,立即被它的豪华所震惊,更叫他吃惊的是王公竟用一个笨重的金盆当痰盂。伽马送给王公的布匹、帽子之类的衣物,显得寒碜极了。

"你们不远万里来到这里,有什么目的?"王公问道。

"为了获得基督徒和香料、宝石!"伽马毫不掩饰自己的目的。

"要知道,此地的香料与宝石全是由阿拉伯人向外输出的。"王公不高兴地说。

"我们会有办法的!"伽马满不在乎地说。

伽马的到来,激起了阿拉伯人的反感,也使王公极不满意。因为他们用自己不值钱的东西从朴实的百姓手中骗走了大批香料和宝石。不久,伽马被迫离开印度,返回葡萄牙。

在返航途中,缺食少水,气候又极其恶劣,不少船员病倒死去,等回到葡萄牙时,船员不及出发时的一半。

伽马回到葡萄牙后,成了令人瞩目的英雄,里斯本的居民为他们召开了盛大的欢迎大会,国王还授予伽马"印度洋上海军上将"和"阁下"的荣誉称号。

从印度回来的船员都发了大财。他们手上的香料、丝绸、宝石竟卖到了成本价六十倍的高价。

一五○二年二月,利欲熏心的伽马再次率船队出海。这一次,他们配备了精良的武器。在航程中,伽马遇到了一条阿拉伯船,他命水手洗劫了船,并扣押了船上所有的阿拉伯人。

到达印度后,伽马再次拜见了王公。

"你已经得到了你想要的东西,怎么又回来了?"王公阴着脸问道。

"我还有一个小小的要求,希望您能答应。"

"说吧!"

"把此地所有的阿拉伯人都赶出去,以后本地的经营权由我们来掌握。"

"那不可能!我们与阿拉伯人的交易进行了几百年,怎么能这么轻易地撕破脸呢?"

"您会答应的!明天您会答应的!"

伽马傲慢地走出了王公府。

第二天,伽马把三十多个印度渔民吊在船桅杆上,一个一个地把他们的鼻子割掉。渔民的惨叫声激起了当地百姓的愤慨,他们纷纷涌向伽马的船队。"叭!叭!"几声枪响后,几个冲在前面的印度人倒在了血泊中。

看着冒烟的枪口和黑洞洞的大炮口,人们停了下来。王公也被迫答应了他的要求。

一五○三年十月,达·伽马载着满船货物回到了葡萄牙。一五二四年,达·伽马再次到达印度,年底他患病而死。

达·伽马的收获,激起了更多贪欲人的野心。葡萄牙军队为了永久获利,不断派兵侵占印度和其他亚洲地区的港口、岛屿。

从此,印度洋航线成了连接欧亚的纽带,也成了欧洲殖民者掠夺和压迫东方的交通要道。达·伽马也成了功过参半的历史名人。

震撼欧洲的德国人

马丁·路德

"孩子们,当钱币落入钱柜叮当作响的时候,你们的灵魂就飞上了天堂!"一个身穿红袍、胸前挂着银质十字架的红衣主教,在维登堡大教堂门前高声鼓吹着。

下面站着的一大群观众马上发出"嘘嘘"的不屑声,有人开始大声喊道:"不要听他的胡说八道;我们可千万不要上他的当!"

"照他这样说,屠夫都可成为天使了!"人们议论纷纷,渐渐散去。

原来,罗马教皇借口修缮大教堂,派人到各地出卖"赎罪券"。宣称:人的灵魂要得到上帝的拯救,就要通过教会的帮助;教皇是上帝的代表,谁只要买了"赎罪券",教皇就可以代表上帝免除他的罪行。这纯属是骗人钱财的一派胡言。

几天后,维登堡大教堂前又熙熙攘攘,人头攒动,这回不是来买"赎罪券",而是观看教堂大门旁的一张文告。

"《关于'赎罪券'的效能》……"有人大声念道,"……很显然,当穷苦百姓的钱投入钱柜叮当作响时,增加的只是一些人的得利心和食欲心……"

下面的人齐声喝彩:"写得好!"

神甫听到声音后,立即从教堂冲出来,看到文告上的名字,怒道:"是马丁·路德!这个叛徒!愿主惩罚他!"骂完便落荒而去。

马丁·路德,一四八三年生于德国一个矿业主的家庭,毕业于爱尔福特大学,学的是法律。后来,他又进神学院学习神学。一五〇八年起,担任维登堡大学的神学教授。他到过罗马,亲眼看到教皇的腐朽和贪婪,因此,强烈反对封建教会的统治,提倡建立一个廉洁的教会。当他看到教皇竟无耻地靠出卖"赎罪券"骗钱的时候,实在忍无可忍,就在教堂门口贴出了这张《关于"赎罪券"的效能》的论纲,共九十五条,所以又被称为《九十五条论纲》,揭露教皇贪得无厌的嘴脸。

论纲一出,很快风行欧洲,引起了巨大的震动,激发了人民对教会的反抗。

一五一九年,罗马教会的神学家约翰·艾克同马丁·路德在莱比锡展开了大论战。在路德唇枪舌剑、咄咄逼人的攻势之下,约翰·艾克狼狈不堪地败下阵去,这场大辩论无疑成为路德宗教改革生涯中的一次重大转机。

一五二〇年是宣扬路德学说最火的一年。那一年共出版德文著作二百零八册,其中路德的著作有一百三十三册之多。被称作宗教改革三大论著的《致德意志贵族公开书》、《教会被囚于巴比伦》、《基督徒的自由》都发表在那一年。在这些著作中,路德的攻击矛头并非指向某一教皇或教庭的奢侈腐败,他矛头所指的是整个封建神权政治。他的学说从根本上否定了中世纪的教会组织,否定了奴役人们的圣礼制度和教会法规,提出建立与资本主义发展相适应的资产阶级廉俭教会,并在宗教理论上以资产阶级自律的宗教取代了封建主义他律的宗教。

这一切点燃了下层人民的热情之火,呼出了人们的心声。人民拥戴路德,以教皇为首的教会人员却对路德恨之入骨。一五二〇年十月,教皇下诏书,勒令路德在六十天之内悔过自新,否则将开除他的教籍。

马丁·路德并没有被教皇的淫威所吓倒,他坚定不移地说:"我坚持我的观点,绝不后悔!"并走到大街上,手拿着教皇的敕令,慷慨陈词:

"一百年前,捷克的神学教授胡司,为了反对教皇用'赎罪券'搜刮教徒钱财,被教皇判为'异端',用大火活活烧死。现在,又轮到我了,我不怕,我相信上帝,相信真理,绝不妥协!"

围观的人群按捺不住内心的激动,热烈地欢呼着马丁·路德的名字。马丁·路德把教皇的敕令投入火中,敕令顿时化为灰烬。

在场的人群欢声雷动。从此,马丁·路德成了德国宗教改革的著名领袖。拥护路德的教派就称为"新教",以区别于罗马教皇的天主教。

一五二一年一月三日,教皇宣布破门令,开除马丁·路德的教籍。

马丁·路德针锋相对,写了一封公开信:《致德意志基础教贵族公开书》,建议德国脱离罗马教会,把教会的土地收归国有。可是,当时的德意志帝国皇帝查理,却站在罗马教皇一边,责令路德公开表示悔改。

从此,马丁·路德的思想就如同黑暗中的一把火,照亮了德意志封建教会统治下的茫茫长夜,它否定了对教皇的崇拜,否定了教会对社会的最高统治权,顺应了新兴资产阶级要求民族独立、改革教会、改革社会的愿望。

查理五世、教皇等一帮人无计可施,只好蛮横地对路德进行人身迫害,宣布路德为不受法律保护的人。路德无法立足,只好隐居到瓦特堡,从事圣经翻译。他选择的圣经翻译工作有着不可估价的积极意义。

一五四三年,路德翻译的德文圣经面世了,海涅认为路德对圣经的翻译是"创造了德语"。路德所翻译的圣经是依照着未经后世篡改的希伯来文和希腊文原本。他的翻译为人民提供了对抗天主教会的思想武器。从另一种意义上说,他译的圣经使用的是德国语言,这种统一的语言成为联系德意志各邦的重要纽带。

但路德不能代表人民。当德国农民要把宗教改革变成一场推翻现存剥削制度的政治革命时,路德退缩了,最后走向背叛,成为世俗统治者的代言人。他先写了《劝基督徒勿从事叛乱书》,又开始回维登堡讲道,平息骚乱,最后写了《反对杀人越货的农民暴徒书》。他对待农民起义的态度由劝抚、调解到力主镇压。后来又叫嚣"无论谁,只要力所能及,无论是暗地里也好公开的也好,都应该把他们戳死,扼死,刺杀,就像必须打死疯狗一样!"丑恶狰狞的面目暴露无遗。路德彻底脱离了人民,路德教在德国蜕变成为世俗诸侯的工具。以路德为代表的市民阶级温和的宗教改革运动,仅在宗教形式上进行了一些改革。恩格斯说:"路德不仅把下层人民的运动,而且连市民阶级的运动也出卖给诸侯了。"

一五四六年二月,路德死于出生地艾斯勒本,享年六十三岁。路德一生功过参半。他所发起并领导的宗教改革运动席卷整个欧洲,永久性地结束了罗马天主教会对于西欧的封建神权统治。他的宗教学说为新兴资产阶级提供了革命的思想武器。恩格斯认为路德是他那个时代的巨人。

闵采尔

你知道德国的旗帜是什么颜色的吗?

是黑、红、黄的三色旗。

原来,在历史上,黑、红、黄是德意志民族统一的象征。在十六世纪,闵采尔领导的德国农民起义中,就有人高举着这三色旗进行战斗。

闵采尔一四九〇年出生在德国施托尔堡的一个手工业家庭里。幼年时,他的父亲被伯爵送上了断头台,惨遭杀害。十五岁时,闵采尔就在读书的中学里组织秘密团体,反对教会。后来,又在莱比锡大学学习哲学和神学,获得神学博士学位。路德发表了声讨教皇的九十五条论纲之后,他积极参加宗教改革活动,到各地去宣传、组织。

一五二四年夏天,德国土瓦本南部的农民,在闵采尔的影响下,拒绝为贵族服劳役。贵族就开始实施恐怖政策,四处抓人,抓住了就先把人的眼睛挖去,再吊在高高的橡树枝上活活吊死。农民们忍无可忍,在这年冬天开始了起义。闵采尔及其学生卫德提出了自己的战斗纲领《出简》,号召农民用武力推翻现有制度,建立一个公正合理的社会。

起义军以燎原之势迅速扩大,席卷土瓦本地区,形成了一支规模有三四万之众的庞大队伍。一五二五年三月,起义大军在梅明根举行集会,制定了《十二条款》。但这支起义大军中钻进了一个贵族希普勒,当时只因为他与其他贵族有矛盾,才浑水摸鱼地参加了农民起义。没想到起义军的《十二条款》要废除一切贵族的利益,希普勒想"我这不是自投罗网,搬起石头砸自己的脚吗",便动摇了信心,开始背地里同镇压起义军的将领特鲁赫泽斯相勾结,伺机破坏起义。

五月,特鲁赫泽斯的剿杀大军兼程逼向农民起义军集结的海尔布隆地区。起义军的将领们还毫无所知,被蒙在鼓里,正在开会讨论制定《海尔布隆纲领》,一直讨论到天黑还未定夺。

这时,特鲁赫泽斯的骑兵,在希普勒的配合下,直扑起义军的会议厅,一举捕杀了那里的农民领袖。同时,分兵围剿驻扎在附近的起义军队伍。

闵采尔于一五二五年三月在缪尔豪森城亲自领导这里的起义,得到了广大农民和附近的萨克逊采矿工人、手工业者的支持,声势浩大,建立起

"永久议会",闵采尔被选为议会主席,缪尔豪森也就成了起义中心。

闵采尔的军队攻破敌人的城堡,打下教堂,打下地主贵族的庄园,把教会的土地和财产分给农民和城市贫民。闵采尔每到一处就演说到一处,他说:"要坚决消灭领主,财产要归民。我们要向前不停地冲击,不能让刽子手把刀磨快了来杀我们。我们复仇的火要烧得更旺,复仇的刀剑要磨得更锋利。人人都拿起武器,杀尽一切吸血鬼、寄生虫!"

由于闵采尔为首的起义队伍日益壮大,不但招致了反动军队的集中围剿,就连宗教改革家马丁·路德也出面大骂起义军为"疯狗",骂闵采尔是

"大恶魔"。马丁·路德的信徒们四处活动,瓦解了不少起义农民的斗志。

五月十六日,前来镇压农民起义军的诸侯部队几万人,偷袭了闵采尔的起义军,在弗兰肯豪森把闵采尔直接指挥的八千精兵包围了。有人劝闵采尔突出重围,他不听:"豺狼已经扑来,我要与它同归于尽!"于是四面御敌,经过十天十夜苦战,终因寡不敌众,在五月二十五日,闵采尔被俘了。

诸侯军的将领乔治诱逼闵采尔投降,闵采尔大义凛然地说:"如果我会投降,上帝也会投降了!"闵采尔受尽酷刑后遇害,时年三十五岁。人们永远不会忘记他的斗争业绩。虽然他已牺牲四百多年,弗兰肯豪森城那座用石块砌成的楼房,也就是闵采尔的临刑地,至今还妥善地保存着。经常可以看到一群群德国人和外国人,到闵采尔牺牲的那座楼房去凭吊和瞻仰。

向宗教宣战——太阳与地球在转

解放自然科学的人——哥白尼

是太阳环绕地球运转还是地球绕太阳运转,这个问题在十六世纪以前一直争论不休,并且一度太阳绕地球运转,也即地心说占据着统治地位,直至哥白尼提出他的"日心说"。

尼古拉·哥白尼,著名的波兰天文学家,"日心说"的创立者。一四七三年二月十九日,哥白尼出生于华沙西北的维斯瓦河畔的托伦城。十岁时,他的父亲去世,他和哥哥、姐姐被送到舅父那里去抚养。舅父是一个大主教,经常给哥白尼讲一些天上太阳和星星的知识和故事。舅父见哥白尼很喜欢听这些故事,就送给他一些天文学方面的书籍,哥白尼如饥似渴地读着,浩瀚的星空简直太神奇、太美妙了,他被书中所写的知识吸引住了,不由得开始瞭望头上的星空,开始探索神奇的天文奥秘。

一四九一年,十八岁的哥白尼入克拉科夫大学学习天文和数学。哥白尼的老师——波兰著名的数学家和天文学家沃伊切赫·波鲁泽夫斯基对公元二世纪古希腊天文学家托勒密的"地心说"体系提出质疑。这一学说最早由古希腊哲学家亚里士多德提出来,后来托勒密又加以推论,使之系统化。托勒密认为,宇宙是一个有限的球形体,天空像一只翻转过来的碗,地球静止不动地处于这个碗的中心,而日月星辰都围绕着地球运转。这种理论后来被教会利用,被奉为经典,提出不同的见解就要被视为异端,加以残酷迫害;因此,几乎没有人敢对"地心说"的真伪产生怀疑。哥白尼却要对它说"不"了!

随着对天文学逐步深入了解,哥白尼越来越对这一学说产生怀疑。当他看到古希腊哲学家毕达哥拉斯不同意"地心说"的观点,认为宇宙的中心不是地球而是太阳,地球只是环绕太阳运行的星星之一时,哥白尼被这一说法深深地吸引住了。

"既然有人在我之前已获准可以自由地设想一些用以解释星体现象的圆圈,那么我想,我也可以来试一下,假定地球有某种运动,也许会发现比前人对天体运动的更合适的解释?"

一个天才的怀疑就这样形成了。这时的哥白尼早已大学毕业,是罗马大学的教授了。多么令人钦羡的职位,如果他一直如此供职下去,凭借他渊博的学识,会培养多少的人才!但他放弃了,他要寻找真理,这必须要有充裕的时间和精力。哥白尼回到了波兰,在弗洛恩堡大教堂担任一名教士,这一闲职为他下一步天才的研究提供了充分的便利条件。

在教堂的西北角有一座小小的阁楼,哥白尼在那儿设置了一个小小的天文台,没有现成的仪器就自己动手做。从此,日复一日,年复一年,哥白尼不间断地观察天体达三十余年。就在这个小小的阁楼上,一个伟大的发现形成了,一部六卷本巨著《天体运行论》产生了。在书中哥白尼大胆地提出:太阳是宇宙的中心,所有行星都围绕太阳运转;人们每天看到太阳由东向西运行,是因为地球每昼夜自转一周的缘故,而不是太阳在移动;同样,天上的星体看上去在不断移动,也是因为地球本身在转动,而不是星体围绕着静止的地球转动。

"太荒谬了,地球怎么能是动的,又怎么能围绕太阳运行?简直是一派邪说惑众!"

教皇怒不可遏,下令禁止哥白尼书稿的传播,千方百计地想控制哥白尼的手段。因为哥白尼的"日心说"一旦传播出去,就意味着他们的精神支柱——"地心说"的彻底破产和他们所维护的神学殿堂的倒塌。

但是,真理是禁不住的。为维护真理,哥白尼也没有向教会屈服。一五四三年五月二十四日,几经周折,《天体运行论》校改稿送到久病不起的哥白尼床前。此时,处于弥留之际的哥白尼已无力校正被教会篡改了的章节。教会删去了哥白尼亲手写的序言,以一个伪序言代替它,伪序言竟说"日心说"只不过是一种假设,一种臆想,目的是给学者们提供计算天体运行的数据。在《天体运行论》送到哥白尼床前一小时后,哥白尼就与世长辞离开了人世。

哥白尼虽然去世了,但他创立的"日心说",对科学的贡献有划时代的意义,证明神权统治人类思想的时代就要过去,人类理智思考、自由思想的曙光就在眼前。

在烈火中永生——布鲁诺

一六〇〇年二月十七日,在罗马鲜花广场前挤满了看热闹的人们,这里即将举行火刑。围观的人们在喊喊喳喳地议论着:"又一个异端要被烧死了!""看,他还满不在乎呢。"

鲜花广场的火刑架前,立着一个衣衫褴褛,形销骨立的人,瘦削的脸庞棱角分明,一双眼睛执著地目视前方。在他的身上绕着一道又一道蘸了水的绳子,经火一烤深深地嵌入肉里。

刽子手在临刑前用火照了这个人一下,问道:

"你的末日即将来临,还有什么要说的吗?"

"火并不能把我征服,未来的世纪会了解我,知道我的价值!"受刑者仰望着蔚蓝的天空,傲然地答道。

这个人就是布鲁诺。

布鲁诺是意大利著名的天文学家。一五四八年,布鲁诺出生在意大利诺拉小镇一个没落的贵族家庭。由于家境贫寒,十五岁时他就到一个修道院当了一名小教士。在修道院里,布鲁诺如饥似渴地阅读着神学论著和教会先贤们的作品,但读着读着,布鲁诺不时地皱着眉头,感到其中有不少虚伪和荒谬的东西。

一天,同布鲁诺很要好的一个图书管理员,给布鲁诺拿来了一本哥白尼的《天体运行论》。"太妙了!太棒了!这才是真正的科学!"布鲁诺仿佛见到乌云中的一道闪电,仿佛看到了黑夜中的一座灯塔,仿佛看到了沙漠中的一片绿洲,一下子找到了真理。以后,他以深造拉丁语和研究神学为借口,阅读了大量的所谓"禁书",并依靠自己的不断钻研,终于超越了哥白尼的理论,在人类历史上第一次发出这样的声音:宇宙是无限的,太阳系只是无限宇宙中的一个天体系统;太阳也在运动着,并改变与其他恒星之间的位置。

"简直是异端分子！大逆不道！"

教会得知布鲁诺的言论后怒不可遏,传讯布鲁诺到罗马。教会同时搜查了他的家,发现了大量的"罪证"——禁书。阅读这些书就要被逮捕和开除教籍,更何况私藏了。这时,那个图书管理员给布鲁诺通风报信,布鲁诺匆匆换上世俗的服装逃出罗马,开始了他漫长的传播真理的流亡生涯。

布鲁诺首先逃到了日内瓦,但加尔文教统治下的瑞士对待异教徒并不比罗马宗教裁判所逊色。布鲁诺给日内瓦带来了真理和科学气息,令这里的神学家同样害怕和仇恨,他们开除了布鲁诺的教籍,牵着他游街。

他只得逃离日内瓦来到里昂,又到图卢兹,他在各处传播自己的学说,但没有人相信他。人们大声对他狂吼:"世界围绕太阳转动！世界是绕太阳运动的普通行星！呸！谁听说过这种胡言？"

图卢兹令布鲁诺感到不快,他又横穿法国,步行到巴黎,接着作为法国大使的私人秘书来到英国。但是等待他的又是失望。英国的神学家并不比欧洲大陆的强。他回到法国,又到马尔堡,还是不被容纳。

"欧洲之大,竟没有真理容身之处！"

布鲁诺仰天长叹,他感到深深地痛苦。长期的流亡生涯,肉体的疲劳对他来说已经无所谓,感到痛心的是,他传播的真理无人信服,他感到精神上的劳累了。"难道我就此止步吗？"布鲁诺在探问着自己,"不,应该坚持真理,矢志不移！"他追求真理的信念更加坚强了。

就在布鲁诺走投无路,威尼斯一个名叫乔门尼的贵族向他发出了邀请。其实这是一个骗局,是教会布下的一张网。多年的流亡生涯,使布鲁诺的思乡之情变得分外强烈,他更想把自己的思想带回故国。于是,他毫不犹豫地动身了,但等待的却是宗教裁判所的监狱。

"终于抓住这个异端分子了！"

罗马宗教裁判所的法官们欣喜若狂,他们不想一下处死布鲁诺,他们要残忍地慢慢折磨他,从精神和肉体上折磨他,让他承认自己是异端,以前所说的都是胡说八道。

皮鞭的拷问、烙铁的炙烫、饥饿的折磨、寒风的刺骨、蚊虫的叮咬,一切的一切,尽可能地折磨着布鲁诺,一连七个寒暑,宗教裁判所的法官们得到的只是一个始终不变的字:

"不！"

恼羞成怒的法官忍耐不住，他们只有实施最后一招了，实施火刑，从肉体上消灭这个异端分子。

一六〇〇年二月十七日，潮湿的松树枝被点燃，它缓慢地烧着……坚持真理、坚持科学的布鲁诺，为真理和科学献出了宝贵的生命。

科学巨人——伽利略

一五九〇年的一天，在比萨斜塔的顶楼上站着一个年轻人，他一手拿着一个十磅重的铅球，一手拿着一个一磅重的铅球。塔的下面站着一些充满不信任目光、身着紫色丝绒长袍的教授，还有一些学生和市民们，都兴高采烈地仰头看着塔上那个年轻人。

"大家看清了，铅球下来了！"

只见那个年轻人把手一松，铅球往下落了下来，观看的人们紧紧地盯着两个铅球。

"呀！两个铅球真的同时落到地面！"

当人们看到铅球一起落到地上时，吃惊地喊了起来，他们简直有些不相信自己的眼睛，瞪得大大的，好久不敢合上。因为这个实验证明了那个年轻人观点的正确性：不同重量的物体，从高处下降时的速度是相同的。

这个在塔上做实验的年轻人就是后来大名鼎鼎的伽利略。

伽利略，欧洲近代自然科学创始人之一，一位自然科学百科全书一样的科学家，他开创了自然科学研究的新局面。一五六四年二月十五日，伽利略出生于意大利的比萨城。他的父亲是一个没落的贵族，但却是一个卓越的音乐家，同时又精通数学。可是，伽利略从小就喜爱图画和音乐，但他父亲不希望他的儿子成为画家或音乐家，而是让他到修道院去学拉丁文和希腊文。伽利略十七岁时，父亲又送他到比萨大学去学医。在大学里，伽利略刻苦学习，博览群书，同时又善于独立思考。与其他学生不同的是，他还特别喜欢动手搞一些小实验，在做实验时他觉得其乐无穷。为了让父亲理解和支持自己，伽利略想了一个巧妙的话题，向父亲表白自己的抱负。

"听我说，父亲，"伽利略说道，"我想问你一件事，是什么促成了你同母亲的婚事？"

"我看上她了。"

"那你有没有娶过别的女人?"

"没有的事,孩子,老天在上,家里的人要我讨一位富有的太太,可我只对阿玛纳蒂姑娘钟情,我追求她就像一个梦游者,要知道你母亲从前是一位姿色动人的姑娘……"

"这倒确实,现在也还看得出来。你不曾娶过别的女人,因为你爱的是她。你知道,我现在也面临同样的处境。除了哲学以外,我不可能选择别的职业,因为我喜爱的正是哲学。别的对我毫无用处!难道我要去追求财富,追求荣誉?哲学是我唯一的需要,我对它的爱有如对一位美貌女子的倾慕。"

"像倾慕女子那样!怎么能这样说呢?"

"一点不错,亲爱的父亲,我已经十八岁了。别的学生,哪怕是最穷的学生,都已经想到自己的婚事,我可从来没想到那上面去。我不曾与人相爱,我想今后也不会。别的人都能寻求一位标致的毕安卡,或是一位俊俏的卢斯娅,而我只同科学为伴。当人们提及这方面的事情,我感到羞臊。

"我亲爱的父亲,你有才干,但没有力量,而我却能兼而有之!为什么不能设法达到自己的愿望呢?我会成为一个杰出的学者,获得教授身份。我能够以此为生,而且比别人生活得更好。"

"我没有钱供你上学。"

"父亲你听我说!很多穷学生都领取奖学金。这钱是公爵宫廷给的。我为什么不能去领一份奖学金?你在佛罗伦萨有那么多朋友,他们对你不错,会尽力帮助你。也许你能到宫廷去把事办妥。他们只需要去问一问公爵的老师奥斯蒂罗·利希,他了解我,知道我的能力……"

"嗯,你说得有理。是个好主意。"

伽利略一把抓住父亲的手,猛力摇动:"我求求你,父亲,求你想方设法,尽力而为。我向你表示感激之情的唯一方式,就是……就是保证成为一个伟大的科学家……"

在伽利略上大学的第一年,一天,比萨大学的学生们在比萨大教堂里做祷告,伽利略也跟随前往。教堂里异常肃穆,只有大教堂悬挂的一盏油灯的摆动声。其他学生对此熟视无睹,但却引起了伽利略的好奇,他从这灯盏的摆动中发现了摆锤的等时性定律。现在,这个定律已运用于计数脉搏、时钟计时、计算日食和推算星辰运动等方面,但谁又知道这一规律只不

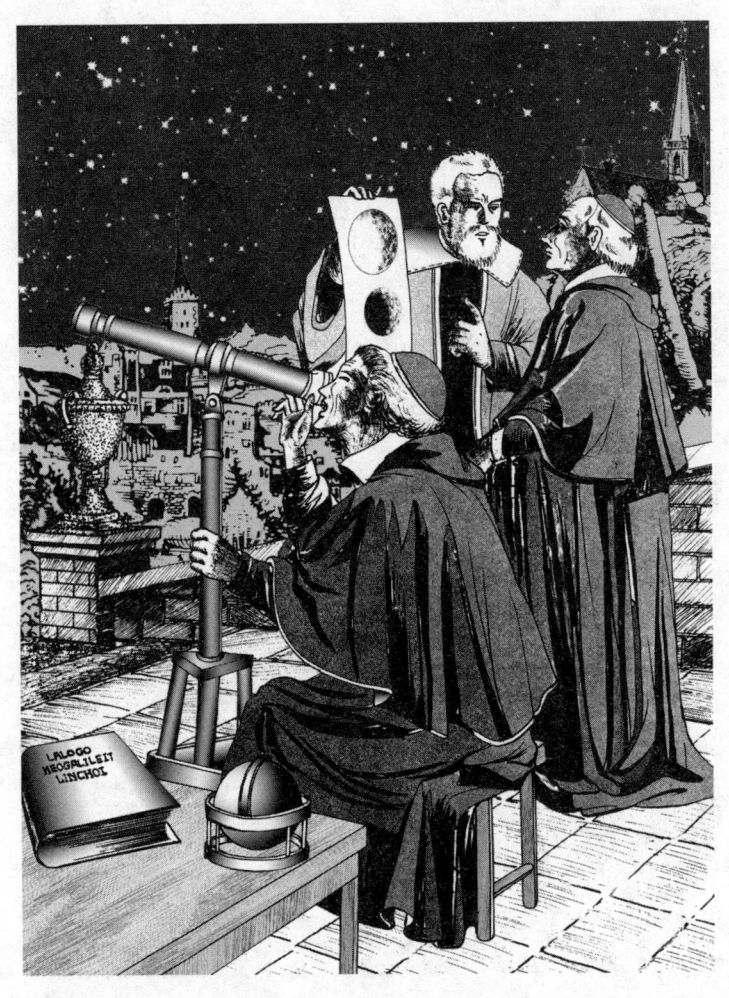

过是一个少年的突发奇想呢?

伽利略离开大学以后,利用阿基米德关于杠杆和"浮体比重"原理,发明了水平仪;不久又写出了一篇著名的论文《固体内的重心》,顿时名声大噪,被人们称为"当代的阿基米德"。比萨大学因此请他担任数学讲师。

当时的比萨大学,是亚里士多德思想统治的天下,伽利略在做完他那著名的比萨斜塔实验后,已经不容于比萨大学,伽利略愤然辞去比萨大学的教职,来到了当时欧洲著名的帕多瓦大学任数学教授,在这里他停留了十八年。

帕多瓦大学以医学发达闻名于世，伽利略虽然不是医生，但他帮助医生来测量血液的温度。当时人们还没有用来测量病人体温的仪器，伽利略根据物体热胀冷缩的特性，制造了最初的温度计。这种温度计虽然很粗糙，但却是后来温度表的雏形。

一六〇九年，伽利略根据荷兰人发明望远镜的原理，制造了他自己的第一个望远镜，并且能够放大到三十二倍。伽利略用这个望远镜第一次观察到月球表面覆盖着苍茫透迤的"大山"和浩瀚无际的"海洋"；木星有四颗运转着的卫星；银河是无数星体组成的。"太美妙了！哥白尼、布鲁诺的理论是伟大的！正确的！"伽利略通过自己的观察，验证了哥白尼、布鲁诺的真理。伽利略马上把他的这些发现整理成书，一六一〇年，以《星球的使者》为题，出书向全世界作了介绍。伽利略的发现惊动了整个科学界。人们惊讶地说："哥伦布发现了新大陆，伽利略发现了新宇宙！"

《星球的使者》的出版使伽利略获得了极高的声誉，激励着伽利略继续进行天文观察。他发现了金星的位置，太阳的黑子和太阳的旋转，又研究了木星的卫星运动，观察了土星。

伽利略的一言一行，早就引起了宗教裁判所的注意。一六一六年三月，他出席宗教裁判所对他的审讯。红衣主教劝他放弃他的那些"异端邪说"，伽利略已经从哥白尼、布鲁诺那儿学到了经验，表面上应允，回到家中仍继续自己的科学研究。不久，他又出了一本天文学的书，又遭到了宗教裁判所的审讯，已近七十岁的老人在宗教裁判所法官的百般恫吓下，违心地说地球并不环绕太阳而运行。

但是宗教裁判所并没有由此放过伽利略，而是把他投入了监狱。在狱中，他写出了一生中最重要的一本著作——《运动的法则》。这本书总结了他毕生在物理学方面的研究成果。一六三七年，伽利略双目失明，因此他更加孤独和痛苦。一六四二年一月八日，这位终身为科学真理斗争的巨人在阿尔切特里别墅病逝。

点燃文艺复兴之火的人

莎士比亚

欧洲有句著名的谚语:"宁愿失去一个英国,也不愿失去莎士比亚。"

这个莎士比亚,就是文艺复兴时期英国伟大的剧作家、诗人。他一生留下了三十七部剧本、一卷十四行诗、两部叙事长诗,还留下了不可索解的身世之谜。现在,有的文学史家怀疑莎士比亚这个人是否真实存在过。但是,不管历史上是否真正有过其人,但那些伟大的作品总是有人写出来的,我们可以把这些伟大作品的作者暂定为莎士比亚。

一五八七年秋季的一个早晨,伦敦的街头雾气弥漫,一个落魄青年游荡在街头,头耷拉着,漫无目的地徘徊着。

"咦,这不是莎士比亚吗?你什么时候到伦敦来的?"一位中学时的同学发现了他。

莎士比亚如遇救星,笑道:"真是太巧了!唉,一言难尽,我家破产了,我想到伦敦来找份工作。"

同学听了他的遭遇,也不禁为他难过,猛然对莎士比亚说:"倒有一个差使,只不过工钱低一些,不知你肯不肯做?"

"我什么活都可以干,只要有个事做就行!"莎士比亚急切地答道。

于是,年轻的莎士比亚在剧院当了一名勤杂工。莎士比亚自己也没有想到,这一工作竟然使他成为了一名著作等身的大剧作家。

莎士比亚在做完勤杂之余,开始了当戏剧家的幻想。他如饥似渴地读书,自学希腊文和拉丁文。一有空闲,就坐下来看戏,研究着剧情的发展和剧中人的对白。有时,剧团人员紧缺时,还让他当个配角。能上台演戏,莎士比亚自然乐不可支。

可是,剧团总演那几出老掉牙的戏,观众渐渐看厌了,剧团渴求着新剧目。莎士比亚正好想练练笔,就一口气写出了《亨利六世》等几个剧本。结果演出后出人意料地引起了轰动,莎士比亚也在英国戏剧界崭露头角,站稳了脚跟。

一五九五年,莎士比亚写了他的爱情名剧《罗密欧与朱丽叶》。这一爱情悲剧通过两个相爱的人誓死不移的爱情,歌颂了自由爱情的伟大,使莎士比亚的名声大增。

第二年,莎士比亚的一个孩子死了,就在这年,他完成了著名的社会讽刺喜剧《威尼斯商人》,在剧中成功地刻画了高利贷者夏洛克的形象,从此,"夏洛克"一词就成为吝啬鬼和剥削者的代名词。

据说,莎士比亚出生在英国中部埃文河畔的斯特拉福镇,他的父亲被选为"市政厅首脑",成了这个拥有两千多居民、二十家旅馆和酒店的小镇镇长。这个小镇经常有剧团来巡回演出。莎士比亚在观看演出时惊奇地发现,小小的舞台,少数几个演员,就能把历史和现实生活中的故事表现出来。他觉得神奇极了,深深地喜欢上了戏剧。他经常和孩子们一起,学着剧中的人物和情节演起戏来,并想长大后从事与剧本相关的工作。但不幸的是,他父亲经商失利,十四岁的莎士比亚只好离开学校,给父亲当助手。十八岁时他结了婚,不到二十一岁,已有了三个孩子。他的妻子比他大八岁,莎士比亚对自己的婚事常常感到遗憾,在他的作品中曾说:"女人应该与比自己年纪大的男子结婚。"不过,他对辛勤持家、抚养孩子成人的妻子依然关怀备至。

一五九九年,伦敦建成了豪华的环球剧院。这时的莎士比亚,已远非昔日流落伦敦街头的落魄青年,而是一个腰缠万贯、备受人崇拜的剧作家了。剧院为了拉住莎士比亚,让莎士比亚做剧院的大股东。这样,大剧院就不愁没有上座的好剧本了。

一五九七年的一个夜晚,环球剧院里人满为患,观众鸦雀无声,静静地、紧张地观看着。此时,大剧院的舞台上正上演着莎士比亚新写出的名剧——《哈姆雷特》。

"太好了!真是一部杰作!"

　　看完全剧的观众无不发出由衷的赞叹。以后的四年时间内,莎士比亚又接连写出了《奥赛罗》、《李尔王》和《麦克白》。这三部连同《哈姆雷特》,被称为莎士比亚的四大悲剧,辉煌的艺术成就,使他成为举世闻名的剧作家。

　　两年后,一位著名的剧作家来拜访他,两人谈得非常投机。晚上,"酒逢知己千杯少",两人开怀畅饮。结果,莎士比亚酒后受凉,一病不起。

　　一六一六年四月二十三日,是莎士比亚五十二岁的生日。亲朋好友和他的崇拜者都赶来了。生日蜡烛燃烧起来。可是,他的生命之烛却悄悄熄灭了。在他的墓碑上刻着这样的碑文：

> 看在上帝的面上，
> 请不要动我的坟墓，
> 妄动者将遭到诅咒，
> 保护者将受到祝福。

他的墓在他家乡的一座小教堂旁，每年都有数以千万计的人像朝圣一般去瞻仰。

但　丁

但丁，有两个很有意思的称号，一个是"中世纪的最后一位诗人"；一个是"新时代的最初一位诗人"。从恩格斯对他的这两个评价中可以看出，但丁在新旧时代交替时起着承上启下的作用。

但丁，意大利文艺复兴运动的先驱者，人文主义思潮最早的一位代表。

一二六五年五月的一天，一个金发婴儿降生在老亚利基利的家里。对这个漂亮婴儿的到来，亚利基利没有表现出任何的激动，他如往常一样匆忙地经营自己的产业，他还不知道，上帝已赐给他一个不同寻常的孩子。这个孩子将成为佛罗伦萨，以至整个欧洲最伟大的诗人。这个婴儿就叫但丁·亚利基利。

但丁的降生并没有给家里带来更多的快乐。他刚懂事不久，母亲就被病魔夺去了生命。父亲则一门心思放在他的高利贷上，没过多久又娶了一个妻子，对但丁也是不理不睬。孤独的小但丁常常对着窗外发呆。外面是傍晚的天空，祈祷的钟声隐隐传来，天国的歌声从四面升起。但丁仿佛看见了已逝的母亲，从满是云霞的天上降临，那么温柔，那么慈爱。但丁就是在这样孤独的煎熬中在内心蕴藏着无比丰富的感情。为了驱除孤独，他拼命地读书，拉丁文、诗学、修辞学、古典文学、伦理学、哲学、神学、历史、天文、地理、音乐、绘画——他也数不清自己到底读了多少书。总之，他在中古文化的多个领域，都获得了较深的造诣，成为一个多才多艺、学识渊博的人。

但丁少年时曾热烈地爱着一个叫贝娅特丽齐的女子。这种爱是柏拉图式的爱，带有中古时期的神秘色彩。一二九〇年，贝娅特丽齐染病去世，但丁悲痛万分。他写了一首首散文，表达对女郎的爱慕和哀痛，形成了他的第一部诗集《新生》。诗集描写了对她的纯洁爱情，表达摆脱中世纪禁欲主义，渴求生活的情怀。这一年但丁二十五岁。

青年时期的但丁还积极参加城邦的政治活动。当时的意大利正处于分裂状态，佛罗伦萨是斗争最激烈的地点。代表新兴市民阶级利益的费尔夫党经过激烈斗争，战胜了代表封建贵族势力的基伯林党。但费尔夫党很快分裂为黑党和白党两派，二者又展开激烈的斗争。但丁属于白派，反对教皇干涉城邦内政。一三〇二年，黑党在教皇的帮助下取胜，但丁被加上莫须有的罪名，赶出城邦，开始了近二十年的流放生活。大约在一三〇七年，流亡生活最痛苦的时候，但丁开始了《神曲》的创作，这是他长期酝酿和构思的一部巨著。但丁说过他写《神曲》的目的是"要使生活在这一世界的人们摆脱悲惨的遭遇，把他们引到幸福的境地"。但丁想寻找意大利民族的出路，渴求祖国和平统一，人民安家乐业，在作品中他表现了他的理想和愿望。

《神曲》的意大利文原意是《神圣的喜剧》。但丁原来只给自己的作品取名为《喜剧》，后人为了表示对它的崇敬而加上"神圣"一词。起名《喜剧》是因为作品从悲哀的地狱生活开始，到光明的天堂结束，带有喜剧的因素。

但丁每写出一篇，就读给城堡里的贵妇和骑士们听。但丁的诗马上像风一样传遍意大利，人们争着传阅、朗诵，他们一会儿笑，一会儿哭，忘了这是但丁的作品，还以为真是魔鬼的裁决呢！

那时的人们，相信世间有一个正义的魔鬼。这个魔鬼头上长角，身上有尾，皮肤像硫黄一样的颜色。如果谁犯下了不可饶恕的罪过，魔鬼就会把他带走，让他受尽地狱之苦。由于但丁的诗大多用俗语写成，尤其受到平民的喜爱。但丁愉快地创作着，他对那些邪恶的人一个一个地做着宣判，"我要让你们都入地狱！"但丁要使人们相信恶人终会受到惩罚。

一三二一年，但丁的《神曲》终于脱稿了。这部不朽的杰作花了他整整十四年的时间。但丁看着码得整整齐齐的手稿，觉得一颗始终反抗的心突然摆脱了重负，一下子沉落在地上。

《神曲》全长一万四千多行,分为《地狱》、《炼狱》(又译《净界》)、《天堂》三部分。每部分三十三歌,加上序曲,共一百歌。长诗采用中古文学特有的梦幻形式,叙述但丁在"人生的中途"所做的一个梦。在梦中,但丁在一个黑暗的森林中迷路了。黎明时,他在阳光的照耀下朝山顶攀登。突然,在他的面前出现了三头猛兽——豹、狮、狼,诗人惊慌呼救,这时出现了古代罗马诗人维吉尔,他遵从圣女贝娅特丽齐——即但丁青年时倾心的女子的命令,搭救但丁从另一条路走出绝境。但丁在维吉尔的带领下游历了地狱和炼狱。地狱共九层,上面宽下面窄,像一个大漏斗。地狱阴森恐怖,凄惨万分,凡生前做过坏事的人的灵魂都被罚在地狱中受刑,并根据罪孽的大小安排在不同的层次,罪孽越重,越在下层,所受的刑也越重。例如,在地狱的第八层,诗人看到了已死的教皇尼古拉二世,以及当时还活在世上的,迫害过诗人的教皇卜尼法斯八世。他们头朝下被埋在地洞中,两条腿在外面剧烈地摆动着,挣扎着。诗人见到后高兴地说道:"真是罪有应得!他们在世上把善良的人踩在脚下,而把凶恶的人捧在头上。让他们永远受罪吧!"

炼狱里灵魂的罪孽比地狱中灵魂的罪孽轻些。炼狱是一座浮在海上的山,四周有美丽的海滩,山外有山脚,顶口是地上乐园。炼狱也分为七层,这里每一层分别住有犯过骄、妒、怒、情、贪、食等七种罪孽的亡魂。他们的罪孽较轻,可以得到宽恕。经过烈火的焚烧,断除孽根后,他们可以升入天堂。

地上乐园里飘着吉祥的云朵,花瓣般的雨珠,这里出现了圣女贝娅特丽齐,她接替维吉尔引导但丁游历天堂。天堂庄严光辉,充满欢乐和爱,住着生前正直行善的人,他们享受着永远的幸福。天堂也分为九重。九重之上是上帝的天府。天府是上帝和天使们的住所,充满上帝的光和爱。但丁见到了圣父、圣母和圣子"三位一体"的奥秘。诗人觉得,在那天府里才真正见到了人类最理想的境界……

这便是《神曲》的主要内容。但丁在作品中积极关心现实,他写的是中世纪晚期的意大利生活。诗中所写的游历三界的所见所闻,很多都是意大利的现实生活,涉及了当时佛罗伦萨以至意大利复杂的党派斗争,涉及教皇和僧侣们的罪恶,也涉及贪官污吏及新兴资产阶级对人民的剥削压迫等。《神曲》也表明了但丁是个爱国主义者。他渴望祖国统一和平,反对分裂和纷争,即使在另一个世界里,他也和鬼魂们谈论意大利的政治形势和国家兴亡问题,有时禁不住内心的激动,他还抒发自己强烈的感情。《炼狱》第六歌中他为祖国的分裂和动乱而哀痛:

> 唉,奴隶般的意大利,你哀痛之逆旅,你这暴风雨中没有舵手的孤舟,你不再是各省的主妇,而是妓院;
> ……
> 而你的活着的人民住在你里面,
> 没有一天不发生战争,为一座城墙,
> 同一条城壕围住的人却自相残杀,
> 你这可怜虫啊!你向四下里看看,
> 你国土的滨岸,然后再看望你的腹地,
> 有没有一块享着和平幸福的土地。
> ……

《神曲》也表达了但丁对人类智慧和理想的追求。《神曲》中的地狱是现实世界的实际情况,天堂是人类的理想和希望,炼狱则是我们人类从现实到理想中需经过的苦难历程。但丁希望人们认识罪恶,悔过自新,去认识最高真理,达到最理想的境界,这在当时是非常难得的思想,显示了新的文化思潮的萌芽。

《神曲》在艺术手法上也有力地衬托了作品要表达的思想。全诗分三部,每部三十三歌,每段三行诗。三部诗又都用群星做结束,这一切烘托出这样的气氛:在群星的指引下,随着诗句的阶梯,人类正从地狱通向天堂,由低贱向高尚攀登、发展。

《神曲》完成了,但丁已经感觉到了苍老,他想安安静静地等待死亡。这一天终于到了,一三二一年九月十四日的夜晚,但丁躺在床上,看见维吉尔脱掉自己的长袍披在他的身上;贝娅特丽齐也来了,披着白纱,戴着花环,两人拉着但丁飞呀飞,飞到那没有黑暗、没有寂寞,只有欢乐和光明的地方去……

达·芬奇

一五一九年五月的一天，人们从四面八方涌来，最后看一眼那位慈祥的老人。当他的灵柩在墓地落下，人们纷纷含着泪水听牧师读着长长的悼文："——仁慈的主啊，请你收下他的灵魂，他是那么的纯洁、高尚；仁慈的主啊，请你收下你的孩子——达·芬奇。"

达·芬奇是意大利文艺复兴时期著名的画家、自然科学家和工程师。一四五二年四月十五日，达·芬奇出生在意大利的一个小城镇里。他的出生充满了磨难，他是一名不满十七岁的农家姑娘的私生子，贫寒的家境和私生子的名声，使得达·芬奇在很小的时候就尝到了人间的辛酸。五岁时，他的母亲把他扔下和一个外乡人私奔了。失去了母亲的达·芬奇被一个好心人列奥纳多收养。在这个新的家庭里，达·芬奇才初次尝到了家的温馨。

"画鸡蛋是基本功，为的是让手和笔能熟练地听大脑的指挥。"佛罗伦萨画家弗罗基奥在指导达·芬奇画画。这年达·芬奇十四岁，他来到弗罗基奥画室里学艺。弗罗基奥的话打动了达·芬奇，使他认识到绘画不是一蹴而就马上就能学成的，必须要有勤奋的精神和扎实的基本功。有了这个认识，达·芬奇的画技进步很快。

达·芬奇在绘画方面的天才很快得到了验证。一天，弗罗基奥在画市政厅委托的《基督受洗图》，正在对一个天使的造型拿不定主意时，达·芬奇走了上来，要求试一下。结果他画的天使出色极了，倒使得基督黯然失色。作品展出的时候，人们纷纷认为这是弗罗基奥画过的最好的人物造型，这让弗罗基奥无地自容。从此，弗罗基奥放下画笔，拿起凿子干雕塑去了。

达·芬奇终于出师了，因为出色的画技他的名字很快就不胫而走，广为人知。一四八二年，他应米兰市政厅的邀请前往米兰。一天，达·芬奇在室外散步，突然脑海中出现了一幅美丽的图画：在一处长满鲜花的地方，有个一光线幽暗的山洞，山洞里住着圣母玛利亚一家。他把这幅画记在脑海里。恰巧，一座小教堂请达·芬奇画圣坛画，他就把这幅画画了出来。把观看的教徒惊呆了，看着这幅图画，顿时感到心灵的澄静。

一四九三年,达·芬奇花了十年时间为米兰公爵斯福查的父亲所作的塑像完工了。塑像高约六米,气势不凡,被人们称为"世界第八奇迹"。这期间,达·芬奇还在绘画方面进行了大量的创作,《香塔圣母》、《最后的晚餐》是其中最有名的作品。

《最后的晚餐》是达·芬奇为米兰圣玛丽亚修道院食堂而作的壁画,取材于《圣经》中耶稣被他的门徒犹大出卖的故事。在这幅作品中,达·芬奇精彩地刻画了当耶稣在晚餐上说出"你们中间有一个人出卖了我"这句话后,他的十二个门徒瞬间的表情。透过每个人不同的神态表情,你可以洞察到他们每人的性格和复杂心态。画面布局突出耶稣,门徒左右呼应。坐在中央的耶稣庄严肃穆,背景借明亮的窗户衬托出他的光明磊落。叛徒犹大处于画面最阴暗处,神色惊慌,喻示他心地龌龊丑恶,与耶稣形成鲜明对照。在这幅画里,达·芬奇用现实主义的手法讴歌了真理与正义,鞭挞了叛徒的行为与邪恶势力。为创作这幅画,达·芬奇付出了惊人的劳动。为准确刻画犹大这个人物,他到各种场合观察罪犯、流氓和赌徒,反复揣摸他们的心态、神态和形态,并画了大量的速写,直到画出他满意的形象。这幅画的巨大成功致使以后的画家没人敢再涉足这个题材。

达·芬奇不仅是位成绩斐然的艺术家,还是一位多才多艺的科学家。在科学研究上他花了大量的时间和精力,取得了极大的成功。他深入地观察研究动物、植物、地质乃至人体本身;他还模仿鸟的翅膀,设计了一个类似飞机的飞行机械;他还设计了许多先进的纺车、高效率的机床、冲床;他最早提出了地质学的概念;他是欧洲历史上第一个全面系统地描述了人体骨骼、肌肉与器官的人。他的科学实践为以后的科学家提供了思想的源泉。

一四九九年,法国入侵米兰,斯福查公爵抵抗失败后逃走,达·芬奇也离开米兰。一五〇三年,他回到佛罗伦萨。参议会委托他绘制《安加利的战图》,纪念佛罗伦萨大败米兰的成功。达·芬奇深知战争的残酷,他只想通过绘画来表现战争的可怕。经过反复思考和精心绘制,画作完成了,画面上人和战马因狂怒而变形,人们不分敌友厮杀在一起,战争的恐怖跃然纸上。达·芬奇又达到了一个新的创作高峰。

一五〇三年至一五〇六年,达·芬奇创作了著名的《蒙娜丽莎》。这幅传世力作,是西欧艺术史上第一幅心理肖像画。画中的年轻少妇,脸露微笑,嘴角的几条微微皱纹,更显示出她青春的活力。最突出的,是她的一双眼睛,神采奕奕,喜形于色,但又十分文静典雅,充满着向往明天、向往幸福的热情和希望。这幅画是达·芬奇自己的思想和性格的自我表现。因此,他十分爱惜它,一直珍藏在身边,直至生命终结。

达·芬奇的晚年,是在漂泊中度过的,他长期受到宗教势力的压制和迫害。

一五一七年,六十五岁的达·芬奇已经是一个银丝满额的老人了,但是,仍然被迫离开祖国,到法国去侨居。一五一九年五月二日,这位受人尊敬的不朽画家心脏停止了跳动。然而,他的画,他的创造,却永远活在全世界人民的心里。

薄伽丘

在佛罗伦萨闹瘟疫期间的一个清晨,七个美丽年轻而富有教养的小姐,在教堂遇到了三个英俊而富有热烈激情的青年男子。七位小姐中的三人是他们的情人,另外几位和他们还有亲戚关系。他们决心带着仆人,离开佛罗伦萨这座正在走向死亡的可怕城市。他们相约,两天后到郊外的一座小山上的别墅里去躲避瘟疫。那里环境幽雅,景色宜人,有翠绿的树木环绕,还有曲折的走廊,精致的壁画、清澈的清泉和悦目的花草,地窖里还藏着香味浓郁的美酒。这十位年轻人每天不是唱歌弹琴,就是跳舞散步。在暑气逼人的夏季里,他们坐在绿草茵茵的树阴下,大家商定每人每天讲一个优秀动听的故事,以此来愉快地度过一天中最难熬的时光,他们一共讲了十天,十天合计讲了一百个故事。

这就是《十日谈》,作者是意大利文艺复兴时期大名鼎鼎的、与但丁和彼特拉克并称为文艺复兴时代的三大文豪之一的薄伽丘。薄伽丘以佛罗伦萨大瘟疫为背景,写下了这部当时意大利最著名的短篇小说集。当时,《十日谈》被称为《人曲》,是和但丁的《神曲》齐名的文学作品,也被称为《神曲》的姊妹篇。

薄伽丘于一三一三年出生于巴黎,父亲是佛罗伦萨的富商,母亲是法国人。母亲生下他之后不久便离开了人世。因为薄伽丘的父母并未正式结婚,所以他被视为私生子。父亲希望儿子长大后继承父业,成为富商,因而把十四岁的薄伽丘送到那不勒斯去学商。哪想到小薄伽丘酷爱文学,幻想成为一位大诗人。"我要成为但丁一样的诗人!"他立下了抱负,把大量金钱都花在买文学书上,以致他父亲抱怨他"买的书比卖的货还要多"。

光阴似箭,六年时光飞逝而过,薄伽丘在商业上毫无进取。父亲十分失望,万般无奈,让他改行学习法律。殊不知,薄伽丘对法律更是不感兴趣,认为教会法典的条文像商业账目一样枯燥乏味。学习法律又耗去了薄伽丘六年时光。这使薄伽丘十分痛心,学诗不成,反而白白地浪费了他十二年大好时光。

薄伽丘虽说学诗一无所成,但他在那不勒斯学习法律时,见到了当时的一大批人文主义学者,如彼特拉克就是其中之一。薄伽丘很快和彼特拉克交上了朋友,友情甚笃。在人文主义思想影响下,薄伽丘阅读了大量古罗马的优秀诗篇,这使薄伽丘后来的文学创作以人文主义为指导,直接赞美人类的爱情,抨击禁欲主义。

在那不勒斯的那段时间里,薄伽丘痴心地爱上了那不勒斯国王的私生女玛丽亚。玛丽亚那水晶般的大眼睛,红宝石般的嘴唇,深深地打动了薄伽丘的心。一日,这对青年人在教堂相遇,薄伽丘向玛丽亚倾诉了爱慕之情,两人双双坠入情网。后来两人虽然没有成为佳偶,但这段罗曼蒂克的生活给薄伽丘文学创作提供了素材。他的第一篇比较成熟的长篇小说《菲洛奇罗》讲的是一个基督教的姑娘和一个异教徒的青年恋爱的故事,这对恋人冲破种种阻碍终成眷属。这部小说的取材正是他和玛丽娅的这段爱情生活。

一三四〇年,薄伽丘被父亲召回佛罗伦萨,在父亲身边料理家事。尽管事务繁忙,他还是创作了三部作品:半诗半散文的传奇《爱米多》、诗歌《似真似幻的爱情》和散文故事《可爱的菲亚美达》。这些作品摆脱了浮华的风格,开创了富有现实生活气息的风格。特别是在《可爱的菲亚美达》中,他追叙了初遇玛丽亚一见钟情和以后热恋的情节。

一三四八年至一三五三年,薄伽丘创作了他那不朽的佳作《十日谈》。故事多半以爱情和聪明机智的情节为主题,塑造了许多不同职业,不同社会阶层的人物,艺术地再现了十四世纪意大利广阔的现实生活。在这部不朽的巨著里,他以幽默辛辣的笔调,勇敢地批判黑暗、腐败和虚伪的基督教会及其提倡的以经院哲学为基础、以禁欲主义为中心的世界观,主张把人的思想、感情、智慧从神学的枷锁中解放出来。

据薄伽丘讲,《十日谈》中的故事都是有理有据的。作品中描写和歌颂了现实生活,赞美爱情是才智的高尚源泉,歌颂自由爱情的可贵,肯定人们的聪明才智等。作品也揭露封建帝王的残暴,基督教会的罪恶,教士修女的虚伪等等。

《十日谈》写完后,薄伽丘受到封建势力的迫害和打击,时常被教会派来的人咒骂和威胁。他有一次愤怒之至,甚至想把所有的著作,包括《十日谈》全部烧毁,幸好他的好朋友——意大利著名的民主诗人彼特拉克苦苦相劝,《十日谈》才得以留存至今。

薄伽丘一生特别崇拜但丁,从小他就想成为但丁那样的诗人,曾为此学诗十二年,但收获甚微。从此,他对但丁更是佩服得五体投地。"既然我写不了《神曲》这样的作品,我也要把它传授给世界。"他注释了但丁的《神曲》。一三七三年,薄伽丘已经体弱多病,但他还是答应了佛罗伦萨大学的聘请,负责"《神曲》研究"的讲座。第二年,挚友彼特拉克的死讯传来,薄伽丘悲痛欲绝,从此病势加重,于一三七五年十二月三十一日死于离佛罗伦萨二十英里的小镇拆塔尔多。

拉伯雷

不容否认的一个事实是,世界上的确存在着天才。仅仅用两个月的时间,就领到了医学学士文凭。

仅仅用两年的时间,由独身的僧人成为里昂市医院的主要内科大夫。

但是,却用了二十年的时间写了一部小说。差不多近五个世纪以来,这部小说一直启发着能够从善意的笑声和妙趣的智慧的合成中汲取乐趣的人们。刚一问世便风靡一时,两个月内的销售额超过了《圣经》九年销售额的总和,用多种文字出了二百多个版本。

这个天才叫拉伯雷。

这部风靡一时的小说叫《巨人传》。

拉伯雷,一四九四年诞生于法国中部的一个律师家庭。幼年在父亲的田庄里过着无忧无虑的少爷生活。读书时,被送到教会学校上学,后来又到修道院当了教士。原本是活泼天真的可爱孩童,却要整天接受死气沉沉、毫无生气的宗教教育,使拉伯雷无法忍受。但是,他马上接受了修道院里那众多的文化方面的书籍,他贪婪地阅读着修辞学、宗教史、哲学、数学、法律、音乐、天文、考古等方面的书籍,成为一个非常博学的人。

几年后,他看完了修道院的书,便离开了修道院,以神父的身份,开始了他漫长的周游法国的旅程。一路上,他游览了大量的古迹胜地,采撷了各类有趣的传说故事,为他后来撰写《巨人传》积累了大量的素材。

一五三〇年,拉伯雷进大学攻读医学,这时他已三十六岁了,但他用了仅仅两个月的时间,就获得了学士学位,当上了医师。一五三五年,他又到巴黎学医，不久又获得了硕士和博士学位。一五三七年，他还勇敢地解剖了一具被绞死的囚犯的尸体。这种追求科学的举动，在当时是非常大胆的，因为这会触怒天主教会。

一五三二年八月，里昂书店里忽然出现了一本非常奇特的小说，书名叫《庞大固埃传奇》，作者署名那西埃。小说很快被抢购一空。一年后，里昂书店又出现了那西埃的第二部小说《高康大》。这那西埃不是别人，就是那个具有挑战精神的里昂市医院内科大夫拉伯雷。

两部小说出版后，虽受到城市资产阶级和社会底层人民的欢迎，却受到教会和贵族的极端仇视。因为小说反对的就是教会的神权和迷信，主张的是人权和科学。因此，不久，巴黎法院就宣布这两部小说为禁书。

一五三五年，拉伯雷离开了里昂，又开始了长期的旅游生活，为他的小说寻找新的素材。他先后三次游历罗马，深深为罗马的丰富传说、古朴的建筑所吸引。两年后，他又回到了巴黎，继续学医，不久就轻易地获得了硕士和博士学位。人们都对此感到很惊奇，这个内科大夫，在医学上有着天才般的敏悟，偏偏不好好地在医学上钻研，非要写什么劳什子的小说。

是的，只有在写小说时拉伯雷才体会到创作的快感，才感到挑战的快乐。不久，他的第三部小说很快告竣。可是，如何让它出版呢？前两部已经被禁，这一部还想出版真比登天还难。拉伯雷经过多方面的努力，总算弄到了国王的特许发行证；为了保险起见，又在卷首加上一首献给王后的诗。这样，第三部才在一五四五年出版，而且署上了他的真名实姓：拉伯雷。

不料，好景不长，国王意外地死去，于是教会和贵族又对这部小说群起而攻之。最后，经过巴黎议会裁决，小说再一次被列为禁书。出版商被活活地烧死，拉伯雷被迫外逃。直到一五五〇年新国王生了儿子，有人叫拉伯雷写了一首贺诗，他才获准回到法国。

拉伯雷回到祖国后，不得不又到宗教世界中来，担任两个小教堂的教父。他在执行宗教职务、为穷人治病、在学校教书之余，仍然不忘他的小说创作，很快完成了小说的第五部。这五部小说合起来题名为《巨人传》，它前后经历了二十年的时间。

《巨人传》揭露了中世纪教会的黑暗和腐朽，反映了文艺复兴时期人文主义者对资产阶级个性解放的追求。在拉伯雷的理想社会里，人性是善良的,人民是纯朴的,他理想的行为准则就是:"你爱做什么,就做什么。"在读拉伯雷的《巨人传》时,人人可以快意地笑,爽朗地笑,尽情地笑,这就是他被人们誉为"伟大的笑匠"的原因。

一五五三年四月九日,拉伯雷在巴黎逝世。临终的时候他大声笑着说:"巨人该休息了!"

米开朗基罗

现在,我们参观西斯廷教堂,一定会为一幅大型壁画《最后的审判》的雄浑气势所震惊,但不禁要问,为什么在人物裸露的身躯上覆盖一小块"遮羞布"呢?原来这里面还有一个有趣的故事呢。

这幅巨画的作者就是大名鼎鼎的意大利文艺复兴时期的著名艺术家米开朗基罗。米开朗基罗于一四七五年生于佛罗伦萨,十三岁学画,以后又学雕刻,创作了许多留传后世的艺术杰作。

米开朗基罗年轻的时候酷爱学习,这使他陷入了绝对的孤独。在旁人眼里,他孤芳自赏,生性乖僻,疯疯癫癫。他不喜欢社交活动。他的朋友很少,只和几位严肃的人士来往。他曾经深深爱恋过著名的德·贝斯凯尔侯爵夫人维多利阿·柯罗娜,但身份与地位使这份爱局限在柏拉图式的境界中。

在进行重大的创作期间,米开朗基罗常常和衣而睡,免得花去披衣束带的时间。他睡眠很少,而且经常半夜起床,抓起雕刀或铅笔记下他的构思。每逢那种时日,他的一日三餐仅是几片面包而已。清晨他把面包揣在怀里,以后在梯子上一边工作,一边啃面包充饥。只要有一个旁人在场,就能完全扰乱他的情绪。他在与世隔绝的工作环境中寻找灵感与快乐。他在艺术上对自己十分苛求。在他塑造的成千上万的人物形象之间,没有一个被他遗忘过。他说,不经预先回忆一下,他是否已经用过这个形象,他是绝对不动手勾画草图的。因此,在他笔下,从不见重复。他亲手为自己制造锯子、雕刀,不论什么细枝末节,他都不信托别人。一旦他在一件雕像中发现有错,他就放弃整个作品,转而另雕一块石头。由于他执著于追求完美,往往不能把自己的宏伟构思付之实现,甚至在他的天才达到炉火纯青的地步时,他所完成的雕像还是为数不多的。

米开朗基罗把一生都献给了艺术。一天,红衣主教法尔耐兹在斗兽场附近碰见了这位已是风烛残年的老人在雪地里行走,便停下车子问道:"在这样的鬼天气,这样的高龄,你还出门上哪里去?""上学院去。"他回答说,"想再努一把力,学点东西。"

米开朗基罗最喜爱刻画人物,很早就把人作为他创作的唯一对象。这是为什么呢?原来,他在青年时代,意大利在挖掘土方时,发现了古罗马的许多废墟,其中埋着古希腊的不少艺术雕刻人像,使当时的人们大为震惊:原来古希腊还有这么好的艺术作品!从此,米开朗基罗立志复兴古希腊的艺术,在现实生活中恢复人的尊严,把人体的健美形象刻画出来,来对抗中世纪否定肉体的神权思想。

《圣经》上大卫的故事深深地吸引着米开朗基罗,他决定创作大卫这一人物形象。他一反宗教上忍受的传说,把大卫雕刻成一个全身肌肉健壮的青年,有着一双炯炯有神的眼睛,透过他的眼睛可以看出他克敌制胜的决心。米开朗基罗整整用了三年的时间,才完成了这部杰作。这座雕像上完美的艺术表现力,使他获得了极大荣誉。在作品完成的第二年春天,佛罗伦萨的大艺术家委员会决定把它竖立在一座宫殿的前面,作为保卫这座美丽城市的英雄象征。

艺术上的成功,更加激发了米开朗基罗的创作热情。接着,他以前所未有的毅力和气魄,历时四年,在西斯廷教堂高高的天花板上,独立完成了巨幅天顶画《创世纪》。

一五一六年,他以满腔的爱国热情,创作出雕像《摩西》,借以反抗西班牙军队对意大利的侵占。几年后,西班牙与罗马教皇相勾结,向佛罗伦萨共和国发动了疯狂的进攻。在保卫佛罗伦萨的战役中,米开朗基罗负责城市的保卫工作,管理和加固城防工事。结果,佛罗伦萨战败,米开朗基罗受到种种屈辱,甚至被统治者派去雕刻坟墓。后来,他逃亡到国外。

待他回国时,罗马教皇强迫他走进西斯廷教堂,要他就在天花板上画《创世纪》下,再创作一幅大型壁画。米开朗基罗被逼无奈,只好天天作画。整整画了七年,画出了一幅高十米,宽九米,有二百多个人的气势恢弘的壁画。这就是著名的《最后的审判》。

画完成后,他如释重负地走出教堂。教皇信步走到这幅巨画前,看着看着,气得大发雷霆,马上叫人把米开朗基罗抓了回来。

教皇对米开朗基罗说:"你现在就要将这幅画给我全部涂掉!"

"不!"米开朗基罗简捷地答道。

"要不,你对这幅画作重大的修改。"

"这是为什么?"

"因为你亵渎了神明!"

教皇为什么发火呢?因为米开朗基罗故意在画中将耶稣表现得非常粗暴,他的母亲玛利亚神情麻木,似乎铁石心肠。画中的所有人物都全身裸露,一丝不挂。显然,米开朗基罗将教会奉若神明的耶稣和圣母画作全身一丝不挂的凶神恶煞,意在影射教皇和他那帮为非作歹的教士。米开朗基罗在画这幅画前,已有思想准备,可能坐牢或被驱逐出境。

教皇见米开朗基罗没有屈服的表现,只好另找一个画家改画。那位画家用了近一年的时间,才给众神穿上了"遮羞布"。

一五六四年二月十八日,雕刻家、绘画师、建筑师、意大利的爱国志士米开朗基罗死于自己的工作室中,时年八十九岁。

塞万提斯

一个面黄肌瘦、满脸愁容的没落贵族,读骑士小说读得走火入魔,常常激动得手舞足蹈,模仿骑士的击剑动作。他觉得这样还不过瘾,不如成为一个真正的骑士,剪除人世间的邪恶。说做就做,他骑上一匹瘦马,从仓库中找出一副陈旧的铠甲穿上,左手拿盾牌,右手拿长枪,带着一个骑驴的胖胖的仆人,开始出门行侠仗义去了。

一路上,他横冲直撞,闹出了许多笑话。他把旅店当做城堡,把妓女当成公主,把犯人当做贵族,用铜盆做头盔,甚至把羊群当做军队。他提枪冲过阵营,一路拼杀,直弄得头破血流。当他被人们从"战场"上抬回家时已奄奄一息了。

这位可笑的贵族就是世界文学史上的一个典型形象——堂·吉诃德,塑造这一形象的是伟大的文艺复兴时期西班牙现实主义作家塞万提斯。

一五四七年,塞万提斯出生在西班牙一个没落贵族家庭。父亲是一个落魄的医生,由于家道中落,塞万提斯只上到中学就辍学了。虽然不再上学了,但他读书的习惯保持了下来,并且嗜书如命,有时从马路上拾到一张破报纸他也能读上半天。

二十二岁那年,塞万提斯到欧洲文艺复兴的发源地意大利,给一位红衣主教当随从。塞万提斯被意大利那丰富的文化惊呆了,哪见过这么多藏书,他贪婪地读起来。这段时间大大地丰富了他的知识和视野。

"轰!轰!轰!"

勒颁多海上硝烟弥漫,炮声隆隆,土耳其和西班牙在进行战争。这是一五七一年,塞万提斯作为西班牙的一名士兵参加了这次战斗。他表现得非常勇敢,虽然发着高烧,但仍坚持在炮位上不停地发射着炮弹。这场海战西班牙胜利了,塞万提斯却从此失去了左手,成了一个独臂人。

一五七五年,战功显赫的塞万提斯,带着舰队统帅给西班牙国王的一封举荐信,由意大利乘船回国。一路上,塞万提斯非常兴奋,就要回到阔别多年的祖国,马上就能见到朝思暮想的亲人了。并且,有舰队统帅的举荐,回国后一定能升官发财。不料,他的梦想马上就破灭了,在海上他与土耳其舰队相遇了。经过一场激战,兵船被俘,塞万提斯也被人劫持到了阿尔及利亚。

"抓到了一条大鱼,这回我们要发财啦!"

当土耳其士兵从塞万提斯身上搜出那封举荐信时,非常高兴,以为他是一个重要人物,向他勒索巨额赎金。塞万提斯只有苦笑,本以为能够升官发财的举荐信,现在成为了敌人要挟的把柄。

经过五年的囚禁生活,塞万提斯才被亲友们用钱赎了回来。但是,这位战功显著的爱国英雄并没有受到国王的重用,国王只是派他做一些临时性的差使。塞万提斯仍然过着贫困的生活,有时还填不饱肚子。没有办法,塞万提斯拿起了笔,写文章糊口。祸兮福兮,如果塞万提斯受到国王的重用,衣食无忧,那我们就将因此而失去一位伟大的文学巨匠。

一五八七年,经过多方寻找,塞万提斯总算谋得了一个征税员的职位。有一次,他到一个闹饥荒的地方去征税,征收了大教堂一个讲经师的粮食作赋税,触怒了教会,立即将塞万提斯驱逐出教,他也因此丢掉了收税员的职位。从此,灾难和不幸就接踵而至。由于得罪了教会,教会多次对他进行诬陷,好几次将他投进监狱。

塞万提斯是一位永不屈服的战士。在战场上,他冲锋陷阵,永不退缩。现在,他面对这黑暗的社会,挥起了独臂,奋笔疾书,大声呐喊,一气呵成写

出了名著《堂·吉诃德》的第一部。这时,他已是五十八岁的老人了。

《堂·吉诃德》第一部锋芒所向,直指反动腐败的天主教会,从政治、经济、文化、道德、习俗等方面,撕下了西班牙贵族和教士的假面具。此书一出,教会和封建势力对他恨之入骨。不久,就有一个化名阿万拉南达的人出版了《堂·吉诃德》的第二部,站在教会和封建贵族立场上,把堂·吉诃德写成一个粗暴的疯子,从根本上篡改了塞万提斯的主题。

"太可恶了,我要还回堂·吉诃德的本貌!"

塞万提斯得知后,气得吐血,觉得这是对他的最大打击。他以六十七岁的高龄,强撑着患有水肿病的身子,再次奋笔疾书,仅以一年的时间,就完成了《堂·吉诃德》的第二部。在第二部小说的献辞中,塞万提斯开了一个有趣的玩笑:

"……现在有个家伙冒充堂·吉诃德第二,到处乱跑,惹人厌恶;因此四方各地都催着我把堂·吉诃德送去,好抵消那家伙的影响。最急着等堂·吉诃德去的是中国的大皇帝。他一月前派专人送来一封中文信,要求我——或者竟可说是恳求我把堂·吉诃德送到中国去,他要建立一所西班牙文学院,打算用堂·吉诃德的故事做课本;还说要请我去做院长。我问那钦差,中国皇帝陛下有没有托他送我路费。他说压根儿没想到这层。

"我说:'那么,老哥,你还是照你奉旨前来的行程,回你的中国去吧。我身体不好,没有力气走这么迢迢的长路,况且我不但是病人,还是个穷人……'

"我就这样打发了他。……"

应当感谢那部伪《堂·吉诃德》第二部,如果不是它对塞万提斯的强烈刺激,现在我们也许就看不到完整的《堂·吉诃德》了。

塞万提斯说他创作《堂·吉诃德》的目的是要消除骑士小说在社会上、在群众之间的声望和影响。骑士制度、骑士精神、骑士道德是西欧封建社会的一种产物。骑士的任务是"忠君、护教、行侠",他们要求"文雅知礼",不仅要忠实地为主人服务,还要效忠和保护女主人。为"心爱的贵妇人"去冒险和获得成功,是骑士最大的幸福。骑士文学即表现骑士"忠君护弱"的冒险生活,为博得贵妇人的厚爱所表现的忠贞和武侠精神。骑士主人公都是理想化的人,侠义而崇高。故事虚构、惊险离奇,充满魔法、挑战、创伤,以及荒诞不经的情节。骑士文学与时代精神相差太远,在文坛和读者中影响极坏。

塞万提斯为了打击和讽刺骑士文学,以其人之道还治其人之身,巧妙地利用骑士小说的形式,借题发挥,成功地塑造出堂·吉诃德的形象,把骑士制度、骑士精神、骑士道德漫画化。据说,自从《堂·吉诃德》问世后,曾经风靡欧洲的骑士文学一下子销声匿迹了。

一六一六年四月二十三日,塞万提斯流尽了最后一滴心血,与英国大戏剧家莎士比亚同一天离开了人世。

天主教会对塞万提斯恨之入骨,连墓碑也不给他立。然而,人民是不会忘记这位杰出的文学家的。在他逝世二百年以后,在西班牙首都马德里为他建起了纪念碑。并且,他塑造的两个文学形象堂·吉诃德和桑丘的雕像,也高高地耸立在这座城市的广场上。

牛 顿

一六六五年秋季的一天,和煦的阳光照射着大地。在英国林肯郡的一个乡村果园里,一位青年正在苹果树下专心致志地读书。

"啪!"

一个成熟的苹果落到了地上,把正读得入迷的青年人吓了一跳。他一看是苹果掉下来了,就不在意地又专心读起书来。

"啪!"

又一个苹果落下来了。青年看不下去了。他放下书本,站起来,看着落在地下的红红的苹果,沉思起来。"为什么苹果只会往下落,而不向上飞呢?"

苹果向下落是人们习以为常的现象,谁也不会产生怀疑,但却引起了这位青年的思考。而这一思考后来就发现了万有引力这一著名的力学定律,他也成为世界上著名的科学家。

这个年轻人就是牛顿。

一六四二年十二月,牛顿出生在英国伍尔索普的一个普通农民家庭。出生刚两个月,父亲就因病去世。牛顿两岁时,因母亲改嫁,便开始寄居在外祖母的家里。牛顿由于受家庭不幸的影响,从小就性格内向,不爱说话,但学习却非常勤奋,数学和工艺是他最喜欢的功课。他还特别喜欢动手做些小实验,在自己的小天地中,他寻找发明、创造的乐趣。十二岁时,他用木箱和玻璃瓶制成了他的第一件手工制品——水钟。每天清晨,水钟按时滴水到他脸上,把他叫醒。

一六六一年,十九岁的牛顿考入了英国剑桥大学。从此,牛顿在这里从事学习、教学和科研达四十多年之久。他的那些辉煌的成就、惊人的发现,都是在这里完成的。

进入大学时,牛顿崭露头角的第一次成果,就是在巴罗教授指导下,在高等数学中首先发现微分和积分。"这是一个天才。"巴罗教授慧眼识英才,举荐牛顿为带薪研究生。一六六七年三月,牛顿在巴罗教授指导下,研制了世界上第一架反射望远镜,不久就获得硕士学位,并成为剑桥大学的讲座教授。

牛顿在学习、工作中特别专心,达到心无旁骛的程度。一天,他正在专注地看书,忽然肚子"咕咕"地叫了起来,他才发觉自己有一天没有吃饭了。牛顿这时看书正看到兴奋处,不想丢下书本去做饭,就随手拿了一个"鸡蛋"煮了起来。他又看了一会儿书,肚子又"咕咕"地叫了起来,他准备吃鸡蛋。一揭锅盖,"天啊!"原来煮的不是鸡蛋,而是随手把他的怀表放到锅里煮了起来。

还有一次,他请一个朋友吃饭。可是朋友来了,他却还在实验室里工作。吃饭的时间早过了,还不见牛顿从实验室里出来。朋友饿急了,就自己到餐厅里把一只鸡吃了,把鸡骨头留在了碗里。过了一会儿,牛顿来到餐厅,看到碗里有很多鸡骨头,不觉惊奇地说:"原来我已经吃过饭了。"于是又回到了实验室工作。

就是在这种煮"鸡蛋"的精神下,牛顿忘我地工作着,一个又一个惊人的发现在他那里诞生了。他在伽利略的惯性原理和落体定律实验结果的基础上,进行抽象的推理,提出牛顿三大定律。然后,他又根据开普勒观察总结的行星运动三大定律,推出万有引力定律。他把地球吸引重物的引力现象,扩展到地球吸引月亮、太阳吸引行星,继而扩展到一切天体运动。三大运动定律和引力定律为牛顿力学体系奠定了基础。

在光学方面,牛顿用三棱镜进行光的实验,把白光分解成红、橙、黄、绿、蓝、青、紫七种颜色的光带。他通过倒置棱镜,又把七色光带综合为白光。这样,就正确解释了白光(即日光)是由有色光组织成的,从而奠定了光谱学的基础。

一六七八年,英国天文学家哈雷在剑桥大学拜访牛顿。两人一见如故,谈论得非常热烈。当哈雷得知牛顿两年前就解决了科学界还在探索的万有引力定律时,激动地说:"你太伟大了!赶紧把这一发现写成论文,让它为世人所知。"于是,一六八七年七月,一部伟大的科学巨著《自然哲学之数学原理》出版了,很快就被抢购一空。从此,全世界都了解了万有引力的秘密,大大地推动了科学事业的发展。

一七二七年,牛顿已经八十五岁,他感到疲倦了,躺在病床上,他谦虚地对身边的人说："在科学的道路上,还很漫长。我只不过是一个在海边玩耍的顽童,偶然拾到了几个美丽的石子。至于真理般的大海,我还远远没有发现呢!"然后,溘然长逝。

培　　根

一六二一年的一天,在一个私人官邸,洋溢着一派喜庆的气氛,这里正在举行生日晚宴。这时,一位雍容华贵的贵妇人向那位满面笑容的过生日的老人问道:

"请问,您的归纳法,用感情的语言该如何表达?"

"不做只收集材料的蚂蚁,也不做从自身抽丝结网的蜘蛛,要做既采蜜又加工的蜜蜂!"老人幽默地回答。

这位老人就是英国著名的经验主义哲学家培根。这一年,他六十岁。

培根,一五六一年诞生在英国伦敦的一个贵族之家。培根从小就体弱多病,不爱好运动,对书籍却发疯般地痴迷。特别是那些内容高深的哲学书,他更是爱不释手,常常看着看着就紧锁起眉头,因此人们都说他少年老成。这位早慧的少年十二岁就进入了有名的剑桥大学读书。当时的人们都以能进剑桥大学为荣,千方百计想进入这所世界著名学府。可是培根只在剑桥大学读了三年便离开了,因为他受不了当时剑桥大学陈腐的经院味。当时的剑桥大学被"经院哲学"统治着,培根觉得在那里读书,简直是"有害而无益"。

从此,培根就日复一日,年复一年地埋首于图书馆里,咀嚼着历史哲人的智慧,思索着启人心智的哲思,就这样默默地度过了十几个年头,终于在一六〇五年,培根写出了自己第一本科学方面的书——《学问的促进》。这是一本研究知识的巨著,是培根十几年苦苦思索的结晶,培根把知识上升到一个新的高度,批评了封建落后的神学对人们思想的禁锢。

《学问的促进》一书的出版,使培根声望大增,更增加了培根继续钻研的信心,他又开始了新的探索。又一个十几年过去了,一六二〇年,又一部伟大的巨著问世了。在这部书里,他总结逻辑学、哲学等多种学科,用哲学的方式表达出来。这本书就是在哲学史上振聋发聩的巨著——《新工具》。

在《新工具》这部巨著中，培根响亮地提出了"知识就是力量"的口号，提出经验是知识的源泉。他指出，自然界的物质和现象都是客观存在的，并且有一定的规律，人类如果认识和掌握了自然规律，就有了征服自然的能力。通过一系列的证明，最后，培根提出了知识和存在的关系：知识是存在的映像，存在的真实和知识的真实是一致的，人的力量和人的知识是一致的。

《新工具》的出版给培根带来了巨大的成功，他在社会上的影响也越来越大，英国国王授予他爵士称号。但在政治上他却遭受了很多波折。他父亲是伊丽莎白女王的掌玺大臣，母亲是爵士的女儿，他本人又被封为爵士，所以，一直受到亲属的嫉妒和排斥，一直没得到女王的重用。直到女王去世后，詹姆斯一世当政，他才逐渐升迁，担任过总检察官、掌玺大臣、大法官等职务。但后来，又被免除了一切官职。从此，他看开了政治生活，回到了实验室和图书馆，致力于自己的哲学沉思，他把自己多年对自然的观察和实践的方法总结为一套系统而简单的理论。他知道一切的自然知识都和感官密不可分，但要获取知识，单靠感官是远远不够的。要发现事物的奥秘，在深入观察的同时，还必须掌握一套科学的方法，培根把这套方法总结为归纳、分析、比较、观察和实验的理性方法，并称之为归纳法。这一伟大的总结在科学史上留下了重要的地位。

培根不仅是一位著名的哲学家，还是一位杰出的散文作家。在他的一生中，虽然有繁杂的事务分心，可他在写作上从来没有懈怠过，他一生写下了不少光辉的著作，其中最著名的传世之作是一六二四年出版的《论说文集》。

《论说文集》最能体现培根的写作风格：文笔优美、语言凝练、寓意深刻。这本书中的文章从各种角度论述了他对人与社会、人与自己、人与自然的关系的许多独到而精辟的见解，使许许多多人从这本书中获得熏陶指导。如：

"一个自身无德的人见别人有德必怀嫉妒。"

"没有友谊，则世上不过是一片荒野。"

"最能保人心神健康的预防药，就是朋友的忠言规劝。"

"思想中的疑心就好像鸟中的蝙蝠一样，永远是在黄昏中飞的。疑心使君王倾向专制，丈夫倾向嫉妒，智者倾向寡断和忧郁。"

"狡猾就是一种阴险邪恶的聪明。一个狡猾人与一个聪明人之间,确有一种很大的差异,这差异不但是在诚实上,而且是在才能上的。"

"顺境的美德是节制;逆境的美德是坚忍。这后一种是较为伟大的一种德性。"

一六二六年的一天,已经六十五岁高龄的培根同自己的助手在实验室进行冷冻防腐实验。由于条件落后,他们只能穿着厚厚的衣服抵御寒冷。突然培根身边的助手一声惊呼,培根已经摔倒在地上。由于风寒过重,这位一代实验科学的始祖经医治无效而离开了人世。

资产阶级革命的先声

尼德兰资产阶级革命

一五六六年四月的一天,尼德兰总督府前人山人海,人声鼎沸。一个庞大的请愿团拥在门口。

"停止对新教徒的迫害!"

"国王收回'血腥敕令'!"

……

请愿的人们义愤填膺,愤怒地举着拳头高喊着口号。

这时,总督走出门来,铁青着脸对众人说:"国王对你们不错,你们为什么要闹事?"

请愿团代表是贵族奥兰治·威廉亲王,他气愤地说:"我们是被逼无奈才来请愿。我认为,国王陛下应该尊重商人经商的权利,并且停止对新教徒的迫害!"

总督对此无动于衷,反问道:"你想造反吗?"

"对不起,我们只是请求国王陛下取消惩处新教徒的敕令,同时撤回军队。不然,局势将难以预料!"

总督一听,讥讽道:"你们都给我滚回去。快滚,你们这些乞丐!"

威廉气得浑身直抖,他走出总督府对众人说:"他们竟然骂我们是乞丐,那我们就做个乞丐吧,乞丐要造反了!"

于是,一场轰轰烈烈的资产阶级革命在尼德兰爆发了。

原来,尼德兰受西班牙国王控制。尼德兰疆域较大,包括今天的荷兰、比利时等国的领土。这里人口多,经济发达,西班牙王国的一半国库收入来自尼德兰。经济发达的尼德兰人要脱离西班牙的统治,其中加尔文教派主张在尼德兰实行政教合二为一的体制,使加尔文教能够主导经济的发展,经济应该为资产阶级服务,这正合尼德兰新兴资产阶级的心愿。然而,西班牙国王是个狂热的天主教徒,他不能容忍新教徒在尼德兰的发展,他恶毒地下达"血腥敕令",残酷杀害新教徒,又下令废除尼德兰人通商的权利,从而使尼德兰的工厂接连倒闭,工人大批失业,市场萧条,经济瘫痪。当他们的请愿失败后,他们发动了起义。

愤怒的人们冲向他们愤恨的天主教堂,砸圣像、烧债券、焚地契。一时间,起义遍及尼德兰的十二个省,有五千多所教堂被烧毁。

"这还了得,给我把异教徒杀个干净!"

西班牙国王得知消息后,暴跳如雷,迅速派兵前去镇压。

一五六七年八月,阿尔发公爵率领一万八千西班牙大军火速赶往尼德兰。一路上,征尘滚滚,车马辚辚。士兵们荷枪实弹,一路飞跑。

阿尔发心狠手辣,军队一到尼德兰,他就指挥军队大加杀戮。士兵们更是如狼似虎,见人就杀,见东西就抢,见房屋就烧。一时间,尼德兰到处是血雨腥风。有钱的人纷纷逃往国外。威廉亲王也逃往德国老家。但是,他没有一走了之,就此罢手,他在家乡组织雇佣军加紧操练,准备回来跟阿尔发决一死战。

没多久,威廉率领三万雇佣军杀回了尼德兰。但是,由于雇佣军人心不齐,威廉又准备仓促,刚一交手,就溃不成军,退回了老家德国。

但是,"东边不开西边开"。在北海海面上有一支叫"海上乞丐"的游击队,把阿尔发的沿海军事据点炸得一塌糊涂,声东击西,一举占领了布里尔城。这时,失败的威廉又来加盟。顿时,"海上乞丐"游击队势力大增。到一五七二年七月,尼德兰北方各省实际上已成立了独立的国家,威廉亲王被推举为总督。

与"海上乞丐"相对应,在尼德兰南方的密林中,有一支"森林乞丐"游击队在活动。两支游击队南北呼应,打得阿尔发焦头烂额,顾头顾不了尾。西班牙国王腓力二世见阿尔发已起不到什么作用,于是又换一个总督前来镇压。新总督到任后对日益壮大的起义队伍仍然是无计可施。

一五七九年,北方各省的起义军为加强实力,保卫自己的战斗成果,结成了联盟。两年后,又成立了联省共和国。其中,荷兰省疆域最大,经济实力也最强,称为荷兰共和国。

一五九八年,西班牙国王腓力二世去世,西班牙国力逐渐衰弱,已经没有实力进攻北方新生的共和国。又过了两年,不得不与联省共和国缔结了十二年的停战协定,实际上等于承认了共和国的独立地位。尼德兰革命取得了胜利。这是人类有史以来第一次成功的资产阶级革命,从而,在欧洲的土地上建立起了第一个资产阶级共和国。

英国的羊吃人

一五四九年初夏,在英国诺福克郡,六百多个囚徒被关押在囚室里。他们一个个被铁链锁着,衣衫褴褛,神色疲惫。其中有一个叫罗伯特·凯特的青年囚徒身体强壮,炯炯有神的目光在寻找着可以逃出去的机会。忽然,他看到了一个熟人,便慢慢地来到他的身边。

"唉,康士恩,你就希望这样白白地被绞死吗?"

康士恩回头一看,说:"现在是羊吃人的时代。我们的田地都被养了羊,政府又不允许我们流浪。这是不叫我们活啊!我们一个大活人反倒不如一只羊了。羊还可以在田地里自由地吃草,我们人却无处可去,这是什么世道啊!"

罗伯特悄悄地凑近康士恩的耳朵嘀咕道:"兄弟,我们约好几个兄弟今天晚上冲出去,我们反了吧!"

于是,晚上到来时,囚徒们纷纷扭断了身上的枷锁,罗伯特·凯特和康士恩带头冲出了囚室,打死了看守,寻来了武器,浩浩荡荡地奔向了诺福克郡。一次反对"羊吃人圈地运动"的农民起义开始了。

圈地运动是从十五世纪末到十九世纪上半叶,英国贵族用暴力大规模剥夺农民土地的过程。它构成了英国资本原始积累的基础。

事情的缘起是这样的。英王亨利八世时,对教皇干预英国内政非常不满,为了对付罗马教皇,他颁布了《至尊法案》。规定英国国王为英国教会元首,英国教会脱离罗马教皇的管辖。还宣布:原来教会的土地可以圈去养羊。

《至尊法案》一公布,"圈地运动"风行起来。不但教会的土地被圈起来养羊,由于羊毛价格上涨,英国的新贵族用栅栏和沟渠圈占农民的土地,把耕地变为牧羊场。被圈地区的房屋村庄被毁灭,农民流离失所,沦为乞丐和流浪者。

当时有一群农民在向国王控诉一个叫约翰·米波尔的领主的上诉书中写道:

这个有权有势的约翰·米波尔用欺骗、暴力占有您的苦难臣民——我们的牧场,这些土地是我们世代所拥有的。他把这些牧场和其他土地用篱笆围上,作为自己所有。后来,这个约翰·米波尔又强行夺取了我们的住宅、田地、家具和果园。有些房屋被拆毁,有些甚至被他派人放火烧掉,我们被强行驱逐出来。如果有谁不愿意,米波尔就率领打手包围他的家。这些人手持刀剑、木棒,气势汹汹,凶猛地打破他家的大门,毫不顾忌他的妻子、儿女的嚎哭。

约翰·米波尔为了圈占我们的土地,不惜将我们投入监狱、毒打、致残,甚至杀害,我们现在连生命都难保全。

当时一位著名的作家托马斯·莫尔在一本叫做《乌托邦》的书中写道:"羊本来是很驯服的,所欲无多,现在它们却变得很贪婪和凶狠,甚至要把人吃掉,它们要踏平我们的田野、住宅和城市。"

一五四七年,亨利八世去世,爱德华六世登上王位。农民由于不堪忍受流浪的苦难,接连发生起义。爱德华六世一见这种情况,便宣布反对"圈地运动"。但贵族们极力反对爱德华六世这一政策,纷纷对这一政策进行抵制。爱德华六世一看,贵族们不好得罪,只有反过来对付农民了,想借此遏制"圈地运动"。爱德华六世规定:流民被抓住就要受鞭打,再度被抓就割去半只耳朵,三度被抓就判处死刑。随后,又规定:流浪汉三天不干活,就在胸前烙字,送回原籍强迫劳动;拒绝劳动就被判为奴隶;奴隶逃亡超过十七天的,就被判为终身奴隶,不许赎身;若三度逃亡,则以叛逆罪处死。

罗伯特·凯特率领的这批起义的流民,就是即将被处死的流民。罗伯特的军队直扑诺福克郡兵器库,夺取了许多武器,一举拿下了郡政府。然

后,以锐不可当之势,直扑约克郡。

经过一番激战,起义队伍夺取了约克郡,宣布"废除圈地,还地于农",得到广大农民的拥护。队伍迅速扩大,很快达到两万多人。起义的队伍乘势南下林肯郡,打了好几个胜仗,摧毁了不少地主庄园,使很多无地的农民获得了土地。爱德华一看这趋势,急忙调集九万名精兵,包围了起义的队伍。经过若干天的残酷拼杀,起义军被消灭了。

农民起义被消灭后,"圈地运动"继续进行。十八世纪,英国国会制定了一系列圈地法令,促使农民土地和共耕的公地并为大农场,使"教会财产"、"国有地"和"共有地",经过盗窃、掠夺和欺诈的手段,转化为近代私有财产。仅从一七〇〇年到一八〇一年一百年间圈地即达三百四十九万英亩。最后,消除了独立农民,使土地合并于资本,为资本主义农业开创活动领域,并为工业的发展提供了劳动力和国内市场。所以,马克思曾一针见血地指出,英国资本主义的发展史,就是一部血腥的"羊吃人"的历史。

国王上了断头台

一六四九年一月三十日,英格兰王宫广场前人潮如涌。广场的中间设置了一个断头台,断头台旁站着一行行威武雄壮的军队。

"来了!来了!"

"看啊,国王要被斩首啦!"

人们高声地喊着。只见王宫的侧门被打开了,从里面走出一名囚徒。这个囚徒不是别人,就是那自命不凡、不可一世的英格兰国王查理一世。查理面对冷森森的断头台,往日那趾高气扬的模样一去不复返了。只见他被士兵拖着押上了断头台。行刑人手起刀落,一颗统治英格兰多年的肥大头颅登时滚了下来。

一六二五年,不可一世的查理一世登上王位。上台伊始,他一味强调王权,无视议会的存在,并在一六二九年下令解散了议会。议会解散达十一年之久,查理一世过足了大权独断的权力瘾。到了一六四〇年,查理一世忽然想起召开议会。但是,并不是他要放权给议会,而是要议会帮他筹集军费,同苏格兰进行战争。

"不要议会的时候把我们一脚踹开,现在需要我们了,把我们召来开会,向老百姓征税,我们绝不能满足他!"议员汉普敦慷慨激昂地陈词。

"对!对!我们绝不能让国王得逞,我们不能再为他卖命了!"

议员们纷纷响应汉普敦的建议。经过讨论,议会否决了国王征收军费的决定,同时决定逮捕为查理一世出坏点子的斯特拉福,并宣布以后不允许查理一世干涉议会的活动。

查理一世坐在王宫里,气得面色铁青。他本打算通过议会向老百姓收钱,却不知"偷鸡不成反蚀一把米",不但钱没征来,还得把亲信斯特拉福搭上。他这个恨啊,恨议会,恨百姓,也恨自己,为什么要召集议会呢?自寻苦恼。他躲在王宫里,不见任何人,终日思谋着对策。

国王与议会的矛盾由来已久,这次斗争是双方矛盾激化的一个表现。当时,议会议员大部分是新兴资产阶级,他们与代表着封建势力利益的国王和教会的斗争一直持续不断地进行着。国王与教会利用手中掌握的权力,严厉残酷地迫害要求民主与自由的进步人士。

有一位叫巴斯特维克的博士,因写了一本反对教会的小册子,被国王下令逮捕。在狱中他被割了双耳,脸上烙了印,罚巨款后又被判处终身监禁。他的朋友利尔本出版了他在狱中写的一本书,被游街示众,并受鞭刑。

当时普通市民对二人的遭遇既同情又愤慨,并对他们宣传的民主与平等的思想积极拥护。从这一事件可以看出,英国劳动人民对国王与教会的专制统治早已不满。因此,此次议会与国王的斗争得到了广大人民群众的支持。

议员们见不到查理一世,有些紧张,怕他逃到国外,带人来打英格兰。五月十二日,议员们领着二十多万群众包围了王宫,叫查理一世交出斯特拉福,否则就冲进王宫。

"唉,斯特拉福,你看我该怎么办?"查理一世瑟瑟发抖地问他心爱的谋士。

一听这话,斯特拉福颤抖着说:"陛下,您可千万不要把我送出去了。"

"没有别的办法了,只能舍车保帅了。但是,斯特拉福,我会给你报仇的。"

查理一世只得把他的宠臣交给了议会。议会代表把一份议案交给查理一世签字,查理一世看也没看就签上了自己的名字。

一六四二年一月四日,查理一世要对议会下毒手了。"看我怎么收拾你们!"查理一世带着四百名士兵,咬牙切齿地冲进议会,想抓走与他对立的议会代表。可是,他却扑了个空。原来,议会代表早就得到消息撤走了。查理一世经过周密考虑认为,议员们已经有准备了,我在伦敦势单力孤,不宜久留,应该到支持我的约克郡去。一六四二年八月,查理一世在约克郡对议会宣战。

"我们应该给国王点颜色看看,彻底地打败他。"议员克伦威尔在议会中提议道。他说到做到,一六四二年,他招募了一支以自耕农、手工业者为主的骑兵队,称为"铁骑军",向查理一世的军队发动了进攻,几乎战无不胜。

一六四五年,随着战事的扩大,议会同意克伦威尔建立一支两万人的"新模范军",并由他担任总司令。克伦威尔带领他的"新模范军"同查理一世进行了决战,大获全胜。查理一世化装成仆人狼狈而逃,刚到苏格兰就被苏格兰人给抓了起来。一六四七年二月,英国议会以四十万英镑的重金将查理一世买了回来。

几个月后,查理一世又逃走了,挑起了英国的第二次内战。克伦威尔又一次打败了他,查理一世再次被囚。

针对上一回查理一世的逃走,克伦威尔吸取了教训,他强烈要求议会以最快速度对查理一世进行审判。

一六四九年一月一日,一个由一百三十五人组成的最高法庭开庭了,克伦威尔被推选为最高审判官。

站在被告席上的查理一世有惊无恐:"看你们能把我怎么样!"他露出一副鄙夷的神态,对审判官们不屑一顾。这一态度,激怒了法庭。最终,他被判为暴君、叛徒、杀人犯和人民公敌,在一月三十日被送上了断头台。

处死了国王,英格兰宣布为共和国,资产阶级革命进入了崭新的阶段。

无冕国王克伦威尔

一六五三年十二月十六日,伦敦举行盛大的就职典礼。

"我宣誓效忠新的宪法《统治文件》!"

克伦威尔头戴镶有宽金边的帽子,身穿礼服,向类似于宪法的《统治文件》宣誓,接受伦敦市长送上的国玺和宝剑,就任英格兰、苏格兰、爱尔兰的护国主。从此,他掌握了统治英国的全部权力。

一五九九年,克伦威尔出生于英格兰东部的汉丁顿一个家道中衰的乡绅世家。他从小就受到清教思想的熏陶,读起《圣经》来废寝忘食。十七岁时,克伦威尔进入被称为"清教保育院"的剑桥大学锡德尼·苏萨克斯学院学习法律。大学毕业后,他回乡经营土地和牧场。一六二八年,他被选为汉丁顿市议员;一六四〇年,又被选为议会议员,参与了反对国王的《大抗议书》的起草工作。他外表严峻虔诚,俨然一副清教徒的模样,讲话时常常引用《圣经》。这大大得益于他在"清教保育院"的学习。

一六四二年，英国国内形势紧张，议会和国王之间的内战一触即发。克伦威尔说服议会，让他回家乡组织建一支军队。

克伦威尔一回到家乡，就马上组织军队。他认为自耕农刻苦耐劳，十分痛恨封建制度，又大多信仰新教，反对封建教会。所以，他以自耕农为主，组建骑兵队。因此，内战一开始，正当议会军节节败退时，克伦威尔的骑兵队一上战场，马上就扭转战局，以少胜多，大获全胜。因此，人们称之为"铁骑军"。一六四二年克伦威尔刚组成骑兵队时，仅有六十人，军衔也只是大尉；到了一六四四年，他已经是一个指挥万人大军的中将司令了。

克伦威尔治军有方。他认真挑选和训练参军人员，要求士兵忠于自己的事业，作战勇敢，遵守严明的军纪，同时，他又关心、爱护士兵，按时发放军饷，从士兵中选拔军官。所以，他的"铁骑军"所向披靡，屡立战功。特别是在马其顿草原大战中，大破王军，一举扭转了议会军在内战初期的失利局面。

第一次内战结束后，议会中掌权的长老派害怕强大的"铁骑军"反对自己的政策，企图解散军队，并拒绝补发拖欠的军饷。消息传来，士兵和中下级军官大哗。"战争时用我们出生入死，战后就甩弃我们，太没有良心啦！"他们选出代表，组成鼓动委员会，同议会中的长老派进行斗争。

克伦威尔看到跟随自己出生入死、屡立战功的士兵们受到委屈，心中充满了愤懑。他压抑不住心中的怒火，一六五三年八月六日，他率军浩浩荡荡地开进了伦敦，驱走了长老派议员，掌握了议会实权。

克伦威尔掌权后，以他为首的独立派和以利尔本为代表的平等派间的矛盾突出了起来。平等派主张实行无财产限制的男子普选权，要求取消君主制和实行一院制议会；代表中等资产阶级和新贵族的独立派则不赞同平等派的观点。

十一月十五日，九个团队的平等派士兵把自己的纲领《人民公约》贴在帽子上，高喊着口号——

"取消君主专制！"

"我们要平等，不要独裁！"

在伦敦大街上举行游行示威，吸引大批群众加入了他们的行列。

克伦威尔对此岂能忍受，他立即指挥"铁骑军"包围了游行队伍，立即逮捕了平等派的领袖，并处死了几个人。

一六四九年处死了查理一世后,英国成立了共和国。克伦威尔就任一院制议会的执行机构——国务会议的第一任主席。他大权独揽,竭力维护资产阶级和新贵族的既得利益,成为一个实际上的军事独裁者。对内,他残酷地镇压了掘地派运动;对外,他血腥镇压了爱尔兰人民起义的独立运动,强占了爱尔兰三分之二以上的土地。一六五一年九月,他又全歼了苏格兰叛军,并占领了整个苏格兰。至此,他已经完全地统治了英格兰、苏格兰和爱尔兰。

"现在,应该是收拾那些议员老爷的时候了!"克伦威尔已不满足于仅仅掌握军权了。

一六五三年四月二十日,克伦威尔带兵进入议会,公开指责、怒斥议员,强行解散议会。

一六五三年十二月十六日,他终于如愿地担当起了英伦三岛的护国主,成了英国的无冕之王。但好景不长,克伦威尔于一六五八年九月因病去世。死后被葬在威斯敏斯特墓地。三年后查理二世复辟,克伦威尔的尸体被挖出吊在绞架上,头颅也被割下挂在旗杆上。但是,克伦威尔在英国资产阶级革命中的英名是无法抹掉的。

一场特殊的革命——工业革命

一七六五年的一天,一位名叫哈格里夫斯的织工回家,一打开门,发现家里的纺车翻倒在地。令他惊奇的是,纺车虽然翻到了,而轮子却依然在转动。哈格里夫斯忽然灵光大现,一个奇妙的发明形成了。

原来,自从一七五七年英国侵占了印度后,大量印度棉布涌入英国市场,促使英国纺织工厂主改进生产技术,提高质量。早在一七三三年,一位叫凯伊的机械师发明了飞梭,使织布的速度提高了好几倍。织布速度提高了,纺纱能力也必须跟上。英国当时的手纺机每次只能纺一根纱,生产力很低。为此,英国"艺术与工业奖励协会"发出传单,愿出高额奖金来奖励能发明新式纺纱机的人。

没想到,一个偶然的机遇让哈格里夫斯碰上了。他想,可不可以把纱锭都改为竖立,数个排成一行,由一个轮子来带动呢?说做就做,他亲自动手做了一架有八个竖立成一排、由一个轮子带动的纺纱机,一下子把纺纱能力提高了八倍,他以自己妻子的名字命名为"珍妮纺纱机"。

据说"珍妮纺纱机"发明使用的经历还挺坎坷的。哈格里夫斯夫妇是贫穷的纺织工人。为了减轻劳动负担,增加经济收入,哈格里夫斯苦思冥想改进原来的纺织机器。经过多次实践,"珍妮纺纱机"终于问世了。可是哈格里夫斯却无法申请到专利,只好自己制造机器出售。没想到新式纺纱机的出现引起了许多同行的嫉妒与愤怒。因为"珍妮纺纱机"不仅大大提高了纺纱效率,纺出的线质量还比较好。这样,一方面挤兑了依然使用老式手纺车的同行,另一方面又造成了棉纱价格的下跌。因此,在一天晚上,愤怒的男人与女人们冲进哈格里夫斯的家,砸碎了刚刚做好的纺纱机,并放火烧了他的家,将他们夫妇俩驱逐出了小镇。

流落诺丁汉街头的哈格里夫斯夫妇继续改进和推广他们的纺纱机。几年后,"珍妮纺纱机"在英国广泛使用,并获得了发明专利。

一七六九年,一位名叫阿克莱特的理发师从农村里的水力磨面机得到启示,设计制造了水力推动的纺纱机,一下子可带动几十个纺锤。一七七九年,一个名叫克伦普顿的青年纺织工吸取珍妮纺纱机和水力纺纱机的优点,发明了一种新型纺纱机,被称为"骡机"。

纺纱效率的提高又使织布机的改革成了当务之急。一七八五年,一位叫卡特莱特的教士制造出了一架水力自动织布机,把织布的效率提高了四十倍。

纺织生产效率的大幅度提高又使解决动力问题势在必行。尽管有人在十八世纪初就发明了蒸汽机,但不十分理想。于是,一个伟大的发明家,使蒸汽机得到改革并致以实用的里程碑式的人物出现了,他就是英国技师瓦特。

瓦特,一七三六年出生于苏格兰,父亲是造船工。瓦特小时候做过徒工,二十岁时到格拉斯奇大学当实验员,专门制作和修理各种教学仪器。一七六三年,机会终于来了。大学里运来了一台蒸汽机的模型,要瓦特负责修理,瓦特就和两个曾经修理蒸汽机的工人一起详细地研究起来。

"我要造一台比它更好的蒸汽机!"瓦特一面修理,一面下定了决心。

一年以后,一台由瓦特自己制造的蒸汽机开始点火了。煤火燃旺后,水温开始升高,接着水沸腾起来。瓦特高兴地打开了开关,但是,它却一动不动。"试验失败了。"瓦特嘀咕道。瓦特又开始了下一轮的研制,他丝毫没有气馁。

研制,失败;再研制,再失败……瓦特也记不清有多少次了。终于,一七六九年,一台装有分离冷凝器的单动式蒸汽机试验成功了,瓦特非常高兴。但他没有满足于眼前的成功,他要精益求精。一七八二年,瓦特研制的联动式蒸汽机试验成功。用它做动力,可以带动各种机械。这就是我们现在使用的蒸汽机。

为了纪念瓦特人们把发电机和电动机的功率计算单位称为"瓦特"。

一八〇七年,美国人富尔把瓦特的蒸汽机装在轮船上。从此,轮船通航到全世界。

一八一四年,英国人史蒂芬逊把瓦特的蒸汽机装在火车上。从此,铁路交通遍及五大洲。

蒸汽机的发明给各行各业带来了巨大的动力。于是,英国工业出现了巨大的飞跃。使用机器的大工厂成百成千地出现。不到一个世纪,英国的工业基本上实现了机械化。这就是举世闻名的"英国工业革命"。

北方起狼烟

俄罗斯的祖国之父——彼得一世

一七〇三年,数万名俄罗斯士兵在数百门大炮的掩护下,向瑞典军队展开了猛攻。战争进行得异常惨烈。终于,俄军占领了涅瓦河畔,据有了沿海的大片领土。

"波罗的海打通了!"

一位身材高大、体格健壮的将领高声欢呼道。

他,就是彼得大帝。

他实现了伊凡雷帝,也实现了他自己打开出海口的梦想。打开出海口的俄罗斯,迅速地向外扩张,很快成为世界上一个强大的帝国。

为了打通出海的门户,彼得还进行了一项令人吃惊的活动——微服出国游历。事情要追溯到一六九七年。

荷兰著名的造船业中心萨尔丹市来了个俄罗斯"大使团"。这个"大使团"不厌其烦地访问了许多船厂后,一个自称叫米哈依洛夫的小伙子干脆离开使团,跟一个铁匠挤到一间小屋中,当了一名普通木匠。

这个小伙子身强力壮,干起活来虎虎生气,还不停地向老工人请教制船技术问题。

工厂中的工人比较喜欢这个勤快好学的小伙子。可有一点令工人们纳闷,为什么俄国使团的官员常常来看望这个小伙子,并且态度十分恭顺。个别工人大胆地开玩笑说:

"小伙子,你不会是俄国沙皇吧?听说俄国沙皇就是你这样,身高两

米有余,臂力过人。"

"本人是个小小的水手,只不过是俄国使团中的一名下士随员。那些官老爷来看望我,是怕我不给他们开船,他们回不了国。"米哈依洛夫笑呵呵地答道。

工人们的疑惑并未解开,他们不时猜测这个米哈依洛夫的身份。米哈依洛夫被问得厌烦了,便跑到阿姆斯特丹的一家船厂继续当工人。

四个月后,他终于完整地看到一艘大船是怎样造成的。做工期间,他抽空到附近的工厂和博物馆参观学习,他还广泛结交荷兰的科学家和艺术家。

后来,米哈依洛夫又随团来到英国,他又到一家造船厂学习技术。空闲之余,他研究英国的国家制度、参加英国议会会议。

到了维也纳,米哈依洛夫摇身变成了彼得一世。这时,他已广泛接触和了解了欧洲一些资本主义发达国家的经济与政治,为他实现"水域——这就是俄罗斯所需要的"的梦想奠定了坚实的基础。

彼得大帝出生于一六七二年五月。在他十岁那年,宫廷里发生了政变,彼得和同父异母的兄弟伊凡被立为沙皇。由于两人年幼,便由英明能干的异母姐姐索菲亚摄政。彼得虽然只有十岁,但也深知宫廷斗争的残酷。为了求得平安,他来到莫斯科的郊外,过起了"两耳不闻窗外事"的隐居生活。在成长过程中,彼得特别喜欢同外国人交往,并深受西欧文化的影响。他利用自己的身份训练了两个童子军团。而对彼得的成长,索菲亚也觉得不安,她决定夺取皇位,杀掉彼得。由于彼得较早得到消息,他迅速带领童子军冲进皇宫,镇压了索菲亚的叛乱。

一六八九年,彼得开始亲政,决心仿效西方进行改革,这就是俄国史上有名的"彼得改革"。

首先,是改革礼制。

大臣们听说彼得归来的消息,纷纷赶来拜见他。彼得坐在皇位上,满脸微笑。大臣、领主、贵族、商人都一一进来,他们看到沙皇,马上都跪了下来。彼得看着下面黑压压的一片跪着的人,心里说:

"我得改一改这个习惯了。"

"不要跪!不要跪!"彼得对他们说,"下跪是旧时的仪式,现在不时髦了。大家以后就不用施行跪拜礼了!"大臣们你瞧我、我瞧你,不知彼得葫芦里卖的是什么药。这几百年通行的礼节,怎么说改就改了呢。但是,还没有等他们缓过神,彼得又做了一件令他们更吃惊的事。

这时,彼得拿起一把剪刀,走到一个贵族面前,笑呵呵地说:"哈哈,你的胡子该剪一剪了。"说着,手起刀落,顺手把贵族的胡子统统剪了下来。弄得这些贵族敢怒而不敢言。因为,俄国男子都留着浓密的胡须,象征着威严和庄重。他们这些贵族当然不爱剪掉这威严的胡子。

令贵族们吃惊的事又接连而至。

彼得走过去又拉拉他们宽大的长袍,再指指自己的紧身西服。说道:

"以后就不要再穿这种不便于工作的长袍,改穿我这样的西服。"

另外,彼得还对文化教育和官制进行了改革,筹建科学院,创办报纸,按知识才能和贡献来选拔官吏等。

第二步,也是最重要的,彼得花力气最大的,是改革军队。他下令在农奴、奴隶、自由民之中征募士兵。新兵仿照西欧步兵的模样,穿暗绿色军装,戴三角形军帽,在莫斯科附近接受军训。仅仅三个月的时间,就组成了一支三万两千人的军队。彼得要检验一下他的部队,于是,在一七〇〇年,发动了波罗的海战争。结果,被瑞典打得大败,连好不容易铸造的大炮,也全被敌人抢走了。

抢走了再造,彼得下令,从每三个教堂中,拿出一个的大钟铸炮。这样,又铸造了三百门大炮。彼得又改变了传统的职业兵和雇佣兵的制度,用服兵役的形式组织新军,不论是贵族或平民的子弟,都要当兵,很快就组成了一支新的俄罗斯军队——龙骑兵和步兵。于是,他又发动了我们在开篇时所描绘的那场战争,赢得了波罗的海出海口。并在那里用了十年的时间建筑了一座城市——彼得堡,并把首都从莫斯科移到了这座新建的城市。

同时,在商业上,彼得鼓励本国商人和外国商人投资,他先后开办了纺织、造船、皮革、造纸等二百多家工厂或手工工场,在乌拉尔兴建了俄国第一个冶金工业基地,从而为俄国奠定了初步的工业基础。

经过了一番努力,俄国终于强大起来了,到一七二一年同瑞典缔结和约时,俄国已经占领了波罗的海里加湾、芬兰湾、卡累利阿的一部分,以及爱沙尼亚、拉脱维亚等波罗的海沿岸广大地区,成为了欧洲的一个强国。

一七一〇年十月,俄国枢密院尊称彼得一世为"大帝"和"祖国之父",并将俄罗斯的国号改称为"俄罗斯帝国"。一七二四年秋,彼得在视察拉多牙运河途中染疾病倒。次年一月二十八日,在彼得堡去世。

不可一世的女王——叶卡捷琳娜二世

"要是我能够活上两百岁,整个欧洲必将置于俄国统治之下。"

"我这个德意志公主,两手空空来到俄国,却为俄国赢得了克里木和波兰,打通了黑海出海口。"

这两句"豪言壮语"出自俄罗斯女皇叶卡捷琳娜二世。她完全有资格说这两句话,她是继伊凡四世、彼得一世以后在俄国历史上统治最久的沙皇,也是继彼得一世之后被俄国贵族授予大帝称号的第二个;也是最后一位沙皇。

为什么一个德国的公主,却成为俄国的沙皇呢？事情还得从彼得大帝说起。他打败瑞典攫取了波罗的海沿岸广大土地之后,企图获得整个海域的控制权。当时,波罗的海沿岸最大的国家就是德国,彼得为了拉拢德国,就把自己的大女儿嫁给了德国的一个亲王。彼得死后,许多人争夺皇位,最后由他的小女儿做了沙皇。可是这个女沙皇没有儿子,就到德国去把姐姐的儿子领来做自己的儿子,取名彼得三世。彼得三世到俄国来做皇太子时,也把未婚妻带了来,她是德国贵族的公主,名叫索菲亚。因为彼得大帝的姐姐也叫索菲亚,所以就给这个德国公主另取了一个俄国名字——叶卡捷琳娜。

叶卡捷琳娜机智、伶俐、勤勉好学、功名心很强。她来俄国不是为了爱情,而是为了皇位。但是,通向皇位的道路并不平坦。婚后不久,她母亲因卷入宫廷纠纷而被赶出俄国。从此,她失宠了,经常受到女皇的奚落和丈夫的毒骂。宫廷里尔虞我诈、争权夺利的气氛和追求皇位的勃勃野心,使她在逆境中形成了虚伪狡诈和凶狠残暴的性格。一七五四年,她生了保罗,即后来的保罗一世,得了一笔十万卢布的进款。她用这笔钱,收买人心,培植亲信。

一七六一年十二月二十五日,女皇叶丽萨维塔病故。彼得三世即位。叶卡捷琳娜一看时机已经成熟,通过情夫格·奥尔洛夫兄弟在近卫军官中活动。她在向英国大使馆借款时,透露了"我或者成为皇帝,或者死亡"的意图。

彼得三世智力低下,不爱学习,在俄国十八年,还讲不好俄语。身为俄国沙皇,却一心为敌国普鲁士效劳,损害俄国利益,引起俄国贵族的不满。

一七六二年六月二十八日凌晨,叶卡捷琳娜在奥尔洛夫兄弟的帮助下,依靠近卫军发动了宫廷政变,逮捕了即位只有六个月的彼得三世。

"皇后陛下,我们十八年的夫妻,难道您忍心让我去见上帝吗？"彼得三世跪在叶卡捷琳娜二世面前求情。

"我没有什么话说。"叶卡捷琳娜冷冷地说。

"陛下,我愿意放弃皇位,尊奉您为女皇。只求您饶我一条小命。"彼得三世痛哭流涕。

"你们去处理吧!"叶卡捷琳娜不耐烦地向奥尔洛夫兄弟说,转身走了。

不久,彼得三世被杀。于是,三十三岁的叶卡捷琳娜踩着丈夫的尸体,登上俄国皇帝的宝座,成为叶卡捷琳娜二世。

上台伊始,叶卡捷琳娜二世深知休养生息的重要。对外,她撤销了彼得三世出兵丹麦的决定,并对法、奥两国表达了友谊和良好祝愿,希望同欧洲各国保持和平;对内,她依靠贵族,宣布自己是俄国的"第一号地主",采取了一系列维护贵族特权,加强贵族专政,巩固农奴制度的措施。时机一旦成熟,条件一旦具备,她就疯狂地发动侵略战争。在她三十四年的沙皇生涯中,先后发动了六次对外战争。打败了土耳其,攫取了黑海沿岸的大片土地;打败了波兰,并同普鲁士、奥地利一起瓜分了波兰的全部领土。使俄国的版图由一六四二万平方公里,扩大到一七〇五万平方公里,增加了六十三万平方公里。临死的时候,她还念念不忘领土的扩大,有气无力地说:

"我要建立一个包括六大都城的大帝国,它包括彼得堡、莫斯科、柏林、维也纳、君士坦丁堡、阿拉斯特罕……把我的孙子取名为亚历山大吧,让他像古希腊马其顿的亚历山大大帝一样,建立一个横跨欧亚的大帝国——大俄罗斯帝国!"

一七九六年,叶卡捷琳娜二世因突然中风,死于沙皇村(今普希金城),终年六十七岁。

农民沙皇——普加乔夫

一七七三年九月的一天,在辽阔的伏尔加草原上,聚集了数百名哥萨克人,他们围住一个三十岁出头的哥萨克人,听着这位哥萨克用雄浑的嗓音在演说:

"乡亲们,我就是沙皇彼得三世!"

说着,他用刀剖开自己衬衣的前襟,露出前胸,指着胸前的伤疤说:

"这就是沙皇的标志!我宣布,所有的耕地、森林、牧场、池塘,都统统属于人民！把自由还给人民！解放农奴！"

停顿了一下，看着热情高涨、越来越多的哥萨克人，他接着说道：

"我以天地为家，以山川为伴。只要哥萨克人帮我夺回皇位，我就封哥萨克人为特等臣民！"

听众们纷纷表示效忠他，他一下子就组织了一支百余人的队伍，发动了俄罗斯历史上著名的农民大起义。

这位号召起义的"沙皇"不是别人，乃是普加乔夫。他一七四二年出生于顿河沿岸齐莫维斯克镇一个贫穷的哥萨克家庭。十八岁时被征兵到波兰打仗，又参加过对土耳其的战争。由于作战勇敢，被提升为上尉。后来，因为生病，获准回乡，成为顿河、叶克河之间的一个"流浪的哥萨克"。流浪期间，他亲眼看到俄国农奴和矿工们的重重苦难。这时，哥萨克中流传着一个传说，说沙皇彼得三世没有死，还流落在民间，人们寄希望于他来领导农民推翻叶卡捷琳娜二世的残暴统治。因此，普加乔夫借沙皇彼得三世的名义起义。

普加乔夫率领起义队伍沿着叶克河向上游进发。沿岸城乡人民和士兵纷纷杀掉官吏，投奔起义队伍，义军迅速扩大到几千人。乌拉尔工厂的工人还送来了几门大炮，更增加了义军的声势。普加乔夫在别尔达村设立了大本营，成立了军事领导机构。他发布诏书，宣布给人民以永远自由，解放农奴，免除其赋税和兵役，赐给土地。他还宣布所有的地主都是罪犯，号召农民起来消灭他们。

叶卡捷琳娜二世急忙派卡尔将军率领三千五百人前往镇压，但在奥伦堡城下被普加乔夫打得落花流水，卡尔侥幸逃生。之后，普加乔夫又击溃了另一支前来镇压的沙皇军，俘获三十名军官，并把他们全部绞死。到一七七三年底，普加乔夫的队伍已经发展到了三万余人。

这时，叶卡捷琳娜二世感到了恐慌，她草草地结束了同土耳其的战争，抽调大批兵力，来对付普加乔夫。一七七四年三月二十二日，政府军总指挥戈利采恩公爵率兵五万，外加地方武装三四万人，围剿普加乔夫起义。战斗在塔季谢夫城堡展开。战斗进行得非常惨烈。政府军先用四百门大炮连续三天轰击城堡，使义军损失惨重。虽然义军奋力抵抗，终因寡不敌众，塔季谢夫城堡失守了。

普加乔夫率余部一万多人转战到乌拉尔采矿区，夺得兵工厂和一批铜炮,还得到一些炮手,并且吸收这一带的游牧民参战。起义军把前来围攻的政府军击溃了。

一七七四年五月六日,普加乔夫起义军攻占了马格尼特堡。十九日,又攻占了特罗伊茨克。但两天后遭到伏击,损失了全部炮队,被迫向伏尔加河流域转移。到六月十二日,起义军攻占了喀山城。

当时莫斯科兵力空虚,叶卡捷琳娜非常恐慌,打算迁往里加。但普加乔夫却错误估计了形势,没去进攻莫斯科,而是率兵南下,指望到顿河哥萨克聚居区建立基地。八月,普加乔夫的军队开到察里津。政府军的大兵团随后赶来,并在萨尔克科夫击败了起义军。起义军只好东渡伏尔加河,进入南部草原。起义队伍几经挫折,所剩已不足五十人。

沙皇政府悬赏缉拿普加乔夫:活捉到的赏卢布五万,带来尸体的赏三万卢布。一七七四年九月十四日,普加乔夫在大乌晋河东岸因叛徒出卖,被俘送交政府军。

一七七五年一月十日凌晨,莫斯科城里筑起一座高高的断头台,断头台两边是两只绞刑架。许多贵族都来观看处死起义军的首领。普加乔夫被戴上脚镣手铐装在木笼里运到莫斯科。他被送上了断头台,接着又被肢解、焚尸。他的许多战友被流放、绞死。

一场俄国历史上规模最大、参加人数最多的农民革命被扼杀了。但是,普加乔夫的英雄业绩,至今还在俄罗斯人民中流传着。俄罗斯伟大的诗人普希金还以普加乔夫起义为素材写作了小说《上尉的女儿》。

第一共和国的诞生

莱克星顿的枪声

一七七五年四月十八日夜晚,在从马萨诸塞通往康科德镇的公路上,八百名英国士兵正在急行军。

"快了,我们就要到达目的地了。男士们,加把劲吧!只要战争一打响,我保证大家很快有很大好处的!"

领队的少校成了这五百名士兵的宣传员,一路上,不断地给疲惫不堪的士兵加劲。

突然在前面打探的士兵回来报告,说是前方村口有民兵。

"停止前进!"

少校始料未及,只得下令停止前进。然后,他来到队伍前面,举起望远镜往前一看。哇!他大吃一惊。原来,莱克星顿村口已有一群严阵以待的民兵,少校倒吸了一口凉气。看样子对方早有准备,是进是退,一时拿不定主意。这时,莱克星顿的民兵可等不了他的犹豫了,他们打响了愤怒的枪声,大声喊道:"快打啊!杀死这些英国人,夺回我们的自由!"民兵们潮水般涌向英军,射出了仇恨的火焰。

"射击!给我冲!"

上校一看对方只有几十个人,原来有些紧张的心情马上放松下来。他根本没有把这几十个衣服破烂的民兵放在眼里,举起指挥刀发出了命令。

莱克星顿的民兵立刻还击,猛烈抵抗英军的进攻,枪声震响在莱克星顿上空,传出很远很远。几分钟后,枪声渐渐稀疏,民兵们因为人少、地形不利很快撤离了战场,分散隐蔽起来。

上校初战告捷,非常得意,指挥士兵直奔康科德。英军赶到镇上时,天已大亮,旭日东升了,但街道上却看不见一个人,家家关门闭户,显得冷冷清清,上校下令搜查,英军进入各家翻箱倒柜,折腾了大半天,什么也没找到。原来,民兵早已把仓库转移,人也隐蔽起来了。

"撤!"史密斯觉得情况有些不妙,连忙下令撤退。这时,镇外喊杀声、枪声陡然大作,附近各村镇的民兵已得到消息,从四面八方向康科德赶来,包围了正在撤退的英军。他们埋伏在篱笆后边、灌木丛中、房屋顶上、街道拐角处向英军射击。英军一批又一批倒在地上,而当英军举枪还击时却连民兵的影子也找不到。英军一路向波士顿方向退却,沿途遭到民兵的不断袭击,狼狈不堪。

战斗一直持续到黄昏,最后还是从波士顿开来的一支援军,才把这一伙英军救了出去。这一仗,英军死伤二百四十七人,民兵牺牲了几十人,剩下的英军弹药耗尽,回想起来也是心有余悸,他们第一次尝到殖民地人民铁拳的滋味。有个士兵说:"我四十八小时没吃一点东西,帽子被打掉了三次,两颗子弹穿透上衣。我的刺刀也被人打掉了。"

这就是美国建国史上的第一章:莱克星顿的枪声。

原来,从十七世纪初到十八世纪中叶,英国在北美大陆先后建立了十三个殖民地,组织和统治这些殖民地的是贵族和商人,基本群众则是大批为逃避本国的封建剥削和教会压迫的新教徒及从非洲贩来的黑奴。

经过工人、农民和黑奴一百多年的开发,到一七六五年前后,北美十三个殖民地的经济得到了很大的发展:北部工商业发达,中部是产粮区,南部则是大种植园,人口已达二百五十万,一个统一的美利坚民族已经形成。

这却正是英国殖民者所不希望的,他们想把北美永远当成他们的殖民地,好从那里牟取暴利。一七六五年,英国政府宣布实行印花税,规定一切公文、契约、合同、文凭、报纸、书籍等都必须贴上印花税票。

殖民地人民愤怒了!从北方到南方,成千上万的人涌上街头,高呼"要自由,不要印花税!"并冲进英国官员的住宅,把柏油漆涂在税吏身上并粘上羽毛,把英国的印花税票统统扔进火里烧毁。

英国政府一面被迫取消印花税,另一面赶紧增派军队前往北美镇压。一七七〇年三月五日,波士顿市民在玩掷雪球时把雪球扔到了几名英国士

兵身上,英国士兵竟开枪打死了五名市民,造成震惊北美的"波士顿惨案"。一波未平,一波又起。一七七三年,英国又颁布茶税法,以帮助本国商人向北美倾销茶叶。十二月中旬,一批销售不出去的茶叶停泊在波士顿港口,准备往北美倾销。北美人民忍无可忍,一天晚上,五十名市民化装后冲上茶船,将三百多箱茶叶倒入海中。

这就是著名的"波士顿倾茶事件"。

英国殖民者认为这是对他们的一大挑衅,派军前往北美镇压。一队英国士兵在得知波士顿附近的康拉德有秘密军火库后,于一七七五年四月十九日派兵前去偷袭。

"嘶——嚯！嗷！"骏马长嘶,声震长空。一个名叫保尔·瑞维尔的民兵马上把英军入侵的消息传到了康拉德镇。于是,莱克星顿打响了反对英国殖民统治的第一枪。

本来是准备偷袭的英国士兵,没想到被准备好的对手发现了,阵脚不由乱了起来,有的准备趁机逃跑。带队的少校拔出指挥刀,声嘶力竭地喝道："给我顶住,快趴成一排,射击！"但是,无论他怎样叫喊,都已无济于事。一路上,英军处处遭到狙击,被打得晕头转向,狼狈不堪,仓皇地逃回了波士顿。

据事后统计,英军在这一天中伤亡二百四十七人,而民兵只牺牲几十人。这是北美大陆民兵对英国殖民军的第一次抗击。就在这次抗击中,足智多谋的北美民兵创造了灵活多变、以少胜多的游击战术,取得了辉煌的胜利。

北美独立战争的第一枪打响了！反对英国殖民统治的第一枪打响了！从此,美洲的历史掀开了新的一页,被压迫、被奴役的美洲的日子一去不复返了,美洲要成为自己的主人了！

独立战争胜利以后,美国人民为了纪念莱克星顿的斗争史,在这个村镇的中心区,铸造了一座手握步枪的民兵铜像。这位民兵英姿飒爽,双脚坚定地踩在石墙上,警惕地注视着前方,双目炯炯有神。下边有一块不加琢磨、非常俭朴的石碑。

碑文写道：

> 坚守阵地。在敌人没有开枪射击以前,不要先开枪！但是,如果敌人硬要把战争强加在我们头上,那么,就让战争从这儿开始吧！

国父华盛顿

一七八九年四月三十日,对于美国人是一个永远不能忘记的日子。这一天,美国人终于从英国殖民者的桎梏中摆脱出来了。美国独立了！

这一天的美国,到处是一片欢声笑语、喜气洋洋的景象。笑逐颜开的人们身着节日盛装,脸上绽放着笑容。他们来到广场上,等待着那激动人心的时刻到来。

"乓!乓!乓!……"

十三门礼炮同时响了起来,广场上空升起了礼花。人们沸腾了!他们欢呼着,跳跃着,抑制不住内心的激动。在欢呼声中,一个人满身戎装走上讲演台,他眼噙着激动的泪花,用饱满浑厚的声音,庄严地宣布:

"美利坚合众国独立了!"

他,就是美国独立运动的领袖,美国第一任总统华盛顿。

华盛顿,一七三二年生于美国弗吉尼亚州的一个大种植园主家庭。年轻时当过测量员,搞过土地买卖。在英法两国争夺北美殖民地的战争中,他指挥弗吉尼亚地方武装,协助英军把法军赶出北美,因而被晋升为上校。他哪里知道,赶走了一匹狼,却引进了一只虎。英国占领北美后,把西部和北部的土地作为英国王室的私有财产,不准北美土著垦殖。这样一来,美洲的几百万亩土地全被英国吞没。从此,华盛顿开始了反对英国殖民者的斗争。

"波士顿惨案"发生后,美洲人民纷纷起来支援波士顿。一七七四年八月一日,弗吉尼亚议会召开紧急会议。会上,作为议员的华盛顿慷慨激昂地宣布:

"我愿意自己出钱招募一千名战士,亲率这支队伍去救援波士顿!"

一七七四年九月十五日,北美大陆上的十三个州召开第一次大陆会议。华盛顿作为弗吉尼亚的代表,身着戎装出席了会议。在会上,他主张与英国断绝一切经济来往,并力促会议通过不惜以武装抵抗作为最后手段的决议。

一七七五年五月,第二次大陆会议召开。经过代表们的提议,华盛顿被任命为美洲同盟军总司令。华盛顿决定承担起这一重任,他慷慨激昂地陈词:

"我以最诚恳的心情,感激各位代表的支持。我会让自己的每一滴热血都为北美大陆的独立解放运动而抛洒!"

七月四日,大会还通过了《独立宣言》,列举英王的种种暴行,庄严地宣布美利坚众国的诞生。这一天后来被定为美国的国庆日。

华盛顿在议会的会议一结束,马上开始组建、训练军队。花了半年的时间,他把从各地征集来的、涣散的民兵,编成了一个具有独立作战能力的团队。接着,发兵围攻波士顿的英军总部,切断它在陆上的一切供应线,封锁海港。华盛顿的队伍迅速扩大,一下子发展到一万七千人。

英国殖民者不甘心自己的失败,进行疯狂的反攻。他们纠集了大量军舰和三万五千人的兵力,围攻纽约。华盛顿的兵力只有英军的一半,又无大炮兵舰,虽然经过几个月的顽强抵抗,但因寡不敌众,被迫撤退。

但是,华盛顿深知胜不骄、败不馁的道理。兵败后虽然只剩下了五千人,但华盛顿鼓舞起旺盛的士气,他在酝酿着一个反败为胜的战机。

一七七六年十二月二十五日,英国殖民军正在过圣诞节寻欢作乐,疏于防备,华盛顿率领大军悄无声息地向英军发动了袭击,出其不意地占领了特伦顿城,一举俘虏了一千多名英国士兵。一七七七年一月三日深夜,华盛顿又故伎重施,袭击英军重要根据地普林斯顿,把英国的精锐部队打得一败涂地。

一七八一年十月,决战的时刻终于到来了,华盛顿将英军主力全部围困在约克郡,作最后的决战。

"勇士们,拿起你们的枪,为国家的独立,往前冲呀!"

华盛顿身先士卒,骑着高大的战马,率先冲向了敌军。在他的带动下,士兵们更是斗志昂扬,奋勇杀敌。经过一星期的苦战,十月十九日,英军在约克郡竖起了白旗,美国的独立战争至此结束。一七八三年九月,英、美在法国巴黎签订了《巴黎和约》,英国正式承认美国的独立。

一七八九年四月三十日,华盛顿在纽约就任美国第一任总统。担任总统后,他发挥了卓越的才能,建立合众国银行,建立最高法院,支持国会通过了以"人权法案"闻名的宪法修正案。

两任总统期满后,华盛顿感到心力交瘁。国会请他继续出任第三届总统,被他谢绝。他表示,坚决不当终身总统。离任后,他回到了维农山庄,过着平静的隐居生活。一七九九年十二月十四日,他患喉炎去世,遗体就安葬在维农山庄,后来这里被美国政府列为圣地。

为纪念他的功绩,美国国会在一七九一年决定,在大西洋的波托马克河畔建立一个新的首都,取名"华盛顿"。一八〇〇年,新都建成,美国政府就从费城迁都华盛顿城,还在那里建造了一座华盛顿纪念塔,以缅怀这位美国独立战争的统帅。

美国宪法

一七八六年九月，美国爆发了声势浩大的农民起义——谢司起义。

谢司起义虽然被镇压下去了，却极大地震动了美国的大资产阶级和种植园主，他们迫切希望加强国家机器，防止人民的起义和暴动。为此，他们强烈要求放弃一七八一年生效的《邦联条例》。因为这一"条例"既没有授予国会以征税权，也没有授予对外贸易权，而各州则有自己的军事、财政、外贸权力，使邦联政府根本无法行使中央政府的权力。更重要的是，一旦爆发全国的起义，邦联政府根本无力镇压。正是在这种背景下，美国各州开始酝酿制定一部能够体现统一国家的宪法，以建立真正的中央集权国家。

一七八七年五月，资产阶级和种植园主秘密在费城召开制宪会议。"联邦党人"代表人物汉密尔顿参加了这次制宪会议。他一贯服膺休谟支持英国王权的思想，崇拜君主制，以英王乔治三世为楷模。他说："我毫不犹豫地宣称，英国政府是世界上最好的政府。"他认为美国应该仿效英国，建立一个以特权阶级为基础，与英国传统相蝉联的政治制度，有一个世袭的最高当局，最好是君主；还必须有一批拥有大资产的终身任职的参议员，以对抗只有小资产的众议员。这次会议在制定重大原则方面比较一致，但在大州与小州的权力分配上意见分歧，经过长期激烈争论，达成妥协，制定了一个宪法草案。汉密尔顿在制宪会议开幕时，曾提出实行最高行政首脑终身制和高度中央集权政府的宪法草案，因其主张过于保守，未被采纳列入议程。汉密尔顿虽然对联邦宪法草案不满意，但当他认识到自己的主张并不能被与会代表和美国人民所接受时，就改变了政治态度，全力支持新宪法草案，以便日后在联邦政府中取得重要职位。因此，九月初在会议结束前，汉密尔顿作了一次发言，强调制宪的重要性，请求全体与会代表一致支持宪法的通过。

在一七八七年十月到一七八八年五月间，汉密尔顿、麦迪逊、杰伊等人前后写了八十五篇论文，以"普布利厄斯"署名发表。后印为专集，名为《联邦党人》。其中一半以上的论文是由汉密尔顿执笔的。他在文集中大力宣扬美国"三权分立"的总统制。《联邦党人》成为论证联邦宪法的性质和作用的文献,对于联邦宪法的批准起了重要的作用。

一七八七年九月十七日,通过了美国联邦宪法。这部宪法体现了三权分立的原则。总统掌握行政权,由间接选举产生,任期四年。总统既是美国政府的最高行政首脑,也是武装部队的总司令。国会由参议院和众议院组成。众议院议员由各州选民直接选出,参议院议员由各州立法会议选出。国会拥有立法权,法律由国会两院通过,总统批准后生效。国会拥有征税、征兵、货币发行、宣战等权力。国会决议如经总统否决,经国会众、参二院再以三分之二多数票通过,也可直接生效。司法权属于最高法院。法官由总统任命,参议院批准,终身任职。高等法院有权根据宪法解释一切法律和条约。

一七八七年宪法完全体现了大资产阶级和大种植园主的意愿。在这部宪法中只字没提人民的民主权利,只字没提废除黑人奴隶制度。一七八九年,国会对宪法提出十条修正案,即《人权法案》。该法案规定了公民的言论、出版、宗教信仰、集会、请愿的权利以及人身、财产、住所、文件的不可侵犯权等。这一修正案于一七九一年开始生效。

一七八八年宪法生效,美国选出了国会,选举华盛顿为美国的第一届总统。

塞纳河上的暴风骤雨

谱写序曲——法国思想启蒙运动

十八世纪的法国,群星璀璨。一些在世界文明史上光辉夺目的杰出人物在思想文化领域掀起了一场轰轰烈烈的思想解放运动——启蒙运动。从而,他们为近代,以至于一直到现在的世界规划了一幅幅波澜壮阔的有关政治、思想、文化等诸多领域的蓝图。

伏尔泰,是这场启蒙运动的先驱。

伏尔泰真名叫佛兰苏阿玛利·阿鲁埃,一六九四年他出生在巴黎一个中产阶级家庭。

伏尔泰二十三岁时写了一篇讽刺封建宫廷荒淫无耻的文章,结果被关进巴士底狱待了十一个月。出狱后,发表了在狱中写的剧本《欧第伯》,揭露封建贵族乱伦的丑态。一天晚上,伏尔泰正在陪客人吃饭,仆人告诉他有人找。伏尔泰一到门口,便被一群壮汉一顿狠揍。第二天,鼻青脸肿、头缠纱布的伏尔泰成了镇子上的焦点人物。原来,当地老贵族罗汉家族认为《欧第伯》在影射自己,便派仆人将伏尔泰痛打一顿。伏尔泰在家开始练习击剑,准备和罗汉骑士进行一场决斗。开战那天,伏尔泰再次被投入巴士底狱。

出狱后,他到英国避难。他在避难期间,研究了英国的政治制度、哲学和牛顿物理学。回国后,他写了《哲学通信》,狠狠批判了法国的封建制度,宣扬平等自由。因此书一出版即被法院判为禁书,当众焚毁。禁毁和压制制伏不了思考的头脑,伏尔泰痴迷般地思考着,向思想界发出了一系列振聋发聩的声音,一本本著作相继问世了。

一七五〇年,伏尔泰应普鲁士国王腓特烈二世邀请访问柏林。他来到一个比法国更黑暗、更残酷的封建专制国家,却幻想借助"开明君主"的力量,进行某些社会变革,实现启蒙主义理想。然而,腓特烈二世只把伏尔泰当做宫廷点缀,给外人一个"开明君主"的形象,实际上他实行的是军国主义的野蛮扩张政策。伏尔泰丝毫不能改变德国现实,一七五二年,他离开柏林。

一七六〇年,伏尔泰在法国与瑞士边境的费尔奈庄园定居下来,在此度过了他一生中的最后二十余年。在这期间,他写下了大量的文学、哲学和政治论著,包括哲理小说《老实人》或《乐观主义》、《天真汉》,哲理诗《自然规律》等,他还把中国元杂剧《赵氏孤儿》改编成《中国孤儿》。

伏尔泰虽远离巴黎,却仍然关心法国社会现实,他晚年写了许多文章和小册子,抨击教会和专制统治,它们以化名和匿名的方式在欧洲各地流传,推动了进步的思想运动。当时欧洲成千上万的哲学家、艺术家、演员慕名拜访伏尔泰,另外还有人给伏尔泰写信求教,伏尔泰都热情接待或回信,小小的费尔奈庄园成为欧洲启蒙运动的中心。

伏尔泰还积极参加社会活动,他积极为无辜受害的人士奔走,最突出的是发生在一七六二年的闻名欧洲的"卡拉事件"。当时,法国社会中天主教教会的权力极大,天主教僧侣被列为法国封建社会的第一等级,教会经常残酷压榨和迫害人民。一七六二年有个名叫卡拉的新教徒,他的儿子因欠债而自杀了。天主教会马上向法院诬告卡拉,说他儿子因为想改信天主教,被信新教的父亲杀死了。法院于是把卡拉全家逮捕,进行严刑拷打,将卡拉判处死刑。处死的这一天,刽子手们先用铁棒打断了卡拉的双臂、肋骨和双腿,然后把他挂在马车后面,在地上活活拖死,最后还点上一把火,把尸体烧成灰烬。

伏尔泰听说这件事之后,异常愤怒,他亲自调查事件真相,把这件冤案的调查报告寄给欧洲许多国家,全欧洲都对此感到震惊和愤怒,纷纷痛斥法国土鲁斯的地方法院。四年后,教会不得不宣布卡拉无罪,恢复了他家人的自由。从此,伏尔泰被称为"卡拉的恩人",受到法国人民的尊敬。以后,伏尔泰又为新教徒西尔文、拉巴尔等人的受迫害案鸣冤,经过多年的斗争,终于使他们恢复名誉。所以伏尔泰被誉为被压迫者的保护人,声望越来越高。伏尔泰不仅是一位伟大的思想家,而且是一位杰出的文学家。他最有成就的文学作品是哲理小说,《老实人》或《乐观主义》是其中的代表作。

《老实人》的主题是批判盲目乐观主义哲学,小说中的邦葛罗斯是个哲学家,在他看来,世界是完美的,一切人和一切事物都尽善尽美,"在这最美好的世界上,一切都走向美好"。邦葛罗斯一生的遭遇是对他的"哲学"的一个极大嘲讽,他先染上梅毒,接着又遭到宗教裁判所的火刑,后又被卖为奴隶,但他冥顽不化,死不改口,仍然坚持说世界尽善尽美。小说的主人公老实人开始相信邦葛罗斯的乐观主义哲学,但严酷现实粉碎了他的乐观幻想。

他是德国男爵的养子,由于他与男爵的女儿居内贡小姐相爱,结果被贵族偏见极深的男爵赶出了家门。从此他四处流浪,到处都看到封建专制的腐败和天主教会的罪恶。到里斯本时,他遇到了大地震。为防止全城毁灭,教会与大学博士相勾结,认为只有"在庄严的仪式中用文火慢慢烧死几个,才是阻止地震的万试万灵的秘方"。为此,教会抓了五个人。其中一个人的罪名是娶了自己的教母;另外两个葡萄牙人是"吃鸡的时候把同煮的火腿扔掉"。在场的邦葛罗斯和老实人似乎赞同他们的吃法,于是,他便也被一块儿送上宗教火刑场。结果三人被烧死,邦葛罗斯和老实人却奇迹般地脱了险。老实人历尽磨难,认识到世界就像一个屠宰场,他抛弃了乐观主义。最后他找到了一个黄金国,国内遍地都是黄金、碧玉和宝石,人人过着自由平等、快乐而富裕的生活。当然,这只是伏尔泰的理想。

十八世纪六十年代的一天,法国一个邮局出现了一封奇怪的信。信封上写着:"寄给诗人之王、人民的哲学家、欧洲的守护神、祖国的喉舌、国王的历史学家、英雄的歌颂者、风雅事物的最高鉴赏家、艺术的保护者、惜才的善人、天才的知己、一切迫害的谴责者、宗教狂的对头、被压迫者的救星、孤儿的慈父、富人学习的榜样、穷人的靠山、善人的典范。"这封信最后准确地投递到了伏尔泰的手中。由此可见,伏尔泰在法国人民心中的位置和影响力。

一七七八年二月,八十四岁高龄的伏尔泰在路易十五死后重返阔别二十八年的巴黎,人民群众夹道欢迎这位勇敢的斗士。五月三十日,伏尔泰病逝。临终前,神父要他承认基督的神圣,他愤然拒绝。反动教会不准把他葬在巴黎。大革命时期,伏尔泰的骨灰运回巴黎,在法国伟人公墓隆重安葬。

与伏尔泰几乎同时的另一启蒙运动大师是孟德斯鸠。他出身于贵族世家,从伯父那里继承了波尔多法院院长的职位。在当法院院长的生涯中,他深刻了解了法院的黑暗和法治制度的不合理。他与法院的各种腐败、愚昧格格不入,他是一个独立思考的思想家,他不想在法院中虚度光阴,厌倦法院的官场生活,便把这个法院院长职位以高价卖掉。孟德斯鸠自由了,开始了周游列国,开始了学术研究,开始了思想启蒙。于是,《论法的精神》诞生了。他提出应把立法权、司法权和行政权分立,三者互相制约、平衡,以防止滥用权力。这一"三权分立"理论成为了后来法国资产阶级的革命的理论武器,为欧美各国资产阶级革命和资本主义政治制度的建立奠定了理论基础。

一个时代,出现一个伟大的人物,就会使这个时代生辉。但历史往往令人费解,似乎没有什么规律可循。继伏尔泰、孟德斯鸠后,法国又出现了一位激进的民主主义者卢梭。

一七四九年的一天,卢梭读到一家杂志刊登第戎科学院关于"科学和艺术的复兴是否有助于教化风俗"的征文启事。他顿觉灵感来临,把多年积郁在胸的感情和思想一倾而出,写成的论文荣获一等奖。卢梭一举成名后却无意追求财富和声誉,仍专心于思想上的探索、发掘。一七五五年,他发表了《论人类不平等的起源和基础》,认为不平等的根源是私有制。一七六二年,他又发表了《社会契约论》,宣扬主权在民,人民可以用暴力推翻君主的民主主义思想。从而,他的思想犹如一把火炬,照亮了法国的思想界。他的社会契约论和人民主权论后来成为法国革命的理论旗帜和指导思想,并在雅各宾派的政策中鲜明地反映出来。

法国思想启蒙运动从十八世纪中叶逐渐走向高潮,其标志便是《百科全书》的编辑和出版,领导完成这一巨著的是杰出的思想家狄德罗。

狄德罗出身于一个手工业者之家,十九岁时获得文学硕士学位。他三十四岁时,接受了把英国钱伯斯出版社出版的一套百科全书译成法文的工作。但在翻译过程中,他发现这套书观点陈旧,保留了不少宗教迷信思想,因而决心自己组织编写一套观点和内容新颖的百科全书。他的计划得到了伏尔泰、孟德斯鸠、卢梭、霍尔巴赫、爱尔维修等著名启蒙思想家的支持,他们积极为此撰写文章和条目,大力宣传唯物论、无神论和自然科学知识,彻底批判宗教神学、教权主义和封建主义。狄德罗本人为这套书呕心沥血,几乎倾注了毕生的精力。他除了组织、编辑和审校工作外,还亲自为这套书撰写了一千篇文章和条目,监制了三千多幅插图,从而为法国树立了一块思想和文化的丰碑。

一七五二年,《百科全书》的第一、第二卷出版后,教会立刻指责该书为"异端"。与此同时,国王路易十五听到几位近臣禀告:"如果每一位妇女的梳妆台上都放有《百科全书》的话,国家将不得安宁。"于是,路易十五下令查禁《百科全书》。当时,《百科全书》已在社会上深受欢迎,连无聊庸俗的贵妇小姐们也要买几本《百科全书》装点闺房。此禁令一下,喜欢这部书的人和同情编写者的人纷纷上书求情,连国王的宠臣和情妇也出面求情。《百科全书》这才得以生存。

一七五七年,法国发生了行刺国王的事件,国内封建势力借机大肆迫害进步人士。《百科全书》的编者和许多作者不堪忍受迫害,纷纷中止了编写工作。法国高等法院的大法官竟然高叫道:"哲学家们的书烧没了,该是烧哲学家本人的时候了。"狄德罗的处境极其危险,朋友劝他中止工作,出国避祸。但狄德罗拒绝了,他慷慨激昂地说:"难道我们白白被人尊为哲学家吗?"

狄德罗在艰苦的环境中,秘密地继续编纂《百科全书》。

一七六〇年末,狄德罗完成了《百科全书》三十五卷的编纂工作。一七八〇年,《百科全书》出齐,它像黑暗中的火炬,蒙昧时的智者,把法国乃至世界人民从封建专制的、宗教笼罩的黑暗世界中引到了通往文明之光的大道上。

法国思想启蒙运动,为欧洲封建教会神权统治笼罩的天空,打开了一个缺口,送来了一缕思想的光芒,从而照耀着欧洲资产阶级革命运动滚滚向前!

暴风骤雨来临——攻占巴士底狱

"轰!轰!"

一七八九年七月十四日,法国巴士底狱前炮声隆隆。由坚实的围墙和八个塔楼组成的巴士底狱周围围满了愤怒的人们。他们高呼着：

"打倒巴士底狱！"

"打倒路易十六！"

这些满腔愤怒的工人、农民、手工业者和士兵，手持着火枪、斧头、长矛，犹如波涛汹涌的大海，在巴士底狱前前仆后继，从而打的了法兰西资产阶级革命的第一枪。

原来，在一七八九年法国出现了空前的政治经济危机。为摆脱这种危机，法国国王路易十六召开三级会议，寻找摆脱危机的途径。但是，他的如意算盘落空了。因为，当时的法国等级森严，上下等级不得僭越。第一等级是僧侣，第二等级是贵族，第三等级是平民。在三级会议上，路易十六竟然要求处于社会最底层、生活状况最窘迫的平民，拿出钱来解决国家的困难，而对第三等级提出的要求废除专制制度的提案置之不理。

"如果国王陛下不答应我们的要求，我们就单独召开国民会议，讨论国是。"第三等级的代表被路易十六激怒了，他们提出要行使公民权的合理要求。

"反啦！反啦！我把你们全送进巴士底狱！"

路易十六恼羞成怒，声嘶力竭，一时间剑拔弩张。为防止第三等级召开国民会议，路易十六派出大批军警，封闭了会场。但这禁止不了会议代表要求推翻专制统治的热情，他们要制定一部反映资产阶级国家制度的宪法，在七月九日将国民会议改为制宪会议，公开与路易十六相抗衡。

"杀！杀！给我全部杀光！"

刽子手施展出了他最后的一招，用刀枪来解决问题。

人民是吓不倒的，面对路易十六的刀枪，他们凛然无畏地来到了街头，一万多市民集结在罗亚尔宫的花园里，愤怒声讨残暴的专制统治。

"拿起武器，赶走暴君！"平民们高举着拳头，满脸激愤，大声呼喊。路易十六面对群情激愤的场面下了杀令。骑着高头大马、手持大刀的军警向手无寸铁的市民砍了下去。一时间，鲜血染红了花园。

哪里有压迫，哪里就有反抗；哪里有残暴，哪里就有回击。平民们不是任人宰割的顺民，他们要反抗，要争得应该有的权力，他们拿起了武器，揭竿而起。

七月十三日清晨，巴黎成了平民们的天下。一条条街道，一个个街区，都被平民们控制起来。

七月十四日清晨,起义达到了高潮。起义者都向着巴黎东南角眺望着,那里耸立着一座巨大的堡垒——巴士底监狱。这个监狱专门关押反对国王和贵族的犯人,是路易十六镇压人民的恐怖机器。堡垒上有八个高大的炮楼,每个炮眼里都有一尊重型的大炮。它们犹如一只只凶禽猛兽,虎视眈眈地望着巴黎起义的人民。

"拿下巴士底狱!"

起义者要推倒压在他们身上的专制堡垒,摧毁这封建专制王权象征的残忍机器。他们奔向了巴士底狱。

随着"轰隆隆"的炮击,起义的群众奋勇向前,前仆后继,鲜血染红了前进的道路。面对敌人的反击,他们没有退缩,激情满腔地冲向这座堡垒。经过四个小时的激战,这个封建的顽固堡垒终于被拿下了!从此,法国资产阶级革命揭开了具有伟大历史意义的新的篇章。

为了纪念起义人民反对专制统治的伟大胜利,法国人民把攻占巴士底狱的这一天——七月十四日,作为法国的国庆日。象征着残暴统治的巴士底狱,从此在地球上、在人民的心中永远消失了!现在到巴黎看到的,就是自由人民建立起来的象征着民主自由的巴士底广场。

理想之光与仇恨之火——罗伯斯庇尔与雅各宾

一七九三年一月十五日晚上,法国议会大厅灯火辉煌,人声鼎沸,国民公会要在这里表决对国王路易十六的判刑问题。

这时,讲台上,一位三十多岁的律师正在慷慨陈词:

"我不能踩躏真理和正义,而把暴君的生命看得比普通公民还重要;我不能玷辱智慧,而把这罪大恶极的人从理应处死的命运中解救出来。我投票赞成死刑。"

他,就是罗伯斯庇尔,法国杰出的资产阶级革命家,大革命时期资产阶级雅各宾政权的领袖。

一七五八年五月六日,罗伯斯庇尔出生在阿尔图瓦郡阿腊斯城。他从小就勤奋好学,成绩优异。在中学时,他以极大的兴趣熟读卢梭的著作,痴迷于书中的民主自由学说。为此,他专程去拜访这位他慕名已久的思想家。后来,他当过律师和法官,因为看不惯法国的法律动辄判人死刑,愤然辞去了法官的职务。

一七八九年,三十一岁的罗伯斯庇尔当选为三级会议的代表,从而登上了法国的政治舞台。他是一位争取民主的英勇战士,以斗争坚决、生活俭朴而闻名,人们称赞他是"不可腐蚀者"。

这时,他已经成为了法国资产阶级革命的激进派——雅各宾派的杰出领袖。十八世纪法国大革命期间,巴黎雅各宾修道院里,一批具有民主主义思想的进步人士聚集在这里,进行革命的舆论宣传和组织策划工作。人们习惯地称他们为"雅各宾派"。

一七八九年七月十四日,巴黎人民攻占巴士底狱,揭开法国大革命的序幕。但革命初期,代表大资产阶级利益的斐扬派掌握了政权,勾结普、奥两国干涉革命。在这危急关头,以罗伯斯庇尔为代表的雅各宾派挺身而出,挽救了革命。

一七九二年八月十日,雅各宾派领导巴黎人民进行了第二次起义,推翻了君主统治。九月,国民公会通过废除君主制的议案,宣布成立共和国,这就是历史上的法兰西第一共和国。在讨论如何处置路易十六的问题上,雅各宾派立场坚定,同态度暧昧的掌权派——吉伦特派进行了斗争。最后,在雅各宾派的坚持下,一七九三年一月十二日,路易十六被推上了断头台。

这天,大雨倾盆,但没有削减法国人民观看处死国王的热情。路易十六没有丝毫往日的威严,瘫软成一堆,被卫兵们拖到了断头台前。十点十分,断头刀"轰"的一声落下,这个曾经不可一世的君主就命丧黄泉了。

路易十六死后,欧洲的反动势力不允许身边存在这样一个民主政权,他们开始干涉了。英国纠合普、奥、西、荷等国组成了第一次反法同盟,向共和国进行了疯狂的进攻。在王党的煽动和英国的支持下,很多重要城市发生了叛乱,法国又陷入了危险的边缘。雅各宾派又一次挺身而出,在一七九三年五月底,发动了第三次武装起义,推翻了吉伦特派。从此,开始了法国历史上的"雅各宾派专政"时期。

罗伯斯庇尔领导的雅各宾派专政是法国资产阶级革命的高潮,采取了一系列的革命措施,巩固和加强了大革命的成果。可以说,雅各宾挽救了法国。革命武装把反法联军赶出法国,平息了国内暴乱,恢复了经济秩序。但是,不幸的是,革命危机稍一消失,雅各宾就分裂为左右两派。以丹敦为首的右派,主张削弱政权;以埃贝尔为首的左派,要求坚决地镇压敌人,把土地无偿分给农民。罗伯斯庇尔没有调和两派的矛盾,反而对两派同时镇压。这样,既遭到要求自由发展的资产阶级的反对,又失去了群众支持,同时也削弱了自己的力量。反动势力乘机发动了"热月政变"。

一七九四年七月二十七日(法历热月九日)下午,罗伯斯庇尔在国民公会会场内听着代表们的发言。

"我要揭开黑幕!"

突然,一个代表跳上讲台声嘶力竭地喊道,随即蓄谋已久的另外一些代表高喊:

"打倒暴政者!"

"逮捕罗伯斯庇尔!"

反动派在一片叫喊声中,强行通过了逮捕令,一群官兵冲进来,将罗伯斯庇尔和另外几名雅各宾派领袖押了出去。

当天下午六点多,罗伯斯庇尔被一支国民自卫军和雅各宾派武装群众救出。但罗伯斯庇尔没有做出立即起义的决定,失去了一次可能取胜的机会。第二天凌晨,政变的官兵又一次把罗伯斯庇尔投进了监狱。十多个小时后,罗伯斯庇尔等二十多名雅各宾派领袖被押上了断头台。从此,法国历史结束了雅各宾派的专政时期,法国资产阶级革命开始了逆转。

巨人拿破仑

一八〇四年十二月二日,巴黎圣母院,这座法国最大的教堂里面异常热闹。

"当!当!当……"

教堂洪亮的钟声传遍了全城,教堂里一场加冕典礼正在进行。又老又疲的教皇念念有词,伸出两只干枯的手,拿起黄金镶成的皇冠,颤颤巍巍地捧着,准备亲手放到受冕人的头上。矮小的年轻受冕人却显得急不可待,伸出他那强健的双手,飞快地夺下皇冠,不假思索地放在自己的头上。

这个受冕人,就是拿破仑,法兰西第一帝国的创建者。

一七六九年八月十五日,拿破仑生于法国科西嘉岛。他的父亲曾任律师。十岁时,拿破仑进入军校学习,学习成绩优秀,被校方评定"会成为一名优秀水兵,值得送入巴黎军事学校。"一七八四年秋,他进入巴黎军校学习。拿破仑学习相当刻苦勤奋,喜爱数学、军事和历史。这段学习,为拿破仑以后战功显赫的军旅生涯奠定了基础。

一七八九年七月十四日,法国爆发了大革命,正值二十岁的拿破仑生正逢时,参加了革命军。从此,在军旅生涯中大展风采。

一七九三年,法国南部土伦港发生王党分子叛乱,拿破仑受命任围攻土伦的炮兵副指挥。他率领炮兵迅速抢占制高点,用炮火猛轰叛军,王党分子溃不成军,土伦被收复。因为在土伦港战役中显示出杰出的军事才能,年仅二十四岁的拿破仑被破格提升为准将。一七九五年十月,在镇压王党分子的战斗中,拿破仑以少量兵力击溃了比自己一方多七八倍的叛乱分子,又被升为少将,担任法国内防军司令。

从此,拿破仑威名大震,成为法国一支重要部队的司令。他战败奥国,侵入意大利,把意大利的金银财宝和名贵的雕刻、绘画等艺术品,统统抢到巴黎。

一七九九年八月,拿破仑探听到巴黎的共和国政府矛盾重重,摇摇欲坠,毅然率领几名士兵回到了巴黎。他把国内忠于他的军队调集起来,同时,又争取到了巴黎大银行家的支持。军队和金钱都有了,他的铁腕行动就开始了。

十一月九日(法历雾月十八日),拿破仑发动政变。第二天,把当时的法国议会解散,夺取了政权,宣布成立"执政府",拿破仑自任第一执政,独揽大权。这一年,他三十岁。

取得政权后的拿破仑并没有因此而停止他的战争,他没有如一般统治者那样高枕无忧地享受安逸的生活,他以所向披靡之势横扫欧洲,迅速占领意大利、埃及等国,一些国王、君主被处死,欧洲的封建势力受到沉重打击。所以,当时出现了这样一种奇怪现象,拿破仑这本应该是一种侵略的行为,所到之处却普遍受到当地百姓的欢迎。

拿破仑在进行对外征服的同时,在国内也开展了轰轰烈烈的资产阶级改革,于一八〇四年三月颁布了著名的《拿破仑法典》。法典共二千二百八十一条,详细规定了资本主义财产制度,保护私有财产;规定在法律面前人人平等;规定废除封建佃农制,确立小农土地所有制,等等。法典不但巩固和发展了法国的资本主义所有制,而且对欧洲各国政治经济制度产生了不可低估的影响作用。

一八〇四年十二月,拿破仑废除共和制,建立法兰西第一帝国,他自称法兰西帝国皇帝。这一年,他三十五岁。

拿破仑在连年的战争中几乎击败了欧洲所有的大国,曾经占领维也纳、柏林、马德里、罗马等都城。一八一二年,拿破仑把眼光瞄准了莫斯科,从此,他开始走向了人生辉煌的尽头,出征俄国以失败而告终。欧洲各国封建势力不给拿破仑半点喘息机会。一八一三年十月,拿破仑的军队同反法联盟的军队进行了一次大规模的战争,结果拿破仑战败。一八一四年三月,联军攻向巴黎。四月六日,拿破仑被迫退位,被流放到科西嘉以东五十公里的厄尔巴岛。在反法联盟的保护下,波旁王朝复辟了。

拿破仑不甘心自己的失败,一八一五年二月二十六日,率领一千多人神秘地离开厄尔巴岛,三月一日凌晨顺利地在法国南部如安港登陆。

听到拿破仑登陆的消息,波旁王朝惊慌失措,连忙派出三万大军阻击拿破仑。

"你们还记得我吗?我就是你们的皇帝!如果你们有谁想打死自己的皇帝,那么就请开枪吧!"

面对来势汹汹的三万大军,拿破仑气定神闲,高声向他们喊道。

王军一时惊呆了,不知如何是好。这时,王军中不知谁高喊了一声:"皇帝万岁!"

顿时,王室军队一片欢呼,他们投到拿破仑的麾下,浩浩荡荡地向巴黎挺进。

波旁王朝的统治者路易十八闻风丧胆,慌忙逃离了巴黎。三月二十日晚九时左右,拿破仑的三色旗飘扬在杜伊勒利宫上空。在经久不息的欢呼声中,拿破仑乘坐马车出现在宫前。欢呼的群众把拿破仑抬起来,簇拥着把他放到了皇帝的宝座上。

六月十八日,八个反法同盟国出兵上百万,在滑铁卢,与拿破仑三十几万军队展开了决战。

战斗开始,拿破仑充分施展他的军事才能,虽然兵力远远弱于盟军,却

几乎与同样杰出的惠灵顿将军所率领的盟军打成平手。在双方都精疲力竭时,联盟援军比法国援军早三分钟到达,法国的两位将军又临阵倒戈,拿破仑失败。

六月二十二日,拿破仑被迫第二次退位,并被流放到南大西洋中一座远隔大陆的火山岛——圣赫勒拿岛。从此,拿破仑在这个小岛上被严加看管,度过了他漫长的囚禁生活。一八二一年五月五日,拿破仑病逝。十九年后,拿破仑的遗骨被移回法国。

拿破仑轶事

拿破仑的一生,不仅给后人留下众说纷纭的光辉业绩,也留下了许多耐人寻味的故事。

拿破仑一生中指挥过众多的大战役,并屡屡胜利,一个重要原因就是善于用人。

拿破仑二十七岁任军团司令,三十岁任法国"第一执政",三十三岁成为"终身执政",三十五岁便当上皇帝。拿破仑从自己的经历中,深感有志不在年高。在拿破仑的将帅中,除贝尔蒂埃元帅外,绝大多数是年轻人。达乌二十八岁时就被任命为远征埃及的骑兵指挥官,三十四岁就获元帅权杖。马尔蒙二十六岁时就被任命为法军驻意大利炮兵司令,三十五岁就升任元帅。苏尔特三十岁升为少将,三十五岁获元帅衔。茹贝尔二十七岁任独立军军长,二十九岁指挥驻荷兰和意大利的法军。一八〇四年五月,拿破仑称帝后,诏封的十四位现役元帅中,就有七人的年龄在三十七岁以下。

拿破仑在选拔将领时,彻底地废除了传统的以出身择人的门阀观念。他公开宣扬"每个士兵的背囊里都有一根元帅的指挥棍"。他号召人人争当将军、元帅。拿破仑的士兵高兴地看到,许多杰出的元帅都是来自社会的下层,来自士兵。著名的内伊元帅是一个饭店老板的儿子,拉纳元帅是一个士兵的儿子,贝尔纳多特元帅和勒费弗尔元帅都是出身于普通士兵。这些人虽然出身卑微,经历各不相同,但有一点是共同的,那就是他们都具有敏捷的判断力和顽强的意志。

拿破仑懂得,人总是各有所长,各有所短。因此,他选拔将才从不要求十全十美。他善于发现别人的优点和长处,并利用它来为自己服务。按这一原则,他果断地选择了贝赫尔作为他的参谋长。他说:"贝赫尔缺乏果断,完全不适于指挥任务,但却具有参谋长的一切素质。他善于谈地图,了解一切搜索方法,亲自颁发命令。他对于最复杂的部队调动是内行。"这样的人,对于一切都喜欢自作决定的拿破仑来说,无疑是一位最理想的参谋长。

茹当,是先于拿破仑的革命军少将,雾月十八日政变时,曾激烈地反对过拿破仑,后转变态度拥护他。拿破仑不计前怨,先任命他指挥意大利法军,后又任命他为西班牙国王的军事顾问和参谋长。将军卡尔诺,曾竭力反对拿破仑当"第一执政"和皇帝,几年后,当他愿意为帝国效力时,拿破仑即委任他为安特卫普总督,"百日"时期又任命他为内务大臣。元帅波尼亚托夫斯基,原是波兰集团军司令,一八〇六年在法军迫近华沙时投降拿破仑,拿破仑当即委任他为法属华沙大公国的陆军大臣。一八一二年远征俄国时,任集团军军长,莱比锡会战时晋升为元帅。驻瑞士的法军统帅麦克唐纳,因莫罗将军的叛国罪受牵连而退伍。拿破仑喜爱他的才能,五年后又起用他为军长,最后又晋升他为元帅。

拿破仑在千方百计激发部将荣誉感的同时,常常不惜重金奖赏作战有功的将领,以保持部将们的高昂士气。一八〇七年,拿破仑征服普鲁士,打败沙俄并签订《提尔西特和约》以后,他对有功的文武官员进行了十分慷慨的犒赏。他赏给达乌元帅一百万金法郎,赏给内伊元帅将近三十万金法郎的终身年金;赏给贝尔蒂埃元帅五十万金法郎和四十万五千法郎年金;对其他元帅和许多将军、军官也都大加奖赏。

拿破仑才能出众,善于用人,因此,成为他的秘书,是许多人梦寐以求的愿望。但是,拿破仑的秘书毕竟不是好当的。一次,拿破仑的一名私人秘书身染重病离职休息,需临时招募一名"书写漂亮"的秘书以做帮补,消息传出,人们展开激烈的竞争。结果,陆军部长办公室的Ｓ先生被选中。突如其来的好运使他激动莫名,在同事们的一片欢呼声中,这位幸运儿穿戴得整整齐齐到杜伊勒利宫就职去了。送走了Ｓ先生后,大家对他的飞黄腾达羡慕不已,尚在谈论之际,办公室的门突然被人撞开了,Ｓ先生丧魂落魄地出现在大家面前,帽子丢了,手套不见了,头发乱七八糟,四肢直打哆嗦。在众人惊讶万分的目光中,他诉说了刚刚在杜伊勒利宫的遭遇。

原来,Ｓ先生入宫后,拿破仑打量了他一番,便叫他坐在靠近窗口的椅子上,然后就在书房里大步地走来走去,指手画脚,不时地从嘴里蹦出一些含混不清的词语。初来乍到的Ｓ先生以为皇帝心绪不佳,嘴里嘟哝的东西与己无关,因此,并不注意听,只是屏住呼吸偷偷地用目光注视拿破仑的一举一动。过了约半小时,突然,拿破仑大步流星地朝他走来,说:"给我重述一遍。"什么也没有记下的Ｓ先生张口结舌,一下子惊呆了。拿破仑见纸上一片空白,顿时像狮子般暴跳如雷,怒吼连声。年轻的Ｓ先生被吓破了胆,连秘书的椅子还没坐热,就连滚带爬地逃离了杜伊勒利宫。他一连五天卧床不起,此后,直到拿破仑在圣赫勒拿岛逝世多年,S先生每每从远处眺望宫殿的圆屋顶时,仍心有余悸,全身禁不住轻轻颤抖。

对付拿破仑的口授,跟随他多年的首席秘书凡男爵却有一套办法。拿破仑口述时,有时含混不清地自言自语,有时又前言不搭后语地断断续续,杂乱无章。对此,凡男爵的办法是不管三七二十一,先听多少记多少,恰当地留下空白,以跟上说话人的思路,一俟口授中途停止或最后结束,就赶紧整理残缺不全的草稿,绞尽脑汁地反复琢磨皇帝话语的含意,填补空白,组合句子。整理完毕,便交给拿破仑。此时,拿破仑若抖抖纸张,签上名字,把文件往凡男爵的桌子上一扔,说一声"发出去!"那么,口授记录工作便算是大功告成了。

更令秘书叫苦不堪的,是拿破仑那非凡的精力,那简直是令人难以置信的。如有一次拿破仑想在枫丹白露筹建一所学校,曾一口气口授了共计五百一十七项条款的详细计划。平时,拿破仑习惯于每天工作十五六个小时,而在每次战役期间,他白天忙个不停地处理军政大事,晚上稍稍休息一会儿,待到凌晨一两点钟,便起床阅读战报和情报,思考问题,并立即就当天的军事行动做出决定。据史载,一八〇六年秋对普鲁士作战期间,有一天,拿破仑除了外事活动外,竟连续口述了一百〇二项命令和指示。拿破仑如此工作,当然忙坏了他身边的秘书们。作为秘书,无论何时何地、在何种情况下,他们都必须随时恭候在桌边,等待命令,工作之辛苦是可想而知的。有时累得精疲力竭,即使累得连眼皮都睁不开,也得打起精神支撑住,小心翼翼地干,因为他们深知拿破仑的脾性。一天晚上——那是一场鏖战之后,凡男爵干完活,两眼睡意蒙眬,一钻进帐篷就倒下睡着了,自以为躺在行李袋上。醒后才知道,晚上枕的软绵绵的东西,竟是刚刚死去的一具尸体。有一天,拿破仑的情绪很好,高兴地捏捏秘书的耳朵,对他说:"你也会永垂不朽的。"的确,拿破仑说得不错,那些和他一起生活工作过的人,后来很多都由于他的缘故而名垂青史。当拿破仑的秘书实在是一项可怕的差使,荣誉虽高,但是没有多少人愿意并且能够干到底的。

拿破仑身高不足一米七,最怕人说他矮。有一天,他想取书架上的一本书。因那书放得太高,他够不着,便叫人搬凳子来给他。此时,一位刚好在那里的将军说:"陛下,不用搬凳子了,让我给您取吧,因为我比您高。""您是想说您比我长吗?"拿破仑当即予以纠正。

有人拿一首诗给拿破仑看,说这首诗用影射笔法讽刺皇帝。他建议皇帝严惩这首诗的作者。"若要惩罚,"拿破仑冷冷地回答,"该惩罚的正是您而不是作者,因为是您说我与诗中所写的相像。"

有对拿破仑心怀不满的人散布流言蜚语,说他之所以秘密地向塔尔姆学习行为规范,是因为他坐没有坐相,站没有站相,经常不知所措。得知这类传闻之后,拿破仑在一次隆重的晚会上,故意走到塔尔姆跟前,高声说道:"我要衷心感谢您,亲爱的老师,感谢您教会我稳固地坐在皇帝的宝座上,并且牢牢地抓住权杖。"

不看本国报纸。每天早上拿破仑理发修面时,都喜欢看报。但看的主要是英国和德国报纸,对法国报纸则根本不感兴趣。有人问他为什么要这样,他回答说:

"我国报刊上登的东西,全是按我的旨意写的。"

拿破仑连年征战,给法国带来饥荒和灾难。为转移社会舆论的注意力,他设立了名目繁多的科学和文学特别奖,规定每十年颁一次。为了获奖,法国知识界展开了激烈争夺,甚至形成了互相敌对的宗派和阵营。报上还连篇累牍地发表文章进行煽动,更如火上加油。这种情况使一般读者大为开心,但最开心的还是拿破仑本人。有一天,拿破仑问航海家布于维尔:"您对这些争斗有何高见?"布于维尔回答:"古代是让野兽打架来使聪明人开心,现在则是让聪明人争吵来使傻瓜开心。"(在法语中,'野兽'与'傻瓜'是同一个词。)

有一次,拿破仑想考察一个团长是否是昏官,就突然走到他跟前向他发问,语速快得像打连珠炮一样:"你们团里有多少人?"

"一千二百二十五!"团长的语速比他还快。

"其中有多少人受伤?"

"一千三百一十!"团长回答得跟闪电一样快。

"好极了!"拿破仑对他反应的灵敏和数字的精确十分满意,但未听出其中的毛病。

拿破仑是一位在政治、军事方面有杰出才能的皇帝,也是一个大独裁者。也许正因如此,他才表现为高傲、狂放、自由,甚至连威严不可侵犯的教皇也敢蔑视。

一八〇四年十二月,拿破仑加冕典礼在法国最大的教堂巴黎圣母院隆重举行。一大早,帝国各大臣、欧洲各国新闻机关负责人以及巴黎平民百姓都聚集在巴黎圣母院内外,等候重大仪式的开始。"咣!咣!咣!"巴黎圣母院的钟声响了,仪式开始的时间到了,但却没有动静,人们都在窃窃私语。

"这是怎么回事,怎么还不开始?"

"谁知道呢!我都等不及了。"

这是两位平民百姓在圣母院外议论着。他们当然不知道是什么原因推迟了仪式进行的时间。

有人知道为什么,这就是处在圣母院内部、为皇帝加冕贺喜的帝国大臣们,当然还有为皇帝加冕主持仪式的教皇。"皇帝有什么事呢?到现在还不来!"一个大臣不耐烦地与站在身旁的另一位说道。

"我们的帝国皇帝是没有时间观念的,他从来不受时间约束。当然也不受其他任何约束。"这位好像挺了解皇帝似的。最着急也最不满意的是主持仪式的教皇。按以往惯例,教皇无论主持什么仪式,也无论是为谁主持,都是别人先到教堂,而教皇总是姗姗来迟。等到教皇到,仪式就会马上进行。教皇进来时,连看也不看一下参加仪式者,径直走到举行仪式者身边,读圣经、宣誓等一系列活动按部就班地进行。

可是,这一次都不同了,教皇想,拿破仑具有卓越的军事天才,尽管在上帝面前人人平等,可是,毕竟是他的加冕典礼,还是早到些为好,免得皇帝等得不耐烦了。这位气势凌人的科西嘉小子说不定一气之下会给我难题呢!所以教皇早早地就来到了教堂。

来后一看,人都到齐了,于是教皇快步上前,但是,当他走到举行仪式的地方后,前找后找,左找右找,就是找不到皇帝拿破仑本人,他既奇怪,又感到气愤。抬眼望一望在前排就座的一位大臣,这位大臣看到教皇着急的样子,耸一耸肩,表示无可奈何!

教皇像头即将发怒的狮子,昂首怒目站立在前面,静静地等着皇帝的到来。

终于,人群中有人在小声议论着什么。教皇认为皇帝来了。可是抬头一看,是一个瘦小、低矮的人,手牵一只猎狗,身穿猎人服装,大摇大摆地在猎狗的引导下走进了教堂。仿佛那猎狗嗅到了猎物的什么味道,径直来到了教堂前面。原来人群一阵骚动是因为这只猎狗。教皇心想,谁这么无礼把猎狗都带进了教堂,今天是皇帝的加冕典礼,马虎不得。他正欲发火,赶那人出去,突然发现那人已来到面前。

"皇上!"不知是哪位大臣先认出了拿破仑,喊了一声,其他大臣一听连忙扭过头去,一看,这个身着猎装、手牵猎狗的人竟是皇帝,他们又擦了擦眼睛,害怕自己看错了人。再看一看,不错,确实是皇帝!

"他今天怎么这副打扮?"

不少人内心疑惑地问。

教皇也不敢相信自己的眼睛,但等他证实确实无误后,还没容他多想,拿破仑已大步走到他面前。

"谢谢你了,远道而来的客人!"

拿破仑把一只手伸向教皇。

教皇听到称呼自己为"客人"感到很奇怪,但他没有犹豫,就把手伸向了拿破仑。拿破仑接着对他说:

"可以进行仪式了吧?"

教皇立刻把皇冠拿来,小心翼翼地捧在手里,口中念念有词。

当他把皇冠慢慢举起,准备给拿破仑戴到头上时,拿破仑一把把皇冠夺过来,戴到自己头上。

看着这么不懂礼貌、不可一世的拿破仑,教皇满脸怒气,真想怒斥他一顿,还没等教皇反应过来,拿破仑又当众高声宣布道:

"从今以后,教皇必须对我宣誓,必须效忠于我!"按惯例,无论哪个国家的国王宣誓就职时,都要向教皇宣誓,而拿破仑却把这些规矩翻了个个儿。

教皇看着拿破仑这个蛮不讲理的独裁者,无可奈何地摇了摇头,匆匆忙忙举行完仪式,离开巴黎回罗马去了。

为独立与自由而战

从奴隶到将军的杜桑

一七九一年八月二十二日,海地岛上烈火熊熊,一幢幢庄园被点燃,一个个殖民者被投入熊熊烈火里。岛上到处是黑人起义的烈火,到处是埋葬殖民者的墓地。一场轰轰烈烈的黑人大起义在海地岛进行着,它的领导者就是弗朗索瓦·多米尼克·杜桑。

杜桑生于一七四三年,他的祖辈都是非洲人,被法国殖民者掠到海地做了奴隶。海地原有二十万印第安人,都被殖民者杀死了。所以,岛上大多数居民,都是被掠夺来的黑人。杜桑从小就放羊喂马,干苦力活。与其他黑人小孩不同的是,他从小就喜欢看书,自学了法文,读了很多宣传自由平等的资产阶级革命书籍。参加起义后,由于他具有丰富的学识和卓越的组织才能,很快成为起义军的领袖。黑人起义军非常喜欢他,尊他为"卢维都尔",意思是替大家打开道路的人。在他的领导下,起义军打败了法国和西班牙的殖民者,一八〇一年一月,一举攻下了西班牙占领区的首府圣多明各,解放了整个海地岛。

殖民者不甘心自己的失败,他们组织军队进行了疯狂的反扑。一八〇一年十二月,法国执政拿破仑任命他的妹夫勒克莱尔为远征军司令,率领战舰五十五艘和三万名装备精良的士兵前往海地。

面对来势汹汹的敌人,杜桑向海地人民发出了战斗号召,他说:

"同胞们,现在法国军队来攻打我们啦,要把我们再变为他们的奴隶。我们该怎么办?"

"赶走他!"

海地的群众高声喊道。

在杜桑的率领下,海地起义军同殖民军展开了灵活多变的游击战,打得殖民军不得安宁。法军统帅勒克莱尔遍寻杜桑的主力作战而不得,自己却损失惨重,他便改变了花样,邀请杜桑和谈。

一八〇二年,勒克莱尔派人送信给杜桑,信的措辞非常客气,说:"我不仅为法国将士的阵亡而悲伤,也为贵军将士的牺牲而痛心。我是真诚的,在世上您找不到第二个如我者。我真诚地邀请您来谈判。谈判一成功,我就撤回法国。"

杜桑也为连年的战争造成的死亡而痛心,决定亲自去谈判。临行前,他对战友们说:"我此去凶多吉少,万一法国人加害于我,请你们不要悲伤,而要用更强硬的拳头、更沉重的打击彻底打败敌人!"

杜桑直达法军军营,当他一踏进法军的营房,就被法军逮捕,并于六月十五日押上军舰,送往法国。

杜桑被押到法国后,经历了多次的严厉审讯,遭受了残酷的折磨,但是,这些都没有摧毁杜桑的意志,他始终没有向侵略者投降。一八○三年四月二十七日,杜桑终因病情恶化,死于阿尔卑斯山的茹鸟城堡监狱。

"血债要用血来还!"

"把法国殖民者赶出去!"

海地人民得知杜桑逝世后,痛不欲生。他们记得杜桑的临行遗言,向入侵者投以更猛烈的炮火、更顽强的打击。法军节节败退,其司令勒克莱尔也死于黄热病。一八○三年十月法军投降,十一月其残部撤出太子港。十一月十九日起义军发布《海地独立宣言》。一八○四年一月一日,海地宣布独立。第一个黑人共和国在拉美诞生了。

多洛雷斯呼声

一八一○年九月十六日凌晨,千余名印第安人聚集在多洛雷斯广场上,听着讲台上的伊达尔哥在演讲:

"孩子们,你们愿意成为自由人吗?你们愿意从西班牙人手中夺回自己的土地吗?"

顿时,长期积压在人们心中的愤怒一下子爆发了出来,大家振臂高呼:

"绞死西班牙强盗!"

"打倒坏政府!美洲万岁!"

这便是揭开墨西哥独立运动序幕的"多洛雷斯呼声"。

多洛雷斯是墨西哥的瓜那华托的一个宗教教区的名称,主持这个教区的就是伊达尔哥。伊达尔哥受法国启蒙思想的影响,主张自由、平等、人权,在教区内进行行政和教育改革。

为了摆脱西班牙的殖民统治,墨西哥人民掀起了独立运动。一八一○

年九月上旬,伊达尔哥等人商定十月一日举行起义。但起义的消息泄露了,西班牙殖民者迅速调兵布防,准备镇压起义。伊达尔哥当机立断,提前发动了起义。

在伊达尔哥的号召下,印第安人拿起棍棒、砍刀做武器,形成一支几千人的军队,浩浩荡荡向瓜那华托挺进。十月中旬,当义军逼进首都时,已达八万人。当时首都的西班牙军只有三千人,主力远在北方。起义军英勇奋战九小时,终于打败了敌军,打开了通往首都的道路。西班牙驻墨西哥总督得知兵败的消息,吓得手足无措,赶忙从神庙搬来象征西班牙权力的圣母像。总督哭拜在圣母像脚下,说:"至高无上的圣母呀,墨西哥的印第安人造反了,我总督无智无能,敬请您显显神威退走敌军吧!"

"圣母"的确"显"神威了。此时,义军本可一鼓作气拿下首都,但伊达尔哥却改变了主意,率军撤回瓜那华托。在撤退途中,义军与急速南下的西班牙主力不期而遇。不多时,几乎毫无军事经验的义军就被装备精良、训练有素的西班牙军击溃,不得不向西北和南部撤退。

十一月二十六日,伊达尔哥率领的一支义军进入墨西哥第二大城瓜达拉哈拉,成立了革命政府。一八一一年一月,一万西班牙军在以残酷著称的将领卡耶哈率领下抵达瓜达拉哈拉城下。义军军事指挥官阿连德主张采用游击战,但伊达尔哥认为自己有数万大军,可以战胜敌人,主张开门出城迎战。

一月十七日,两军在城东南展开决战。战场上一片厮杀之声,战斗进行得异常艰苦,一时难分胜负。傍晚,卡耶哈命令由四百人组成的军乐队奏起西班牙民间的"斗牛士",号声与鼓声远近震响,西班牙殖民军听了这"斗牛士",顿时浑身血脉潮涌,杀气冲霄,不顾一切地向前冲来,义军也纷纷呐喊冲出,展开了一场殊死的白刃战。卡耶哈又集中十门大炮猛轰义军阵地,一发炮弹击中弹药库,引起漫天大火,西班牙军乘机反扑,义军溃败。

这次战斗失败后,伊达尔哥被解除了统帅权,由阿连德率军向北撤退。卡耶哈率军在后紧追。在途经萨尔提略附近时,义军中了敌人的埋伏,伊达尔哥等人被俘。七月三十日,伊达尔哥等被西班牙军处决。

伊达尔哥牺牲后,他的后继者继承他的遗志,完成了独立的大业。一八一三年十一月六日,宣布墨西哥独立,至一八二一年九月二十八日,义军赶走了西班牙人,宣告墨西哥彻底脱离西班牙而独立。

伊达尔哥等人虽然生前壮志未酬,但受到了墨西哥人民的永远怀念。人们尊称他为"墨西哥独立之父",他的遗骸后被隆重地迁到首都,与其他爱国者葬在一起。他发出"多洛雷斯呼声"的那一天被定为国庆日。

为南美独立解放而战的玻利瓦尔

一八一九年六月的一天傍晚,天愈来愈黑,安第斯山脉上白雪皑皑,寒风呼啸,一支部队艰难地行进着。行进的士兵不知走多久才会是尽头,一阵寒风袭来,冻得士兵们直哆嗦。领头的一个首领大步流星地走在最前面,他如同铁人般地不知寒冷、不知疲倦,还不时地向后面喊道:"再往前走一点,就可以休息了。为了胜利,这点辛苦算不了什么!"

这位领队的人就是南美洲的英雄玻利瓦尔,是委内瑞拉反抗殖民斗争的领导人。

玻利瓦尔,一七八三年生于委内瑞拉首府加拉加斯。由于家庭富有,他从小就过着优裕的生活,但他没有成为富人家的纨绔子弟,却对殖民地的人民充满了同情。从那时起,他就发誓,不管吃多少苦,一定要解放整个南美洲。短短的几年时间里,他就组织了许多爱国者,建立了军队,多次打击西班牙殖民者的反动统治,受到人民的尊重,被人们尊称为南美洲的"解放者"。一八一一年,委内瑞拉发表了正式的独立宣言,宣布成立共和国,玻利瓦尔成为革命军的一名将领。第二年西班牙军队又控制了委内瑞拉,玻利瓦尔被迫出逃,但他很快又重整旗鼓,再次组织了革命军。

这次,玻利瓦尔率领的军队手拉着手,互相照应着,终于来到了一个小山村。在度过一个寒冷的夜晚后,玻利瓦尔带着队伍下山了。当玻利瓦尔的军队来到一个小镇时,受到了小镇人民的热烈欢迎。玻利瓦尔赶紧整编军队,让士兵们迅速休整。然后,向敌人发起了猛攻。

"快给我挡住!快给我挡住!"

看到从天而降的军队,敌军指挥官惊慌失措,对士兵高声喊叫。他的话音刚落,一颗子弹就射穿了他的喉咙,他永远也喊不出来了。

趁敌军指挥官被击毙之时,玻利瓦尔以迅雷不及掩耳之势率军迅速挺进。他对士兵喊道:"为了解放,为了自由,冲啊!"他也身先士卒地冲向前去,顿时军心大振,势如破竹。

这次战斗,玻利瓦尔的军队消灭了西班牙殖民军的主力,歼敌三千多人,俘获一千六百多人。紧接着玻利瓦尔乘胜追击,一鼓作气,于八月间解放了新格拉纳达的首府波哥大。在这里,玻利瓦尔建立了根据地,并进行了征兵,从而扩充了战斗力。紧接着,玻利瓦尔挥师向东,回到委内瑞拉,歼灭了那里的西班牙殖民军,解放了自己的祖国。

一八一九年十二月,从西班牙侵略者手中夺得自由的人民成立了包括委内瑞拉在内的大哥伦比亚共和国,玻利瓦尔当选为共和国总统。成为总统的玻利瓦尔继续实践着他解放南美洲的诺言,尽自己的最大努力为拉美人民的解放而奋斗。不久,他派兵解放了基多省和秘鲁,并被选为秘鲁总统。一八二五年,秘鲁获得独立,为纪念玻利瓦尔,取名为玻利维亚共和国。一八二六年,据守在秘鲁卡亚俄港的最后一批西班牙残兵败将向玻利瓦尔投降。连续多年的殖民统治终于被推翻了,波澜壮阔的拉丁美洲独立战争宣告胜利结束。玻利瓦尔,这位拉丁美洲的"解放者",也积劳成疾,于一八三○年十二月十七日去世,年仅四十七岁。据历史学家统计,他一生参加了四百七十二次战斗,往往是屡败屡战,终于以少胜多。今天,拉丁美洲许多国家的首都都为玻利瓦尔塑造了铜像,以纪念这位拉丁美洲的民族解放英雄。

传奇英雄加里波第

一八六○年五月六日凌晨,海港内一片沉寂,只听见波涛拍岸的"啪!啪!"声。

"快上船,快上船!"

一位满脸络腮胡子的中年人轻声说道。一千多名身穿红衬衫、头戴宽边帽的士兵,迅速地登上了两艘轮船。轮船飞一般地顺着潮流驶去,转瞬消失在海洋中。

这位中年人叫加里波第,是意大利统一运动的领导者。他一八○七年出生于一个海员家庭,从小就过着同风浪搏斗的航海生活,锻炼出了强壮的体魄,具有坚毅豪爽的性格。十九世纪上半叶的意大利处于四分五裂之中,北部的几个小国被奥地利占领,南部的两西西里王国被西班牙占领,中部归属于罗马教皇。只有西部的撒丁王国,才是意大利许多小国中比较强大的国家。为此,意大利建立了许多秘密组织,如"烧炭党"、"青年意大利党"等,他们为了民族解放和国家的统一而前仆后继地进行着斗争。其中,加里波第是其中最富有传奇色彩的一位人物。

一八三六年,加里波第远渡重洋,到达巴西,开始了他在南美长达十三年的流亡生涯。他在南美组建意大利军团,参加当地的民族解放斗争。他常身穿红布衫,头戴宽边帽,成为了一位传奇式的英雄。这次,西西里首府爆发起义,加里波第得知消息后,马上招募了一千多名红衫军战士,分乘两艘轮船启航,远征西西里。

"到了,祖国的宝岛——西西里!"

五月十一日凌晨,终于到了阔别多年的祖国,加里波第发出由衷的感慨。西西里岛的起义者听到红衫军前来支援,兴高采烈地赶到码头去迎接。长期分离的同胞见面了!兴奋的心情非言语所能表达。在加里波第的指挥下,红衫军所向披靡,六月便解放了西西里,九月又攻占了那不勒斯。那不勒斯人民热烈欢呼,载歌载舞,夹道欢迎这位意大利独立运动的领袖。

一八六〇年十一月,撒丁国王来到那不勒斯,加里波第向他交出了政权,解散了红衫军。他发表了一个告别演说,便带领一小部分战士隐退到卡普里岛去过农耕生活。

一八六一年三月十九日,意大利王国宣告独立,撒丁国王伊曼纽尔二世成为意大利国王,加富尔为首相。此时的意大利除威尼斯和罗马两个地区外,已基本上实现了统一。

"不解放罗马毋宁死!"

加里波第不愿看到这种不完整的统一。他无法再隐居下去了,不顾意大利官方的反对,率领一支远征军于一八六二年八月向罗马挺进。害怕得罪法国的意大利政府居然派军队阻止他的进军。加里波第为避免自相残杀,下令不要向政府军开枪,第一次进攻罗马无功而返。

一八六六年意奥战争爆发,加里波第组织志愿军参战,屡败奥军,迫使奥地利把威尼斯还给了意大利。

一八六七年,加里波第再次率军远征罗马,但意大利政府得讯后把他软禁起来。十月,他在战友帮助下逃出,又率志愿军向罗马进军。由于政府军和法军串通一气,共同夹击,加里波第第二次远征罗马又告失败。

一八七〇年,普法战争爆发,驻罗马的法军奉调回国参战。"机会终于来了!"加里波第趁机向罗马第三次进军,终于收复了这座名城,将教皇赶入梵蒂冈。年底,意大利王国的首都从佛罗伦萨迁往罗马,意大利的统一大业终于完成。

祖国的统一大业终于完成,加里波第的心愿已了,开始了在卡普里岛的隐居生活。他仍接待来访的客人,向他们了解国内外的情况,并发表自己的看法。同时,他以顽强的毅力写作《回忆录》。一八八二年六月二日,这位意大利独立运动的英雄溘然长逝。

印度民族大起义

一八五七年五月九日,印度德里附近密拉特城内,八十五名印度士兵被齐刷刷地捆绑在操场上,几名英国士兵把涂有猪油和牛油的子弹硬塞到他们的嘴里,蔑视地哄笑起来。印度士兵眼里喷射着烈火,愤怒得浑身颤抖。听说了这个消息后,其他地方的印度士兵再也忍受不住了,当夜送信给那里的印度士兵。信中约定,两天内到达德里,迅速组织内应。一场轰轰烈烈的印度民族大起义在积极地筹划着。

原来,工业革命后,英国为了寻求原料产地和市场,到十九世纪中期,已经占领了印度三分之二的土地。为了确保在印度的地位,他们还训练了一批印度人做他们的士兵。英国人在印度骄横跋扈的行径激起了印度人民的愤怒。终于,在一八五七年爆发了反英大起义。起因是,英国殖民者引进了一种新枪,装子弹时,必须弄掉子弹包上的纸,为了防水,子弹包上涂着牛油和猪油。牛是印度教的神圣物,而猪又是伊斯兰教的禁忌物,印度籍士兵认为英国殖民者命令他们用嘴去撕开纸包,是对他们宗教感情的践踏,从而拒绝使用新枪。英国殖民者对此大为生气,于是他们逮捕了八十五名印度籍士兵,对他们进行侮辱,又把他们囚禁起来,打算杀一儆百,对印度士兵进行恐吓。

但是,恐吓是吓不倒印度人民的。相反,积压在他们心中的怒火这时强烈地喷发出来,他们要赶走侵略者,不再受侵略者的欺凌和奴役。

五月十日是星期天,下午五点,静静的教堂内一派安谧,英国军官们正在教堂内做着礼拜。忽然,杀声震天,印度士兵冲进了教堂,面对尖锐的刺刀,英国军官惊慌失措中就已魂归家园了。士兵们随即又捣毁了殖民衙署和监狱,救出了被关押的同胞;打开了兵工厂和火药库,武装了前来起义的群众,齐向德里进军。

五月十一日清晨,起义部队经过一个夜晚的急行军,到达德里城边。英国上校闻讯率军迎战。当两军一对阵,义军看到德里英军士兵都是印度人,立即振臂高呼:"打倒英国统治!"

德里的印度士兵马上响应,他们立刻把枪口转过来,"叭!叭!"两声,英国军官应声倒下。两支起义队伍热情高涨,高唱着歌曲,汇成一股不可抵抗的洪流,向德里城冲去。

五月十六日,起义队伍占领了全城。他们组织了自己的政府,仍由莫卧儿帝国的皇帝充当名义上的国家元首。全国各地纷纷响应,起义迅速在印度汇成一股洪流,迅速光复了大片国土。

英军迅速进行反扑,从东北、西北两路向德里进攻。九月三日,英军进抵德里城下,以五十门大炮猛轰德里。"轰隆"一声,城墙塌陷,英军侵入城内。

"给我冲!给我冲!"

英国军官耀武扬威地高举指挥刀,吆喝侵略军前进。侵略军以为起义军已毫无抵抗能力,疯狂地冲向城内。只听见"啊!啊!"几声惨叫,几名英军士兵已经倒在了血泊中。德里起义军顽强地战斗了六天,最后由于弹尽粮绝,被迫撤离。据统计,六大巷战中英军被打死的有将军两人,官兵五千多人。莫卧儿的末代皇帝向英军投降,从此这个王朝灭亡。印度人民继续在全国各地进行游击战争,狠狠打击英国侵略军。

由于英国女王发布了保护印度封建主利益的诏书,印度抗英力量有了分化。封建主大部分投降英国,转过来镇压起义军。起义军于一八五九年年底失败。随即而来的是大屠杀,成批的起义英雄牺牲了。然而,他们的革命精神却永远鼓舞着印度人民。

苏丹马赫迪反英大起义

从十九世纪七十年代起,英国等西方国家开始入侵苏丹这个非洲东北部的国家,任总督及各省省长,开设各种公司和商行。苏丹人民受到当地统治者和外国殖民者的双重剥削,不堪重负,纷纷起来反抗。一八八一年,一次规模最大的马赫迪反英大起义在苏丹爆发了。

起义的领导者名叫穆罕默德·艾哈迈德,一八四四年出生于一个工人家庭。少年时随父亲漂泊,青年时入古兰德学校学习。十九世纪七十年代初,艾哈迈德修完神学课程,因学识广博而被许可担任可接受门徒的教长。在传教过程中,他广泛接触下层劳苦群众,看到群众在双重压迫下的困苦生活,决心起义。他经常向信徒们传授说:

"穆斯林一旦遭受苦难,天国就会降下一位伟大的救世主来拯救受难的信徒,我就是众所期待的救世主(马赫迪),我要带领你们进行圣战,解除你们身上的枷锁。"

从此,人们称艾哈迈德为"马赫迪",紧紧围绕在他的周围。看到时机成熟了,马赫迪一八八一年八月在阿巴岛上竖起了义旗。他身穿绿色长袍,头戴绿色长巾,脚穿绿色长靴,手持绿色长杖,在教堂前的台阶上慷慨陈词:

"我的穆斯林兄弟,我们不要再做别人的牛马啦,我们要做自己的主人。你们有钱的出钱,有力的出力,有智的出智,众志成城,胜利就在眼前!"

起义军举旗前进,攻击阿巴岛上的政府军,一举歼灭了敌人,缴获了一批武器弹药、战马和粮食。苏丹总督戈登得知后,急忙从首都喀土穆调两连军队前往镇压,但很快就被马赫迪的义军歼灭。

戈登一看小股军队是不起什么作用的,便于十二月初,亲自率领五千多人前来剿杀。部队刚一到卡迪尔山口,戈登就下令开始炮轰,顿时炸得山石崩裂,树木横飞,却炸不到马赫迪的义军。戈登领军在山区里寻找,看到一面绿色的大旗竖在那里,便兵分三路,静悄悄地包抄上去,以为可以打义军个措手不及。孰不知,他中了马赫迪的空城计。戈登的军队一入圈套,马赫迪的炮兵就开火,炸得敌人人仰马翻。随后,象兵、骑兵、步兵从四面围来,直杀得敌军死伤无数,抱头鼠窜。戈登骑马逃遁而去。

卡迪尔山区反围剿的胜利使马赫迪军威大振,困苦的人们纷纷投奔而来,马赫迪的队伍很快成为了一支十五万人的大军。一八八二年九月,马赫迪乘势进军苏丹第二大城市乌拜伊德。经过数月的激战,夺得这座城市。

英国侵略者不甘心自己的失败,不愿看到起义军的壮大,一八八三年九月,英国殖民者派希克斯将军率兵一万余人,气势汹汹地大举进犯苏丹。

"我要横扫苏丹,活捉马赫迪!"

希克斯是一个目空一切的家伙,一进苏丹便口出狂言,杀人放火。十一月中旬,两军对峙,展开了一场决战。战斗开始,双方炮声隆隆,只见飞沙走石,树木横飞。一阵炮击过后,双方短兵相接,展开厮杀。英军抵不住义军的勇猛拼杀,渐渐后退,逃出约二十公里。看看追兵渐远,希克斯在马上嚷道:"马赫迪,你记着,我会回来报仇的!"但是,他永远也回不来了。

随着一声枪响,树林中伏兵四出,五百头大象直冲英军,希克斯马上葬身于象蹄之下。

到一八八四年初,马赫迪的部队已攻占苏丹南部大片土地,直接威胁首都喀土穆。这时,戈登见硬攻不行,便写信劝降。马赫迪识破了戈登的阴谋,回信进行痛斥,同时,又给戈登捎去一件苦修僧长袍,要他弃恶从善,改宗穆斯林。

一八八五年一月二十六日,马赫迪亲率义军以摧枯拉朽之势,冲破戈登重重防线,攻进喀土穆。当义军冲入总督府时,戈登正想逃脱,一名战士手起矛落,刺死了这个恶贯满盈的刽子手。

攻占喀土穆后,义军势如破竹,解放了苏丹大部分领土,终于摆脱了侵略者的统治,把首都从喀土穆迁往恩图曼,建立了自己的政府。正当马赫迪大刀阔斧地废除英国殖民主义制度、建设新生的"马赫迪国家"时,不幸染上天花,于一八八五年六月二十二日病逝。他的战友阿杜拉桂继承了他的遗业,高举义旗,继续战斗。

古巴独立烽火

古巴是西印度群岛中最大的岛屿,盛产蔗糖、雪茄烟叶,并拥有大片原始森林。所以,它一直为殖民者所垂涎,从十六世纪起就被西班牙占有。摆脱西班牙殖民者的统治,一直是古巴人民的最大心愿。这个心愿在一八六八年十月十日付诸了行动。这天,以塞斯佩斯为首的三十八名种植园主在奥连特省敲响了大钟,宣布古巴独立,建立了自由古巴共和国。这个消息春风般地吹遍了古巴,古巴人民纷纷响应,起义队伍几个月内就发展到两万六千多人,但很快就被殖民军打败,被迫进行小规模的游击战争。

对这次失败,起义者经过认真分析,认为是没有一个斗争纲领指导的缘故。于是,起义领导者在一八六九年四月在卡马圭省的圭马罗召开了制宪会议,通过了古巴第一部共和国宪法,建立了政府和起义军领导机构,新政府成立的局面很快就被打开,起义队伍在著名将领戈麦斯和马赛罗的率领下,给西班牙殖民军以沉重的打击,但起义军内部也矛盾重重,潜伏着危机。

一八八四年,马赛罗在纽约会晤了古巴革命的杰出领导人何塞·马蒂。马蒂是一位卓越的诗人和政论家,他长期从事古巴的独立运动。一八九二年四月,他在纽约组织了古巴革命党,在美国的古巴侨民中筹措资金,购置武器,积极准备起义。他任命戈麦斯为古巴解放军总司令。一八九五年一月二十八日,他向国内的党组织下达了举行起义的命令。古巴第二次独立战争爆发了。

四月一日凌晨,多米尼加港口一片沉寂,静悄悄的晨雾中,有几十个人悄无声息地爬上了一艘船。船飞驰般向前驶去。船上乘坐着马蒂、戈麦斯等一些古巴革命者。

十天后,他们在古巴东海岸登陆,很快就受到当地革命者的欢迎,并与马赛罗的义军会合,形成一支强大的军队。西班牙殖民当局一看局势不妙,即命坎波斯率五万精兵前往镇压,妄图把义军剿杀在摇篮里。五月十九日,两军不期而遇,马蒂跃马冲在前面,高喊道:

"为了古巴的独立,冲啊!"

他连挥战刀,数名敌军丧命在他的刀下。突然,"砰"的一声枪响,马蒂中弹落马,"出师未捷身先死",这位古巴独立运动的英雄不幸遇难。

戈麦斯和马赛罗等人继承了马蒂遗志,化悲痛为力量,发动了横扫古巴岛的"突进战役",这支兵力不足五千人的军队由东向西,行程两千四百公里,交战二十七次,击败殖民军十一万,解放了城镇二十二个。

为了挽救在古巴的垂死命运,西班牙派遣外号叫"屠夫"的魏勒尔任古巴都督。他把所有古巴居民都集中到集中营里,妄图切断古巴人民与义军的联系。但是,"屠夫"的恐怖政策和血腥镇压并没有使义军屈服。相反,他们越战越勇,解放了大片领土,包围了首都哈瓦那,使"屠夫"成为瓮中之鳖。

这时,对古巴垂涎已久的美国伸出了贪婪的双手,他要摘取这熟透的果子。一八九八年,美国借口美西战争,出兵古巴。七月十六日,西班牙军队投降。但是,古巴人民并没有取得真正的独立,赶走了一匹狼,又迎来了一只虎。美国在古巴进行军事管制,这一行径引起古巴人民的强烈不满,起义又在酝酿之中。美国人要比西班牙人聪明些,为缓和民怨,美国准许古巴在它的监督下进行选举,一九〇一年,巴尔玛当选为第一任总统。次年五月,美国将政权移交给巴尔玛并撤走军队,古巴共和国成立。

为了黑人的自由

《汤姆叔叔的小屋》

一八五二年,美国的《民族时代》上连载了女作家比彻·斯托夫人的长篇小说《汤姆叔叔的小屋》(我国又译为《黑奴吁天录》)。小说一经刊载,在美国引起了巨大的反响,废奴呼声日益高涨。人们说《汤姆叔叔的小屋》是导致南北战争的原因之一。就连林肯总统也承认这一点,他说斯托夫人是"写了一本书,酿成了一场大战的小妇人"。

《汤姆叔叔的小屋》讲述了这样一个故事:

美国肯塔基州的奴隶主谢尔比在股票市场上投机失败,为了还债,决定把两个奴隶卖掉。一个是汤姆,他是在谢尔比的种植场出生的,是小主人童年的伙伴和小奴仆。由于汤姆善良忠诚,颇得主人欢心,成年后当上了家奴总管。另一个要卖掉的奴隶是黑白混血种女奴伊丽莎的儿子哈利,伊丽莎不是一个俯首帖耳死心塌地听主人摆布的奴隶,当她偶然听到主人要卖掉汤姆和自己的儿子哈利后,就连夜带着儿子出逃。她丈夫乔治·哈里斯是附近种植场的奴隶,也伺机逃跑。他与妻子会合,带着孩子,历经艰险,终于在废奴派组织的帮助下,成功地抵达加拿大。

汤姆从小就被奴隶主灌输敬畏上帝、逆来顺受、忠顺于主人这类的基督教说教,对主人要卖他抵债,也没有怨言,甘愿听从主人摆布。他支持伊丽莎逃走,自己却甘愿被转卖到新奥尔良,成了奴隶贩子海利的奴隶。一次,汤姆救了一个奴隶主圣·克莱的小女儿伊娃的命,圣·克莱便从海利手中将汤姆买过来,当了家仆,为主人家赶马车。善良的汤姆很快和伊娃建立了感情,不幸的是伊娃突然病死。圣·克莱根据小女儿生前愿望,决定将汤姆和其他黑奴解放。可是还没有来得及办妥解放的法律手续,圣·克莱就在一次意外事故中被人杀死。圣·克莱的妻子没有解放汤姆和其他黑奴,而是将他们送到黑奴拍卖市场。这次,汤姆落到了一个极端凶残的"红河"种植场奴隶主莱格利手中。

莱格利把黑奴当做"会说话的牲口",任意鞭打,横加私刑。汤姆忍受着这非人的折磨,仍然没有想到要为自己找一条生路,而是默默地奉行着做一个正直人的原则。这个种植场的两个女奴为了求生,决定逃跑,她们躲藏起来。莱格利怀疑汤姆帮助她们逃走,把汤姆捆绑起来,鞭打得皮开肉绽,死去活来。汤姆什么都没有说。在汤姆奄奄一息的时候,他过去的主人、第一次卖掉他的奴隶主谢尔比的儿子乔治·谢尔比赶来赎买汤姆,因为汤姆是小谢尔比儿时的仆人和玩伴,但是汤姆已经无法领受他过去的小主人迟来的援手,遍体鳞伤地离开了人世。乔治·谢尔比狠狠地一拳把莱格利打翻在地,就地埋葬了汤姆。回到家乡肯塔基后,小谢尔比就以汤姆大叔的名义解放了他名下的所有黑奴,并对他们说:"你们每次看见汤姆大叔的小屋,就应该联想起你们的自由。"

《汤姆叔叔的小屋》在世界各地出版发行后,引起了世界性的轰动。人们不仅仅对奴隶的悲惨境遇投以极大的同情,许多人还自觉投入到了废奴运动中。从这部小说的巨大影响中我们可以深刻地认识到资本主义发展过程的罪恶史。

自从美洲被发现后,大量殖民者蜂拥而至。当地的印第安人几乎被屠杀和奴役殆尽,美洲的劳动力极度紧缺。为了获得更多的财富,殖民主义者想出了罪恶的一招——到非洲贩卖黑奴。

奴隶贩子带着武器潜入非洲黑人部落,像获取猎物一样将黑人掠走,然后装船运往美洲,高价出售给种植园或矿区。由于这种捕掠黑人行动受到了黑人的顽强抵抗和高度警惕,奴隶贩子不断被打死打伤。因此,奴隶贩子想出了更毒辣的一招:买通当地黑人头领或雇佣一些愚昧的黑人,让他们出去捕获黑人,自己只管看押、运送和贩卖这些黑人。

当捕获的黑人达到一定数量后,奴隶贩子们便用铁链将黑人串在一起,有的还用铁丝从黑人肩胛骨处串起来,然后将他们塞进拥挤、密不透风的船舱里,漂洋过海运往美洲大陆。黑人们像猪一样被关在船下,饥饿、闷热、疾病、瘟疫无情地吞噬着他们的生命。在奴隶贩子眼中，他们根本不是人。不堪忍受的黑人只要有些许反抗，就会受到砍头、挖心、断手足、鞭打、抛入大海喂鱼等种种残酷的处罚。非人的折磨使这些黑人到达美洲后，死伤过半。

黑人们被当做商品，抬到集市上标价出售。我们从下面这则广告可以窥其一斑：

一七六九年，殖民主义者贴出了一张贩卖黑人的广告，原文是这样的：一七六九年七月二十四日，查尔顿，下月三日，星期四，将拍卖九十四个年轻、健康的黑奴。其中，成年男子三十九个，成年女子二十四人，男孩十五人，女孩十六人。

有的奴隶主在挑选奴隶时像挑选牲口一样拍拍奴隶的身子，掰开奴隶的嘴看看牙口。奴隶主挑好奴隶后开始与奴隶贩子讨价还价。他们讨价的标准除了奴隶与奴隶比较外，还用奴隶与牲口进行比较。成交后，奴隶主用自家的铁链换下奴隶贩子的绳索，然后像牵一头牛一样把奴隶牵回家。

在奴隶主眼中，奴隶根本不是人，只是一份财产、一件工具。

奴隶们在奴隶主庄园干最重的活儿，吃最差的饭，住最破的屋子。从许多奴隶主的墓穴中考古发现，殉葬的奴隶大多是壮年奴隶，但从他们的骨骼发育和牙齿磨损状况看，他们和七十岁的老人差不多。这是由于他们长期从事繁重的体力劳动和吃粗硬的、没有营养的食物造成的。

奴隶主对奴隶的处罚相当残忍，鞭打、日晒、挨饿是轻的，重的将被剁足、剜眼、烙印，甚至残忍地杀死。为了生存，当时非洲部落对未成年的孩子进行的训练有强健身体、野外生存、挨打、日晒、挨饿等，目的是为了能逃脱奴隶贩子的追捕，或者一旦被贩卖成奴隶，也有足够的毅力抵抗奴隶主的折磨。

奴隶的自由被奴隶主剥夺了，连做人的权利也同样被剥夺了。

奴隶生下的孩子一出生就是奴隶，孩子的生死也掌握在奴隶主手中。奴隶主认为孩子不吉利，孩子就会被扔到野外或当场处死。奴隶主认为孩子长大后会为自己带来财富，那孩子只好悲惨地活下去。许多女奴不忍心让孩子遭受自己所受的罪，私下将孩子处死。侥幸能长到五岁的孩子，就得接受怎样做好奴隶的培训，包括干活、服从、忠诚等内容。等孩子长到奴隶主认可的年龄时，要么像成人一样干活；要么被卖给其他奴隶主，从此，母子分离，再无相见之日。

在共同的生活中，男女奴隶自然会产生爱情。"仁慈"的奴隶主会说："我赐予你们幸福吧！"背后，奴隶主会得意地说："为了报恩，你们会死心塌地为我卖命，我还会得到几个不花钱的小奴隶。"遇到残暴的奴隶主，他会将当事奴隶当众狠狠地惩罚一顿，以惩戒其他奴隶。然后，会想方设法拆散有情人，或把一方卖了，或把一方强行配给另一个人。

女奴隶不仅要承担繁重的劳动，还要承受男主人的欺凌。许多有姿色的女奴屡遭主人强暴，她们生下的孩子仍是奴隶，她们的待遇也没有丝毫改观。屈辱愤恨的女奴只好把气撒在"杂种"孩子身上。她们往往亲手掐死"孽种"后，心理上又背负杀死亲骨肉的痛苦与折磨。

为了对付奴隶们的反抗与逃跑，奴隶主除了用酷刑外，还用更无耻的方法进行限制。奴隶主会从奴隶中挑几位忠于自己的奴隶，把他们培养成自己的助手，让他们监视、控制奴隶。这样一来，许多奴隶认为只要"表现"好，就能得到主人的善待，便千方百计讨好主人，不惜出卖同胞。这样既巩固了奴隶主的统治，又瓦解了奴隶的斗志和团结。

奴隶们的血与泪筑就了资本主义的大厦，正如马克思所说的：资本主义从来到人间，从头到脚，每个毛孔里都淌着肮脏的血。

面对歧视与压迫，奴隶们的反抗一直没有停止过。今天，我们也欣慰地看到，汤姆叔叔的小屋谁也不会忘记，许多正直的人正在致力于汤姆叔叔人身与精神双重解放的事业。

约翰·布朗

一八五九年十二月二日，在查尔斯顿的刑场上，一个满头银发的老人面对面前的绞刑台，毫无惧色，他大义凛然地对前来观看的群众说：

"我坚信，这块罪恶土地上的罪行除了用鲜血之外，是不会被清除的！黑人一定会取得自由！"

他，就是约翰·布朗，令世界上所有黑人永远铭记的一个名字。

约翰·布朗出生在美国康涅狄格州的托林顿镇一个白人农民家庭中。他出生时，在美国南部盛行着一种野蛮和黑暗的奴隶制种植园，黑奴的处境与牲畜没有什么两样,奴隶主蔑称他们是"会讲话的牲畜"。这种黑暗的制度自然会激起黑奴的反抗和富有正义感的白人的同情。约翰的父亲就是一个白人废奴主义者,所以他从小受到父亲的影响,同情黑人的悲惨遭遇,憎恶奴隶制。

由于家境贫寒,约翰读了几年书后就开始工作,但在工作之余他仍然忘我地阅读一些宣传革命和民主的书籍,越看越觉得黑人待遇不公平。一八三五年,约翰由于个人不懈的努力,当上了一家银行的董事,有了些积蓄,他筹办了一所黑人学校,想把这所学校办成黑人反对奴隶制的基地,为反对奴隶制斗争做准备。

一八五一年一月,在约翰的积极组织下,反奴隶制黑人武装团体"美国基列人同盟"成立,有四十四名黑人参加。盟约规定:盟员必须携带武器,如遭逮捕,全体成员团结一致,进行反抗,绝不再做白人的工具。

一八五一年,在南方奴隶主的操纵下,国会通过了反动的《堪萨斯——内布拉斯加法案》,规定让堪萨斯和内布拉斯加两地区的居民自行决定他们自己居住的地区应为蓄奴州还是自由州。南方奴隶主组织了大批武装匪徒,企图用武力控制选举,建立奴隶制。北方的废奴主义者也拿起武器,来到堪萨斯,决心把这里变为自由州。双方展开了搏斗。一次,当废奴派正开会时,几百名蓄奴派武装匪徒突然闯了进来,当场杀害了许多人。堪萨斯处于恐怖中,眼看有成为蓄奴州的危险。

约翰·布朗听到这个消息,立刻行动起来。他虽年过半百,身体还有病,仍然像年轻人一样充满战斗的热情。他带着儿子、女婿和另外几名勇士来到了堪萨斯。一八五四年五月二十四日夜晚,布朗带人闯进匪徒们的巢穴,当场处死了杀害废奴主义者的五名凶手。随后,布朗带领手下的战士隐蔽在深山里,昼伏夜出,不断袭击蓄奴派的据点。匪徒们被布朗神出鬼没的游击队打得晕头转向。经过废奴派的斗争,堪萨斯终于成为自由州。

一八五五年八月,布朗怀抱着被蓄奴主义分子打死的爱子,悲痛欲绝。他发誓:一定要为废奴事业奋斗到底!

布朗来到波士顿和其他东部、北部地区,筹集资金和征集人员,广泛地宣传废奴主义。此时,他致力于在弗吉尼亚山区建立一个大本营,以此向外辐射,扩大废奴运动的规模,以便以熊熊火焰焚尽蓄奴主义者。由于布朗在废奴运动中的势力和威望,他被推选为废奴运动武装力量总司令和未来政府的首脑。

约翰·布朗领导的废奴运动活动神出鬼没,一会儿来到密苏里州,烧毁那里的奴隶主庄园,放走奴隶;一会儿,又来到哈普斯渡口,攻占那里的军火库,夺取武器,武装黑奴。忽东忽西,令农奴主摸不清他的位置。

一八五九年,约翰·布朗来到弗吉尼亚州,他决定在这里举行武装起义,起义军要进攻的第一个目标就是弗吉尼亚西部的哈普斯渡口。因为这里位于马里兰州同弗吉尼亚州的交界处,又是波托马克河和申南多亚河的汇合处,周围是群山、沼泽和丛林,地势十分险要,是南北交通要道。而且,那里还有一个很大的军火库,一旦夺到手便可把奴隶武装起来。他计划夺取哈普斯渡口进入山区开展游击战,然后举行更大规模的武装起义,彻底推翻奴隶制。这支仅有二十二人的小队伍,以无畏的精神勇猛地扑向哈普斯,仅用了几个小时,他们便俘虏了全部驻军,控制了整个城镇,还擒获了当地的几个庄园主,把庄园里的黑奴都解放了出来。

这时,闻讯赶来的军队包围了他们。布朗和战士们被困在军火库里。尽管敌人的力量非常强大,约翰·布朗只有二十二个人,但他们不畏强暴,与对方展开了生死搏斗。经过两天一夜的激战,大部分起义战士壮烈牺牲了,其中包括布朗的四个儿子。布朗依然没有屈服,他镇定地站在一个死去的儿子身边,一只手紧握另一个即将死去的儿子的手,一只手还在拿枪向敌人射击。最后他身负重伤被俘。

"你们这些残害黑人的刽子手,没有任何权力审判我。恰恰相反,站在审判台上的不应是我,而应该是你们!"

二十七日,布朗躺在担架上,在政府的法院痛斥审判官,猛烈抨击奴隶制和奴隶主,坚信自己是正义的。十二月二日,布朗被法庭以莫须有的罪名处以绞刑。

布朗的死震动了整个美国。北方人民在他就刑的时刻为他做了祈祷,并敲响了教堂的大钟。不久,美国的街头巷尾出现了一首名为"约翰·布朗永远鼓舞着我们前进"的歌曲。此歌后来成了南北战争中的一首战歌,激励着北方的战士们奋勇向前,最终取得了胜利。

林　肯

一八六五年四月十四日晚上，美国华盛顿城福特大剧院人头攒动，在剧目上演前几分钟，一位身材修长的男子同其夫人迈着愉快的步履，走进包厢。剧院里的观众立即起立欢呼，掌声响彻全场，持续不断。

忽然，一个黑影冲进包厢，对着那个男人"砰"的一枪，男人应声倒地，观众发出了惊呼。

随着这一声枪响，美国黑人的解放者永远地离开了他们。这个人就是美国第十六届总统林肯。

阿伯拉罕·林肯，生于一八〇九年二月十二日，出身于肯塔基州一个穷苦的农家，自小就参加劳动，同时抓紧一切机会刻苦自学。艰苦的农家生活使他形成了顽强的性格和诚实、淳朴的优良品格。长大后，他当过伐木工、船工、邮务员、测量员和士兵。在各种工作中，他都以诚实而闻名。

一次，林肯到一家小店买东西，回来一算，发现小店多找给他一角二分钱，又马上返回小店把这钱还给了店主。店主看着林肯离去的身影，不禁暗自夸奖：

"真是一个诚实的小伙子！"

一八三六年，林肯通过刻苦的自学，考取了律师资格。在后来二十多年的律师生涯中，他经常帮助人平反冤案。与此同时，他又连续八年当选为伊利诺伊州议员，并于一八四七年被选为国会议员。一八六〇年，林肯以"劈栅栏木条候选人"的朴实绰号被提名为总统候选人。他的废奴主张和优良品格赢得了广大人民的支持，从而在竞选中一举击败对手，当选为第十六届美国总统。

就在林肯宣誓就任美国总统的当天，南方的十一个州却成立了另一个"美国联邦政府"，还选举出了一个总统。这是为什么呢？

原来，当时美国南北方的经济发展是不一样的。北方以工业为主，资本主义发达；南方以农业为主，种植场的劳力都是黑人奴隶。林肯是废除黑奴的积极支持者，当然要受到南方种植场奴隶主的反对。

林肯对这一分裂局势，毫不犹豫，下令征兵讨伐，广大美国人民积极响应。林肯原想召七万五千名，报名的人数却超过了十倍。这支部队作战勇猛,士气高涨,可惜没有出色的将领,第一仗就被南方军打得大败,一直退到华盛顿近郊,直接威胁到首都的安全。

"一定要解放黑奴!"

林肯为了挽回败局,下定决心,在一八六三年一月一日,颁布了《解放令》,规定美国所有奴隶都成为自由人,由政府和军队保护,他们可以平等地参加工作,包括参加军队。

这个法令大大激发了黑人的积极性,大批黑奴逃离庄园,投奔联邦军队,使联邦军队人员数量和士气大增,战争也马上开始向有利于北方军方面转化。一八六三年七月二日,北方军在葛底斯堡大败南方军,成为南北战争的转折点。从此,南方军的失败已经成为了必然。

七月四日,林肯收到西线指挥官格兰特的来电:维克斯堡四万南方军兵败投降。林肯十分高兴,马上授予格兰特中将军衔,以后又任命他为联邦军总司令。

决战的时刻到了。格兰特兵分四路向南方进军:派海军封锁东面的大西洋沿岸;派谢尔曼率十万大军直插南方军后方;派谢里登率骑兵包抄南方军的西路;自己亲率大军直接向南进击。一八六四年九月后,谢尔曼军攻克南方重镇亚特兰大和重要港口萨尔纳,包围了南方军。南方军登时乱作一团。"总统"急忙从海上逃跑,总司令匆匆带兵向西突围,但谢里登的北方军骑兵挡住了去路。南方军被逼无奈,只得于一八六五年四月九日打出白旗,向格兰特投降。不久,南方军队残部全部投降。南北战争结束。

正当美国人民欢庆南北战争的胜利时,林肯却被南方派来的刺客给杀害了。他的遗体被运回家乡安葬,沿途成千上万的群众顶着寒风,冒着大雨,久久地默立在路旁,为他们心目中的英雄送行,向英雄志哀。一百多年之后,一九八二年美国举行民意测验,要求人们在美国历届的四十位总统中挑选一位"最佳总统"时,名列前茅的就是林肯。

这不仅仅是因为林肯解放了黑奴,才令人民尊敬和爱戴,读了下面故事,你也许会对林肯的人格魅力有更多的了解。

林肯是美国历任总统中最有幽默感的一位。一八六〇年,林肯作为共和党的候选人,参加了总统竞选。林肯的对手、民主党人道格拉斯是个大富翁。他租用了漂亮的竞选列车,在车后安上一尊大炮,每到一站鸣炮三十二响,加上乐队奏乐,声势之大超过美国历史上任何一次竞选。道格拉

斯洋洋得意地说：

"我要让林肯这个乡下佬闻闻我的贵族气味。"

林肯没有专车，他买票乘车。每到一站，朋友们为他准备一辆耕田用的马拉车。他发表竞选演说时讲：

"有人写信问我有多少财产。我有一位妻子和三个儿子，都是无价之宝。此外，还租有一个办公室，室内有桌子一张，椅子三把，墙角还有大书架一个，架上的书值得每人一读。我本人既穷又瘦，脸蛋很长，不会发福。我实在没有什么可依靠的，唯一可依靠的就是你们。"

还有一次，斯蒂芬·道格拉斯借林肯并不出众的外表大发议论，说他是两面派。林肯答道：

"现在,让听众来评评看。要是我有另一副面孔的话,您认为我会戴这副面孔吗？"

一天,有位外国外交官看见林肯在擦自己的靴子。"嗯,总统先生,你常擦你自己的靴子吗？"

"是啊,"林肯答道,"你擦谁的靴子呢？"

林肯的讲话是极简短、极朴素的。这往往使那些滔滔不绝的讲演家很瞧不起。葛底斯堡战役后,决定为死难烈士举行盛大葬礼。掩葬委员会发给总统一张普通的请帖,他们以为他是不会来的,但林肯答应了。既然总统来,那一定要讲演的,但他们已经请了著名演说家艾佛瑞特来做这件事,因此,他们又给林肯写了信,说在艾佛瑞特演说完毕之后,他们希望他"随便讲几句适当的话"。这是一个侮辱,但林肯平静地接受了。两星期内,他在穿衣、刮脸、吃点心时也想着怎样演说。演说稿改了两三次,他仍不满意。到了葬礼的前一天晚上,他还在做最后的修改,然后半夜找到他的同僚高声朗诵。走进会场时,他骑在马上仍把头低到胸前默想着演说词。那位艾佛瑞特讲演了两个多小时,将近结束时,林肯不安地掏出旧式眼镜,又一次看他的讲稿。他的演说开始了,一位记者支上三脚架准备拍摄照片,等一切就绪的时候,林肯已走下讲台。这段时间只有两分钟,而掌声却持续了十分钟。后人给予极高评价的那份演说词,在今天译成中文,也不过四百字。

美国南北战争初期北军的失败,给林肯带来了极大的烦恼。这天,有一位养伤的团长直接向总统恳求准假,因为他的妻子遇难,生命垂危,林肯厉声斥责他："你不知道现在是什么时期吗？战争！苦难和死亡压迫着我们,家庭的感情在和平的时候会使人快活,但现在它没有任何意义了！"团长失望地回旅馆休息。翌日清晨,天还没亮,忽然有人叩房门,团长开门一看,却是总统本人。林肯握住团长的手说："亲爱的团长,我昨夜太粗鲁了。对那些献身国家、特别是有困难的人,不应该这样做。我一夜懊悔,不能入睡,现在请你原谅。"林肯替他向陆军部请了假,并亲自乘车送那位团长到码头。

有一次,一个小伙子坐在陆军部的大楼前,林肯见了问他干什么,小伙子回答："我在前方打仗受伤,来领军饷,他们不理我,那狗娘子养的林肯现在也不来管我了。"

　　林肯听了,安详地问他:"你有证件吗？我是个律师,看你的证件是否有效。"小伙子递过证件,林肯看完说:"你到三〇八号房间找安东尼先生,他会帮助你办理一切。"

　　小伙子进了陆军部大楼,看门人问他:"你刚才和谁讲话了？"

　　"跟一个自称律师的臭老头。"

　　"什么臭老头,他是总统啊!"

震撼欧洲的大革命

法国二月革命

一八四七年七月的某一天,法国巴黎的一家私邸里正在举行着宴会。这不是一般的宴会,而是政治性的集会。参加宴会的人高声讨论着。

"不能再这样下去了,国家必须改革啦!"

"应该降低选举资格!"

……

你一言、我一语,与会的人员议论纷纷。这就是法国资产阶级的宴会运动,这个运动成为了法国二月革命的导火线。

原来,一八三〇年七月革命后,"七月王朝"的残酷统治把人民置于水深火热之中,一八四五年至一八四六年的农业歉收和一八四七年的经济危机,使人民生活更加困难。在这种情况下,从一八四七年七月起,资产阶级反对派借口举行宴会,在全国召开政治集会,鼓吹改革。面对大规模的宴会运动,国王路易·菲利普不能坐视不顾,宣布不准许资产阶级预定在一八四八年一月十九日举行的宴会。资产阶级把宴会改为二月二十二日,政府仍然下令禁止,资产阶级屈服了,宣布宴会停止举行。但是,无产阶级却不畏惧,仍然按照计划进行活动。

二月二十二日早晨,以巴黎工人为主体的群众队伍浩浩荡荡地开往立法议会所在地波旁宫,边走边喊着口号。面对这群情激昂的气势,路易·菲利普慌了手脚,他无计可施,只有使用最后一着,他下令:"使用武力镇压!"于是,凶残的杀戮开始了,数十名群众中弹倒下。

"以眼还眼,以牙还牙!"群众也拿起了武器,同政府军展开了激战。二月二十四日晨,起义的人民占领了各个战略据点。

"大势去矣!"

路易·菲利普一看已经控制不住局势,长叹一声,仓皇地带着几个亲随逃往英国。起义队伍冲进了王宫,烧毁了专制权力象征的国王宝座。二月二十五日,法兰西第二共和国成立,在十一个政府成员中,《国民报》派七人,《改革报》派二人,其余二人是小资产阶级社会主义者路易·勃朗和工人代表阿尔伯,资产阶级共和派控制着政府,作为革命主力的人民群众的日子仍然不好过。工人失业,吃不饱肚子,时常有人晕倒在路边。无产阶级与临时政府磋商,临时政府同意开办"国家工厂",以解决十一万人的吃饭问题。

六月二十二日,临时政府出尔反尔,突然下了一道命令:解散国家工厂,把青年送去当兵,把中老年送到外省去垦荒。人民对政府的行为忍无可忍,成千上万的工人拥向街头,举行示威游行,高呼"拿起武器"等口号向巴黎市区前进。

巴黎的工人聚居在城东的圣安东区,法国议会则在巴黎西区,工人们为防止政府军的进攻,拆下铺路的石头,迅速在市中心建筑了六百多个街垒。一场巷战开始了。

政府军对工人队伍开始了进攻,工人们奋起反击。街头的堡垒红旗飘扬,红旗上写着:"人剥削人的制度必将被消灭!""民主的共和国万岁!"举红旗的人倒下一个,又会有另一个顶上来,红旗永远地在街头上飘扬。工人们越战越勇,冲出了街垒,向市政厅挺进。忽然,"轰"的一声巨响,工人们倒下了一大片。原来是刽子手卡芬雅克率领数万名政府军,带着数百门大炮,向工人队伍发动了进攻。

"快投降吧,你们抵挡不住!"

政府军向工人喊话劝降,回答他们的只是更多的子弹,卡芬雅克气急败坏地命令道:"给我用炮轰,我要他们死无葬身之地!"

战斗进行到第三天,政府军又加强了兵力,他们调集了二十五万人。经过激战,到二十六日黄昏,最后一个堡垒被攻下,六月起义失败。资产阶级对人民进行了血腥镇压,当时被判死刑的有一万一千人,被监禁的有两万五千人,被流放的有三千五百人。白色恐怖笼罩着整个巴黎。

奥地利三月革命

法国二月革命后,革命的洪流从西向东奔涌。三月十三日,奥地利首都维也纳人民高呼"自由"、"宪法"等口号,涌上街头,包围了皇宫和议会,并派代表向宫廷表示,如首相梅特涅不辞职,人民就要总起义。煊赫了四十余年的梅特涅终于被人民赶下了台。他于深夜男扮女装,逃往英国。奥皇宣布改组内阁,召开国民议会,制定宪法,等等。资产阶级获得了建立国民自卫军和设立治安委员会等权利。但三月革命几乎没有解决任何重大社会问题:劳动者失业严重;物价飞涨;王朝还企图收回许多改革的许诺。维也纳市民从五月十五日起又举行示威和武装起义,迫使政府允诺召开立宪会议和重新制定宪法。

同年十月,维也纳市民为反对奥皇派兵镇压匈牙利革命,再次自发举行了武装起义。他们拆毁铁路,与政府军展开激烈的巷战,最后攻占了政府大厦,吊死了下令开火的国防大臣。奥皇被迫出逃。他逃到了奥尔木茨后,赶忙从各地调集大军包围维也纳,并切断城内水源和食品供应。十月二十五日,政府军向城内发起总攻击,起义军凭借街垒顽强抵抗。经过数天激战,维也纳陷落,奥地利革命失败。

法国二月革命在德国各邦也产生了巨大反响。毗邻法国的巴登、符登堡、萨克逊等邦首先爆发了声势浩大的群众示威游行。游行者高呼"共和国万岁!"等口号,要求出版自由,普选后召开全德议会等。

三月十三日,柏林人民听到维也纳起义和梅特涅垮台的消息后大为鼓舞,立即举行集会和游行。十八日,群众聚集在王宫广场,强烈要求从柏林撤走军队。普鲁士国王被迫出现在阳台上,向群众发表安抚性演说。但他的空话无法平息群众的呼声。国王恼羞成怒,下令军队开枪。人民被激怒了!数千名武装工人从市郊奔向城内,与起义的市民一起,同政府军激战。国王见势不妙,只得下令停战,同意市民组织自卫军维持秩序,宣布立即召开国民议会,制定宪法。国王被迫脱帽,向起义中牺牲的烈士致哀。一八四八年柏林三月起义取得了胜利。

三月革命的胜利为德国的统一创造了条件。五月十八日,全德议会在莱茵河畔的法兰克福正式开幕。各派代表争吵不休,直到第二年三月二十

八日才通过宪法。

封建势力不甘心失败,在聚集力量准备反扑。奥、普拒绝承认帝国宪法,各邦王室也跟着效法。一八四九年五月起,各邦民主派相继掀起了护法起义,但都被普鲁士军队一一镇压。帝国议会最终也被解散,德国革命宣告失败。

一八四八年三月十二日,匈牙利首都布达佩斯的人民开始行动,他们在爱国诗人裴多菲领导下,举行武装起义。一万多人集会在民族广场,冒着倾盆大雨,倾听裴多菲朗诵他的作品《民族之歌》。随后,人们跟着裴多菲向总督府进发。总督府官员见群众来势凶猛,立即同意了群众提出的要求。匈牙利成立了内阁,废除了农奴制;后来,又宣布独立,成立共和国,推举民族英雄科苏特为总统。

奥皇派兵镇压匈牙利起义,但被起义者打败。他只得求助于俄国出兵援救。一八四九年五月,沙皇派十四万大军会同奥军,东西夹击匈牙利。匈牙利人民宁死不降,裴多菲战死在战场上。八月,匈牙利革命失败。至此,整个欧洲又恢复到了从前的专制黑暗统治时代。

意大利革命

十九世纪的意大利处于四分五裂的状态之中,奥地利在意大利有着强大的势力,资本主义的发展要求清除奥地利的统治,废除封建制度,实现国家统一。自从十九世纪三十年代起,一些进步的资产阶级开始为意大利的统一而奔走呼号。

一八四八年三月十八日,维也纳的三月起义在意大利产生了很大的影响,米兰人民开始行动起来了。他们高喊着"要独立,要自由"的口号游走于街头,在街道上筑起了堡垒,和奥地利军队奋战五昼夜,取得了胜利。资产阶级民主派和自由派成立了政府。在米兰起义的同时,威尼斯也发生了革命运动,奥军被迫撤走。从而,各地人民纷纷响应,组织志愿军对抗奥军。在群情激昂的情况下,意大利各邦统治者也积极行动起来,争取意大利的独立。三月二十三日,撒丁国王首先对奥宣战,其他各邦相继响应,在革命志士加里波第率领下,浩浩荡荡地奔赴战场。

"打倒奥地利,我们要独立!"

大军一路上高喊口号,所向披靡,连续击败奥军。但是,随着胜利的即将到来,意大利内部各派开始钩心斗角,争夺胜利的果实,削弱了力量,军队士气也开始下降。奥军乘机反扑,七月二十二日,在库斯托萨向撒丁军队发动进攻,撒军大败。八月九日,与奥地利签订停战协定,伦巴底、威尼斯、摩德纳与帕尔马等地又沦于奥地利统治之下,第一次对奥战争失败。

第一次对奥战争失败后,资产阶级民主派认为应该改变对奥策略,以实现祖国统一大业。他们提出通过民族战争,以废除专制制度,实现资产阶级民主自由,完成统一的方案。他们的号召得到了意大利人民的热烈响应。

一八四八年十一月十五日，罗马人民举行起义，很快控制了罗马局势，教皇庇约九世化装成仆人，狼狈出逃。一八四九年二月五日，罗马召开议会，宣布罗马为共和国。三月又选出以马志尼为首的三执政，掌握政权。在罗马革命的影响下，佛罗伦萨也举行起义，推翻了奥地利的统治。

意大利革命的蓬勃发展，使撒丁国王大为恐慌，他担心轰轰烈烈的革命将会危及他的统治，于是，在一八四九年三月十二日再次对奥宣战，企图转移人民的视线。由于没有精密的筹划，准备又不充分，三月二十二日，诺瓦拉一役，撒丁大败，和奥国签订了停战协议。从此，意大利的革命形势急转直下，四月，君主派在佛罗伦萨发动政变，夺取了革命政权。五月，两西西里王国用武力恢复了在西西里岛的统治。

罗马教皇的倾覆，引起欧洲列强对罗马共和国的敌视。一八四九年四月，法、奥、西等国派兵前往干涉，加里波第指挥军队沉着应战，终因寡不敌众，在七月十三日被击败，教皇重新恢复了对罗马的统治。

罗马共和国被颠覆后，威尼斯还继续孤军奋战，但孤掌难鸣，由于没有广大群众的支持，也于八月二十二日陷落。至此，意大利一八四八年至一八四九年革命宣告失败。

崛起的势力

铁血宰相的统一大业

一八六二年九月的一天,在普鲁士王国议会大厅里,议员正在唇枪舌剑,争得难分难解,整个议会大厅一片嚷嚷声。大家正在辩论着一个重大的问题:怎样才能统一德意志?

正当大家辩论得十分激烈的时候,一个前额很高、蓄着八字胡的中年人站起来,威严地说道:

"德意志的统一在于它的强权和实力。要统一德意志,只有靠铁和血!"

说这句话的人,就是德国历史上有名的铁血宰相俾斯麦。

俾斯麦一八一五年出生在勃兰登堡的一个容克地主家庭。他的家族的地位不属社会最上层,但容克地主那种专横、暴戾的作风在他身上留下了深深的烙印。他体格强壮,性格粗野,意志坚强。一八三二年,他进入大学学习法律。学习期间,他与同学发生过数十次搏斗,劣名远扬。毕业后做过公务员、服过兵役、当过法律报告员。一八四七年,他当上了普鲁士联邦议会的议员,开始考虑国家大事,从此开始了他的政治生涯,一八六二年,成为普鲁士首相兼外交大臣。

这时,德意志仍然处于四分五裂的割据状态中。德意志境内的三十四个邦国和四个自由市,组成了以奥地利为主席的德意志联邦。但是,这个联邦在组织上松懈无力,参加者有完全的主权。这就严重妨碍德意志资本主义的发展,使它远远地落后于英、法等资本主义国家。普鲁士是联邦中

的一个军事大国,不论是封建贵族还是资产阶级,都想由普鲁士来统一德意志。俾斯麦正赶上德意志要求统一最迫切的时候担任首相,于是就有了他那在议会上有名的"铁血演说",从此,他就开始实施他的"铁血政策",用各个击破的方法统一德国。

一八六三年冬,丹麦吞并了联邦中的成员国施勒斯维希公国。虎视眈眈的俾斯麦终于等来了机会,他拉拢联邦中的一个大国奥地利,两国联合攻打丹麦。结果,普鲁士占领了施勒斯维希公国,奥地利夺取了荷尔斯泰因公国。初战告捷,令俾斯麦信心大增。"下一个就是奥地利了!"俾斯麦开始暗暗地打这个盟国的主意。

奥地利没有领受过唇亡齿寒的教训,当过去的盟友把枪口对准自己时,奥地利人只有任人宰割了。俾斯麦也知道国力雄厚的奥地利难以对付,所以先与拿破仑三世结成军事同盟。稳住了法国,俾斯麦开始大开杀戒。一八六六年六月,普军进入奥地利占领下的荷尔斯泰因公国,奥军调集二十八万人马迎战普军二十五万部队。

七月三日,两军展开激战。俾斯麦断定这是一场恶战,生死成败难以预料。他亲自披挂上阵,抱定破釜沉舟的决心,拼死一赌。他赌赢了,经过一天的拼死搏斗,普军把奥军打得落花流水,狼狈而逃。俾斯麦乘胜挥师直进,不到十天直抵奥地利首都维也纳。奥地利被逼无奈,与普鲁士签下了和约,把四个邦国和一个自由市拱手送给了普鲁士,并宣布退出德意志联邦。

第二年,普鲁士又一举统一了德意志北部。至此,联邦中只剩南部几个紧挨着法国的几个邦国保持着独立。拿破仑三世很快就发现了俾斯麦的野心,派大使拜会俾斯麦,要他兑现以前"领土报酬"的许诺,一开口就要卢森堡和比利时。

俾斯麦当然一个邦国也不会给法国,他正开始实施他统一计划的第三步,也是最后一步,就是打败拿破仑三世。一八七○年七月十三日,他故意篡改了普王从埃姆斯打来的一份电报,把电文的语气改得对法国具有极大的挑衅性和侮辱性,并故意在第二天即法国国庆日公布。

"我一定要打败这个自大的家伙!"

拿破仑三世气得暴跳如雷,正中了俾斯麦的圈套。五天后,法国向普鲁士宣战,震惊世界的普法战争爆发了。

战争一开始,法军在蓄谋已久的普军面前节节败退,使法国失去了往日大国的威风。三个月后,法国战败。一八七○年底,邻近法国的四个邦国也败在普鲁士人的枪口之下。一八七一年,普鲁士国王登上了德意志皇帝的宝座,立在他身旁的是被任命为帝国宰相的俾斯麦。一个统一的德意志帝国形成了。

俾斯麦终于用"铁血政策"实现了他的梦想,统一了德意志,人们称他为"铁血宰相"。一八九○年,七十五岁的俾斯麦辞去德意志宰相的职务,回家过起了隐居生活,一八九八年去世。

废除农奴制

一八五七年一月三日,沙皇亚历山大二世在召开农民事务会议上说:
"解放农奴,与其从下面开始解决这件事,不如从上而下解决来得好一些!"

于是,在俄国一场轰轰烈烈的废奴改革开始了。

十九世纪中期,欧美许多国家都已经进行了资产阶级革命,采用了资本主义雇佣劳动制。而在俄国,却依然盛行着人身依附的封建农奴制。农奴制的俄国暗无天日,就像一座监狱,农奴没有丝毫的人身自由。农民们举行一次又一次的武装起义,而且越来越频繁,仅一八六〇年就发生了一百零八次农民暴动。农奴的反封建斗争,得到了俄国一大批革命民主主义人士的支持。赫尔岑、别林斯基、车尔尼雪夫斯基等人纷纷发表文章和演说,强烈谴责农奴制,发出号召:"全部土地归农民,而且不付赎金。趁早滚开吧,地主!"

波澜壮阔的农奴起义和蓬勃发展的革命民主主义运动震撼着沙皇的统治。一些贵族不得不承认:"农奴状态是国家脚下的火药库。"因而,面对严峻的现实,沙皇亚历山大二世意识到这样继续下去必然皇位难保。与其被农民推翻,不如开始进行自上而下的废奴改革,但是,他的主张遭到了大贵族大地主的极力反对。

"宁愿把手砍掉,也不签字同意解放农奴和土地!"大贵族在私下里暗暗地说。因此,改革阻力重重,一直拖了几年。但是,农奴起义和革命民主主义者的斗争使沙皇不得不加速改革步伐,沙皇屡屡对大贵族解释说:"为了维护你们的利益,凡是能做的,我都做到了。你们应该清楚目前的形势,改革势在必行。"

一八六一年二月十九日,沙皇亚历山大二世正式签署了《废除农奴制的特别宣言》,一个自上而下的改革方案终于出台了。

改革法令宣布,农奴在法律上成为自由人,地主不能再买卖、交换、抵押或赠送农奴,也无权干涉他们的生活。但取得自由的农奴还要受控制在地方贵族地主手中的村社管理,乡政府机构的官吏仍由地主担任。法令还规定,农奴在获得解放的同时还可通过赎买,取得一块份地,份地的大小由地主决定;赎金的五分之一到四分之一由农民用现金交给地主,其余由政府以有息债券垫付。

一八六一年解放农奴的法令公布后,俄国前后共有两千一百万男性农奴获得了解放,女性农奴也同时获得了解放,但女性农奴不取得份地。

这次农奴改革,是俄国从封建主义生产方式过渡到资本主义生产方式的转折点,许多获得自由的农奴,成为资本主义工厂的自由劳动力。这次改革之后,俄国开始进入了资本主义阶段,俄国的经济得到了比较迅速的发展。

日本的明治维新

一八六七年十月的一天,天越来越黑,静立在绵绵细雨中的明治天皇,叹了一口气说:"唉,不知信有没有送到,这可是性命攸关的事情啊!"

侍卫说道:"信一定会送到的,请陛下放心。您回宫吧,不然会生病的。"

是一封什么样的信让年仅十四岁的天皇如此担心呢?原来,几百年来,天皇只是名义上的国家元首,实权一直掌握在德川幕府手里。他们名义上是"大将军",实际上自称"大君",对外代表国家,对内主持朝政,根本不把天皇放在眼里。此时,萨摩、长州两地藩主支持天皇主政。因此,天皇派人给两藩主送信,一场倒幕运动正在酝酿之中。

德川庆喜见势不妙,企图先发制人,以消除倒幕派作为起兵的借口。于是他主动向天皇辞去将军职位,奉还大权给天皇。这样,掌握日本政权达二百六十五年之久的德川幕府至此结束。

一八六八年一月三日,明治天皇在被后人称为"明治三杰"的西乡隆盛、大久保利通和木户孝允的辅佐下,颁布王政复古诏书,正式废除幕府,成立由天皇直接领导的中央政府(太政官)。

德川庆喜气得暴跳如雷,他决心孤注一掷,与天皇拼个鱼死网破。他勾结英法使节,亲自率领一万五千名幕府军,杀气腾腾地向京都进犯。在鸟羽、伏见两地同政府军相遇,展开了决战。两军一接触,幕府军就被打退。一八六八年四月,德川庆喜宣布谢罪隐退,不再干涉政事。七月,政府宣布将江户改为东京,定为首都。天皇于九月改元"明治",次年迁都东京。

在日本上下一片改革的欢呼声中,明治天皇顺应潮流,按照改革派的

要求,于一八六八年开始废除一系列封建制度,颁布了发展资本主义的"维新"法令。明治政府为了清除国内的封建势力,开始废藩置县,将全国分为三府七十二县。此外,还废除了等级制度,完全剥夺了大名和武士对地方的统治权。明治政府还废除了国内的重重关卡和行会制度,允许土地自由买卖;修建铁路,兴办邮政、电报、电话;整顿统一货币,奖励贸易;大量引进西方先进技术和设备,举办工厂;实行义务教育等等。这一番清除封建势力,发展资本主义,摆脱西方势力,建立独立自主的近代化国家的改革,史称"明治维新"。通过这次维新,日本摆脱了民族危机,走上了富国强兵之路。

世界进入新时代

著名的空想社会主义者

一五三五年七月六日,恐怖的行刑场上,凶狠的刽子手手持大刀,等待着行刑时刻的到来。受刑者被押了上来,他神情镇定地对刽子手说:"我的脖子比较短,你可得瞅准了,别当众出丑啊!"

刽子手愣了,呆呆地看着受刑者自己用布蒙上眼睛。"行刑!"一声断喝,惊醒了刽子手,他机械地抡起大刀,向下砍去……

一颗高贵不屈的头颅被砍了下来。他就是英国杰出的人文主义代表、卓越的社会主义思想家——托马斯·莫尔。

莫尔于一四七六年出生在英国伦敦的皇家高等法院的法官家庭。他十四岁进入牛津大学读古典文学,十六岁改学法律,不久便成为伦敦著名的律师。

莫尔可谓前途坦荡,官运亨通。二十六岁被选为议员;三十二岁担任伦敦市副执行官;四十三岁被任命为副财政大臣、下议院议长;五十一岁时被任命为大法官。莫尔的不断升迁得益于他的奉公廉洁、主持公道。

本来莫尔可以一帆风顺地在仕途上走下去,但他选择了另一条道路。他深深同情贫苦百姓所遭受的苦难。一五一六年,莫尔用拉丁文写了一本书,名叫《关于最完美的国家制度和乌托邦新岛的既有益又有趣的全书》,简称《乌托邦》。书中描绘了这样一个世界:

一个四面环水的小岛上有五十四个富裕美丽的城市。在这里,一切土地、房屋、生产工具都归全城居民共有。

小岛居民不分男女都从事农业生产,一天工作六小时,其余时间自由安排。在这里,没有堕落场所,没有不法之徒。

小岛居民都鄙视金银财宝,一般污秽的东西才用金银制作。比如便池、镣铐、刑具,以及违法之徒的饰物,全都是用金银打造的。

有一天,岛上来了三个访问团,由三位尊贵的使节与一百多位奴仆组成。三位使节衣着华丽、穿金戴银,奴仆们衣着粗陋。当他们见到岛上居民们后,居民们热情招待了那一百多个奴仆,对三位真正的代表却露出瞧不起的神色。一个小孩好奇地问母亲:"妈妈,那三个傻瓜怎么喜欢玩珍珠和宝石呢?你看他们戴着那么细的金链,他们犯了什么罪?他们弄断金链逃了怎么办?"

三位使节羞愧得无地自容,因为他们看见岛上的奴隶和犯罪的人都戴着沉重的金镣铐。他们忙向奴仆借了身衣服换上,岛上居民才热情接待了他们。

在这本书中,莫尔深刻揭露了封建制给人们带来的深重灾难,批判了资本主义给人民带来的痛苦。书中提出了建立财产公有、人人从事劳动的理想社会的构想。

这本书的出版极大地触怒了统治阶级,莫尔在贵族中的地位与声望一落千丈。莫尔不为之所动,继续宣传自己的思想,并以实际行动与统治阶级进行斗争。

一五三五年,英国皇家高等法院对莫尔进行了如下宣判:

前大法官托马斯·莫尔,公然对抗国会于一五三四年通过的最高权力法案,三次拒绝宣誓承认国王陛下是英国的宗教领袖,甚至声称国会无权宣布教会的最高领袖,犯了叛国罪。经法庭特种委员会议决,应判处死刑!

"我们将采用最严厉的方式执行他的死刑:把他从伦敦城的地上一直拖到行刑场,在场上把他吊起来;在他断气前将他开肚挖心,再放在火上烧;然后将他分尸,四肢钉在城门上,头颅挂在伦敦桥上。"

后来,英国国王在审批判决时,动了些许恻隐之心,将他判处斩首。

莫尔对这一判决泰然处之,从容地走上了断头台。

莫尔的《乌托邦》是世界上第一部杰出的空想社会主义著作。莫尔的空想社会主义思想在当时也是难能可贵的。

一八二四年的一天,一艘英国海轮缓缓向大西洋进发,船上坐着一百多个人,一位五十多岁的老人特别激动,对着大海自言自语:"啊!伟大的事业开始了!"

他,就是英国的空想社会主义者罗伯特·欧文。他一七七一年出生在英国一个贫苦的手工业者家庭,十岁时就离家出外谋生,当过学徒和店员,每天只能睡五小时。贫寒的出身和艰辛的生活使他对劳苦大众产生了深切的同情。一八〇〇年,欧文当上了苏格兰拉纳克一家大棉纺厂的经理。他利用这个职位,开始着手改善工人的待遇,创办工人合作社、食堂、托儿所、幼儿园、学校等。但是,欧文并不因此而满足,他还有着更高的目标。一八二四年,他变卖了家产,乘着海轮来到美国印第安纳州的一块荒地上创办"新和谐公社"。他和一百多名创业者日出而作,日落而息,开田地,种粮食,过着世外桃源的生活。可惜"新和谐公社"仅办了四年。

欧文回国后,开始在工人中宣传他的理论和主张。一八三三年,他组织了英国第一个总工会"全国生产部门大联盟",并担任主席。欧文一生都在不断地实践和宣传着他改造社会的主张和思想,写有《新世界观或论人类性格的形成》、《新道德世界书》和《人类思想和实践中的命运》等著作。

当时,与欧文齐名的空想社会主义者还有法国的圣西门和傅立叶。

圣西门出身于法国名门贵族,年轻时受到启蒙思想的影响,向往自由和民主。十九岁时就参加北美独立战争,受到华盛顿的亲自嘉奖。他渴望着民主,向往着革命,当他听说法国革命爆发后,就马上赶回法国,投入到革命运动中去。

"包诺姆,请这样摘花。"一个农民热心地教圣西门摘棉花。原来圣西门自动放弃伯爵称号,改名为包诺姆(意即老百姓),同老百姓一起生活、工作。通过这一段时间的锻炼,他注意到下层百姓的生活日益恶化,决心为改善他们的状况而努力。从一八〇三年后,他陆续发表了一系列著作如《一个日内瓦居民给当代人的信》、《人类科学概论》、《论欧洲社会的改造》、《论实业制度》、《实业家问答》等,严厉地批判资本主义社会的罪恶,要求消灭一切不劳而获的现象,最大限度地实现平等自由,建立一种"实业制度"的新社会。

傅立叶出身于法国的一个富商家庭,中学毕业后被送去里昂学习经商。二十岁时开始独立经营茶叶、咖啡和棉花。由于职业的需要,他跑遍了欧洲,渐渐看清了资本主义制度的种种矛盾和罪恶。

一次,傅立叶在巴黎一家餐厅吃了一个苹果,付款时,侍应生向他要十四个苏。

"你是不是搞错了,我只吃了一只苹果?"傅立叶不敢相信自己的耳朵,要知道十四个苏可以买到一百个同样的苹果。

"先生,我没有搞错。这里一只苹果十四个苏。"侍应生答道。

傅立叶简直目瞪口呆了,价格简直相差太大了,这是牟取暴利。他开始怀疑现行体制中存在的巨大缺陷和弊病。为了寻求真理,傅立叶开始刻苦学习和研究。一八○三年,他发表了第一篇论文《全世界和谐》,标志着他学说体系的形成。以后又陆续发表了《四种运动论》、《新的工业世界和社会事业》,淋漓尽致地嘲讽、批判了资本主义的罪恶。

傅立叶设想了一个理想社会——"和谐社会",又称"法朗吉"。在这个社会里,人人平等,共同劳动,共同消费,接受免费教育,共同居住在称为"法伦斯泰尔"的建筑物中。建筑物中有食堂、图书馆、住房等。他把建立"法朗吉"的希望寄托在富人和统治者身上,四处求乞,登广告,出通告,宣布每日中午他将在家恭候出钱资助的商人、贵族。但他白白等了许多年,从没有一个人来找他。他的理想成为了一团泡影。

后来,他们的空想社会主义思想成为了马克思、恩格斯创立的科学社会主义的思想根源之一。

无产阶级革命导师马克思和恩格斯

"让统治阶级在共产主义革命面前发抖吧。无产者在这个革命中失去的只是锁链,他们获得的将是整个世界。"

这句话对我们现在的每个人来说,基本上耳熟能详。就是这句话,当时激励着无产者为了自身的解放而抛头颅、洒热血,与旧势力进行着不妥协的斗争。当然,我们也都知道这句话出自无产阶级的第一个完整的理论和实践的纲领《共产党宣言》。

《共产党宣言》的作者是马克思和恩格斯。

卡尔·马克思,一八一五年五月五日出生于德国特利尔城。他的父亲是犹太人,是一个非常有名的律师,这对于马克思丰富的思维、严密的逻辑和雄辩的演说才能影响很大。在马克思的家里,有较为富裕的条件和充满文化气氛的环境。他的母亲是荷兰人,贤淑善良,善于持家,对马克思父亲的工作帮助很大。这个家庭充满了和谐、幸福、欢乐。

一八三五年夏天,马克思即将中学毕业,他的一篇作文引起了他的老师的注意,这篇文章的题目是"青年在选择职业时的考虑"。文中有几段这样写道:"如果人只是为了自己而劳动,他也许能成为有名的学者、绝顶聪明的人、出色的诗人,但他绝不能成为真正的完人和伟人。

"如果我们选择了最能为人类福利而劳动的职业,我们就不会为他的重负所压倒,因为这是为全人类所做的牺牲,那时,我们感到的将不是一点点自私而可怜的欢乐,我们的幸福将属于千万人,我们的事业并不会显赫一时,但将永远存在。"

文章中深刻的思想内容为教师们所惊叹,给老师们留下了深刻的印象。

一八三五年,马克思中学毕业后,父亲把他送到了当时著名的波恩大学去学习法律,父亲也想把儿子培养成律师,走自己的道路。

马克思到了波恩大学后,感到很遗憾。原来他希望在这里能够认真地学习专业,谁知道,受当时社会环境的影响,波恩大学已经没有良好的学习气氛,学生整日追求的是吃喝玩乐,无所事事,根本不像一所学校。马克思感到,不能再在这里待下去了。

一八三六年,马克思转入柏林大学学习。马克思在柏林大学学习过程中,加入"青年黑格尔派",积极参与他们的活动。

大学毕业后,他应聘到科隆的《莱茵报》当主编。他在报上一连发表了许多抨击普鲁士政府和贵族的文学,深受人民的欢迎,却使普政府大为恼怒,下令查封报纸。马克思愤然辞去主编职务。

一八四三年,马克思与童年时期的女友燕妮·威斯特华伦结婚。燕妮虽然出身贵族,但与马克思志同道合,两人倾心相爱。崇高的理想、高尚的情操和纯真的爱情使他们走到了一起,结成了亲密的伴侣。婚后,两人迁居巴黎。在那里,马克思积极参加法国工人的集会,了解法国工人阶级斗争的状况,同法国工人运动的领袖和一些工人秘密社团建立了密切的联系。

让我们来接触一下现实生活中的马克思吧。

马克思中等身材,身体健壮;肤色较黑,黑头发、蓄着浓密的大胡子,给人以睿智、坚忍、精力充沛的感觉。

马克思有两个女儿和一个儿子。孩子们都很漂亮,他们三个都长着父亲那种聪慧的眼睛。作为丈夫和父亲,马克思是个温存而亲切的人。在生活上,马克思比较随便,衣着打扮从不怕别人笑话。马克思住在伦敦时租的是最便宜区域的房子,他租的两间房:一间朝着大街,是会客室,另一间是卧室。房间里的一切家具都破破烂烂的,不是折断损坏了,就是摇摇晃晃的,再不就是残缺不全。会客室当中放着一张老式的桌子,上面蒙着油布。桌上摆满了手稿、报纸、书籍、小孩子的玩具、碎布和马克思夫人的活计。此外还有几只有豁口的茶杯,一个大烛台,几只高脚杯,一个墨水瓶,几个荷兰烟斗和一个烟灰缸。客人到家,马克思和夫人丝毫不会因家中的简陋和杂乱而感到难为情。他们夫妇俩会热情地接待客人,拿烟斗,递烟草,端饮料。最让人感到愉快的是和他们的交谈,这会让人忽略贫穷和困苦。

马克思对工作非常投入。一旦进入工作状态,就不论白天黑夜连续地干,经常一干就是一个通宵,中午前后和衣躺在沙发上,一直睡到傍晚。即使家中来客也毫不理会。

马克思喜欢喝酒,更喜欢抽烟。客人一走进他家,就会立刻陷入煤烟和烟草烟的迷雾之中,以致起初客人不得不像钻进洞穴里那样摸索着向前挪步,直到眼睛习惯于黑暗,能够分辨出烟雾中的物品时为止。马克思烟瘾很大,他的烟是不离口的。有一次,他曾对拉法格说:"《资本论》的稿费甚至将不够付我写它时所吸的雪茄烟钱。"他抽烟就像干别的事情一样,又快又猛。英国烟对他来说太冲,他经济条件也不很宽裕,所以总是挑比较便宜的雪茄来买。他抽烟时有一半是放在嘴里咀嚼的,说这样可以提高烟的作用,或者说获得双倍的享受。后来马克思又发现了一种价钱更便宜的烟,于是他发挥了政治经济学上的节约才能,向周围友人阐述他的理论。他说,他每抽一盒烟就"节约"一个半先令,因此,他抽得越多,就"节约"越多。如果他能一天抽一盒烟,必要时就可用"节约的钱"做一天的开销。为了这个"节约学",他消耗了极大的精力并做出了牺牲。几个月以后,家庭医生不得不采取行动,严厉禁止他再用这种"节约"的方法来发财致富。一八八一年夫人燕妮的死和一八八三年长女小燕妮的死,给了马克思两次致命的打击,使马克思早被经年累月的过度疲劳所损害的身体雪上加霜。十九世纪七十年代中期,医生就禁止马克思抽烟。对马克思来说,戒烟是一种莫大的牺牲。在他戒烟以后,他的战友列斯纳第一次去看他时,他既高兴又自豪地对列斯纳说,他已经多少天没有抽烟了,而且只要医生不许可,他绝不再抽。在这以后,每一次列斯纳去看他的时候,他总要告诉列斯纳他已经戒烟多久了,而且在这段时间里,他没有抽过一次烟。连马克思自己似乎也不大相信,他嗜烟成癖,竟还能把烟戒掉。

弗里德里希·恩格斯一八二〇年出生在德国莱茵省的巴门市。他的父亲是一名工厂主。恩格斯自幼就勤奋好学,成绩优异,特别表现出具有非凡的语言才能,中学时代就已掌握法文、希腊文和拉丁文,经常用不同的语言给家里的弟、妹写信。他只读了三年中学,就在一心要赚钱的父亲的逼迫下退学,去不来梅市经商。经商之余,他如饥似渴地学习哲学和自然科学。在一些大学的课堂上,经常可以看到他的身影,他是到那里去旁听。他十分喜欢黑格尔哲学,并成为黑格尔的一名信徒。

一八四二年,恩格斯到英国曼彻斯特工作。在这个英国的纺织业中心,他获得了大量接触工人的机会,把空余时间都用来观察和研究工人的生活状况。后来,根据研究所得写成了《英国工人阶级状况》一书。一八四二年,恩格斯前往英国时路过德国科隆,曾去《莱茵报》报社会见过马克思,但两人没有深谈。一八四四年八月,恩格斯经过巴黎时又去会见马克思。这一次,他们一见如故,进行了深入的思想交流。两位伟人从此开始了并肩战斗。

一八四五年,马克思被法国政府驱逐,迁往比利时首都布鲁塞尔,恩格斯得讯后立即奔往那里,他们一起先后建立了共产主义通讯委员会和德国工人协会,与各国的共产主义小组建立了联系。从此,他们与欧洲的工人运动息息相关,指导欧洲工人阶级的革命实践。

一八四七年,德国工人秘密组织"正义者同盟"在伦敦召开第一次代表大会,大会将组织改名为"共产主义者同盟",并委托代表马克思前来参加会议的恩格斯起草章程。一个崭新的无产阶级政党诞生了!同年十一月,同盟在伦敦召开第二次大会。大会委托马克思和恩格斯为同盟起草一个纲领。次年春天,纲领以《共产党宣言》为名发表,这是国际共运史上第一个战斗纲领,也标志着马克思主义的诞生。

一八四八年，资产阶级革命的风暴席卷欧洲大陆，马克思、恩格斯重返德国参加斗争，他们创办了《新莱茵报》，宣传无产阶级在民主革命中的纲领，指导德国人民向封建制度作斗争。一八四八年革命失败后，马克思流亡到伦敦定居。

马克思又开始新的探索。他几乎每天都是上午九点来到伦敦大英博物馆的阅览大厅，借许多书籍，摘资料、写笔记，一直工作到晚上七八点钟回家。吃完晚饭后，开始整理笔记，进行写作，直至深夜两三点钟。这样，经过十年精心研究和写作，他的不朽之作《资本论》第一卷问世了。

一八六四年九月，欧洲各国工人在伦敦圣马丁堂集会，决定成立"国际工人协会"，马克思被选进协会的领导机构，并受委托起草《成立宣言》和《临时章程》。恩格斯后来也参加了协会的领导工作。

晚年时的马克思仍然不知疲倦地工作着，继续撰写他的名著《资本论》第二卷和第三卷。一八八三年三月十四日，劳累和疲倦终于夺走了马克思的生命。这天，他坐在书桌前的安乐椅上溘然长逝。

马克思逝世后，恩格斯挑起了领导国际工运的重任，并花了十二年的时间整理、补充和编辑出版了《资本论》第二、第三卷，终于使它们与世人见面。一八九五年八月五日，他也因病去世。

马克思和恩格斯既是科学共产主义学说的创始人，又是亲密的战友。壮丽的无产阶级革命事业和伟大的共产主义精神是他俩密切合作并奋斗终生的基础。

第一个无产阶级国际组织——第一国际

一八六四年九月二十八日，伦敦圣马丁教堂热闹非凡，来自世界各国的工人阶级汇集在一起，举行支持波兰人民反对俄国沙皇统治的盛大集会。

大会开始后，英国工人代表宣读了《英国工人致法国工人书》，法国工人代表托伦也宣读了《法国工人致英国工人书》。同时，一位法国代表宣读了法国工人关于建立无产阶级国际联盟的草案。这个建议得到与会者的一致赞同，当即成立了"国际工人协会"（即第一国际），马克思被选进领导机构——中央委员会。

大会结束以后,马克思受中央委员会委托,起草《成立宣言》和《临时章程》,在十一月一日的总委员会上得到一致通过。从此,工人阶级有了自己的组织,有了自己的行动纲领,革命斗争因而也有了新的起色。在第一国际的有力支持下,一八六六年英国裁缝工人大罢工,一八六七年巴黎青铜工人大罢工,一八六八年日内瓦建筑工人大罢工,都取得了重大胜利。

但是,前进的道路上总会存在种种阻碍,马克思、恩格斯的科学社会主义理论,是在同各种各样的机会主义斗争中发展起来的。首先,是同蒲鲁东的无政府主义作斗争。蒲鲁东主义是由法国人蒲鲁东创立的,他反对资本主义私有制,却主张保存小私有制,希望成立供销合作社和交换银行来革除资本主义的弊病。

一八六六年九月,在日内瓦举行的第一国际的第一次代表大会上,马克思主义者驳斥了蒲鲁东主义的种种错误观点,取得了初步胜利。一八六七年九月在瑞士洛桑举行的第二次代表大会上,蒲鲁东主义者又卷土重来,公开打出维护私有制的旗号,顽固地坚持土地个人所有、反对工人参加政治斗争。辩论中马克思主义者又取得了胜利,大会重申工人的解放与政治解放不可分割,一切交通运输工具应国有化等。一八六九年九月,第三次代表大会在布鲁塞尔举行。在会上,马克思主义者彻底击败了蒲鲁东主义。大会明确指出:矿山、土地和交通工具都归社会公有。

布鲁塞尔大会以彻底战胜蒲鲁东主义而标志"国际"前期活动的结束。但这时,又一个无政府主义派别出来了,其领袖就是俄国的巴枯宁。他主张废除国家,不要政党和政府,一个人应享受无限制的自由等。

一八六九年,第一国际在瑞士巴塞尔召开第四次代表大会。巴枯宁分子用恶劣的手段伪造代表证件,妄图夺取多数选票,迫使马克思领导的总委员会辞职,并把总委员会搬到他们控制的日内瓦去,马克思、恩格斯揭穿了他们的阴谋,巴枯宁的企图破产了。

巴塞尔大会后,巴枯宁分子变本加厉,大搞宗派分裂活动。为此,马克思和恩格斯起草了两份文件,发到各支部,系统地揭露他们的罪行。一八七二年,第一国际在荷兰海牙举行第五次代表大会。大会对巴枯宁分子的分裂进行了总结算,决定把巴枯宁和他的亲信开除出国际。鉴于巴黎公社失败后第一国际在欧洲的困难处境,大会决定将总部从伦敦迁往纽约。

第一国际迁往美国后,基本上已失掉了和欧洲各支部的联系,作为国际工人运动领导中心的作用也日益消失，其历史使命已经基本完成。一八七六年在费城举行的第六次代表大会上，第一国际宣布解散。

第一国际在马克思和恩格斯的领导下，团结了各国工人阶级队伍，传播了马克思主义的科学社会主义，并且培养了一批优秀的工人运动干部。

巴黎公社与《国际歌》

一八七一年三月十八日凌晨，一支政府军鬼鬼祟祟地向蒙马特尔高地进发。蒙马特尔高地是巴黎北面工人区的一个高地，也是全巴黎的制高点，还是巴黎工人武装——国民自卫军的大炮阵地，停放着一百七十多门大炮。政府军的此举为的就是这一百七十多门大炮。

原来，普法战争中色当惨败后，法国新成立的国防政府同普鲁士军队签订了投降和停战的协定。按照协定，二十四万法军应全部成为普军俘虏，巴黎周围的炮台解除武装，法国向普鲁士赔款五十亿法郎，并割让重要工业基地阿尔萨斯和洛林两省。卖国的和约激怒了法国人民，他们成立了统一的领导机关"中央委员会"。一八七一年二月，法国议会批准了以反动政客梯也尔为首的政府。梯也尔上台后，对外屈膝投降，在凡尔赛与普鲁士签订了卖国和约；对内进行残酷镇压，他感觉到三十万人民武装对他是一个巨大的威胁，一心想消灭它。三月十八日凌晨，他派遣军队偷袭蒙马特尔高地，打死了哨兵，夺下了大炮，并占领了高地。

这时，晨曦微露，天色开始渐渐地亮了起来，附近的自卫军战士、工人、妇女和儿童知道高地有情况，潮水般向那里涌去。邻近的妇女们最先来到高地，见政府军在拖拉大炮，便挡住了他们。政府军的指挥官命令士兵开枪。有几个士兵举起了枪，一个妇女猛地上前一步，对士兵们高声叫道：

"士兵们，你们就朝我开枪吧！我倒要看看，普鲁士人的大炮还在瞄着巴黎，而你们却把枪口对准自己的姐妹，你们不害臊吗？"

这一句话，使许多士兵猛然醒悟过来，纷纷临阵倒戈，参加到义军中来。蒙马特尔事件使整个巴黎人民觉醒了，他们看清了国防政府的卖国面目。当天下午，国民自卫军中央委员会决定武装起义，下令立即占领陆军部、市政厅和政府其他机关。梯也尔吓得仓皇逃走。

三月二十六日，巴黎进行公社选举。人民喜气洋洋，成群结队地参加投票，有八十六人当选为公社委员，他们大多数是工人或工人公认的代表、老革命家，如瓦尔兰、弗兰克尔、布朗基、鲍狄埃等。二十八日，几十万巴黎人聚集在市政厅前广场参加公社委员就职仪式。主席台上红旗招展，乐队高奏《马赛曲》，号声嘹亮，礼炮齐鸣。当宣布公社成立和委员名单时，"公社万岁！"的欢呼声响彻云霄，经久不息。

巴黎公社的成立震撼了资产阶级，从它诞生的那一天开始，资产阶级就要扑灭它。逃往凡尔赛的梯也尔政府也在调兵遣将，做好反扑准备。五月十六日，梯也尔政府与德国政府签订了屈辱的法兰克福和约，以换取俾斯麦的支持。和约签订后，德军释放了十万法军战俘，还默许凡尔赛军通过德军阵地，从北面潜入巴黎。

五月二十日，凡尔赛军向巴黎发起总攻，由于得到城内奸细的内应，第二天就攻克了圣卢克门，冲入市区。激烈的巷战开始了，公社战士筑起街垒，逐街逐巷地英勇抗击。巷战进行了七天，这便是有名的"五月流血周"。但在十万正规军的疯狂进攻下，公社战士寡不敌众，阵地一一丧失。二十七日夜，战斗集中在拉雪兹神甫公墓进行。二十八日晚，二百名公社战士弹尽粮绝，高呼"公社万岁！"与数千敌军展开肉搏战，最后全部壮烈牺牲。

凡尔赛军取胜后，对被俘的公社战士进行了空前残酷的屠杀和迫害，凡是参加过战斗的人，甚至外表像工人的人全部被枪杀。白色恐怖笼罩着巴黎，鲜血染红了塞纳河。但恐怖没有吓倒革命的志士，一些幸存的革命者流亡到国外，继续进行着的斗争。《国际歌》的词作者、公社委员欧仁·鲍狄埃就是其中杰出的一个。

巴黎公社失败后，鲍狄埃带着满身血污撤出巴黎，隐藏在近郊一个工人朋友家中。公社的被镇压激起他的无比仇恨；公社社员可歌可泣的战斗场面和气壮山河的英勇气概让他心潮澎湃、热血沸腾。就这样，他压抑着难言的愤怒和悲痛，在简陋的房间中，挥笔疾书：

起来，饥寒交迫的奴隶，
起来，全世界受苦的人！
满腔的热血已经沸腾，
要为真理而斗争！

……

鲍狄埃在巴黎近郊隐蔽了几周后,便带着全家流亡到国外,一八八七年十一月在贫病交加中去世。他死后半年,朋友们出版了他的《革命诗歌集》,《国际歌》也收在其中。

一八八八年六月中旬的一个周末,一位热爱和崇敬鲍狄埃的法国工人作曲家比尔·狄盖特有幸得到了一本《革命诗歌集》。他拿回家中便立即翻阅起来,当他翻到《国际歌》时,即刻被它的磅礴气势所吸引。狄盖特的灵感和激情一下子迸发了出来，他一遍遍反复吟诵着其中的诗句，同时趴在破旧的风琴上连夜为它谱曲。经过一夜的艰苦创作，炽热的激情终于化作了雄伟的旋律，《国际歌》的曲谱诞生了。

《国际歌》首次演唱后，在工人群众中引起了巨大的反响。人们无比热爱这首战歌，决定立即凑钱将它付印。第一次印了六千份，很快就卖完了。

《国际歌》首次为人们所咏唱是一八八八年七月二十三日在法国北部城市里尔的一个咖啡馆里。从那以后，在左翼或极左翼的集会上，特别是在游行示威中，人们总会唱起了这支歌。在一次高唱《国际歌》的集会上，法国前总理、担任里尔市市长的社会主义人士皮埃尔·莫罗伊宣布，在他的城市里将为这首赞歌的诞生建立一座纪念碑。他说："《国际歌》的歌词尽管现在已有些过时，但仍不失为令人振奋的歌曲。"他还说，他已把歌词铭记在心。

里尔是采矿业和纺织业中心，也是朱尔·盖德创立的法国工人党的摇篮。因此，《国际歌》的曲调是在里尔第一次响起。一八八八年七月二十三日报商工会组织了一次郊游，在维格纳特街二十一号的咖啡馆，名为"工人七弦琴"的法国工人党歌唱队唱起这支歌。

在巴黎雅里厅召开的法国社会主义组织第一次全体大会上，工人运动的各派立即为《国际歌》的曲调所打动。从那以后，鲍狄埃和狄盖特创作的这支赞歌经久不衰。它被一九一〇年九月召开的哥本哈根国际大会所采纳，一九一七年至一九四一年由于成为苏联的正式国歌而闻名世界，后来成为共产国际的赞歌。

世纪末的列强争霸

美西战争

一八九八年二月十五日晚,美国"缅因号"战舰静静地卧在古巴哈瓦那港口的海面,海面上一片宁静。二十一点四十分,突然"轰"的一声巨响打破了夜晚的宁静,"缅因号"发生剧烈爆炸,烈焰冲天,炸得船上的美军血肉横飞,二百六十四人当场被炸死,九十多人受伤。"缅因号"为什么会爆炸呢?至今这仍然是一个谜。但是,当时美国却以此为借口,挑起了争夺古巴殖民地的美西战争。

原来,当时的美国已经超过英国,成为世界第一号资本主义强国。急剧的经济膨胀需要向外扩张,寻找殖民地,它首先选中了古巴。因为美国资本家在古巴有很多投资,古巴又是控制加勒比海的战略要地,美国一直就想侵吞它。至此,有了借口,四月二十五日,美国对西班牙宣战,美西战争爆发了。

但是,美西战争倒是首先在远离古巴的菲律宾进行的。因为西班牙不仅拥有古巴,也据有菲律宾。美国想利用这次机会,一箭双雕,把菲律宾也纳入囊中。

五月一日清晨,美国舰队驶入马尼拉湾。六艘军舰列成一队,发炮攻击,由老式军舰组成的西班牙舰队不堪一击,迅速溃败。美军占领了菲律宾首都马尼拉城。

但是,美军在古巴的进展远不如在菲律宾那样迅速。因为西班牙在这里有二十万军队,虽然都龟缩在城中,但其防守能力还是很强的。

六月下旬,美国又派出一批海军陆战队,在古巴的圣地亚哥登陆,美西两军展开激战。西班牙军驻在城内坚守,美军向城内猛攻,两军一时相持不下。相持了十几天后,西班牙守军已经弹尽粮绝,而美军的兵源、粮食、弹药源源不断地运来。就在这时,驻扎在圣地亚哥湾的西班牙舰队向外突围,被迎头赶来的美军舰队挡住,展开了一场激战。结果,西班牙舰队抵挡不住火力强大的美国舰队,全军覆灭。

美军全歼西班牙这支舰队后,士气高涨,一鼓作气全力围攻圣地亚哥城。七月十六日,守在城内的西班牙军的粮食彻底告罄,又不见本国的援兵到来,于是,只好挂起白旗投降了。美军雄赳赳地开进圣地亚哥城,西班牙军队则垂头丧气地列队迎接。

此后,美军一路凯歌,势如破竹。八月十二日,西班牙同美国签订了停战协定。古巴的战火停止了。十四日,在美军占领菲律宾的马尼拉后,美西战争以美国的胜利而告终。

一八九八年十二月十日,美国与西班牙在法国首都签订了《巴黎和约》。和约规定:西班牙放弃对古巴的统治,承认古巴独立;西班牙将波多黎各岛、关岛转让给美国;美国以两千万美元从西班牙手中购买菲律宾群岛。

历时百余天的美西战争,使美国如愿以偿,达到了预先的目的。从此,美国加强了对古巴的控制,使古巴成为自己的附属国。而在菲律宾,美国派遣军队占领战略要地,控制菲律宾的局势。美国也开始逐渐成为了一个殖民大国。

英布战争

一八六七年,一个路过奥伦治河畔的非洲儿童,在岸边嬉游,边走边用脚踢起各种各样、奇形怪状的卵石,看到样子漂亮的,就拾起来放到袋中。突然,他看到了一块闪闪发亮的"卵石",便拾了起来。后来,这块"卵石"为明眼人识得,它不是什么"卵石",而是价格昂贵的钻石。消息传出,轰动了世界。一时间,人们蜂拥般涌向南非。南非也真是一块宝地,几年后,寻找钻石的人们发现这里还有另一种财富——黄金。随之,欧洲又产生了一股"淘金热",成千上万的淘金者,尤其是英国人,潮水般涌入南非,使南非人口猛增。

贪婪的英国资本家不满于南非的土著布尔人占有世界上最富饶的钻石和黄金产地,一心想排挤布尔人而独霸南非。布尔人是荷兰的移民,他们从十七世纪起就占领了南非的土地,使用黑奴,建立了大小农场,并自称"布尔人"(即农民)。经过长时期的建设,他们成立了德兰士瓦和奥伦治两个共和国。

一八九五年十二月,英国的南非钻石业巨头罗德斯,派遣一支八百多人的队伍去偷袭德兰士瓦,布尔人事先取得了情报,把这支部队包围起来,迅速解除了武装。这一事件使布尔人觉醒了,德兰士瓦与奥伦治两国决心组成联邦,购买武器,训练军队,准备共同抗英。

一八九九年十月十一日下午,布尔人先发制人,他们洗劫了一列英国的军用列车,英布战争爆发了。布尔人袭击列车成功后,立即兵分两路向南推进:一路向纳塔尔进攻,夺取德班港;一路向西南边境,夺得好望角。布尔人的进攻灵活机动,声东击西,令英军摸不清来路。另外,布尔人作战勇敢,熟悉地形,使英军受到沉重打击。仅十二月九日至十五日一周内,英军就损失士兵两千五百人,被英国人称为"黑暗的一周"。

英军的惨败震动了英国政府,他们马上改变战略,撤换了英军统帅,任命富有殖民战争经验的罗伯茨和基切纳为南非英军司令和参谋长,又从印度、加拿大等地调来大批将军,招募了万名有打猎经验的农民入伍,加强兵力。英军以优势兵力对布尔人进行了凶残的进攻,逢人就杀,见屋就烧,一时间恐怖笼罩着南非。但英勇剽悍的布尔人是不会屈服的,他们沉着应战,给入侵者以沉重打击。最后,终因寡不敌众,两个共和国相继失守。一九〇〇年九月十日,英国政府宣布将这两个布尔共和国并入大不列颠帝国之内。

但战争并没有因此而结束,布尔人的政府已随军转移,仍然在领导军民对英军展开游击战。他们把军队化整为零,袭击英军,夺取英军的军火辎重,破坏交通通讯设施……英军被打得焦头烂额,疲于应付。多年的战争使双方都付出了高昂的代价,双方伤亡人数都近三万。布尔人在英军残酷的扫荡下感到无法再继续战争;英国也因军费超支和本国人民的不满,想结束战争。

一九〇二年五月三十一日,在荷兰政府的调停下,双方签订了《韦雷尼京条约》。条约规定两个布尔人共和国并入英国;英国承认布尔人有自由权和财产权,并赔偿三百万英镑和贷款一千万英镑给布尔人。一九一〇年五月三十一日,开普、纳塔尔、奥伦治和德兰士瓦四处合并,南非联邦正式宣告独立。

日俄战争

一九〇四年二月八日晚,旅顺港的沙俄太平洋舰队司令的官邸里,灯火辉煌,人来人往。舞池中一对对军官、贵妇在翩翩起舞,一片欢乐的场面。原来,这里正在进行着司令夫人的命名日舞会。突然听得"轰隆隆"的炮响,窗外火光冲天,吓得舞池中的夫人小姐叫喊一片。日本人采取突袭行动了。日本探知太平洋舰队的官兵都参加司令夫人的晚会去了,就在东乡平八郎的率领下,偷袭旅顺港,重创了三艘最好的俄军战舰。日俄战争爆发了。

甲午战争后,日、俄都加紧侵略中国。为争夺在中国东北的控制权,双方都在明争暗斗。日本决定先发制人,控制住战争的先机,悍然发动了对沙俄太平洋舰队的偷袭。

日本偷袭成功,抓住战机,迅速展开了陆上攻势,一直占领了九连城、金城、大连湾、辽阳等军事重镇。八月十九日,日军在乃木希典的指挥下向旅顺发起了进攻。旅顺是沙俄经营多年的重镇,易守难攻。日军连续攻打五天,伤一万五千人,未能前进一步。

"一定要拿下旅顺!"

日军指挥官恼羞成怒,指挥士兵拼命死攻。他拿着指挥刀临阵监督,见有退却的士兵格杀勿论。日军冒死向一个个山头猛攻,每个山头都是血流成河、尸横遍野,经过三个多月的鏖战,日军又以死伤一万六千人的惨重代价,攻进了旅顺。一九○五年元旦,旅顺俄军司令向日军投降,日军占领旅顺。三月十日,日军又占领沈阳。至此,俄国在中国东北的陆上基地完全被日军攻占,陆上战争基本结束。战争转入海上。

早在旅顺被围的时候,沙俄就从波罗的海舰队中抽调主力舰三十八艘、辅助舰二十多艘,组成了第二太平洋舰队。一九○四年十月十五日,第二太平洋舰队出航了,当舰队到达马达加斯加港时,日军已攻占了中国的旅顺。日军对俄国舰队的行动了如指掌,日军总指挥东乡平八郎早就做好了对付俄国舰队的计划。一九○五年五月二十七日,俄舰队驶入狭窄的对马海峡,日舰队迎面驶来。

"我们必须先下手。所有的战舰,所有的炮火集中打日军的旗舰'三笠号'!"

俄舰队司令下令道。日军的旗舰立刻遭到轰击。一道道冲天的水柱在日军的旗舰周围升起。在水柱中,突然传来爆炸声,接着火光冲天。

"打中啦!打中啦!"

俄军士兵欢呼跳跃,互相祝贺。可是,没多久,"三笠号"又从硝烟中再次出来了,它并没有被击中要害。

日舰开始还击了,他们首先打击的也是俄军的旗舰。日军的命中率就很高了,俄军旗舰受到重创。俄军舰队没有了指挥,顿时如无头的苍蝇,到处乱撞,日舰一通打,俄舰队全军覆灭,舰队司令被俘。

俄军在对马海峡的失败,使它在这场战争中的败局已定。此时,俄国国内革命运动也在猛烈高涨,沙皇政府受到严重威胁;日本虽然取胜,但人员伤亡惨重。双方都希望结束战争。

一九〇五年九月五日,日俄双方在美国的调停下,签订了《朴茨第斯和约》。和约主要内容有:沙皇政府承认朝鲜为日本的被保护国,俄国将辽东半岛、南满铁路及附属权转让给日本,将库页岛南部割让给日本。日俄战争使日本获得了在中国东北的绝对控制权,从此,日本在向军国主义的道路上又大大向前迈进了一步。

永载史册——十八九世纪的辉煌

苏伊士运河的开通

众所周知,苏伊士运河是至今人类开凿的最著名的运河之一,它位于埃及东北部的苏伊士地峡,南连红海,北接地中海,是欧、亚、非三洲的重要交通枢纽,无论是在军事方面还是经济方面,苏伊士运河都具有重要的作用,而这恰恰是人类开凿的其他许多运河所望尘莫及的。

尽管苏伊士运河的开凿是人类近代历史上的一项伟大创举,但是通过开凿运河以连接红海和地中海的设想,早在公元前二十世纪初古埃及人就曾做出过不同凡响的尝试,他们开凿出了沟通尼罗河支流与红海之间的运河,并因此把红海和地中海连接了起来。遗憾的是,到公元前七世纪时,由于泥沙的沉淀淤积,这条运河因不能通航而被废弃。

近代苏伊士运河的开凿应追溯到拿破仑时代。一七八九年五月,拿破仑率大军侵占埃及。当时,拿破仑雄心勃勃,亲自带领许多工程师去寻找古运河旧址并进行实地测量,准备开凿一条直接沟通红海和地中海的运河,但负责勘测的工程师勒佩尔错误地计算了红海和地中海的水位,认为红海水位要比地中海高出十米,如果开凿运河,尼罗河三角洲将被红海海水淹没。由于这一错误结论,加上拿破仑正有紧急公务要回法国,开凿运河的事就暂时搁下了。后来,拿破仑兵败,开凿运河的事更无从谈起了。随后,英国侵略势力进入埃及。

十九世纪三十年代,英国人迫切感到打通地中海到红海通道的必要性。但是,英国人当时正忙于应付对俄战争和镇压印度人民的起义,因而无暇顾及开凿运河的事情。这时，法国人又开始插手埃及。一八五四年，曾任法国驻亚历山大总领事的勒赛普斯，依靠法国政府的支持，获得了开凿苏伊士运河的特权，为了开凿运河，他以两亿法郎的资本组建了"国际苏伊士运河公司"。

勒赛普斯与埃及政府签订了租让合同，合同规定：运河区租期九十九年，期满后全部归还埃及；埃及政府无偿提供开凿运河所需的土地，并提供劳动力；埃及政府可获运河纯利润的百分之十五；"国际苏伊士运河公司"有权免税输入开凿运河工程所需的机器……

合同公布后，在国际上引起强烈反响，尤其遭到了英国的激烈反对。但是，英国政府在当时的情况下，无法抽出精力和财力来和法国人争夺这一巨人工程，同时它也迫切感到对运河的需要，因此，最终还是采取了默许的态度。

一八五九年四月二十五日，勒赛普斯宣布苏伊士运河在塞得港正式破土动工，一次浩大的工程就这样开始了。从一八五九年至一八六九年，苏伊士运河的开凿总共历时十年。"国际苏伊士运河公司"常年雇用埃及劳工，由于长期的过度劳累以及饥饿和伤病，竟有十二万劳工相继失去了生命。埃及政府也因运河的开凿陷入了严重的财政危机，并不得不向英、法等国借债。

在付出了巨大的代价之后，一八六九年十一月十七日，全长一百六十三公里、宽五十二米、深七点五米，连接地中海与红海的苏伊士运河终于正式通航了。

苏伊士运河北起塞得港，南至苏伊士城。它的开通，使从欧洲经运河到亚洲的水路，要比绕道好望角缩短八千至一万公里，这不仅大大减少了航运的里程和时间，而且减小了船舶绕道好望角航行可能遭遇到的危险。

由于地中海和红海的水位基本相等，因此苏伊士运河没有设置船闸。后来，经过多次拓宽、修浚，河道的宽度由原来的五十二米增至一百六十米至二百米，深度由原来的七点五米增至十五米，可通行八万吨巨轮。

随着苏伊士运河的重要战略地位和经济价值越来越被世界公认，对苏伊士运河管理权的争夺也日趋激烈。从法国对苏伊士运河的独霸，到英、法两国共管，再到《君士坦丁堡公约》的签订，规定所谓的"一切国家在任何时候对苏伊士运河均可自由使用",经历了近一百年的时间。在这段时间内,苏伊士运河的管理权一直为列强所把持,埃及人则对此无可奈何,直到一九五六年七月二十六日,埃及总统纳塞尔下令将"国际苏伊士运河公司"收归国有,苏伊士运河的主权才真正回到埃及人民的手中。

人与猴子是近亲

一八六〇年六月三十日,在英国著名的牛津大学图书馆内,正在进行着一场激烈的大辩论,这便是历史上著名的"牛津大辩论",它是进化论者与宗教神学和保守势力展开的一次面对面的交锋。

"达尔文否定上帝创造人类的神创论,是对造物主的极大不敬。"牛津大主教威柏弗斯抢先跳上讲坛,以挑衅的口吻说道。然后,他把目光转向坐在前排的赫胥黎,以嘲弄的神态质问道:"赫胥黎先生,我听说你相信猴子是人类的祖先。既然你是达尔文的追随者,那么我想讨教一个问题,你自己是从你祖父还是从你祖母的猴群中变来的?"一群教徒听后在下面喝彩,为之助威。

威柏弗斯最终非常得意地走下讲台。此时,所有的目光不约而同地投向坐在台下的赫胥黎。赫胥黎表现得坚毅而自信,他从容不迫地站起身,走向讲台。他以大量的事实和科学依据,论证了进化论及达尔文关于人类起源学说的科学性,无情地揭露大主教威柏弗斯对进化论学说的攻击和污蔑。大主教被驳得面红耳赤,因再也没有登台答辩的勇气而溜出了会场。进化论者终于取得了胜利。

引起这场争论的是一本名叫《物种起源》的书,该书的作者便是十九世纪伟大的生物学家、进化论的奠基人——达尔文。

达尔文出生在英格兰西部施鲁斯巴利镇的一个世代名医之家。他从小就热爱大自然和自然科学,酷爱花、草、鱼、虫。他的卧室里,总是摆放着各种昆虫、贝壳和植物标本。

达尔文的父亲希望自己的儿子能够继承他的事业,因此,一八二五年,年仅十六岁的达尔文便被送入爱丁堡大学学医。但是,达尔文并没有按照父亲的设想向从医的道路发展,在爱丁堡大学,他把主要的精力和时间放到了博物学、矿物学的学习上。

一八二七年,十八岁的达尔文被父亲送入剑桥大学学习神学,但达尔文热爱的是自然科学,因此,他仍然一如既往地把大量的时间用在阅读自然科学书籍和采集动植物标本方面。一八三一年,达尔文通过神学学位考试之后,听从植物学教授汉罗斯的建议,参加了对北威尔士的地质考察。同年,达尔文又以博物学家的身份,随同"贝格尔号"巡洋舰前往南美海岸进行考察。

在长达五年的环球考察中,达尔文每到一地,总要认真地调查研究。他不辞辛苦地跋山涉水,四处挖掘生物化石,采集到了大量的动植物标本,发现了许多新物种。通过长期的考察,达尔文的生物知识已异常丰富,逐渐地,他对公认的"神创论"产生了怀疑。

一八三六年,达尔文带着大量的标本和笔记满载而归。回国后,他顾不上休息甚至把原定的婚事也暂时放在一边,立即集中时间和精力整理考察中收集的标本和笔记,并开始动手专门研究物种起源问题。

一八三八年,他根据大量事实,认识到生物界中到处存在着生存斗争,在斗争中有利的变异被保存下来,不利的变异被淘汰,这就是自然选择,也即"物竞天择,适者生存"。

一八五九年,经过多年的研究后,达尔文把他的研究成果写成了科学史上一部划时代的伟大著作——《物种起源》。该书一经出版,立即在欧美学术界引起极大震动。此书以充分的事实和确凿的证据向人们表明:物种是变化的,世界上的所有生物都是由少数生物进化而来;人不是特殊的创造物,与其他一切生命一样,他也是进化而来的;生物进化是自然选择的结果。实际上,《物种起源》从根本上推翻了上帝创造万物的学说,它仿佛是投在神学圣地上的一颗炸弹,给神学说教以摧毁性的打击。

当然,统治阶级、教会乃至保守的科学家是不会心甘情愿地接受"人是由猴子进化而来的"这种观点的,他们对达尔文及其《物种起源》一书群起而攻之,威胁和恐吓不断向他袭来。

但是一些进步的科学家却挺身而出,积极支持和捍卫进化论,其中最杰出的是赫胥黎和虎克,他们以笔和舌同宗教神学与保守势力展开激烈斗争,最著名的一次便是在本文开头提到的那场"牛津大辩论"。

经过激烈的论战和斗争,达尔文的进化论观点终于战胜了宗教神学的理论。到十九世纪七十年代,达尔文的进化论已为学术界普遍接受。一八七七年,达尔文的母校剑桥大学承认了他对科学的伟大贡献,授予他荣誉学位。

一八八二年四月十九日凌晨四时,达尔文停止了呼吸。为了表彰他对科学的巨大贡献,英国人民把他安葬在伦敦威斯敏斯特教堂,和另一位英国的科学巨匠牛顿的墓并排在一起。达尔文得到了最高的礼遇和荣耀。从此,人类毫不忌讳地承认:人与猴子是近亲。

触摸雷电的人

在夏日的雷雨之夜,当耀眼的白光撕破长空之际,我们仿佛会看到一位与雷电结下难舍之情的天才人物正在向我们走来,他不是别人,正是解开雷电之谜的伟大科学家——富兰克林。

为什么会有雷电?雷电到底是什么东西?千百年以来,我们的先人都无法解释。希腊人传说是奥林匹亚山上的天神在发怒,中国人传说是雷公、电母在施威。无独有偶,在欧美两大洲的广大地区,也都传说着施放雷电是由上帝主宰的故事。

然而,十八世纪中期,随着近代自然科学的不断发展,人们不再满足于仅以不足为据的传说来解释雷电现象,许多人开始尝试着用科学的方法来揭穿雷电的秘密。当时,人们已掌握了一些电的知识。比如用丝绸在玻璃上摩擦可以产生电,用毛皮在琥珀上摩擦也可以产生电。因此,人们就分别把它们称为"玻璃电"和"琥珀电"。同时,人们还发现,当电产生的时候,还会在金属上放出火花。但是,人们并没有把这种火花同天空中的雷电联系起来,一直认为人工产生的电与天上的雷电不同。不过,这种情况终于被一个人的奇异设想打破了,这个人便是富兰克林,他是第一个把雷电和人工电联系在一起研究的人。

早在一七四九年,富兰克林就写了一个报告给英国的皇家学会,论证雷电与人工电的关系,建议用尖端的金属杆装在屋顶上,再用电线把金属杆同地面连接起来,这样就可以把天上的电引到地下,防止房屋遭到雷击。但是,英国皇家学会的"科学家"们非但没有接受富兰克林的建议,反而对此予以嘲笑、讽刺。富兰克林是一个不灰心的人,他把这个建议寄给了一位法国朋友,那位法国人按照富兰克林的方法,架设了一根四十英尺高的铁杆,在雷雨时果真把天空的闪电引到了地下。这就是富兰克林发明的避雷针,至今它依然为全世界所使用。

在解决了雷电可以被引入地下的问题之后,富兰克林又开始思考另一个问题,即"怎样直接触到天空带电的云层呢?"很快,他做了一次令世界为之震惊的试验。

这是一七五二年七月的一天,天空乌云密布,刺目的电光在黑色天幕中狂舞,惊雷在空中震荡,大雷雨就要来了。这时,一个四十几岁的中年男子领着一个十几岁的男孩奔到空旷的野外。他们拿着一只用丝绸做成的大风筝,乘风势放开麻线,一直让风筝飘到很高很高的空中。大雨如注,雨点打湿了风筝的麻线。突然,那位中年男子高声叫喊起来:"麻电啦!麻电啦!"仿佛发现了什么惊人的事情。原来,云层里带的电已从潮湿的麻线上传了过来。中年人马上用干燥的丝绸把麻线裹起来,当做绝缘体,握在手里。这时,挂在麻线下端的铜铃摆动起来,发出阵阵声响,冒出了点点火花。中年人开始兴奋地大叫起来,男孩也振臂欢呼、"成功了!成功了!……"因为至此天上的雷电和人们摩擦产生的电已被证实是同一种东西。这个冒着生命危险在雷雨中做闪电实验的中年人,就是富兰克林,那个男孩则是他的儿子。他的成功,彻底破除了千百年来人们对雷电的迷信,揭开了大自然的雷电之谜,把雷电和上帝分了家,因此受到人们的普遍敬仰。

经过更深入的研究,富兰克林了解到电是会流动的。并且,证明了"玻璃电"和"琥珀电"是同一种电,不同之处仅仅在于一个带正电,一个带负电。这些理论的提出,使富兰克林成为电学原理的创始人之一。

富兰克林不仅仅在电学领域取得了突出成就,他可以说是美国第一位学者,第一位哲学家,也是第一位驻外(驻法国)大使。他发明了口琴、摇椅、路灯,也是政治漫画的创始人。他作为游泳选手也很有名。他是出租文库的创始人。他发现了墨西哥湾的海流。他发明了避雷针。他提议改革夏季作息时间。他四次当选为宾夕法尼亚州的州长。他制定出"新闻传播法"。他最先绘制出暴风雨推移图。他首先组织道路清扫部。他发现了电和放电的同一性。他是美国最早的警句家。他是美国第一流的新闻工作者,也是印刷工人。他创造了商业广告。他发明了两块镜片的眼镜。他是《简易英语祈祷书》的作者。他是英语发音的最先改革者。他发现人们呼出气体的有害性。他最先解释清楚北极光。他还被称为近代牙科医术之父。他最先组织消防厅。他创立了美国的民主党。他创设了近代的邮信制度。他设计了富兰克林式的火炉。他设计出夏天穿的白色亚麻服装。他想出了广告用插图。他创立了议员的近代选举法。他向美国介绍了黄柳和高粱。他发现了感冒的原因。他创造了换气法。他发明了颗粒肥料。

他在自己去世前要求在墓志铭上用"印刷工人富兰克林",但未被采用。这个墓志铭是富兰克林当印刷工人劳动时写的,那时他才二十二岁,记载如下:"印刷工人本杰明·富兰克林的遗体,恰如表面已经破损、金字已经剥落的旧书封皮一样,为了成为虫食而躺在那里。可是,他的遗业是不会消失的。正如他所相信的那样,一定会由于作者的校订、改正,再次以新的形式、更加美丽的姿态出现。"富兰克林的自传是所有自传中最受欢迎的自传之一。

德意志的小市民和大诗人——歌德

一七四九年八月二十八日正午,德国莱茵河畔的法兰克福古城中的教堂大钟"当、当——"敲了十二下。随着这十二下钟声,一名婴儿发出他"呱呱"的第一声啼哭。这个婴儿就是后来成为德国文坛一代宗师的约翰·沃尔夫岗·歌德。

少年时代的歌德是欢乐、愉快的,家庭中父母都十分喜欢他,关心他的成长。在父母的呵护下,歌德成长很快,他贪婪地学习文学艺术、自然科学和外语,他有很强的语言天赋,很快就学会了多种外语,从八岁起就开始写诗,十六岁时,他遵从父命去莱比锡大学攻读法律,但是他喜欢文学,经常写一些抒情诗和剧本。

很快,年少倜傥的歌德堕入了初恋的爱河之中,恋人是一个名叫布丽红的清纯少女。少女那清澈的双眸,洁净的脸庞,让歌德留恋不已。他抑制不住初恋的激情,把这激情融进一首首诗中,一连串诗意盎然、感情真挚的诗篇从他的胸中奔涌而出。

一七七二年,歌德毕业于斯特拉斯堡法学院,次年去威刺勒作例行见习,常与一群感情热烈的年轻人聚在一起。在这些人中,他结交了一位使馆秘书克斯特纳和一位当书记员的沉默寡言的青年耶路撒冷。后者因为恋上了同事的妻子而陷于苦恼之中。

一个夏夜,歌德去参加乡间舞会。他的女友叫他同去邀请一位女伴。这就是夏绿蒂,一个老法官的女儿。夏绿蒂年纪十九岁,在家里担负着照顾亡母遗下的一群弟妹的责任。夏绿蒂并不是一个貌美如花的姑娘,但是她温婉的仪态和贤淑的德性却深深打动了歌德的心。从那次舞会后,歌德的脑海里已摆脱不了她的影子。虽然事后知道她就是克斯特纳的未婚妻,但这并不能遏制他的情感。他常去夏绿蒂家。他成了这一对未婚夫妻的密友,这对歌德是痛苦的,这对未婚夫妇也理解歌德的痛苦。豁达的克斯特纳和贞洁的夏绿蒂不愿伤害歌德的心,因为他们敬重他的才华。自然,三个人间存在着微妙的心理芥蒂。苦恼之下,歌德觉得最聪明的做法是自己离开。在回法兰克福途中,歌德顺访一位女作家。这个女作家有个女儿叫玛克茜美玲,年纪才十六岁,有一张美丽的脸和一双迷人的眼睛,于是歌德的心又给打动了。但是最后他仍然是带着失恋的悲哀回家。

在家里的日子很沉闷,对夏绿蒂的思念成了生活的中心。歌德没有其他方法排遣痛苦心情,觉得需要写点什么来发泄一下才舒服。小说这个形式很好,但如果只是一个青年爱上一个已有所属的女人而最后失望离去,这个题材太平凡!就在这时,一件意外事件发生了:耶路撒冷终因恋上同事妻子而绝望自杀了。这个消息大大刺激了歌德,他抓到小说情节了。他去信给克斯特纳了解耶路撒冷自杀前后情况,还实地调查了一次。但是下笔时又来难题了,以克斯特纳的宽宏大量,怎么会形成小说主人公的自杀理由?正在这困惑时期,一个新事件又来了。玛克茜美玲嫁给了法兰克福一个商人,这个商人上了年纪,是个鳏夫,前妻遗下许多孩子。玛克茜美玲得照料这些孩子。商人有的是钱,却缺乏柔情。这个结合对玛克茜美玲是痛苦的,因而歌德的拜访便很受玛克茜美玲欢迎。他的英俊仪表和潇洒态度不仅博得了玛克茜美玲的好感,也赢得孩子们的欢心,他成了这个家庭的常客。可是富商妒忌歌德,在他忍耐不下去时,竟拒绝和歌德继续来往。这个新刺激使歌德很难受,但却触动了他的灵感。写作中悬而未决的难题——人物性格的故事情节都有了。

他把自己对夏绿蒂之恋和对玛克茜美玲之恋,与耶路撒冷事件混合在一起,便构成了整个故事的轮廓。维特是自己,具有耶路撒冷的命运和感情,却缺乏歌德自己的理智;夏绿蒂还是夏绿蒂,兼有玛克茜美玲和夏绿蒂的优点;未婚夫阿尔伯特是克斯特纳的化身,但不如克斯特纳那样宽宏大度,却具有那富商的自私和狭隘胸怀。人物的思想和性格都塑好了模型,歌德便把自己在威刺勒的恋爱经历作为故事主干。几个人物的思想和性格安排在故事中,沿着情节发展,主人公维特便有理由自然而然走上了自杀的道路。《少年维特之烦恼》诞生了。

小说一出版就迅速风行德国,很快被译成十多种文字而风靡全欧,一时出现一股"维特热"。一些青年穿起维特自杀时穿的服装,因恋爱失败就开枪自杀,结果成为了社会问题,令歌德苦恼不已。他赶紧写了首诗,劝告青年们不要效仿维特,要有自己的活法。

歌德因羡慕意大利的文化和古迹,便来到了意大利。意大利迷人的风光和灿烂的古代文化遗迹,热情开朗的人民和丰富多彩的生活,使他精神焕发,激情勃发。他一面在意大利游览,一面进行创作,写下了三个剧本:《哀格蒙特》、《塔索》和《伊菲格尼》。从意大利归来后,他专门从事文学创作和科学研究。

一天早晨,歌德正在公园散步。突然,他眼前一亮,一个漂亮的棕发姑娘走到他的眼前,请求他帮助和辅导她具有文学才华的弟弟。歌德见到这位天真烂漫、美丽大方的姑娘后,不由得爱上了她。他不顾双方社会地位的悬殊和上层社会的非议,毅然与她同居,多年后又与她正式结婚。

一七九四年,歌德与当时也在魏玛的另一位大作家席勒结成好友,共同创办杂志,主持剧院,协商和切磋创作,从而把德国文学和戏剧推到了一个空前的高度。他们亲密合作了十年,席勒因病早逝,歌德为此悲痛欲绝。

从席勒的早逝中,歌德感到自己也已来日不多,开始了他从青年时就开始酝酿的长诗《浮士德》的写作。

一八〇八年,歌德的书房内陈设简单,周围墙壁摆满了书柜。秘书同以往一样坐在书桌前,歌德在屋内走来走去,口授他的诗篇。

这时传来仆人的脚步声。原来上午的邮包来了,仆人送来一包书籍。

"快拆开看看!"歌德急切地吩咐秘书。

歌德知道包里装的是什么,那是他的《浮士德》第一部的一卷文集。

"总算出来了!"歌德看到了拆开包的《浮士德》书样,满意地笑了。

在一八〇八年《浮士德》第一部出版前,歌德已将第二部的核心内容《海伦》完成,直到一八二五年,他又以旺盛的精力开始写《浮士德》第二部。一八二八年,经过修改的《海伦》发表。一八三一年七月二十二日,《浮士德》第二部脱稿,他终于把这一"主要事业"完成了。

长诗《浮士德》以德国民间传说为题材,以文艺复兴以来德国和欧洲社会为背景,描写了一个新兴的知识分子不满现实、努力探索人生意义和社会理想的生活道路。《浮士德》是对人类的一首颂歌,它充分肯定了人生的积极意义,颂扬了人的进取、追求精神。

巨著《浮士德》脱稿后,歌德感到自己的心血已耗尽,自己在人间的使命已基本完成。一八三二年春,歌德怀着喜悦的心情外出踏青游春,不料回来后就发起高烧来。三月二十二日上午,歌德自觉病情好转,便起床到案前想要写作,但刚写完第一个字母就昏倒在地。临终前,他把目光投向窗外,对人说:"请把窗户打开,让更多的光进来!"说完便慢慢合上了双眼。此时,教堂的大钟正好敲了十二响。

歌德的一生是辉煌的一生。他不仅是德国文学史上的杰出文学家,也是世界文学史上的一位文学巨人。由于歌德出身于资产阶级,他身上不可避免地带有一些庸俗的气息。因此,恩格斯评价歌德是"德意志的小市民与大诗人"。

英国近代诗坛双璧——雪莱与拜伦

十九世纪初,英国诗坛上涌现了两颗璀璨的明珠。他们都出身名门,但却都背叛自己的阶级而追求和讴歌自由民主;他们都具有英俊的外表和横溢的才华,且又是一对好友。这两人便是雪莱和拜伦。

雪莱一七九二年出生于英国的费尔德贵族庄园。从小他就天资聪慧,热爱自由,渴望民主。进入大学后,他刻苦地钻研,接受了法国启蒙思想家的思想和学说,写了一本题为《无神论的必要性》的小册子。这本小册子触怒了学校,他被开除了。父亲闻讯后大怒,断绝了他的经济供给。雪莱走投无路,不知如何是好。在这艰难的时刻,一位平民姑娘哈丽艾特给了他很大的支持和帮助。雪莱不顾家人的反对,与她结了婚。婚后,两人同赴爱尔兰,直接投入到爱尔兰人民的民族解放运动。雪莱在都柏林发表了《告爱尔兰人民书》,号召爱尔兰人民起来争取独立。他的行动受到警察的注意,朋友们劝他赶快回国。

后来,在瑞士的日内瓦湖畔,雪莱第一次遇见了拜伦,两人一见如故,结伴泛舟湖上。面对绮丽的湖光山色,两人诗情大发,你言我语,写下了许多优美的抒情诗。后来,在威尼斯,两人又意外重逢。他乡相遇,他俩更是兴奋异常,或骑马驰骋,或漫步沙滩,或促膝长谈,或吟诗作赋,两人形影不离。与拜伦的交往,对古罗马文化遗迹的游历,使雪莱写出了浪漫主义的诗歌杰作《解放了的普罗米修斯》。

雪莱虽然长期旅居国外,但与祖国和人民有着难以割舍的感情。他写出了大量的政治抒情诗,如《致英国之歌》、《自由颂》、《西风颂》等。

"如果冬天已经来临,

春天还会远吗?"

这一脍炙人口的名句,就出自《西风颂》。

一八二二年夏,雪莱与一友人乘帆船出海航行时不幸遇风暴溺死。八月十五日,拜伦等人在海滩上为雪莱举行火化仪式。十二月,他的骨灰被葬入罗马新教徒的墓地,在他的墓碑上刻上了两个拉丁字:"众心之心。"

拜伦一七八八年出生于英国的一个古老贵族家庭,十岁时就从叔祖处继承了爵位和领地。但是,由于父母脾气暴戾,且又很早离异,养成了他孤僻但又狂暴的性格。大学毕业后,拜伦与友人一起开始了出游的历程。葡萄牙、西班牙、希腊和土耳其等异国的风光情调和灿烂的古老文化,激发了拜伦的创作灵感,并提供了丰富的素材。在旅途中,他写下了名著《恰尔德·哈罗德游记》的头两章。

此诗出版后获得了很大的成功,读者争相抢购,以至警察不得不出面维持书店秩序。拜伦一举成名,一下子成了上流社会的骄子和贵客。他那横溢的才华和美貌的外表更令贵族小姐夫人们垂青不已,暗送秋波。但才高气傲的拜伦都置之不理,又重新开始了他的游历生活,他要积累丰富的素材,完成他的不朽名著。

在日内瓦,拜伦遇到了同他命运相似,才华相仿的雪莱。他那压抑的心情和低沉的情绪在雪莱的乐观主义精神感染下一扫而光。他的诗兴又趋高涨,写下了《恰尔德·哈罗德游记》第三章和《拿破仑颂》等名篇。

后来,拜伦迁居到意大利,领略意大利的古老文化。在意大利他写下了许多重要的诗作:《恰尔德·哈罗德游记》第四章、哲理诗剧《曼弗莱德》、神秘诗剧《该隐》和社会百科全书式的长篇诗体小说《唐·璜》。

一八二一年,希腊爆发了反抗土耳其统治的人民起义。拜伦闻讯后决定捐献出自己所有的财产支援起义。一八二三年,他尚未完成长诗《唐·璜》的创作,即奔赴希腊,亲自担任革命军指挥。

艰辛的工作和紧张的战斗生活严重损害了拜伦的健康。一天,他出去巡视时淋了大雨,回来后就一病不起。拜伦死后,人们根据他的遗愿,把他的心脏埋葬在希腊,把他的遗体运回英国,埋葬在他的故乡。

没有笑声的喜剧家——巴尔扎克

一八一九年,一个年满二十岁的年轻人,同家里订了一个有趣的合同:他住在外面写作,家里每月给他一百二十法郎生活费。如两年写不出什么像样的作品来,他就得回来当律师。

这个年轻人就是法国批判现实主义艺术大师巴尔扎克。

一七九九年,巴尔扎克出生在法国西部的都尔城。他父亲原是农民,靠拿破仑向外侵略发了大财,成了资本家。他父亲希望自己家里有一名律师,可以保住家产。可巴尔扎克想做一名文学家,不想当什么律师,和家里发生了矛盾,于是就与家里签订了那个有趣的合同。

巴尔扎克一个人关在一间小屋里,不停地写啊,写啊,一连写了一年多,夏天赤着胳膊,冬天裹条破毛毯,饿了就吃点面包和咖啡,终于写出了诗剧《克伦威尔》。他高兴得不得了,马上拿回家朗读。可是,当他兴致勃勃地朗读了两三个小时后,家里人和他的朋友们都快睡着了。此情此景,巴尔扎克明白,他失败了。

一年以后,家里停止了他的生活费。怎么办呢?巴尔扎克想,回家当律师,自己不情愿;继续写作,没有经济来源。他开始用笔名写些无聊小说,换取点生活费。但是,长时间这样下去是不会成为什么伟大的作家的。他想自己做个出版商,赚了钱再养自己写小说。可是,他根本不是经商的料,赔得一塌糊涂。到一八二八年,所欠的债款高达九万法郎。巴黎政府下令逮捕他,他只好改名换姓,躲进了贫民区。

贫民区使他眼界大开。他看到了下层人民的困苦生活,接触了各种人物。他每天跑图书馆,夜以继日地读书,增长了许多历史知识。这样,一位伟大作家的基本素质具备了。

一八二九年,巴尔扎克的长篇历史小说《朱利安党人》获得了成功。为了写这部小说,他阅读了大量历史书籍,访问了许多当事人,所以写得有声有色。

从此,巴尔扎克制定了一个宏伟的写作计划,准备全面研究法国的社会风貌,包括风俗研究、哲学研究和分析研究三个部分,从各个角度揭露资产阶级自私自利、唯利是图的丑恶本质。他原计划写一百三十七部小说,但从一八三〇年起,到他逝世时止,实际完成了九十六部。这九十六部小说,合称为《人间喜剧》,是世界文学艺术宝库中的璀璨的明珠。

巴尔扎克为营造这座宏伟的文学大厦,进行了紧张的劳动:半夜十二点起床,伏案持续不停地写作到早晨八点;稍许吃点早餐后再继续写到中午;午饭后又马不停蹄地写到下午五点才搁笔。每天工作时间长达十六至十八个小时。为避免外界干扰,他时常躲在工作室中,紧闭窗户,放下窗帘,点起蜡烛,一干就是一两个月。他在案边放着一杯浓浓的黑咖啡,需提神时就喝两口。他常常是一边写,一边又哭又笑。他是被自己笔下的故事情节和人物所感动,深深沉浸在作品中不能自拔。有一次,一个朋友去巴尔扎克蛰居的贫民窟看望他,朋友一推开门,巴尔扎克突然指着他大声斥责道:"你,就是你,你害死了这个可怜的姑娘!"朋友一愣:"你……我……"巴尔扎克一愣,随即大笑起来,"我把你当成小说中的人物了,对不起!"他对自己的作品要求极严,总是不停地修改,有时一部书要修改五六次之多。就这样,《驴皮记》、《欧也妮·葛朗台》、《高老头》、《幻灭》、《邦斯舅舅》等著名的作品问世了。这些作品无情地揭露和批判了资产阶级的自私贪婪,卑鄙丑恶,以及资本主义社会中人与人之间赤裸裸的金钱关系。

巴尔扎克这样勤奋地写作,使他的精力一点点耗尽。一八五〇年八月,这位创作《人间喜剧》的作家,终于离开了充满悲剧的人间,当时他只有五十一岁。八月二十一日,成千上万的人参加了他的葬礼。他的灵柩被安葬在拉雪兹神甫公墓。大作家雨果在墓旁发表了深情的演讲,给予了他很高的评价:"我们刚下葬的这个人是举国哀悼的伟人之中的一个。"

俄罗斯的文学巨匠——托尔斯泰

高加索的俄军驻地,军官和士兵们正在大肆地喝酒,而一个青年军官在军营的营房里握笔沉思。高加索层峦叠嶂的山地风光和紧张而又富有戏剧性的军旅生活,激发了他的文学创作欲望,在这乱糟糟的军营里,他写出了他的处女作《童年》。

他,就是俄罗斯文学巨匠列夫·托尔斯泰。

托尔斯泰一八二八年出生于俄国一个贵族世家。

托尔斯泰的家族在俄国非常具有传奇色彩。

一三五三年,一个名叫英特立斯的人从立陶宛王国迁入车尼格夫城,任该城军事首领。为了表彰他效忠君主的行为,莫斯科大公华西里赐予他优厚的赏金,授予他"托尔斯泰"这个雅号。一六四二年,这个家族中的瓦西里·托尔斯泰让儿子安德烈跟有财有势的俄国富翁、沙皇的内亲密洛斯拉夫斯基之女通婚,从此托尔斯泰家族便官运亨通、飞黄腾达起来。托尔斯泰家族中出现过好些政治家、军事家、外交家、作家和美术家。十八世纪时,彼得大帝起用有学识、通世故、能跟欧洲人打交道的外交人才,这个家族中的彼得·托尔斯泰(1645—1729)就被提拔为俄国驻君士坦丁堡宫廷大使。为捍卫俄国的利益,他多次被监禁在阴湿的地牢里;为效忠沙皇,他又运用外交手腕阴险凶狠地杀害了彼得大帝的违命儿子亚历克赛。于是,他被封为伯爵。像彼得·托尔斯泰这样雄心勃勃、机智干练的人物在后来一百多年里又出现好几个。到了十九世纪,托尔斯泰家族地位的显赫达到了顶点:亚历山大是战胜拿破仑的有功之臣;菲奥陀是俄罗斯帝国艺术学院的主管人;狄米特里是尼古拉三世时期的教育部长……

这个家族也出过几个怪人。特别是那位艺术学院的名画家菲奥陀·托尔斯泰,生性乖戾暴虐。一八○三年他作为沙俄帝国出使日本使团的随员,途中他的野蛮行为激怒了舰长,被驱逐出团。他带着一只形影不离的猿,流落在阿拉斯加海岸外的荒岛上,跟当地土著人交朋友。在漫长的归途中,他搭船、步行、骑马,渡过大洋,横越西伯利亚,终于回到彼得堡。这段奇遇使他得了个"美国人"的雅号。他的挚友、诗人普希金还在诗中颂扬过他。

托尔斯泰家族中,除了写出《安娜·卡列尼娜》、《复活》、《战争与和平》等名篇的列夫·托尔斯泰外,还出现几位名扬俄国和世界的文学家:康斯坦丁诺维奇·托尔斯泰(1817—1875)是诗人和剧作家;阿·尼古拉耶维奇(1882—1945)曾写过《苦难的历程》。目前流亡在国外的托氏家族中也有个把出了名的人物。例如一九三五年出生在英国的尼古拉·托尔斯泰既是作家又是历史学家,至今仍在写作。最近他写了一部名叫《托尔斯泰家族》的书,叙述托氏家族迷人而复杂的历史,富于情趣,为研究托尔斯泰及其同族人提供了一些未被发掘过的历史资料。

托尔斯泰两岁时母亲就去世了。九岁时又失去了父亲。十六岁进入喀山大学,三年后又转到彼得堡大学,不久退学回到家乡波良纳。那时,俄国的农奴制还很盛行。托尔斯泰是波良纳庄园三百多名农奴的主人,亲眼看到农奴们过着悲惨的生活,觉得自己有罪过,便帮助农奴改善生活。但农奴们却不信任他,把他看做是官老爷,不相信他会做什么好事。这使托尔斯泰非常苦恼。

托尔斯泰的哥哥是沙皇政府的炮兵军官,见弟弟闷闷不乐,就建议他参军。一八五一年四月,他俩一起往高加索去了。在紧张的军事生活之余,他开始了文学创作。一八五二年七月,他把自己的处女作——中篇小说《童年》,寄给了《现代人》杂志的主编涅克拉索夫。涅克拉索夫读了他的手稿后很感兴趣,亲自写了回信,称赞托尔斯泰的文学才能,并决定将小说发表。果然,《童年》发表后受到了知名作家的交口称赞,他也因此成了作家。

克里米亚战争爆发后,已升为中尉的托尔斯泰主动要求参加保卫塞瓦斯托波尔要塞的战斗,担任炮兵连长,曾打退敌人十余次的冲锋。激烈的战斗生活给他提供了大量素材,使他写出了成名之作《塞瓦斯托波尔的故事》。

一八六一年俄国实行农奴制改革后,托尔斯泰认为当务之急是进行启蒙教育,便在家乡办起了一所农民子弟小学。他又去西欧国家考察学校教育,回国后办了份《雅斯纳稚·波良纳》教育杂志,宣传自由教育观点。

一八六二年,托尔斯泰开始酝酿写一部反映一八一二年反法卫国战争的小说。为此,他下了很大的苦功,走遍了莫斯科各大图书馆,收集和阅读大量的资料,并做了大量的笔记。他还请当年参加过那次战争的人进行讲述,还特地到当年的各主要战场进行实地考察。一切准备工作就绪,他从一八六三年起开始了创作。写这部书时,他一头扎进书房中埋头写作,不准任何人打扰。夜间,妻子帮他誊写手稿。整整六年时间,一部一百二十万字的长篇巨著《战争与和平》问世了。这部描写卫国战争时期俄国社会生活风貌的史诗般的巨著,使他获得世界著名作家的称誉。写完这部书,他暂时放下了文学创作,过起了农民生活。白天,穿起农民的服装,与农民一起耕地、割草;晚上,则到农民子弟学校去教书。

有一天,托尔斯泰又一次拿起《普希金文集》阅读,当朗读到其中的一个片断时,不禁喊道:"多么好!多么质朴!开门见山,不用开场白!"说罢提起笔来,开始又一部长篇小说的写作。这部小说便是一八七七年完成的《安娜·卡列尼娜》。小说反映了农奴制改革后的俄国社会的矛盾,对贵族资产阶级社会的政治、法律和道德,作了深刻的揭露和批判。

《安娜·卡列尼娜》的出版再一次给托尔斯泰带来了巨大的声誉,但他对自己的贵族式生活越发感到不满,他迷恋起简单的体力劳动和宗教,吃黑面包,自己制靴,大量阅读宗教书籍。

一八八七年,正当托尔斯泰思想上日趋矛盾时,他的一位当检察官的朋友向他讲述了一个案件,一位农村姑娘受一个贵族地主的欺骗又被抛弃,最后堕落犯罪而受法庭审判。这一案件使他深受触动,他决定以此为题材,创作一部长篇小说《复活》。他花了十年时间,数易其稿,终于完成这部名著。《复活》的出版,在俄国和世界文坛上再次引起了轰动。但由于这部小说对教会和教会制度进行了深刻的揭露和尖锐的批判,一九〇一年的东正教最高会议宣布将托尔斯泰开除教籍。

到了晚年的托尔斯泰变化更大,他不再出入贵族社会,不愿在家接待高贵的客人,穿着完全像个农民,主张放弃私有财产和消灭土地私有制。他的这些言行受到妻儿们的坚决反对,彼此间的矛盾日益尖锐。一九一〇年十月二十八日深夜,托尔斯泰用颤动的手给妻子写了封诀别信,拂晓前悄然离家出走。但当他搭车至阿斯塔波沃车站时,秋天的凉气使这位八十二岁的老人感染了肺炎。十一天后,这位举世闻名的大文豪永远地离开了人间。

扼住命运咽喉的音乐家——贝多芬

一七八七年的一天,一位青年敲开了著名作曲家莫扎特的家门,请求莫扎特的指教。

"请你先弹一曲钢琴吧。"莫扎特对青年说。

青年当场演奏了一首曲子,莫扎特又面无表情地递给青年一张纸,说:"请按这个题目构思一首钢琴曲吧。"

青年坐在钢琴前,稍加思索便抚琴而奏,一首美妙动听的旋律从他的手指下流出。

青年的琴声刚停,莫扎特便激动地站起来拍手叫好,对坐在周围的其他音乐家说:"请诸位注意,这个来自莱茵河畔的孩子,有朝一日必将以他的音乐才华震惊全世界!"

这个受到莫扎特夸奖的青年便是以后成为举世闻名作曲家的贝多芬。

贝多芬一七七〇年生于德国波恩城的一个音乐世家。四岁时贝多芬就显示出音乐天才,脾气暴躁的父亲想把他培养成像莫扎特那样的"神童",要他每天练琴五至八小时,这使贝多芬从小就打下了扎实的基本功。

家境的贫困,使生活的重担过早地压在这个少年的身上,他不得不为怎样挣取每日的面包操心。十一岁,他加入戏院乐队,十三岁,他当大风琴手。十七岁时,他所热爱的母亲死于肺病,贝多芬从此成为一家之主,肩负起两个弟弟的教育责任。他不得不羞惭地要求父亲退休,因为他酗酒,不能主持门户——人家甚至不能把养老金交他本人收领。这些可悲的事实在贝多芬的心上留下了深深的伤痕。若干年后他曾说过:"不知道死的人真是一个可怜虫!我十五岁上已经知道了。"

贝多芬很想跟莫扎特学习,但不久因母亲去世而不得不回家挑起了家庭生活的重担。他进校读书的时间很短,但他靠自学阅读了荷马、普卢塔克、莎士比亚等人的著作,从而渐渐形成了追求正义、平等和个性自由,憎恨专制压迫的世界观。

轰轰烈烈的法国资产阶级大革命爆发了,它很快波及全欧,也吸引了贝多芬的心。当时的波恩大学是新思想的集中点。一七八九年五月十四日,他报名入学,听有名的奥洛葛·希那哀特讲德国文学——他是雅各宾党的一方首领。当波恩得悉巴士底狱被攻陷时,希那哀特在讲坛上朗诵一首慷慨激昂的诗,鼓起了学生们如醉如狂的热情。大革命征服了世界,也征服了贝多芬。后来虽然他居住的奥国与革命的法国关系很紧张,但贝多芬仍和法国人有亲密的来往。他拥护共和的情绪愈加坚定,这在他以后的生活中发生了有力的影响。在这期间,他从幼年培植起来并得到良师指点的音乐才能成长起来。

一七九二年秋,贝多芬又赴音乐之乡维也纳。他在一些著名人士和艺术保护者的客厅和公开的音乐厅举行演奏会,很快就赢得了最卓越的演奏家的声誉。贝多芬并没有在赞誉声中沉醉,他深知自己的音乐造诣还远远不够,还得拜师学习。他先师从著名音乐家海顿,学习作曲。海顿是一位对交响乐和室内乐都作出过重大贡献的音乐大师。贝多芬从他那里学到

了不少知识和技巧,但对海顿那逆来顺受的人生观和温情的音乐很不满意,不久就与他分手了。

后来贝多芬又师从萨利耶里学习,他的学识和创作渐渐进入了成熟期。一七九六年,他在笔记中写道:"我的天才终究会获胜……二十五岁!不是已经到来了吗?"他显得很高傲,但他的最亲密的几个朋友知道,他藏在骄傲的笨拙之下的是一颗慈悲的心。他写信给密友韦该勒医生报告他的成功时,第一个念头是:"譬如我看见一个朋友陷于窘境,倘若我的钱袋不够帮助他时,我只消坐在书桌前面,顷刻之间便解决了他的困难……你瞧多美妙。"在维也纳的十年中,他先后创作了《悲怆》、《月光》、《克莱采》

等奏鸣曲以及《第三钢琴协奏曲》和《第一交响曲》等作品。

正当他该大展宏图的青春盛年,痛苦开始叩门。一七九六至一八〇〇年间,他的耳朵日夜作响,听觉大大衰退。在戏院里,他得坐在贴近乐队的地方才能听清演员的话。这对一位音乐家是多么沉重的打击!在好几年中,他一直隐瞒着,连对最知心的朋友也不说。他避免与人见面,使他的残废不致被人发现。直到一八〇一年,他才绝望地告诉两个朋友——韦该勒医生和阿芒达牧师:"我的最高贵的部分,我的听觉,大大地衰退了。……我不得不在伤心的隐忍中找栖身!""要是干着别的职业,也许还可以;但在我的行当里这是可怕的遭遇啊。我的敌人们又将怎么说,他们的数目又是相当可观!……"在肉体的痛苦之上,又加了另一种痛苦——爱情的挫折。一八〇一年,一个有魅力的姑娘闯入了他的生活,这就是贝多芬曾题赠著名的《月光奏鸣曲》的琪丽哀太·琪却尔第。她爱他,他也爱她。可是这段爱情却使贝多芬付出了很高的代价。首先,爱情使他格外感到自己的残废和境况的艰难,以致他无法娶他所爱的人;其次,琪丽哀太的风骚、稚气和自私使贝多芬苦恼。一八〇三年十一月,她嫁给了一位伯爵。这打击是摧残心灵的,尤其在贝多芬由于疾病而使心灵变得虚弱的时候,狂乱的情绪更有把他毁灭的危险。他给兄弟卡尔与约翰写好了遗嘱,注明"等我死后拆开",他差不多要结束他的生命了。

但是此后贝多芬还活了二十五年,他的坚毅的性格使他不肯在磨难中屈服。他在给韦该勒医生的信中写道:"我要扼住命运的咽喉。它绝不能使我完全屈服……噢,能把人生活上千百次,那是多美!""我窥见我不能加以肯定的目标,我每天都更迫近它一些。唯有在这种思想里,你的贝多芬方能存活。"这爱情,这痛苦,这意志,这时而颓丧时而骄傲的转换,都反映在他的一系列的作品里。

当拿破仑的大军兵临贝多芬居住的维也纳城下时,他在亲友中间兴奋地谈论政局,他所有的同情都倾向于革命党人。熟知他的密友兴特勒说:"他爱共和原则……渴望法国实现普选,希望波拿巴建立起这个制度来,替人类的幸福奠定基石。"于是他接连写下了《英雄交响曲》等一系列富于英武壮烈气概的乐曲。后来俾斯麦听了他的《热情奏鸣曲》后曾经说过:"倘若我常常听到它,我的勇气将永远不竭。"《英雄交响曲》是以拿破仑为题材并且献给他的,最初的手稿上还写着"波拿巴"这题目,他把拿破仑描写为一个理想中的革命的天才。当他得到拿破仑称帝的消息时,他大发雷霆,嚷道:"那么他也不过是一个凡夫俗子!"愤慨之下,他撕去了题献的词句,换上一个含有报复意味而非常动人的题目:"《英雄交响曲》……纪念一个伟大的遗迹。"当他在一八二一年谈到拿破仑被幽禁在孤岛的悲剧时,说道:"十七年前我所写的音乐正适用于这件悲惨的故事。"

一八二二年,贝多芬要求亲自指挥最后一次的预奏。显而易见,他全没听见台上的歌唱,他把乐曲的进行延缓很多。当乐队跟着他的指挥棒进行时,台上的歌手自顾自地匆匆向前,结果全局都乱了。平时的乐队指挥翁洛夫不得不提议休息一会儿。当大家重新开始时,同样的紊乱又发生了,但怎样使他懂得呢?没有一个人忍心对他说:"走吧,你不能指挥了。"贝多芬不安地东张西望,想从不同的脸上猜出症结所在,可是大家都默不作声。他突然用命令的口吻呼唤他的好友兴特勒,把谈话手册递给他,示意他写。兴特勒写道:"恳求你勿再继续,等回去再告诉你理由。"贝多芬一跃下台,对他嚷道:"快走!"他一口气跑回家里,倒在便榻上,双手捧着脸,这样一直到晚饭时分。用餐时他一言不发,保持着深深的痛苦的表情。兴特勒后来记述这一天时说:"在我和贝多芬的全部交往中,没有一天可和这十一月里致命的一天相比。他心坎里受了伤,至死不曾忘记这可怕的一幕的印象。"

在黑暗的世界里,贝多芬要创造光明;在痛苦的环境中,贝多芬要创造欢乐。他以极大的毅力,根据大诗人席勒的《欢乐颂》创作了一部歌颂光明和欢乐的《第九交响曲》(《合唱交响曲》)。他在艺术上进行大胆创新,把合唱形式引入交响曲,用人声来直接抒发自己的理想:"拥抱吧,亿万人民!"

一八二四年,《第九交响曲》在维也纳首次公演。

> 欢乐女神,圣洁美丽,
> 灿烂光辉,照耀大地。
> 我们怀着火一样的热情,
> 来到你圣洁的殿堂里。
> 你的威力,
> 能把人类重新团结在一起,

在你温柔的翅膀之下，
　世界所有的人都是兄弟！

人们完全被博大的爱包围着，感动着。

演出结束后全场起立，打破皇族出场才鼓掌三次的惯例，向贝多芬发出五次雷鸣般的掌声致意。身在后台的贝多芬因耳聋听不到观众的鼓掌声，被一名女演员拉向观众时，才看到这样热烈的场面，他激动得热泪盈眶。

贝多芬的音乐震撼着人们的心灵，他那高高昂起的头颅，更让人为一个高贵的、尊严的灵魂仰止。贝多芬对封建贵族也一贯持以毫不妥协的态度。一八一二年，贝多芬与歌德在波希米亚一起散步，波希米亚是著名的避暑胜地，当时奥地利太子也在这里。恰巧太子从贝多芬和歌德对面走来，歌德看到是威仪赫赫的皇太子，就赶忙整理一下衣襟，拍一下身上的尘土，然后恭恭敬敬地向太子鞠躬。而贝多芬则只装是没看见，大摇大摆地走了过去。事后，贝多芬责备歌德，长叹一声道："我认为你没有必要如此！"

贝多芬名声大振之后，不少贵族都希望与贝多芬结交，但贝多芬却不屑一顾，他瞧不起这些势利眼儿们。有一次，一个年轻美貌的贵妇人，想让贝多芬剪一缕头发做纪念，好在别人面前炫耀。贝多芬看到这种人，气就不打一处来，但他转念一想，就满口答应了。不久，贝多芬发现这位妇人在滔滔不绝地叙说她与贝多芬的亲密关系，贝多芬当众说道："那只不过是一撮山羊胡子！"全场人哈哈大笑，贵妇人羞愧得无地自容。

在演奏乐曲的时候，贝多芬更是不允许被打扰，尤其是一些附庸风雅的贵族，他们本来根本不懂什么音乐，却硬要参与各种音乐场合。还是在演奏《月光奏鸣曲》时，人们都在静静地欣赏这如诗如画的音乐，沉醉在梦幻般优雅舒畅的意境之中。突然有一个贵族不顾别人大声喧哗，贝多芬立刻停止了演奏，并厉声责骂道："我绝不给这样的蠢猪演奏！"一个亲王看到这贵族非常难堪，出来劝解，贝多芬毫不相让，对亲王说：

"亲王阁下，您之所以会成为贵族，完全是凭借您高贵的血统，而我，靠的是我自己的努力。现在，世上有成千上万贵族，将来还会有贵族成千上万。而贝多芬，无论现在和将来，都只有我一个！"

说完,气愤地离开了会场。

由于贝多芬桀骜不驯,行为自由,对贵族嗤之以鼻,使上层阶级故意冷落他。所以贝多芬虽有很高的名声,却一贫如洗,他经常不外出,原因是靴子早已开了洞而无钱更换。所做的曲子每首要花费几个月时间,却卖不到好价钱。

一八二七年三月二十六日,贝多芬在维也纳病逝。下葬那天,有两万多人参加了他的送葬行列,一直把他的灵柩送到了墓地。贝多芬一生写了九部交响曲,三十二首钢琴奏鸣曲,此外,还有钢琴协奏曲、小提琴协奏曲等一二百部作品,许多作品是在耳聋以后写成的。人们为了纪念他在音乐事业上的伟大贡献,推崇他为"乐圣"。

钢琴上的战士——肖邦

一八三〇年十一月一日,波兰音乐厅里响着流动的乐曲声。一架钢琴前坐着一个年轻人,他正在忘我地演奏着。那乐曲时而如奔涌的波涛,倾泻而下,时而如宛转的百灵,清脆悦耳,令人陶醉。

琴声停了,一名观众代表走上前来,向年轻人赠送了一只盛满泥土的银杯,对他说:"亲爱的肖邦,这支银杯里装着的是祖国的泥土,送给您作为留念。"

肖邦双手紧紧地握住银杯,热泪浸满了眼眶,激动地说:
"我会永远记住生我养我的祖国!"

这里,是波兰音乐界人士举行的肖邦告别音乐会。这一年波兰正被俄国侵略,肖邦听从老师和朋友们的劝告,去国外深造,并联络革命者,声援波兰人民的革命运动。

肖邦生于一八一〇年,他从小就显出很高的音乐天赋,六岁开始学习钢琴,七岁时就创作出自己的第一首钢琴曲,八岁就公开演奏了。大学期间,他师从著名音乐家埃斯内尔学习乐理、作曲和演奏,打下了扎实的基础。

肖邦在去巴黎的途中,听到了华沙起义失败、城陷俄军之手的消息,仇恨和愤怒使他坐立不安,脑海里思绪翻腾。突然,他犹如一头狂怒的狮子,扑到了钢琴前,随即,激昂的曲子在他的指下奔泻而出。他怀着对祖国的满腔热爱,用血和泪在创作乐曲。这一夜,他创作了三个曲子:《C小调练习曲》、《D小调前奏曲》和《A小调前奏曲》。爱国的激愤创造出了一流的乐曲。

肖邦来到巴黎以后，很快就以他精湛的技艺、优雅的风度和机智多才而赢得了法国听众之心，还结识了一大批著名的艺术家，如音乐家李斯特、门德尔松、柏辽兹，诗人海涅、密茨凯维奇等。巴黎的文化环境和众多艺术家的影响，使肖邦思如泉涌，达到了一个创作的高峰期。激情在他胸中澎湃，灵感在他脑中跳动，大量作品不断问世。但是，这些作品都有着一个共同的主题，浸染着对祖国执著的爱。

在巴黎，肖邦遇到了法国著名女作家乔治·桑，两人在情感上和艺术上有着相似的见解，互生爱慕之心，他们同居了。每逢夏天，肖邦和乔治·桑就来到乔治·桑的乡间别墅。在那里，每到夜晚，书房的玻璃窗上映现着肖邦清晰的身影，他手抚钢琴，琴声如雨点般洒落在幽静的夜幕中，许多不朽之作就在这里诞生了。后来，他们不得不分手了，他们一起共同生活了九年。有人说，是乔治·桑点燃的爱情之火，使肖邦的创作天才燃烧起来。也有人说，是这个女人过于热烈的爱情使肖邦的疾病更趋恶化，英年早逝。在肖邦生命的最后时刻，他对乔治·桑没有怨恨，只有爱情，他不能忘记乔治·桑，他临终时还说："我真想见她一面。"

身在遥远的他乡，肖邦心系着祖国的安危，他时时打听着祖国的动态，关注着祖国的形势。一天，他收到了波兰革命家、诗人密茨凯维奇寄来的一首长诗——《葬礼》。读着读着，肖邦的眼睛模糊了，他眼前仿佛出现了这样一个壮观的场面：一位母亲倒下，成千上万名儿女出现了……他情不自禁地拿起了笔，激情在五线谱上流动。很快，一首举世闻名的《葬礼进行曲》问世了。

一八四八年，他应邀到英国作巡回演出。临离英国之前，他不忘祖国和人民，虽然他当时已经疾病缠身，仍坚持在伦敦市政厅为波兰流亡者举行了一场募捐演出。回到巴黎，他就一病不起，一八四九年十月十七日清晨，巴黎秋风萧瑟，肖邦平静地躺在床上，慢慢地停止了呼吸，那只盛满波兰泥土的银杯被紧紧地搂在他胸前。三十日，巴黎所有优秀的艺术家都参加了肖邦的葬礼。葬礼上，演奏了莫扎特的《安魂曲》和肖邦自己创作的《葬礼进行曲》。他的遗体被安葬在拉雪兹神甫公墓；但他的心脏根据他的遗愿被运回华沙，安葬在一所教堂里，他的心回到了祖国母亲的怀抱。

毁誉参半的发明家——诺贝尔

一八三三年十月二十一日,诺贝尔生于瑞典首都斯德哥尔摩的一个发明家的家庭,他的父亲伊曼努厄尔·诺贝尔是发明水雷的工程师,既搞科研也经营企业。诺贝尔从小受父亲的影响,对发明和实验很感兴趣,少年时代就搞过一些小的发明。九岁时,诺贝尔随父亲迁居俄国,后又游历了德国、意大利、法国,眼界大开。他十七岁那年,父亲派他到美国学习造船工程学,两年后返回彼得堡。当时诺贝尔的父亲正帮助俄国人造水雷,诺贝尔回来后做了父亲的助手。老诺贝尔发明的水雷爆炸能力极差,使用也很不方便。能不能创造一种更好的水雷呢?诺贝尔就此与父亲多次探讨。"好的水雷要有好的炸药",老诺贝尔提出了问题的关键,"可目前没有更好的炸药。"一八五九年,在获得父亲的支持后,诺贝尔回到瑞典,创建化学工厂,专门研究炸药。

凭着自己的学识,经过艰苦的努力,到一八六六年,诺贝尔终于和他的父亲和哥哥一起,发明了一种液体炸药——硝酸甘油火药。这种炸药爆炸力十分强大,坚固的岩石在他的威力下瞬间便化为粉末,正好适合那个时代开山筑路的需要,因此风行全世界,被人们称为"诺贝尔爆发油"。

"诺贝尔爆发油"一投放市场,立刻带来巨大的效益,一时间诺贝尔的工厂门庭若市,大量的订单一起雪片样飞来。正当诺贝尔沉浸在成功的喜悦中时,不幸的事发生了。这种液体炸药威力巨大,但它不易于运输和保管,只要震动或者温度稍高,就可能发生意外。上市后的炸药接二连三地在运输中出事,美国旧金山的一辆火车,在运送这种炸药时发生爆炸,整列火车都飞上了天;一艘满载液体炸药的巨轮"欧罗巴号",在大西洋航行时发生爆炸,整条船沉没在大西洋中。不断发生爆炸事件使人们神经非常紧张,"诺贝尔炸油"让人恐惧,不敢接触,许多政府吊销了进口证,许多运输公司也拒签运送合同。火上浇油,报纸也开始攻击诺贝尔和他的发明。某一天,一张有影响的报纸刊出文章,标题竟为《杀人凶手》,正文列举的都是诺贝尔的硝酸甘油火药引起的各种爆炸,及造成的死伤人数和财产损失。

面临巨大的困难和周围的指责,诺贝尔开始着手实验一种安全的炸药。从此以后,他少言寡语,整日躲在实验室,潜心于新炸药的研制。可是,厄运还是不放过诺贝尔。一八六四年九月三日,这一天,诺贝尔一大早便出外办事。在他不在的时候,他的实验室传出一声震耳欲聋的爆裂声,整座楼房化为瓦砾,空中弥漫着浓浓的硝烟。等到晚上回来的时候,诺贝尔惊呆了,更让他不敢相信的是,他亲爱的弟弟和同甘共苦的五名工作人员,因爆炸身亡,父亲也成了终身残废。

诺贝尔还未从巨大的打击下醒过神来,全副武装的警察找上门来。"诺贝尔先生,这是政府给你的一封信。"警察递上了一封公函。他打开了信件,只见上面写着:

> 为了人民的安全,政府决定:诺贝尔必须立即停止爆炸试验,否则将依法追究法律责任!

第二天,瑞典的各大报刊都刊登了可怕的消息,说诺贝尔在炸药实验中害死了弟弟,并使自己的父亲半身不遂。诺贝尔成了千人所指的杀人凶手! 面对严酷的现实,诺贝尔没有气馁,没有放弃试验,他不能让弟弟和同事的血白流。在朋友的帮助下,诺贝尔租了条大船,在瑞典首都附近的马拉伦湖继续实验。经过几百次的失败,在船上整整度过了四个年头,到一八六九年的秋天,试验终于获得极大成功,发明出能够安全运输的固体炸药——黄色炸药。诺贝尔把液体炸药吸入一种硅土中,这样,即使遇到一定的温度或摩擦、震动,炸药也不会爆炸,它必须引爆后才能爆炸。相应地,诺贝尔还发明了人类历史上第一个引爆装置——雷管。

试验成功后,政府解除对诺贝尔炸药的禁令,立即批准了它的生产和销售。后来,诺贝尔在美国和欧洲各国设立了许多公司,专门生产和销售这种炸药,成为十分成功的大商人。

一八七五年的一天,诺贝尔终于成功发明了威力强大的胶质炸药。一八八七年,他又发明了无烟炸药,这就是我们现在使用的炸药。诺贝尔根本没有料到,他发明的这种火药并未局限于工业使用,而是更多的充当军火,用于战争。面对这种情况,诺贝尔十分忧伤,他经常夜不能寐,眼望苍茫的夜空,苦苦思索。一八八八年,诺贝尔的哥哥去世,报纸错误地以为是诺贝尔去世了,因此评论道:靠发明火药大发横财的诺贝尔终于死了,整个世界将会变得太平。看过文章,诺贝尔流出眼泪。他为自己的发明感到内疚,并在一八九五年写道:"由于炸药,世界上死了不少人,我得为此作出补偿。"

一八九六年十二月十日,诺贝尔在他意大利的工厂里突然去世。他一生在机械和化学方面有过许多发明,总共取得一百二十九种物品的发明专利权,除发明炸药外,他在铁的提炼、煤气灶、冷冻设备的改进等项目上也卓有成就。在去世的前一年,即一八九五年十一月二十七日,诺贝尔出于对炸药成为杀人和战争的武器的遗憾,立下了一个独特的遗嘱,把自己一生的积蓄捐献出来当做基金,将其利息作为奖金,每年奖给世界上对物理、化学、医药学、文学和促进世界和平有特殊贡献的人。

从一九○一年起,诺贝尔基金会开始颁发诺贝尔奖,基金会决定,每年的诺贝尔奖颁发时间定在十二月十日下午四点半(诺贝尔逝世时间),地点设在瑞典首都斯德哥尔摩(诺贝尔出生地),金质奖章的正面镌刻上诺贝尔的浮雕像,以纪念这位伟大的科学家。

科学让她如此美丽

镭,是一种亮晶晶的稀有天然元素,自身能够发光发热,并能释放出巨大的能量。这种元素是由一位伟大的女科学家——居里夫人发现的,居里夫人因此被称为"镭的母亲"。镭的发现在科学上具有重大意义,它不仅开辟出科学研究的新领域,而且通过进一步的研究,镭后来还被用在医学上治疗癌症,大大造福于人类。

居里夫人原名玛丽·斯可罗夫斯卡,波兰人。十六岁时毕业于华沙女子中学,一八九三年在法国巴黎大学以第一名的成绩获得物理硕士学位,次年夏天又以第二名的成绩获得数学硕士学位。这些成绩无疑给玛丽带来了羡慕的目光,但又有谁能知道她为此付出了多少艰辛。当时,玛丽为了求学,孤身一人来到巴黎。她用打工攒下的钱来供自己读书,每天拼命地学习。并且为了能多挤出一点学习时间,她的饮食简单得让人难以置信。当然,玛丽这样做还有另一个重要原因,她太缺少钱用了。玛丽在外面租了一间又小又矮的房子,冬天时房子里很冷,而玛丽的被子又很薄,为了取暖,她甚至把椅子都压到了被子上。

由于长期的过度学习和营养不良,玛丽患上了贫血病。有一天她突然昏倒了,同学们都吓坏了,连忙去喊她的姐夫来救治。玛丽的姐夫是个医生,他赶来时,玛丽已经苏醒过来,并在预习明天的功课了。他检查了玛丽的身体,又查看了干净的碟子和空空的蒸锅,全都明白了。原来,从前一天晚上起,她只吃了一把小萝卜和半磅樱桃,睡了四小时。这个贫穷的波兰女学生,就这样在巴黎大学刻苦地学习着。

大学毕业后,玛丽本来想回波兰为祖国服务,但后来她结识了法国物理学家埃尔·居里,才决定留在法国工作。一八九五年,玛丽和居里结婚。以后,人们便称玛丽为居里夫人。

就在他们结婚的这一年,德国科学家伦琴发现了一种能透过固体物质的X射线。第二年,法国物理学家贝克勒又发现铀矿中能放射出一种与X光相似的奇妙射线。为什么铀矿中能放射出这种射线呢?居里夫妇对此产生了浓厚的兴趣。经过反复实验,一八九八年他们宣布发现了一种新元素,他们把它称作镭。这一年,居里夫人才三十一岁。

当时,居里夫妇很想从沥青矿中提炼镭,但价格太昂贵。于是,他们从有限的工资中拿出绝大部分的钱去买沥青的残渣。经过一千多个日日夜夜的努力,他们利用简陋的设备提炼出了十分之一克的镭,并初步测定了它的原子量。镭的发现轰动了全世界,为了表彰两人的贡献,法国在一八九九年十月授予他们物理博士学位。几个月后,居里夫妇获得了伦敦皇家学会的最高奖励——戴维奖章。不久,他们又荣获诺贝尔物理学奖。

接踵而来的荣誉并没有使居里夫妇陶醉,而是激励着他们更加勤奋地在科学的领域里大步向前。为了让世界上更多的人知道镭的提炼方法,他们把镭的提炼方法无偿提供给了世界,表明了他们对科学对人类的无私奉献精神。

但是,就在居里夫妇忘我工作的时候,不幸降临到这个幸福的家庭里。一九〇六年四月,居里在一次横穿马路时,被一辆马车撞死,居里夫人几乎痛不欲生。然而,她最终承受住了巨大的痛苦,继续进行她的科学研究。一个月后,她被巴黎大学聘为教授。一九〇七年,居里夫人提炼出了纯镭,精确地测定了它的原子量。一九一〇年,进而分析出纯镭元素,测出了镭的各种性质。

居里夫人一辈子也没有停止事业上的钻研,直到她在一九三四年七月与世长辞。居里夫人曾两度获得诺贝尔物理奖以及其他各种代表崇高荣誉的奖项,这些是一些人一辈子都想得到的,甚至它们为法国也带来了极大的荣誉。但居里夫人对此却看得很平淡,她常常把那些代表荣誉的金质奖章拿给女儿玩耍。当有人问及此事时,她不禁淡然一笑说:"这些奖章并没有什么了不起的,每个人经过努力都能拿到。我只是让孩子们知道,荣誉就像玩具,只能玩玩而已,绝不可一辈子守着它,否则将来一事无成。"

她是一个容貌秀丽的女性。科学研究耗去了她美丽的容颜与珍贵的生命。但是杰出的科学成就让人们铭记她是一位女科学家,也正因为如此,她的生命才如此美丽。

坐在鸡蛋上的发明家

在一个夏日的中午,当一位年轻的母亲从自家的鸡舍旁经过时,忽然看到自己年幼的儿子正蹲坐在鸡舍里,屁股下面还放着几只鸡蛋,母亲感到很惊诧,便问他在做什么,孩子用稚嫩而天真的声音说道:"妈妈,我在学鸡妈妈孵小鸡!"母亲听后,不禁对儿子的这种举动哑然失笑。孩子的这种做法的确显得很幼稚,但是,正是这个幼稚的小男孩在日后却成为伟大的发明家,他有一个响亮的名字,叫做爱迪生。

爱迪生,一八四七年出生于美国的俄亥俄州。

爱迪生只受过六个月的正式学校教育,但是他在母亲教导之下,八九岁就已经读过《罗马帝国衰亡史》之类的典籍。他在大干线路上做小贩及报童时,时常整天消磨在底特律图书馆里,那里的藏书"由头到尾"他都读过了。在家中,他经常备置许多书籍和杂志,还有五六种日报。

他卖过报、做过小生意,长大后做过电报报务员和技师。爱迪生从小就对搞发明创造有着浓厚的兴趣,凭借自身所具有的聪明才智和超出常人百倍的刻苦努力,他最终成为十九世纪末二十世纪初世界上最伟大的发明家。爱迪生在一生中做出过上千次发明,其中最重要最著名的发明之一便是电灯。

十九世纪,在欧美国家用来进行普通照明的灯是煤油灯或者是煤气灯,这种灯烧起来有股臭味,还冒黑烟,而且使用时还特别麻烦。而当时人们已经初步掌握了电的知识,在十九世纪初,曾有一位英国化学家用两只电池和两根炭棒,制成了世界上第一盏弧光灯。但是,它光线很强,只能安装在街道或广场上,燃烧时嘶嘶作响,寿命也不长,因而不适于一般家庭使用。因此,许多科学家都在研究,试图制造出一种能供一般家庭使用的电灯。这时已是著名发明家的美国人爱迪生,也开始把目光投向电灯的发明。

爱迪生认定电力照明必然取代煤气照明,他为自己要发明的电力照明灯定下几个原则:一是要简便,至少要像煤气灯那样,能够遍布各处,适合各种条件下的室内外使用;二是必须结构轻巧;三是必须价格便宜,经久耐用;四是必须无声、无臭、无烟,对人的健康没有任何损害。

就在爱迪生苦思冥想如何实现自己发明电灯的计划的时候,有一个名叫摩根的大资本家,也在关注电灯的发明,他从商业的角度,预计到电灯的时代必将到来,如果做电灯生意一定会发大财。于是他联合了几个人,拿出三十万美元,派人去同爱迪生商量,合作办一个电灯公司。恰巧当时爱迪生正缺少实验费用,他立即同意了摩根的建议。有了摩根的经济支持后,爱迪生马上添置设备,加盖实验室,并将实验人员扩大到二百人。

爱迪生采用了多种稀有金属做试验,但结果均达不到他的要求。于是,他把自己能想到的各种耐热材料全部写下来,共一千六百种。然后安排人力,用这一千六百种耐热材料分门别类地进行试验。同时,又改进了抽气方法和设备,力求使玻璃泡内的空气尽可能被抽到最少的程度。实验的结果表明,白金的效果最好。爱迪生对此是不满意的,因为这样的灯泡仅能亮两小时,而且白金又极其昂贵,这样的灯既不实用又没有人用得起。

爱迪生重新组织试验,试验过程中他偶然发现碳化纤维做成的灯丝能够使用较长的时间。于是,凡是植物学上的纲目科别,能找到的,他都找来试试,甚至连马鬃、人的头发和胡子都被他拿来当做灯丝试验。到一八七九年五月,爱迪生和他的助手们已用六千种植物纤维做过试验,灯泡的寿命也延长到了三百个小时。后来,经过进一步的试验,爱迪生发现用竹子纤维做成的灯丝,竟能连续使用一千二百个小时!最后,爱迪生用化学纤维代替竹丝,灯泡质量又有了提高。直到一九〇六年,人们才用钨丝取代纤维做灯丝,这就是今天普遍使用的电灯泡。

爱迪生活了八十四岁,有一千多项发明。这些发明遍及电影、矿业、化

工、建筑等许多方面。

爱迪生通常每天工作十八小时以上。他对自己的孩子们说:"工作有成就,是人生唯一的真正乐趣。"他认为:"睡眠有如药物,一次服用太多,头脑就不清醒。你会浪费时间,活力减少,错过机会。"有些人问他:"你从来没有失败过吗?"当然失败过。他时常碰到失败。他的第一件专利品是电动投票记录器,用以对低级铁矿做磁性的分离。但是后来因为开发了蕴藏量丰富的高级铁矿,这项设计便完全白费了。但他从不会因恐惧失败而趑趄不前。在从事一系列艰苦的实验期间,他告诉一位气馁的同事说:

"我们并未失败。我们现在已晓得有一千种方法是行不通的,有了这些经验,便较易找到行得通的方法。"

爱迪生认为金钱是一种原料,跟金属一样,我们应该加以运用,而不要积聚。因此他不断地利用他的资金,进行新的计划。有好几次,他濒于破产,但他不肯让经济状况操纵他的行动。有一天,爱迪生在观察一部矿石压碎机的效能,他对那部机器的运转情形很不满意,吩咐操作工人说:"把速度提高。""我不敢,"那工人回答,"再提高速度,机器会坏的。"爱迪生转过头去问工头:"艾德,这部机器要多少钱?""两万五。""我们银行存款有没有这么多?有的话,把速度再加快一级。"操作工人把动力加大了,然后再度警告说:"机器响声很大,如果爆炸,我们都会没命了!""那没关系,"爱迪生大声喊道,"尽量开动!"响声越来越大,大家开始往后退避。突然轰隆一声,碎片四射。矿石压碎机垮了。

"怎么样,"工头问爱迪生,"从这项实验又学到什么?"爱迪生微笑着说:"学到我们可以把制造者所定的动力极限提高百分之四十——只要不超过最大极限就行。现在我可以再造一部机器,增加产量。"

还有一次,是在一九一四年十二月间一个严寒冬夜。当时爱迪生用近十年的时间试验制造镍铁电池,未能成功,弄得经济拮据,实验室全靠电影和唱片所获得的利润维持。有一天晚上,工厂里忽然传出狂喊声:"失火了!"顷刻之间,包装材料、做唱片用的赛璐珞、软片和其他可燃物品,呼啦一声,全部着火。附近八个城镇的消防队来扑救,但是火势太猛,水压又低,消防水管不济事。这时爱迪生已经六十七岁了,这一场大火烧毁了他所有的财产。爱迪生面临着一场生存危机与严峻的考验。第二天早晨五点半钟,火势刚受到控制的时候,爱迪生便召集全体职工宣布:"我们要重建。"他派一个人去把附近地区所有的工厂都租下来,又派另一个人去借伊利铁路公司的救险吊车。然后他好像忽然想起一件小事似的补充一句:"唔,有谁知道可以从哪里弄些钱吗?""人往往可以因祸得福,"他说,"旧厂烧了也好,我们可以在废墟上建起更大更好的厂。"

爱迪生的新发明层出不穷,仿佛具有法术,所以有人称他为"曼罗园的巫师"。这个称呼令他啼笑皆非,他总是反驳说:"巫师吗?胡说八道。我的成就全凭辛苦工作得来的。"也许他会说出他那句常被引述的名言:"天才是百分之一的灵感加上百分之九十九的血汗。"他最看不惯人们懒惰,尤其是心智方面的懒惰。他经常把芮诺兹爵士所说的一句话挂在实验室和工厂显眼的地方:"人总是千方百计避免真正用心思索。"爱迪生从不改变他的价值观念,也从来不自大。在波士顿,第一家使用电灯的戏院开张时,电力发生故障,他马上穿上工作服跑到地下室去帮助设法修理。在巴黎,他把衣服翻领上的红蔷薇形徽章摘掉,免得朋友们"认为我是花花公子"。

这位一生成就极多的人物,从小就几乎是个十足的聋子,只有最大的响声和喊声,他才听得到。但是他对这个缺陷并不在意,他说:"从十二岁起,我就没听见过鸟叫。但是耳聋对我不但不是障碍,也许反而有益。"他认为耳聋使他提早读书,还能够专心,不必和人闲聊,省下许多时间。有人问爱迪生,为什么不发明一种助听器,他总是回答说:"你在过去二十四小时听到的声音,有多少是非听不可的?"然后他又补充说:"一个人如果必须大声喊叫,绝对不会说谎。"他喜欢音乐。旋律清楚的,他有办法欣赏,用牙齿叼着铅笔,把笔的另一端搭在留声机的匣子上,借以"倾听"。这样他可以领略抑扬顿挫和节奏之美。在他所有的发明中,留声机使他最得意。虽然他聋,跟他谈话要大声喊叫,或用笔写出,但是新闻记者还是喜欢访问他,因为他的见解十分精辟。他绝对不承认幸福和满足是值得争取的目标,他说:"如果你能为我指出一个完全满足的人,我就可以断言他必定是个失败者。"

爱迪生几乎一生都在研究、发明,从没想到退休,也不害怕衰老。在八十高龄,他还开始研究一门以前未曾研究过的学科——植物学,想在当地植物中找出橡胶来源。他和助手们把一万七千种植物加以试验和分类之后,终于研究出从紫菀科植物抽取大量胶汁的方法。八十三岁时他还拉着夫人去热闹的纽华克机场"看一个真正飞机场的实际情形"。他第一次看到直升机的时候,笑逐颜开地说:"我一向的想法,就是这个样子。"于是他又开始设计,对于那架不大为世人所知的直升机,提出许多改进的意见。

一九三一年十月十八日上午三点二十四分,这位伟大的发明家因尿毒症逝世。举行葬礼之日,当局为了向他表示哀悼和敬意,本来预备把全美国的电流切断一分钟,但是考虑到那样做所付出的代价太大,而且可能产生危险的后果,所以只把一部分灯光熄掉片刻。

俄罗斯的曙光

列宁在行动

在通过芬兰的列车上,一群士兵围着一个人热烈地讨论军官与士兵、土地、自由和战争等问题。整整一夜了,这群人还在兴致高昂地谈论着。是谁能将这群原本疲惫、懒散的士兵调动得如此情绪激动呢?——是列宁!

原来,在轰轰烈烈的工农兵起义的冲击下,沙皇政权被推翻了。就在广大人民群众沉浸在胜利的喜悦中时,个别掌握领导权的人物与资产阶级组成了一个临时政府。这个临时政府声称要把世界大战进行到底,这将使刚刚摆脱沙皇统治的人民又要陷入战争的漩涡。国内的布尔什维克党与避难国外的领袖列宁迅速取得联系。身在瑞士的列宁,冒着生命危险,取道德国、瑞典和芬兰,秘密回国了。

列车穿过芬兰,到达了边境的白岛车站。斯大林和工人群众热情地迎接了他,激动的人们把列宁高高地抬了起来。在彼得格勒,列宁也受到了革命群众同样的迎接。

以克伦斯基为首的临时政府,疯狂地镇压人民的革命行动。当他们听说列宁回来了,又怕又恨,竟炮制了列宁是德国间谍这个企图煽动暴乱的借口,公然发出了在全国通缉列宁的命令。

列宁一面领导群众进行革命斗争,一面不得不一次次地转移住所。

一天夜里,一辆满载士兵的大卡车停在列宁住所前。一个军官带着几个士兵气势汹汹地冲进屋,用枪顶着列宁夫人问道:"列宁在哪儿?"列宁

夫人镇定地答道:"他不在家。"敌人翻箱倒柜搜查起来。除了一封农民拥护列宁的信外,他们一无所获,恼羞成怒的军官下令带走列宁夫人。

其实列宁早已转移到城内另一个地方。第二天,列宁从窗口看到门口有两个把门的人,立刻明白了原因。因为还有紧急事要处理,他从容地穿好衣服,走出了大门。两个守门人看见列宁镇定地走出来,丝毫没有怀疑他就是政府要捉的人。

后来,斯大林安排列宁化装成芬兰农民的样子,躲在拉兹里夫湖畔。在这里,列宁写下了《国家与革命》。

一九一七年十月,列宁化装再次回到彼得格勒。当剃光胡子、戴着假发的列宁出现在布尔什维克党的特别会议上时,全场发出一片欢呼声。由列宁亲自部署和指挥的武装起义正在酝酿中。

此时,临时政府纠集了五万多人的部队,加紧了扼杀起义的行动。骤然紧张的形势下,列宁果断指示,立即起义。十一月六日深夜,列宁再次化装,顺利地通过敌人的封锁队、巡逻队后,径直来到起义司令部——斯莫尔尼宫。

在列宁的指挥下,起义队伍迅速占领了火车站、电报局、邮局、银行等战略据点。临时政府头脑克伦斯基仓皇乘坐美国大使馆的汽车逃离了冬宫,这位曾经不可一世的反动家伙,最后不得不打扮成女人的样子才逃出去。他指定的继承人杜鹤宁也被愤怒的群众用拳头打死了。

十一月七日,"阿芙乐尔号"巡洋舰向世界播发了列宁起草的《告俄国公民书》,宣告临时政府已被推翻。十一月八日,反动势力的堡垒冬宫被革命武装攻破。

人类历史上第一个无产阶级专政的社会主义国家诞生了。已经两天两夜没合眼的列宁,在灯下又开始了新的工作。

列宁的故事

一八八七年春天,刚刚十七岁的列宁,接到亲爱的哥哥萨沙被沙皇绞死的消息。全家人既为萨沙的死难过,又为他的正直与忠贞而骄傲。在当时,俄国人民不堪专制、腐朽的沙皇统治,纷纷起来斗争。萨沙同一些正直的知识分子,组织了一个"民意党"。他们斗争热情很高,但始终找不到一条正确的革命道路,因而就把国家落后、人民痛苦归结到沙皇个人头上。一八八一年三月,"民意党"组成了一个刺杀小组,在街上用炸弹炸死了亚历山大二世。但没有过多久,亚历山大三世又上台了,仍然沿袭老沙皇政治制度,人民还是生活在水深火热之中。这些单纯的知识青年,又一次组织一些骨干分子,其中就有萨沙。他们同仇敌忾,又一次行刺沙皇,可这一次沙皇早有准备,他们刺杀未成反被敌人抓住。萨沙表现得非常英勇,为了保存革命实力,自己一人承担下来,结果,对他们恨之入骨的沙皇,便下令绞死萨沙。列宁在悲痛之余严肃地对家人说:"不,我们不走这样的路,应当走的不是这种道路!"

就在这一年秋天,列宁全家迁往喀山,他随即进入喀山大学法律系学习。他发奋研究各种社会学说,并参加了青年学生小组和学生的反抗斗争。他斗争坚决,且对当前的政治问题非常了解,经常向同学们介绍马克思主义的学说,鼓动大家向沙皇政府作坚决的斗争,因此在同学中威望很高,大家亲切地称他列宁(发表文章时所使用的笔名,列宁原名叫弗拉基米尔·伊里奇·乌里扬诺夫)。

这年冬天,列宁因组织同学参加一个集会,被反对政府逮捕。在押往监狱的途中,一个警官看着走在最前面的列宁说道:"年轻的小伙子,你为什么要造反呢?"警察似乎难以理解,接着便以教训的口吻说:"要知道,在你的面前是一堵墙!""那只不过是一堵朽墙,只要一推就会倒掉。"年轻的列宁毫不犹豫,勇敢而坚定地答道。

这位警官一听,心中吓了一跳,但马上对这个年轻人产生了由衷的敬佩之情。

在监狱中,列宁与他的战友们不屈不挠地同敌人展开了斗争。有一次,一位同学与列宁相互交谈时问道:"你出狱后想做些什么?"列宁回答:"在我面前只有一条路,就是进行革命斗争!"

一八八七年十二月十九日,列宁被当局放逐到离喀山四十多公里的柯库什基诺村。在村中,他制定一个学习计划,利用这段时间,他博览群书,潜心自修。一年后,列宁又回到喀山,秘密参加了一个马克思主义小组,认真研读马克思的著作,并积极宣传马克思主义。

一八八九年,列宁迁到萨马拉来住。他刻苦学习,用两年的时间,自学完了大学四年的课程。一八九一年,他以校外生的资格,参加了彼得堡大学法律系的国家考试,以优异的成绩,被授予最优等的毕业文凭,并成为注册的助理律师。

然而,列宁对律师职业并无兴趣,他关注的是推翻沙皇政府,使人民获得解放。因而,他刻苦学习德文、法文和英文,认真钻研马克思、恩格斯的著作。与此同时,在萨马拉组织了第一个马克思主义小组。

但萨马拉远离无产阶级运动中心,他渴望到无产阶级聚集的地区去。终于一八九三年八月底,二十三岁的列宁来到了俄国的政治中心彼得堡。

一到这里,列宁便秘密地同马克思主义小组取得联系。他多次发表演讲，经常到工人居住区去，给工人讲解马克思主义政治经济学。在他的积极倡导下，彼得堡很多独立的共产主义小组联合起来，成立了一个名叫"工人阶级解放斗争协会"的秘密组织，表现出他的非凡的组织才能。出于对马克思主义者的尊敬，他成为公认的领导者。

"工人阶级解放斗争协会"的组成，使俄国第一次完成了社会主义和工人运动的结合，也为我国无产阶级政党的建立打下了基础。但组织越大，目标就越明显，不久，列宁便因密探盯梢而被捕。

在监狱中，列宁一面进行斗争，一面又勤奋学习、写作，就在一间两米宽、三米长的单人牢房里，他写出了著名的《俄国资本主义的发展》一书的大部分书稿。

除此之外，列宁还在狱中写了大量的传单和小册子，以指导外面的工人运动。为了把这些文字顺利地传出去，他想了一个巧妙的方法，把字用牛奶写在要归还的书的空白处，干了以后一点也看不出来，然后趁家人来探望时把书带出去，用火一烘，字迹就出来啦！

为了不让看守发现，他便用面包做成"墨水瓶"，里面灌上牛奶，偷偷地用它来写东西。有一次，列宁正沉浸在写作之中，不小心看守开门走了进来，他急中生智，一口把小"墨水瓶"吃了下去。他曾在一封信中写道："我今天吃了六个'墨水瓶'。"就这样，列宁在狱中机智勇敢地坚持同敌人斗争。

列宁在监狱中被关押一年零两个月后，于一八九七年五月，被流放到西伯利亚东部的舒申斯克村。这是一个荒僻的村庄，距离铁路有六百多公里，全村连一份报纸也没有。在这么艰苦的条件下，列宁依然充满着乐观精神，忘我地进行工作。在这三年的流放生活中，列宁完成了《俄国资本主义的发展》这部著作。此外，列宁还写了三十多篇文章，翻译了两本书。其间，列宁还一直考虑着党的建设问题。这首先要办份报纸，才能把工人阶级紧密地团结在党的周围。为此，他勾勒了一个较为成熟的计划。

流放期满后，列宁到了国外，一九〇〇年十二月，这份名叫《火星报》的报纸，终于在法国莱比锡出版了。列宁写了大量文章，来论述党的建设的迫切性和必要性。

这些报纸通过各个渠道运回俄国，在工人手中秘密流传。列宁的名字，也随之传遍到整个俄国。

经过长期的筹备工作,俄国社会民工党代表大会,终于在比利时王国的首都布鲁塞尔召开了。经投票选举出党中央机关,以列宁为代表的马克思主义者获得了多数票。以列宁为首的布尔什维克党诞生了。从此,他开始领导人民走向胜利的明天!

此时此刻的列宁全神贯注地沉浸在土地法草案的起草工作中。虽然经历了血与火的考验,革命取得了胜利,但摆在眼前的任务与困难还非常艰巨,还有许多工作在等着他。

十月革命胜利后的苏维埃俄国成为世界上第一个社会主义国家。帝国主义列强惊恐万分,正在进行第一次世界大战的英、法、美、日各国以及德国,都派出军队入侵苏俄,进行直接的武装干涉;国内的反动势力也纷纷叛乱,企图一举颠覆新生的社会主义政权。在这种极端困难的条件下,布尔什维克和苏维埃政府带领着人民,经过近三年的浴血奋战,到一九二〇年十月,终于打败了国内外的武装,粉碎了敌人的阴谋,取得了决定性胜利。

但是,新的政权面临着更为艰巨的任务,那就是治理战争留下的巨大创伤。饥荒成为广大农村地区的灾难,农民迫切需要苏维埃政府在经济上帮助他们,要求城市供给他们布匹、靴子、钉子、犁和其他工业品,要求改善生活。而连年的战祸同样使工业衰败不堪,千百个工厂处于半毁坏状态,多数设备破旧得如同废铜烂铁;铁路运输几乎停顿,几百座铁路桥被炸毁,几千公里长的铁轨报废,大部分机车和车厢已经超期限使用;一部分工人失业,跑到了农村。

在国际上,资本主义国家联合起来,对苏俄实行经济封锁,还在暗地里组织匪帮和富农暴动,时刻准备进行颠覆活动。

在这困难时期,喀山铁路分局决定全分局在每星期六下班后继续进行六小时义务劳动,称为"星期六义务劳动"。很快,这项活动在国内广泛开展起来。一九二〇年五一国际劳动节这一天,列宁在克里姆林宫前面的广场上亲自参加了星期六义务劳动,作为庆祝五一劳动节的方法。列宁与劳动人民一起参加星期六义务劳动的消息鼓舞了全国劳动人民与困难作斗争的劲头。

与此同时,列宁认识到,党和政府必须来个重大转变。斗争的重心要逐渐转到经济方面,在改进农业的基础上,恢复工业,必须把机器和货物供应到农村,从经济上加强工农联盟;在国家电气化的基础上恢复工业。

一九二一年三月,布尔什维克第四次代表大会通过了新经济政策的决议。新经济政策以粮食税代替征收,允许农民自由出卖余粮,允许私商自由贸易,并且将一部分小工厂还给私人,还准备把一些企业租给外国资本家等等。

尽管这些政策遭到一些人的反对,但它明显对恢复经济起到了巨大作用。新经济政策使苏维埃国家的经济顺利恢复起来,进入了社会主义建设时期。一九二二年十二月,第一届苏维埃代表大会召开,宣布成立苏维埃社会主义共和国联盟(简称苏联),制定了第一部宪法。第一个社会主义国家终于在世界上站稳了脚跟。

长期繁重紧张的工作,使列宁练就了高超的一心二用的本领。有一次,列宁在莫斯科克里姆林宫里主持重要会议。到会的有俄国各省、市的代表。讨论的问题是如何又快又好地恢复被战争破坏了的生产。代表之一,彼得罗夫·索罗金同志在发言。彼得罗夫·索罗金发言时,不时斜着眼看一看列宁,看列宁是否注意听他讲。突然,他看到:列宁从一叠公文中抽出几份文件,放在自己前面,就埋头阅读起来。彼得罗夫·索罗金停下来,不讲了。列宁不听他发言使他觉得很难过。他停了下来,可列宁突然说:"说下去,同志,说下去。你说:'我们在工作中遇到很多困难。我省还存在着许多各种各样的缺点。'那么,你省有哪些缺点?你们遇到了哪些困难?"

彼得罗夫·索罗金吃了一惊。列宁竟一字不差地重复了他的话。他继续发言,讲了缺点,说了困难。一面发言,一面又不时看看列宁。列宁在听。过了一分钟,两分钟,彼得罗夫·索罗金看见列宁伸手拿了一张白纸,放在前面,开始在纸上迅速地写什么东西。

"现在嘛,"彼得罗夫·索罗金明白了,"列宁当然不在听我的发言了。他是那么聚精会神地写东西。"发言者又停了下来,造成了间歇。列宁离开了纸,转身对彼得罗夫·索罗金说:"说下去,说下去。你说:'最使我们不安的问题是整顿交通工作。邻省的同志刁难我们。'那么他们在哪方面刁难你们?是哪些省?"

这一次彼得罗夫·索罗金完全惊呆了。甚至一时讲不出话来。老是吃惊地看着主席台,看着列宁。

"说下去。"列宁说。

彼得罗夫·索罗金继续发言。可他情不自禁地又看了看列宁。他看见秘书走到列宁身边,向他低声说了些什么,列宁回答了。秘书又提出了什么问题,列宁又做回答。彼得罗夫·索罗金看得清清楚楚:列宁总不能同时既回答秘书的问题,又听他发言。他又来了一次停顿。

"说下去,说下去,"列宁向他挥着手,"说下去,你说:'我们对人民委员会有一个请求。'那么,是什么请求?"彼得罗夫·索罗金"啊"了一声,整个会议厅都几乎听得见。完全正确,他刚才在讲台上讲的正是这几句话。

彼得罗夫·索罗金结束了自己的发言。他对列宁的惊人才能赞叹不已。

休息时他在会议厅里走来走去:"真了不起!真了不起!"他对这个讲,又对那个讲。

不过大家不知为什么都以责备的眼光看着彼得罗夫·索罗金。大家都知道列宁的惊人才能,知道他能够同时集中注意力于两三件事,知道列宁各种各样的事很多,每一分钟他都很珍惜。可是碰上了这么一个彼得罗夫·索罗金,在发言时竟三次打断了列宁的工作。同志们对彼得罗夫·索罗金说,他妨碍了列宁的工作。

彼得罗夫·索罗金很难受,他想立刻跑去向列宁道歉。才走了一步,抬起眼来,看见列宁正向会议厅里走过来。列宁也看见了彼得罗夫·索罗金。他走近来,"好样的,讲得好。"列宁对彼得罗夫·索罗金说,甚至于对他三次打断他工作也加以夸奖,"我看,你是个倔强的人。"

彼得罗夫·索罗金很不好意思,脸都红了。

列宁是一个精力充沛的人。他每天工作十几个小时,在十月革命前后那些最艰苦和繁忙的日子里,他甚至一天要工作二十个小时以上。

这位身材不高、有着钢铁般意志和敏锐头脑的思想巨人,正在创造着人类历史上的奇迹:他在历史上第一次实现了由社会成员中的大多数,即广大工农群众来管理和建设国家;他领导着第一个社会主义国家,独自与整个资本主义世界相抗衡,并成功地粉碎了他们的一切武装干涉;他使人们相信,人类从前只是作为理想的公平和正义正在变成现实,从而鼓舞起人们对生活的巨大勇气……

然而,奇迹的创造是要付出超人代价的。由于长期超负荷、超强度工作,列宁的身体状况开始衰弱,头疼、失眠这些脑力劳动过度的症状无情地折磨着他。他以坚忍的意志力顽强地坚持工作,指导着苏维埃布尔什维克党的工作。一九二二年,他带病参加了党的第十一次代表大会,并在会上作了报告。从一九二二年五月起,在医生和布尔什维克党中央的坚持下,列宁到了莫斯科郊外哥尔克村去疗养。在这里,他的动脉硬化症第一次严重发作,连语言功能也发生了障碍,经过治疗,两个月后病情有所好转。

病中的列宁仍然保持着读书看报的习惯,并不时和前来探望他的政治局成员们讨论工作。医生不得不采取强硬措施,严格禁止他的这一切活动。

十一月二十日,在列宁的强烈要求下,他参加了莫斯科苏维埃全体会议,并发表了演说。然而这却是他最后一次发表公开演说了,十几天后,病魔再次袭击了列宁,他的右半身彻底瘫痪了。列宁神志始终很清醒。他知道自己的时间不多了,必须抓紧每一分钟。他半身麻木,无法执笔写作,便口授文件,让别人帮着记录。严重的头疼时常折磨他。为了保持思维的连贯性,他一边冷敷额头,一边口授,列宁后来的多篇文章就是以这种方式写下来的。

一九二三年春天,病魔第三次袭击列宁。他连话都无法说了。随后的日子,是列宁与疾病进行顽强斗争的日子。惊人的意志和毅力,使他身上似乎出现了奇迹:夏天,他不再失眠,在别人的搀扶下,他可以下床走路了;而到了秋天,他居然又能说话了。这位年轻共和国的缔造者以他与敌人进行斗争的毅力与疾病进行着顽强斗争。人们期待着奇迹真的出现,盼望他们的领袖再次回到克里姆林宫,主持苏维埃共和国的工作,领导他们走向光明的未来。然而,事与愿违。一九二四年一月二十一日傍晚,这位巨人溘然长眠,永远离开了他眷恋着的土地和人民。

苏维埃共和国举国致哀。钟声长鸣,礼炮轰响,哀悼这位二十世纪的巨人。

虽然,这个世界上的第一个社会主义国家解体了,然而,人们对列宁的尊敬并不因此而消逝。列宁为了消灭人类的一切剥削和压迫、为了实现人类的公平和正义理想而不懈努力、顽强斗争的精神,将永远激励和鼓舞人们,成为人们追求光明与幸福的一盏明灯。

流血星期日

二十世纪初,俄国进入帝国主义时期,俄国的帝国主义具有明显的军事封建性。资本主义工业是在沙皇政权的庇护下发展起来的,它必须依靠沙皇的军队和警察的棍棒及政府的监狱才能维持企业的内部秩序,同时还要开拓殖民地。这里是世界上最野蛮残酷的地方。一九〇〇年到一九〇三年,俄国爆发了经济危机,国内人民怨声载道。为了转移人民的斗争视线,沙皇发动了日俄战争,结果适得其反,一九〇五年元旦过后,一个令人震惊的消息传来:旅顺口被日军攻陷了!

面对经济凋敝、国库空虚、物价飞涨的局势,百姓忍无可忍,纷纷举行示威游行。

一九〇五年一月十六日,彼得堡最大的普梯洛夫工厂开除了四名工人,气愤的工人当即举行了罢工,抗议厂方无理开除工人的行径,并要求实行八小时工作制、改善劳动条件等,但都被厂主一口回绝。

很快,全彼得堡各处纷纷举行罢工,声援普梯洛夫工厂工人罢工。由此,全城性总罢工开始了。

一月二十二日,星期日,十四万工人举着圣幡、圣像和沙皇的肖像浩浩荡荡向冬宫行进,同时还唱着宗教圣歌和赞美沙皇的歌曲,准备向沙皇递交请愿书。他们相信,沙皇肯定会接受他们的请愿。他们天真地在请愿书上写道:"我们,彼得堡的工人,偕同我们的妻室儿女和老弱父母,特来向皇上请求公道和保护。"

布尔什维克党知道这种和平请愿不会有什么好结果,散发传单警告工人:"自由是要用血来换取的……不要向沙皇请愿,甚至不要对他有什么要求……你们从牧师手里或沙皇手里都得不到自由!"

工人们不听劝阻,执意要去。他们哪里知道,此时沙皇正磨刀霍霍,准备用血腥的大屠杀来回答工人们的和平请愿。

下午两点左右,早已布置在市内的全副武装的沙皇军警突然向密集的请愿者开枪射击。一千多人当场丧生,两千多人受伤,彼得堡大街上浸染了工人的鲜血。人们把这一天称为"流血星期日",它标志着俄国一九〇五年革命的开始。

彼得堡街头的鲜血擦亮了千百万人民的眼睛,当天晚上,彼得堡工人筑起了一座座街垒,同军警展开了肉搏战。全国各地工人也掀起了罢工浪潮,农民运动也蓬勃发展起来。工农群众的斗争烈火迅速蔓延到沙皇政府的主要支柱——军队。这年六月中旬,黑海舰队"波将金号"装甲舰上的水兵发动了武装起义。

十月,全国主要铁路干线职工宣布总罢工,随即扩展到各大城市,形成了全俄政治总罢工,有一百万人参加。工厂停工,学校罢课,商店关门,邮电不通,国内生活处于瘫痪之中。各地纷纷建立苏维埃,领导革命斗争。

彼得堡总督因镇压不利,被沙皇骂得狗血喷头。他悍然下令:"绝不要放空枪,也不要吝惜子弹。"但血腥屠杀仍阻挡不了革命滚滚洪流。

十二月二十日,十五万莫斯科工人举行总罢工,二十三日,罢工发展成为武装起义。沙皇调来炮队进行镇压。由于敌我力量对比悬殊,莫斯科苏维埃决定停止起义。

从"流血星期日"到十二日莫斯科武装起义的一九○五年俄国革命,是俄国历史上一个转折点,为一九一七年十月革命奠定了胜利的基础。它也是帝国主义时代第一次人民革命,从而揭开了帝国主义时代革命风暴的序幕。

沙皇的末日

一九一四年,爆发了第一次世界大战。当时统治俄国的尼古拉二世为了巩固统治地位,不顾百姓死活,把俄国拖进了大战,他强征一千五百多万壮丁入伍,几乎占全国男劳力一半,前线作战接连失利,大片国土沦丧,大批居民背井离乡,生活困苦不堪。

忍无可忍的工人们在布尔什维克党的领导下,举行示威游行,他们高呼:

"打倒专制政治!"

"打倒沙皇!"

"打倒战争!"

农民们也积极行动起来,抗租烧庄园,赶走地主。

议长见势不妙,赶紧报告自任俄军总司令、正在前线督战的沙皇,刚愎自用的尼古拉却不以为然,对这个大腹便便的啰唆议长甚为不满。日益高涨的革命形势与不断失利的前线形成了鲜明对比,沙皇终于感到事情不妙。于是,在皇后的撮合之下,他决定与德国媾和。这可气坏了议会中的资产阶级代表,他们密谋发动一次宫廷政变,乘沙皇出巡时截住他,逼他退位,另立一个新皇帝。沙皇的末日就要到了,可是,还没等资产阶级动手,布尔什维克和广大人民群众已经起来推翻了沙皇的反动统治。

一九一七年三月八日,是国际妇女节。首都普梯洛夫工厂工人从郊区走进城市中心,举行示威游行,当时许多排队正在购买面包的妇女们也加入了示威行列,他们打出"打倒战争"、"打倒专制制度"的标语牌。这一天,参加人数超过了十二万人。罢工仍在继续。十一日,彼得格勒罢工队伍遭到了沙俄军警的开枪射击,不少人倒在了白皑皑的雪地上,鲜血染红了白雪。沙俄的残暴更加激起了群众的愤怒,十三日,起义队伍在六万多名士兵的帮助下攻占了历代沙皇专制的象征——冬宫。俄罗斯帝国的双头鹰国徽被摘了下来,革命的红旗代替了沙皇的白、蓝、红三色旗在首都上空高高飘扬。

躲在冬宫里的皇后吓得魂不附体,急急忙忙收拾细软,溜之大吉。临逃时,她叫侍从给前线的沙皇拍了一个紧急电报:"城里掀起了一场流氓运动,人们发疯似的奔跑着、呼喊着。望速派员来京平叛……"

野心勃勃、残忍成性的沙皇立即意识到事态严重,在派出了应变军队后,立即亲自乘专车向彼得格勒进发。知道消息的铁路工人故意扳错道岔,让列车无法前进。

彼得格勒胜利的消息如插了翅膀一样传遍全国各地,各地纷纷起义响应。沙皇尼古拉二世被迫于三月十五日宣布退位。就这样,统治俄国达三百年之久的罗曼诺夫王朝寿终正寝了,这个被人们称为"血腥的尼古拉二世"自然就成了俄国历史上的末代沙皇。这个罪大恶极的末代沙皇得到了人民公正的审判。

推翻沙皇的这次革命,因发生在俄历二月,所以历史上称之为"二月革命"。

第一次世界大战

萨拉热窝的枪声

一九一四年六月二十八日是一个晴朗的星期天,这一天上午,波斯尼亚首府萨拉热窝的街头,人头攒动,好一派热闹的景象。原来是斐迪南大公和妻子索菲要访问这座城市。十时过后不久,前后六辆敞篷汽车缓缓地从车站方向驶来。人们议论纷纷:"看哪,这就是斐迪南大公,这家伙就是那个好勇斗狠的奥地利皇太子。"也有人说:"听说了吗,这家伙刚刚举行完军事演习,听说是以塞尔维亚为假想敌人的呢!"旁边有一位也凑过来搭话:"你看他那神气活现的样子,还不知会发生什么事呢!"

话正说到这里,人们为眼前的事情惊呆了:就在车队驶上市中心一座桥梁时,一个年轻的小伙子突然间把一颗炸弹掷向斐迪南大公!人们眼见着这颗炸弹向斐迪南大公的车子飞去,可就在这时,斐迪南的司机有所察觉,加快了车速,躲过了这颗炸弹。炸弹落在了车篷上后又弹到了地上,在第三辆汽车前面"轰"的一声炸开了。炸弹的碎片击伤了总督的副手、索菲的侍女和一些旁观者。那青年掷出炸弹后,立即吞下一小瓶毒药,纵身跳进河里。几分钟后,他被打捞上来,可他忍受着剧烈的疼痛,什么也不说。

斐迪南大公故作镇静,他也不想将这次暗杀行动解释为这座城市对他的抗议,所以若无其事地对旁边的人说:"这家伙有精神病,我们不管他,继续前进!"车队缓缓行进到市政厅,这时候,市长正在准备致欢迎词。惊魂未定的斐迪南大公把一肚子气都撒在了市长身上,上前一把抓住了市长的胳膊,厉声质问道:"市长先生,我到这里来访问,是表示我的友好,难道这里的人竟用炸弹来回敬友好的表示吗?"

市长听说了这件事,再看到怒气冲冲的斐迪南大公,吓得浑身发抖。斐迪南只不过想吓一吓他,看他的样子,也稍许有些满足,平静了一下,对市长说:"市长先生,讲你的吧。"

从市政厅出来,下一步就是到国家博物馆。斐迪南大公这次不敢掉以轻心,加强了安全措施。走到半路,斐迪南突然准备改变行程,先去医院看望一下那些被炸伤的人们。走在前面的司机并没有被告知行程的改变,造成了一个小小的混乱。总督发现路线不对,命令司机掉头行驶。这个小小的混乱给另一位暗杀者——加夫里洛·普林齐普的暗杀行动造成了一个绝妙的时机:斐迪南大公夫妇的车子距离他不到两米。机不可失,普林齐普迅速拔出一支小手枪对准斐迪南大公夫妇,"砰"、"砰"就是两枪。这两颗子弹都没有白费,第一颗子弹射进了斐迪南大公的脖子,第二颗则洞穿了大公的妻子索菲的腹部。

事情如此突然,站在车子踏脚板上的侍从官一时不知所措,总督也慌忙命令司机返回总督府,没有顾及到斐迪南大公夫妇的伤情。斐迪南大公夫妇也还直挺挺地坐在那里,呆滞的目光凝视着前方。

普林齐普射出两颗子弹后,立即将枪对准自己头部准备自杀,但没有成功,警察上前来逮捕他时,他挣扎着吞下了一小瓶毒药,这瓶毒药使他痛苦地痉挛,他还是没有当场死去。但是斐迪南大公夫妇却没有这么幸运,车辆的震动使斐迪南口中喷出一股股鲜血,过了不一会儿,斐迪南夫妇双双死去。

斐迪南大公的死使奥国八十二岁的皇帝老泪纵横,陆军参谋借机敦促他向塞尔维亚宣战。在得到德皇的支持后,他向塞尔维亚提出了苛刻的条件,最后借口条件没有被满足,于七月二十八日中午向塞尔维亚宣战。这一下捅了马蜂窝,短短的几天之内,德、俄、英、法等欧洲帝国主义大国纷纷卷入了战争,第一次世界大战爆发了。这次大战很快从欧洲扩展到亚洲、非洲和美洲,日本、美国等国家宣布参战,到一九一八年先后有三十多个国家卷入了战争。

有人说是普林齐普发动了第一次世界大战,因为萨拉热窝的枪声成了第一次世界大战的导火索,事实上不是这样的。实际情况是,这些帝国主义大国早就准备好了发动战争,萨拉热窝事件只不过是一个借口罢了。

三国同盟与三个协约国

十九世纪七十年代后,由于资本主义经济政治发展的不平衡,各国实力发生了迅速变化。到了二十世纪初,后起的资本主义国家美国和德国已经赶上并超过了老牌的资本主义国家英国。可这时,世界早已瓜分完毕,英国占有殖民地最多,是俄国的二倍,法国的三倍,德国的十一倍。迅速崛起的德国岂肯罢休。列强争雄,必起祸端。此时的欧洲大陆,杀机四起。列强为了自己的如意算盘,各动心智,钩心斗角。为了在激烈的竞争中壮大自身力量并压倒对方,各国以私利为轴心都在寻找着同盟者,于是在欧洲便逐步形成了对立的两大帝国主义军事集团:"三国同盟"和"三国协约"。

"三国同盟"指的是德国、奥匈帝国和意大利三个国家结成的同盟,在这里,德国是主角,奥匈是依附德国的伙伴,意大利则是暂时的和动摇的同盟者。一直以来,德法矛盾很深,德国最怕法国复起,尤其是担心法国有朝一日会收复一八七一年被德国侵占的阿尔萨斯和洛林,这可是两块上好的肥肉,肥得直流油,德国是不会归还给法国的。奥匈帝国则与俄罗斯帝国因争夺巴尔干半岛而不断发生冲突。于是在一八七九年十月七日,德奥便结成了秘密军事同盟条约。此后,德国又利用法意之间为争夺突尼斯而出现的矛盾,把意大利拉入同盟。一八八二年五月二十日,三国签订了三国同盟条约,规定:"如果法国进行侵略,德国意大利将互相援助,如果三个同盟国中任何一方受到两个或两个以上强国攻击,其他两国保证给予援助。"

三国同盟的矛头直接指向法、俄,从而促使他们迅速接近。三国协约来源于一八九一至一八九四年法俄签订的一系列规定:"两国中如有一方遭受德国的单独进攻,或德国与意大利、奥匈帝国的联合出击时,将互相提供军事援助。"一八九四年,法俄同盟正式形成。

一直奉行"光荣孤立"政策的英国因其与德矛盾日益尖锐,于是,在一九○四年四月八日同法国缔结了协约。一九○七年八月三十一日,英俄也订立了协约。这样,英俄同盟再加上英法协约和英俄协约,便构成了三国协约。

至此，两大对立帝国主义军事集团各已形成。各国不断地扩充军备，到一九一四年，两个集团积怨日深，几乎到了剑拔弩张的地步。战争的因素在不断地增长，欧洲大陆弥漫着呛人的火药味，而巴尔干半岛是一个超级火药桶。

一九一四年六月二十八日，在波斯尼亚首府萨拉热窝，奥国皇储弗兰茨·斐迪南夫妇在军事演习后被出生于波斯尼亚的塞尔维亚青年普林齐普枪杀。萨拉热窝事件成了第一次世界大战的导火线。一九一四年至一九一八年，欧洲战火纷飞，烽烟滚滚，千百万条汉子在战场上奋力拼杀，转眼间无数个生灵成冤鬼。欧洲大陆宛若人间地狱般恐怖。协约国和同盟国之间交战无数，大大小小的战役数不胜数。最后，协约国终于力挽狂澜，战胜了同盟国。一九一八年十一月四日，德国代表于巴黎东北茨比涅森林的火车厢里签订了停战协定，一九一八年十一月十一日上午十一时，第一次世界大战正式宣告结束。

"史里芬计划"的破灭

一九一四年八月，这在欧洲正是秋高气爽，收获果实的季节，而比利时的列日要塞却气氛明显紧张，战争一触即发。要塞四周的十二个钢筋混凝土构成的坚固炮台在阳光下显得格外沉重，仔细看去，每个炮台都装备着大炮和其他武器，更增加了气氛的紧张。比利时是个中立的国家，并没有参加这次战争，为什么也会这么紧张呢？这还得从头说起。

萨拉热窝事件后，第一次世界大战很快在欧洲蔓延，预谋已久的德国很快参战。早在一九〇五年德军就制定出了一个详尽而周密的作战计划，当时制定这一作战计划的是德国参谋总长史里芬，所以这一计划又被称为"史里芬计划"。史里芬是一个军事天才，"史里芬计划"体现了德国人的闪电战的一贯做法，成为世界军事史上著名的军事计划之一。

德国地处中欧，因此，东有俄国，西有英国和法国，这些国家都同德国有着利益上的冲突。如果战争扩大，德国势必两面受敌。在这种情况下，"史里芬计划"设想德国的主要敌人在西方，战略的重点在西欧。德国一旦加入世界大战，首先要在西方集中绝大部分兵力迅速击败法国，切断英国同欧洲大陆的联系。消除西部的隐患后，再掉过头来对付俄国。

法国早就对强大的德国存有戒心,在法国和德国的边境修了一系列坚固的堡垒,称为"马奇顿防线",成为德国进攻法国的最大障碍。"史里芬计划"巧妙地绕过了法国的防线,选择了从比利时进攻法国。因此,比利时的要塞列日成为这一作战计划的关键性一步。

列日要塞这种战前的沉默气氛很快被打破,德国军队在无理要求被拒绝后,立刻用大炮轰击炮台,并动用飞船投放了十几颗炸弹。德军像潮水一样发动了第一轮攻势,但很快被比利时人猛烈的炮火击退。德军沉不住气了,德国第二集团军副参谋长鲁登道夫将军亲自督阵才攻下了列日镇,但周围的炮台仍在顽强战斗,德军的前进仍然受到强有力的阻碍。

最后德军拿出了自己的看家本领:调来了一门巨型的榴弹炮,来摧毁剩下的十个炮台。这种榴弹炮比当时协约国方面最大的十三英寸的大炮还大出三英寸多,而且装有定时引爆装置,所以,威力极大。在一阵阵隆隆的炮声中,列日要塞的几个炮台很快就被摧毁,成为一座座废墟,连当时比利时方面的总指挥勒芒将军也被俘虏。之后,德国军队迅速向西挺进,并兵分五路,直向法国北部扑去。

这个消息传到法国后,法国的总司令霞飞将军决定将计就计,去攻打德军相对较弱的后方。由于德军绝大部分都被用于通过比利时攻打法国,所以在德法边境上驻扎的军队较少,法军得以长驱直入,很快收复了阿尔萨斯和洛林地区。然而,这正中了德国人诱敌深入的计策,德军很快进行全面的反击,法军开始全线溃退。而德军的大部队则通过比利时侵入法国领土,向法国的心脏地区长驱直入。

一连串的胜利使当时的参谋总长毛奇得意忘形。他过早地分兵多路进攻法军,从而露出了破绽,给法军可乘之机。霞飞马上发现了德军的兵力分散,于是重新整顿军队,对德军形成了两面夹攻之势。

从九月五日到九日,德、法两军在巴黎东面的马恩河展开了激烈的战斗,这就是著名的马恩河战役。这次战役有一百五十万人互相厮杀,十分残酷。最后德国战败,只能向北退去,两军形成对峙局面。德军妄图速战速决的计划没能得以实现,史里芬计划遭到破产,德国在战争中处于越来越不利的地位。

坦仓堡战役

第一次世界大战爆发后,法国为俄国制定了军事计划。计划规定,如果德国从西线进攻法国,那么俄国就从东线进军东普鲁士和奥地利的加利西亚,迫使德国分散兵力,以便法俄同时从东西分别打击德军。

德军果然从西线进攻法国了,俄国立即调集六十五万大军兵分两路大举进攻东普鲁士。

在突入东普鲁士不久,俄军准备仓促,食物补给和运输工具缺乏的弱点日渐暴露出来。加之两个集团军配合很差,很快在两军之间出现了一条宽一百公里的空隙地带。

观察敏锐的德国第八集团军霍夫曼上校立即发现了俄军的弱点,建议马上攻打萨松诺夫率领的第二集团军的左侧翼。

"这能行吗?如果莱宁堪普率领第一集团军来援救怎么办?"参谋长对霍夫曼的建议提出疑问。

"参谋长放心,这两个集团军司令是一对冤家,十年前,在日俄战争时,莱宁堪普因在一次战争中没有支援萨松诺夫,而被萨松诺夫骂得狗血喷头,萨松诺夫气愤至极,竟在中国沈阳火车站的月台上对莱宁堪普大打出手,让莱宁将军很没面子,这次,莱宁堪普非报十年前被打之仇,我判断,他不会援助。"

听了霍夫曼的分析后,参谋长当机立断,采取反攻行动。他首先派一个师的兵力牵制莱宁堪普的二十四个师,将其余全部兵力用来对付第二集团军。接着,他又派出一个小分队引诱萨松诺夫。不知详情的萨松诺夫在打败小分队后穷追不舍,企图一举歼灭德军。谁料,却中了德军的埋伏,疲惫不堪的俄军不堪一击,仓皇后退。萨松诺夫见势不妙,立刻电请莱宁堪普的第一集团军火速来援。果不出霍夫曼所料,莱宁堪普对他的请求置之不理。在德军猛攻之下,饥疲交加的俄军迅速溃败,九万多士兵被俘,三万多人战死或失踪,萨松诺夫悲愤至极,举枪自杀。第二集团军瓦解。

德军稍加休整,又立刻向莱宁堪普的第一集团军猛扑过来,措手不及的莱宁堪普掉头就跑,结果,德军大获全胜。丢下第一集团军逃回俄国的莱宁堪普被沙皇尼古拉二世撤了职。

这次战役因在坦仓堡取得最终胜利,故被命名为"坦仓堡战役"。

英德海上大决战

英德海上大决战,又称日德兰海战,也叫斯卡格拉克海战。这是第一次世界大战中最大的一次海战。

一九一六年五月三十日,德国"留佐号"等五艘战斗巡洋舰进入斯卡格拉克海峡,英军司令杰立克获知后,立即派贝蒂率四艘战列舰和六艘战斗巡洋舰为前锋,迅速驶向日德兰半岛西北部海面。自己则亲率二十四艘战列舰、三艘战斗巡洋舰和许多辅助舰只断后。

杰立克哪里会料到,这只是狡猾的德国公海舰队司令舍尔海军上将的一个引蛇出洞计谋。而其大舰队则在"留佐号"等舰后八十公里的海面上航行。

五月三十一日下午二时,两支庞大舰队的前锋都驶到了日德兰西北部的海面上,虽说相距仅有五十多英里,双方却谁也不知道对方就在眼前。

突然,英国舰队的一名瞭望员喊到:"远方出现异常的蒸气!"接着又喊道:"是一艘丹麦货船。"

这时,德国前锋的一艘轻型巡洋舰也望到了丹麦货船,便转舵向它驶去,正好与前来察看情况的一艘英舰相遇。二时五十二分,两舰互相炮击,但都没命中。接着,贝蒂率六艘战斗巡洋舰迎击德国五艘战斗巡洋舰,双方进行了激战,不多时,贝蒂的旗舰"狮号"、"玛丽王后号"、"不屈号"不幸被德舰炮弹击中。

六时左右,英国主力舰队首先发现了德国主力舰队方位。海军司令杰立克立即下令:"全部列舰向左排成舷侧单行,准备迎战!"

毫无心理准备的德国主力舰队在英舰队的大炮轰击下,顿时乱了阵脚,不到十分钟,德国已有三艘军舰遭到重创。舍尔见势不妙,调转船头,在薄雾中逃之夭夭。本想从英国舰队的后面撤回本土,谁知冤家路窄,又碰上了英国的大舰队。

"快放烟幕弹!"

"各驱逐舰立即发射鱼雷!"

舍尔急促地命令着。

在烟幕的掩护下,舍尔率舰队向本土逃去。英国舰队岂能轻易放过舍尔,杰立克派出一些舰只封锁了舍尔必经的水域。深夜十一时半左右,双方又发生混战。凌晨三点半,舍尔摆脱英国舰队,逃回本土军港。

在这次海战中,英国出动了约一百五十艘军舰,德国出动了约一百艘军舰,结果,英国损失了十四艘,德国损失了十一艘,英国的损失虽大于德国,但仍牢牢掌握着制海权。

凡尔登战役

凡尔登战役历时十个月之久,是第一次世界大战中时间最长的一次战役。

凡尔登是距法国巴黎二百多公里处的一个著名要塞,而法国霞飞将军仅派了四个师十万人驻守。

德军对凡尔登垂涎已久。一九一六年一月,正当凡尔登要塞的大炮正在从炮塔上拆下来时,德军已经开始执行代号为"处决地"的行动计划,准备大举进攻凡尔登,"使法国把血流尽"。

二月二十一日晨七点十五分,德军对凡尔登展开了疯狂的进攻。德军千余门大炮齐发,炮声惊天震地。经过十二个小时的狂轰滥炸,整个法军防线笼罩在浓烟烈火之中。很快,德军攻占了法军的第一、第二阵地,但凡尔登地域是一个难以攻克的防御地带,想三下五除二就解决掉不是件容易事。

得到消息后的霞飞将军后悔莫及,立即传命令下去:"凡尔登不能丢给德国人,要不惜一切代价守住阵地。"

二月二十五日,霞飞派出大量援军前来增援,并委任贝当将军为凡尔登地区司令官。

"绝不能让德军通过凡尔登,"贝当命令阵守凡尔登的全体士兵。

为了保证援军和军用物资顺利到达凡尔登,贝当出人意料地选择了一条运载量很小,且被德军严重破坏的公路。他立即组织一支抢修队,在沿途平民协助下将六米宽的公路拓宽,铺砌成可保证车辆二十四小时安全通过的公路。自二十七日起,汽车在这条公路上川流不息地奔驰着,十几万援军和两万五千吨军货物资源源不断运到了凡尔登,这条公路为保卫凡尔登立下了汗马功劳,故被法国人称为"圣路"。

在法国守军的顽强有效抵抗下,防线很快稳定下来,德军虽然发动了几次大规模进攻,但都没有大进展。

自八月开始,法军开始局部反攻,夺回了半年来失去的炮台和大部分失地。到十二月十八日,法军收复了自战役开始以来所失去的全部阵地。凡尔登战役自此结束。

这次战役中,德军共投入四十六个师,法国投入六十四个师,双方在凡尔登浴血拼杀,双方伤亡共七十多万人,因而凡尔登战场被称为"绞肉机"、"屠场"和"地狱"。

凡尔赛和约

一九一八年十一月十一日凌晨五时，两名德国代表在法国巴黎东北茨比涅森林的一列火车上签下了条件苛刻的停战协定，第一次世界大战在这一天全面停止。

一九一九年一月十八日，一场分赃的丑剧在巴黎的凡尔赛宫正式上演。为什么要选在凡尔赛宫呢？凡尔赛宫原是法国封建帝王的行宫，一八七一年一月十八日，普鲁士国王以战胜者的傲态闯入法国凡尔赛宫，宣布自己为德意志帝国的皇帝。为了回击他的不敬，和会开幕式上，法国总统洋洋自得地说："四十八年前的今天，德意志帝国就出生在这个大厅里，因为它生于不义，所以自当死于耻辱。"

参加和会的三十二个国家，一千多名代表自和会一开始，就陷入了激烈的争吵之中，尤其是英、法、美等主要战胜国，有时甚至达到以退会相威胁的程度。他们争论的焦点是：

一是会议程序问题，美国坚持要求先解决国际联盟问题，再言其他。英国则提出先解决德属殖民地问题，而法国也不甘示弱地要求先制裁战争的罪魁祸首，肢解德国，面对英法的反对，美国只好退让。

第二是对德和约问题，这是和会讨论的中心问题，也是英、法、美等帝国主义国家分赃的利益所在，争吵最为激烈。经过几个月的讨价还价，终于达成协议：剥夺德国全部海外殖民地，由主要战胜国以"委任统治"形式予以瓜分。和会还不顾中国代表的反对与抗议，把德国在山东的一切非法权益和胶州湾租借地全部移交给日本，这激起了中国人民的极大愤怒，一九一九年五月四日，数千名爱国学生高呼"还我青岛"、"抵制巴黎和会"、"废除《二十一条》"等口号，走上街头抗议示威，引发了轰轰烈烈的"五四运动"。六月二十八日，各国签字的这一天，巴黎的华人和中国留学生三万人齐集在中国代表团住所外，高喊：

"不能签字！"

"谁签字谁就是卖国贼！"

一名二十多岁的青年"刷"地跳上台阶，大喊道："中国代表不能签字，中国代表如果签字，马上就打死他！"

　　最后,中国代表团终于发表了一项声明:"山东问题不解决,绝不在和约上签字。"

　　虽然帝国主义列强在上述问题上争论不休,但是反苏的态度却出奇地一致,他们密谋把新生的苏维埃俄国扼杀在摇篮之中。和会决定对苏俄实行经济封锁,保留德国东线部队,建立由波兰、波罗的海三国和芬兰组成的"防疫地带",还批准了武装干涉苏俄计划。

　　一九一九年五月七日,德国代表被召进会场,在苛刻的条约上签字。德国代表看到苛刻的《凡尔赛条约》后,气得浑身发抖,愤愤地说:"我们虽然对战争负有不可推卸的责任,但我们不是唯一的罪魁祸首。有些在战争中大发横财的国家,也应该受到惩罚。"言外之意是说英法等战胜国同样有不可推卸的罪责。在英美等国的武力威逼之下,德国代表被迫在和约上签字。和约共有十五部分,包括四百四十个条款,主要内容是:

一、德国及其各盟国应承担战争罪责。

二、重新划定德国疆界,使德国在欧洲大陆丧失了百分之十三点五的领土和百分之十的人口。

三、瓜分德国殖民地。

四、限制德国军备,只保留十万陆军,莱茵河东五十里不准驻军,西由联军占领十五年。解散德国总参谋部并不得重行成立;禁止生产和输入坦克、装甲车等重型武器等等。

五、赔款与经济条款。据统计,德国向英、法等国交付赔款约一千三百二十亿金马克。

《凡尔赛条约》签订后,协约国与其他各战败国相继签订了一系列和约,如《圣日耳曼条约》、《纳伊条约》、《特里亚农条约》、《色佛尔条约》和《洛桑条约》等。这一系列条约,构成了凡尔赛体系。

由于"巴黎和会"是战胜方协约国攫取大量利益的一次会议,所以《凡尔赛条约》可以说是分赃会议后的分赃协议。

平静时代中的暗流

帝国主义对苏联的武装干涉

俄国十月革命一声炮响,建立起了世界上第一个社会主义国家,这就吹响了资本主义走向灭亡的号角。可是,那些不甘心退出历史舞台的资本主义者却不承认人类社会最终将走向社会主义的铁的事实。他们害怕社会主义在更广的范围内传播,于是就乘年轻的社会主义国家刚刚成立,还没有站稳脚跟之际,对苏维埃俄国进行了大规模的武装干涉,想把新生的苏维埃政权"扼杀在摇篮之中"。

从一九一八年的三月起,英、法、美、日等侵略军先后入侵苏联领土,后来,德国竟然也侵入苏联腹地。不仅如此,那些在外国干涉军支持下的白匪军也纷纷聚集起来,妄图疯狂地向苏维埃政权发动反扑。

敌人就在眼前,他们已经开始像狼一样,成群地攻过来。形势非常危急,光是在俄国南部就有十三万干涉军聚集。

可是,以列宁为首的布尔什维克党人深知,最坚固的堡垒常被先从内部攻破。布尔什维克党在干涉军中进行了大量的宣传工作。这些干涉军开始认识到,战争除造成人员伤亡与财产损失外,很难给侵略者带来真正的利益。再加上多年战争,人们早已开始厌倦了,军队中反战情绪日渐增长。一九一九年四月,塞瓦斯托波尔的法国舰队水兵举行起义,反对武装干涉。协约国没有办法,只好撤回了干涉军。

协约国一看此计不成,又来一计,转而支持白匪军向苏维埃进攻。从一九一九年十一月到一九二〇年,共计有高尔察克、邓尼金和弗兰克尔等几十万军队进攻苏维埃政权。红军在列宁的指挥下为新生的苏维埃政权而战,表现出了顽强的斗志和英勇的战斗精神,一次又一次地粉碎了白匪军的进攻。

在协约国中,有一个极端反动的头子,叫丘吉尔,他是英国的陆军大臣。为了纠集多国消灭苏维埃,他曾夸下海口,要组织十四国的军队联合发动进攻,消灭苏维埃。可是战争分子不得人心,这一计划根本就没有得逞。

到一九二〇年底,红军在苏联国内粉碎了无数次国内外敌人的进攻,保护了新生的苏维埃政权。

为什么苏俄红军能够战胜这些侵略军呢?实际上,这同苏俄人民对苏维埃政权的支持是分不开的。在粉碎高尔察克匪军的进攻中,大批的党、团员加入了红军,莫斯科——喀山铁路机车编组站的工人发起了星期六义务劳动,忘我地劳动,支援前线。这些都为最后粉碎国内外敌人对苏维埃政权的进攻打下了良好的基础。

甘地的不抵抗运动

一九四八年一月三十日下午,一位瘦弱但却神采奕奕的老人正走在去祷告场的途中,突然四声枪响,这位老人倒在了血泊之中,他就是伟大的印度民族运动领袖,被印度人民尊称为"圣雄"的甘地,享年七十九岁。

莫罕达斯·卡拉姆昌德·甘地一八六九年十月二日生于印度西部一座城市,他的家庭属于印度教中第三大种姓吠舍中的一支——班尼亚。甘地晚年写了一本书,书中记述了他少年时代的许多故事。甘地的父母笃信宗教,不杀生,也不吃肉。他小时候就受父母的影响,极端厌恶杀生,甚至连虫蚁也不愿去杀害。甘地的一个朋友则不然,他坚信吃肉对甘地大有益处。他说:"我们是弱小民族,英国人之所以统治我们是因为他们吃肉;我很强壮,那是因为我吃肉,你应该吃点肉,它会给你力量,让你强壮起来。"甘地被朋友说得有点动心了,他的的确确不太强壮,几乎不能跳,不能跑,他甚至害怕黑暗,他的卧室每晚都要点灯。吃肉可以强壮的认同使他渴望吃肉。一天,他和他的朋友单独去了河边,在这里甘地第一次尝到了肉的味道,这令他呕吐不止。在以后的日子里,他的朋友不断地拿肉给他吃,他非常痛恨自己欺骗了父母亲,当他意识到这一点时,他毅然停止吃肉,从此以后他再未吃过一口肉。后来,甘地又和另一个朋友学会了抽烟,在烟从嘴里一点一点喷出的那一刹那间,甘地感到自己长大了,如同一个成年人。为了买烟,他偷了钱,这使他感到自责,他又痛下决心戒了烟。后来,他给父亲写了一封忏悔信,对他欺骗父亲、违背教规戒律的种种行为进行忏悔,他的父亲仔仔细细地读了信,激动得热泪盈眶。自此,甘地发誓,一定要做一个诚实的人。

青年时甘地去英国伦敦学习法律,在此期间,他读了大量书籍。《圣经》上讲的"有人打你的右脸,连左脸也转过来让他打"的格言开始给他的思想和行动以深刻影响。一八九一年,甘地学成归国,并担任律师。

一八九三年四月,甘地受一家印度公司的委托去南非办理一桩债务诉讼案。甘地刚刚在头等车厢坐下来,一个欧洲白人也走了进来,这个白人一见到有色人种,就怒气冲冲地召来列车长,责问他为什么要白人与"臭苦力"同乘一节车厢,还霸道地命令甘地滚出车厢,甘地对气歪了鼻子的白人只是冷冷一笑,仍稳稳地坐着。当列车驶到下一站时,那个白人竟叫来警察不由分说地把甘地驱逐下车。那一夜,甘地永生难忘,冷冷清清的站台上只有甘地一人在料峭的春风中瑟瑟发抖。当朝阳在站台上撒下一片金黄色的光芒时,这个出生于印度教家庭,从小就深受非暴力主义戒条影响的年轻律师做出了人生中最重要的决定:用非暴力主义反对种族歧视。

从此,甘地开始了倡导和实践他的"非暴力"生涯。很快,他便成了一个名闻遐迩的社会活动家,他倡导的非暴力不合作运动风靡印度大陆,受到亿万印度人民的支持,从此,精神运动取代了武装暴动,祈祷代替了枪炮,沉默取代了充满血与火的反抗斗争。尤其是在第一次世界大战期间人类横遭暴力蹂躏之时,一次次这样的斗争,成了印度人民反殖民主义的主要方式之一。

甘地是一个风格迥异的革命家,为了表示争取民族独立的决心,他效法印度古代苦行僧,奉行严格的禁欲主义,过着苦行僧般的生活:他削去了头发,穿一套白色的粗布衣服,时常赤裸着上身,只用一条腰带缠身;睡的是铺在地上的一张草垫子;吃的是粗茶淡饭,出门时随身牵一只山羊,饥渴时喝一杯羊奶。即使是去伦敦跟英皇谈判时也不例外。这种生活方式一

直保持到他去世。甘地那仅有五十二公斤的矮小身躯,却蕴藏着无穷的力量,他为消除种族歧视、反对殖民主义、实现教派和平以至妇女平等整整奋斗了半个世纪。蒙巴顿称甘地为"印度自由的建筑师"。

甘地在南非旅居二十多年。在这里他组织旅居此地的印度人成立了"萨提亚格拉哈同盟",开始了初期的"非暴力不合作"运动。他组织受压迫者用罢工、请愿、绝食等手段与殖民政府当局进行不屈不挠的斗争。殖民当局对甘地恨之入骨,数次将甘地投入监狱,进行残忍的折磨。甘地的至死不屈与更大规模的"非暴力不合作"斗争迫使殖民当局一次又一次地把甘地抓了再放,放了再抓。

一战期间,甘地回到印度,组建了国大党。他领导孟买农民进行抗税斗争,组织纺织工人罢工。刚开始,统治者对甘地组织的这些"温和"行动并不在意,没想到持续一段时间后,绝食数日的劳动者没说什么,当局者却受不了了,被迫低头答应人们的要求。

一战后,英国殖民者在印度颁布了《罗拉特法案》,规定警察可以随意逮捕、搜查和监视任何一个印度人,有权制止群众集会和示威游行。一九一九年四月六日,甘地号召全国总罢工和绝食,对《罗拉特法案》进行消极抵抗。四月十三日,数万名群众在阿姆利则市的一个广场上举行抗议集会,英国殖民者派军队包围了会场,并开枪打死一千二百多人,打伤两千余人。此举激起了广大人民的愤慨,印度人民破坏铁路、掀翻军用列车,炸毁桥梁,袭击监狱、警局、机关。群众的革命行动使甘地十分害怕。四月中旬,甘地宣布停止非暴力抵抗运动。

不久,甘地又号召印度人民不与英国合作、不讲英语、抵制英货、抗税。此次号召得到了广泛响应。到一九二一年,半数的罢工斗争取得胜利。不过,此中的农民运动很大程度上超出了非暴力运动。

一九三〇年,甘地又带领信徒发动"食盐进军",以反对殖民当局颁布的食盐专卖法。甘地亲自在丹地用海水煮盐,在他的带动下,印度海滨地区展开了自制食盐的活动。后来,甘地与殖民当局达成协议:国大党停止不合作运动,殖民当局释放政治犯,准许海边人民自由制盐,进行盐的交易活动。

一九四七年八月十五日,印度独立了。印度教徒与锡克教徒从新建立的巴基斯坦国撤出东行时,与从东旁遮普西行的巴基斯坦回教徒冲突,在大屠杀事件中,死人数以百万计。甘地大受打击,宣布若不停止浴血攻击,他便绝食"到底"。印度教、锡克教与回教领袖都来到圣雄床边,誓言停止屠杀,可是在九月间德里城又起了暴力冲突,甘地于是再绝食。正统印度教听到圣雄号召他们去爱那些"可憎恶"的回教徒,大为愤慨,甘地主持的黄昏祈祷会中,有颗炸弹爆炸了。以后举行祈祷会时,警察要搜查与会者,甘地不答应,告诉警官不必为他的安全担心,他说:"我要是非死不可,就死在祈祷会中吧。"

果然如此,一九四八年甘地在赴祈祷会途中,一个狂热的印度教徒,痛恨甘地亲回教与其"基督教"作风，并责怪他导致印度分裂，在近距离向他的胸部与腹部射出了子弹，并大喊道："啊，真神！"就是文前描绘的那一幕。

一九四八年一月三十日，这位被印度人民誉为智慧的"玛哈德玛"（译为圣雄，指伟大的灵魂，有智慧的伟人）永远地走了。这天晚上，印度半岛上通常看到的缕缕炊烟不见了，人们停止举炊，如潮水般地从四面八方涌向新德里，向这位英雄做最后的告别。

甘地虽深受群众尊敬，理想亦崇高，却非圣人。他脾气急躁，难与人相处，又不肯与许多目标相同的人合作，常常独断独行。甘地对待家人的态度亦不亲切。他的道德标准太苛，令四个儿子都疏远了。他三十七岁时就立誓不近女色，并命令两个大儿子也照办，毕生不渝。长子哈利莱想成亲时，甘地不赞成，哈利莱改信回教，纵酒，最后患结核病而死。甘地没有让儿子受高深教育，也不让妻子受初等教育。甘地立了不近女色的誓言后，妻子不得已过了四十二年的寂寞日子。甘地说："她的痛苦中有自私的成分。"

不过甘地的怪癖无损于他的人道精神，也无损于他超人的勇气。他发动了三个群众大运动：反对殖民地统治，反对种族主义，反对宗教偏执。爱因斯坦感慨地说："我们下代的子孙恐怕很难相信，世界上真有过这样一个人。"

甘地一生都献给了印度民族解放运动，尽管甘地的非暴力运动大大限制了人民的革命运动发展，但他为印度人民以及世界所做的贡献值得人们永远铭记。

现代土耳其之父——凯末尔

一九一九年，正当中华大地上掀起轰轰烈烈地"五四运动"之际，由英国资助的希腊军队气势汹汹地入侵土耳其，迅速占领了伊兹密尔全省。从此，土耳其爆发了三年之久的反帝民族革命运动，史称"凯末尔革命"，这是以他的领导人凯末尔命名的革命。

穆斯塔法·凯末尔·阿塔图尔克一八八〇年出生在巴尔干半岛的港口城市萨洛尼卡。祖先原是迁居至此的犹太人。凯末尔从小天资聪颖，个性倔强。因为受不了伊斯兰教会学校中宗教气氛的约束,十三岁他就瞒着母亲去投考当地的陆军预备学校。

凯末尔是个杰出的政治家、军事家和思想家。他早年参加了一九〇八至一九〇九年青年土耳其革命。在第一次世界大战中,他指挥了保卫达达尼尔海峡战役,成功地阻击了装备精良的英法联军,使联军入侵土耳其首都伊斯坦布尔的计划告吹,这使他成为第一次世界大战中的风云人物,名扬欧洲。土耳其人奉其为偶像,人们赞誉他是"伊斯坦布尔的救星","天才的战术家"。

第一次世界大战后,英、法等协约国迫使土耳其签订了灭亡土耳其国家的奴役性条约——《色佛尔条约》,加上接踵而来的严重的经济危机,使土耳其民族处于危亡之秋。凯末尔视民族存亡为己任,毅然投入到风起云涌的爱国民主运动之中,开始组织和领导民族抵抗运动。他联合全国各地分散的民族主义组织,成立了全国性的"护权协会",向全国人民提出了"不独立,毋宁死"战斗口号,他高举反对帝国主义的旗帜,吹响了土耳其民族革命战争的号角。仇视土耳其革命的英军悍然在土耳其首都登陆,唆使苏丹政府解散议会,面对英国的武装干涉,一九二〇年四月,凯末尔党人在安卡拉另行召开新议会,建立临时政府,凯末尔任临时总统兼国民军总司令。

一九二一年八月,在英国支持下,希腊九万大军向新生的民族主义政权发动总攻,一场决定土耳其生死存亡的决战开始了,八月二十三日战斗打响。凯末尔身先士卒,虽然不幸从马背上摔下来跌断了肋骨,他仍坚持指挥战斗。在他的鼓舞下,国民军和全国人民英勇杀敌,势如破竹,击退了希腊军队的上百次进攻,把精疲力竭的希腊军打得晕头转向,节节败退。土耳其民族独立战争取得了辉煌胜利。

一九二三年十月二十九日,新兴的土耳其共和国宣告成立,凯末尔当选为土耳其共和国第一位总统。随即,凯末尔大刀阔斧地进行了一系列有助于国家独立和社会进步的改革,并取得了显著成就,使被人讥讽为"西亚病夫"的土耳其走上了民族复兴的道路。凯末尔也因此被誉为"土耳其之父"。

一九三八年十一月十日,病魔夺走了凯末尔的生命,举国哀悼。政府发布的讣告这样写道:"土耳其祖国失去了她的缔造者,土耳其民族失去了她非凡的领袖,人类失去了一个伟大的儿子。"

为了纪念这位共和国的缔造者,土耳其人民在博斯普鲁斯海峡岸边为他打造了一座塑像。它面向东方,正对着小亚细亚草原。这座人体塑像有一张雕刻得非常精致的脸,浓密的眉毛,锐利的目光,薄薄的嘴唇上留着两撇小胡子,身着西装,栩栩如生,仿佛正在昂首挺胸阔步前进。

保卫马德里

一九三六年二月十六日,西班牙举行国会选举,由共产党、社会党和其他进步力量组成的人民阵线在选举中取得巨大胜利,获得二百六十八个议席,接着组成了以曼努埃尔·阿萨尼亚为首的左翼共和党——共和同盟联合政府。新政府采取了一系列社会改革和促进民主的措施,如释放政治犯,恢复因政治原因而被解雇者的工作,实施土地改革,禁止强迫农民迁离他们租佃的土地等等,深受广大民众拥护。但与德、意相勾结的西班牙法西斯势力对新政府恨之入骨,必欲置之死地而后快。

七月十七日,西班牙属地摩洛哥电台传送了一句暗语:"西班牙全境天气晴朗。"反动军官弗朗西斯科·佛朗哥听到反叛暗号后,欣喜若狂,发动了武装叛乱。叛军人数众多,装备精良,很快占领了西班牙南部大片土地,直捣首都马德里。与此同时,意大利、德国的正规部队八万余人、一千三百架飞机、九百多辆坦克在西班牙登陆,企图一举消灭共和国。

英勇的保卫马德里的战斗开始了。

西班牙共和国所进行的反对叛乱分子和德、意法西斯武装干涉的正义斗争,得到了苏联和世界上一切进步人士的支援。两年之中,苏联向共和国提供飞机六百四十八架,坦克三百四十七辆,火炮一千一百八十三门及其他一些武器。来自苏联、中国、法国、加拿大等五十四个国家的志愿军约四万人组成了"国际纵队",支援共和国正义事业,白求恩大夫就是其中一员。中国音乐工作者谱写了《保卫马德里》歌曲,歌词开头是:"拿起暴烈的手榴弹,对准杀人放火的佛朗哥!"国际纵队一进入西班牙,便投入了激烈的战斗。光荣地牺牲在西班牙土地上的国际纵队战士约有七千余人。

从一九三六年九月至一九三七年三月,佛朗哥先后四次对马德里发动猛烈攻击,但都遭到英勇的西班牙共产党军和民兵的有力反击。尤其是第四次反攻异常猛烈。一九三七年三月八日,佛朗哥和德、意正规军四个纵队在飞机、坦克、大炮的支援下对距离马德里五十公里的瓜达拉哈拉地区发动了猛烈进攻,这一次,墨索里尼派了他的亲信罗阿塔来指挥作战,要"不惜任何代价"迅速占领马德里。经过五天激战,马德里依然安然屹立。此时,第十一、第十二国际纵队自开入马德里后,已连续打了一个多月的仗,战士们个个浑身污泥,手指被枪栓磨出茧子,鞋子破烂不堪,衣衫褴褛,面容消瘦,嘴唇干裂。但他们仍顽强地扼守着要塞。十九日,共和军转入反攻,大败敌军,敌军伤亡数千人,被俘一千多人。而参加此战的国际纵队军中恰恰有意大利反法西斯战士,这使墨索里尼尤为沮丧。瓜达拉哈拉之战,是共和国取得的一次辉煌胜利。

一九三七年三月以后,有一段时间两军对峙,互有胜负。一九三八年六月,叛军开始猛攻巴纶西亚。共和国军队在七月二十五日发动了西班牙战争中最大的一次战役——埃希罗河战役。战役持续四个月之久,叛军伤亡达八千多人,它的精锐部队从此一蹶不振。共和国军也受到重大损失,就在共和军同叛军进行着殊死战斗时,一九三九年三月六日,共和国人民阵线中的右翼社会党人贝斯泰罗和中央战线司令卡萨多上校在马德里发动了军事政变。二十八日,马德里陷落,共和国政府被颠覆。此后,西班牙建立了以佛朗哥为首的法西斯政权。

西班牙人民保卫马德里的战斗虽然失败了,但许多可歌可泣的英雄事迹,一直是世界反法西斯战争中的光辉典型。

震惊世界的经济大危机

一九二九年十月下旬,一场资本主义经济危机的风暴首先猛烈地袭击了美国,不久扩大到加拿大、德国、日本、英国、法国等国,并涉及许多殖民地和不发达国家,迅速席卷了整个资本主义世界,这次危机一直持续到一九三三年。

危机期间,农产品大量"过剩",资本家炉灶里燃烧着的不是柴和煤,而是一袋袋小麦和玉米。路上铺的不是煤屑,而是一层厚厚的咖啡豆。茶园里,茶叶黄了,没人理会;果园里,水果成熟了,任凭它掉到地上烂掉却没人来采摘;田地里,一千多万英亩的棉花被拖拉机铲倒,统统埋到泥土里。

在密西西比河畔,一辆辆卡车满载着乱蹦乱跳"嗷嗷"叫个不停的肥猪排队等候,他们是在等候卖猪吗?当然不是,他们在等着轮番将生猪抛进河里。仅一九三三年这一年,就有六百四十万头肥猪被抛进河里。一桶桶牛奶就如倒污水一样被农场主倒进了密西西比河,使这条河变成了"银河"。在巴西,一年就有两千二百万袋咖啡倒入大海。

真的是产品太多不得不销毁吗?就在资本家大量销毁农产品时,贫苦农民却挣扎在饥饿死亡线上,在美国的宾夕法尼亚和肯塔基乡村的人民,靠挖野菜根,嚼野葱头充饥。当资本家把大量棉花、羊毛烧掉的时候,广大劳动者却在瑟瑟寒风中冻得直发抖。仅一九三四年一年,资本主义各国因饥饿死亡人数高达二百四十万。

为什么资本家们不把这些产品廉价卖给或免费送给劳动人民,反正倒掉、烧掉也一样没挣钱?

这是因为资本家要追求利润,而且是高额利润。产品太多,必然价格低廉,资本家则无利可图,产品被毁掉以后,东西少了,自然就"物以稀为贵"了,这样,资本家又可以保持他们的高额利润了。资本主义制度的腐朽与罪恶在这里赤裸裸地暴露出来。

这就是"经济危机"的残酷现实。以美国为例,我们再来看看经济危机给劳动人民带来的苦难。

一九二九年十月二十九日,纽约华尔街的交易所里,人们疯狂地抛售股票。就这一天,美国交易所证券跌价损失达一百四十亿美元。许多手持股票的富翁,一夜之间变得一无所有。这个"黑色的星期五"(十月二十九日是星期五)拉开了资本主义世界经济危机的序幕。

当时美国第三十一任总统胡佛满不在乎地宣称要在两个月内解决危机。对于大批失业者和穷人,他实行"饥饿政策",拒绝发放救济金。当有人向他提议,总统一家缩衣节食,稍加节俭,就有可能拯救个别人的生命,胡佛生气地斥责这是"对美国繁荣失去信心"的做法。

美国的失业工人带着家小被迫四处漂泊,寻找工作,无家可归的人们用纸箱和罐头盒搭建临时帐篷,称为"胡佛小屋";还有人把废汽车改成骡子拉的车,称其为"胡佛车";那些在公园长椅上过夜的人,把御寒的旧报纸称为"胡佛毯"。

一九三二年五月,两万多名退伍军人来到华盛顿,请求政府发给补助金,胡佛竟派出军队镇压这些退伍军人。有几十名退伍军人死在殴打与毒气中。

经济危机期间,有一天晚上,一个叫华尔的男人匆匆跑到政府报案:山林着火了!当政府派人去救火时,华尔恳求道:"让我也去吧,我不要钱,我只要一点点食物。从昨天到今天,我一点东西也没吃过。"政府官员答应了。

第二天早晨,华尔来到政府门口等"报酬"。结果,他等来的是警察。因为昨晚的火是他放的。这是华尔在饥饿中想出的办法。

严重的经济危机引起了资本主义世界的政治危机,饥民和失业者纷纷举行示威游行,他们高呼"我们不愿饿死——必须战斗"、"提高工资"等口号。法国在一九三〇年一年之中爆发罢工一千七百余次,严重动摇了资产阶级的统治地位。各国资产阶级如履薄冰,坐立不宁,竭力寻找出路。为了摆脱危机,德、日等建立了法西斯政权,疯狂地扩军备战,用战争方式扩大地盘,掠夺资源,转嫁危机,为重新瓜分世界而亮出了血腥的屠刀,于是,两个战争策源地在欧洲和亚洲分别形成了。世界上爱好和平的人民再次被推入了痛苦的深渊。

罗斯福新政

在美国,每当感恩节到来之际,不管是穷人还是富人,总会尽量在晚餐桌上摆一只烤火鸡。可美国人吃了几百年烤火鸡后,竟有人大吃"烤百万富翁"!

他就是美国历史上最有影响的总统——富兰克林·德·罗斯福。他于一九三二年当选为美国第三十二任总统,大力推行干预经济的新政策。增加税收,推行福利政策,积极创造就业,史称"罗斯福新政"。罗斯福新政从一定程度上缓和了激化的阶级矛盾,从某种程度上损害了一些大资本家的眼前利益,他们气愤地骂他是"红色资本家",是"白宫中的苏联特务",说他每天都在吃"烤百万富翁"。

罗斯福当选总统时,正是美国历史上最大的经济危机的最严重时期:失业者达一千三百万人;农产品和工业品价格持续下降;银行纷纷倒闭……

　面对这一系列的艰难局势,罗斯福并没有被困难吓倒。他以一种乐观而又自信的态度迎接挑战,他的自信和乐观影响了美国人。在这样一种精神的鼓舞下,美国开始进入了以罗斯福新政为标志的这样一段时期。

　　罗斯福新政分为两个阶段:第一段从一九三三年三月到一九三五年初,尤其是在从一九三三年三月九日到六月十六日的"百日"期间,新政采取了一系列的国家干预和调节经济的措施。

　　在第一阶段,罗斯福指挥国会通过大量的法令,对银行、工业、农业等各个领域进行了大规模的改革以图复兴美国。这些法令的实施取得了一定的成效；失业人数从一九三三年的一百五十万人降到一九三六年的九十万人；农场净收入从一九三三年的三十亿美元增加到一九三五年的五十八点五亿美元；制造业的薪金和工资总额由一九三三年的六十二点五亿增加到一九三七年的一百三十亿美元。

虽然新政取得了一些成绩，但却招来了一些大资本家的怨恨。美国的一些右翼势力猛烈地抨击新政，甚至把罗斯福的一些法令称为"希特勒——墨索里尼方法"。一九三五年五月二十七日，最高法院宣布《全国工业复兴法》违宪，一九三六年一月，他们又宣布《农业调整法》违宪，而这两条法律在新政过程中都起到了极为重要的作用。罗斯福新政受到挫折。

面对来自各方面的不满和批评，罗斯福没有退却，反而进一步深化新政的改革，将新政推进到纵深发展的第二阶段。

在第二阶段中，罗斯福进一步扩大公共工程的建设规模以刺激经济发展，取得了一定的效果。在这一阶段中，罗斯福从长远出发，通过了像《全国劳工关系法》、《社会保障法》等法律，进一步改善劳资关系，增加人民福利缓和了激化的阶级矛盾。

罗斯福新政在很大程度上缓解了一九二九年经济危机的打击，为美国经济的复兴做出贡献。但是，罗斯福新政只是在资本主义的范围内对资本主义的某些弊病加以改革，它并不能从根本上消除经济危机。

罗斯福作为美国历史上的杰出首脑，其功绩不仅仅在于"罗斯福新政"，罗斯福的奋斗精神也值得世人钦佩。

罗斯福在二十九岁之前，学业与前途可以说比较坦荡。一九二一年八月，参加完扑救森林大火的罗斯福又累又热，他跳下水游泳，想缓解一下疲劳与酷热的折磨。可这一次游泳让他的一生改变了。他得了小儿麻痹症，原来那个身强力壮的小伙子成了一个离不开拐杖与轮椅的残疾人。

经过一段痛苦的煎熬后，罗斯福重新开始面对人生了。他每天先在床上活动一番，然后再与出生不久的小儿子一起趴在地上练习爬行。经过几年的努力，双腿残废的罗斯福又在美国政坛上"站"起来了。他当选为纽约州长。

一九三二年，罗斯福入主白宫。

此后，罗斯福又连续三次击败对手，蝉联四任总统，创下了美国总统选举的奇迹。他任职其间，爆发了第二次世界大战，罗斯福转动着他的轮椅，积极投身到反法西斯战斗中去。

一九四五年四月十二日,罗斯福因脑出血在任上去世。四月十三日,美国为罗斯福举行了隆重的葬礼。

九·一八事变

一九三一年九月十八日夜,夜色茫茫,疏星点点,正当沈阳城百姓酣睡之际,日本关东军岛本大队川岛中队的河本末守中尉以巡视铁路为由,率领数名部下大摇大摆地向柳条湖方向走去,在距离北大营南方八百米的地方停了下来,河本命令部下严密观察北大营动静,他则从怀中掏出骑兵用的小型炸药,安放在一段铁轨下边,"嗤"的一声点燃了导火线,河本狰狞的脸上露出得意的笑容。约十点多钟,只听轰隆一声爆炸声打破了夜的沉寂,被炸断的铁轨和枕木四处飞散。这就是中国历史上有名的"九·一八"事变。这是日本驻东北关东军蓄谋已久、精心策划制造的。

事变前夕,关东军参谋花谷正、极垣征四郎和作战主任原莞尔三人策划组织了爆破柳条湖铁路的秘密班子。据不完全统计,从一九三〇年十月至一九三一年七月,日本在沈阳附近进行了达五十余次的军事演习,参加人数达七千余人次。事件发生后,日本侵略者使用了贼喊捉贼的伎俩,诬称这段铁路是中国军队为了袭击日本守备队而破坏的。

柳条湖事件发生后,关东军立即集中兵力进攻沈阳城,当夜便占领了北大营西北角,第二天上午,完全占领了北大营。接着,袭击沈阳的日军由沈阳南站附近的驻屯营地兵分三路出发,分别攻入公安分局,占领邮局,包围警署、宪兵司令部及电话局、电台等要害部门。仅仅在一夜之间,日本军完完全全控制了沈阳城。沈阳人民从此开始了漫漫长夜的悲惨殖民生活。日军占领沈阳后,在全城进行了血腥大屠杀,不管男女老少,只要士兵高兴,就可以一刀砍下去,对妇女则更是惨绝人寰,轮番污辱后,他们会毫不留情地一刀刺去,血水、泪水、雨水汇成一条"江河"。同时,东北军保存完好的大批军械、器材和飞机大炮等统统落入日军手中。面对来势凶猛的日本侵略者,驻守东北的东北军司令张学良立即向蒋介石请示对策,谁料蒋介石却复电声称:"柳条湖事件是地方事件",要"听候中央处理",要东北军继续容忍,"力避冲突,以免事态扩大"等等。日本侵略者无视中国人民的强烈愤怒，利用蒋介石"攘外必先安内"的不抵抗政策，得寸进尺，步步进逼。自"九·一八"事变后不到百日时间，连续攻占了辽宁、吉林、黑龙江三省大部，约八十万平方公里的土地，相当于日本本土面积的二点五倍。

一九三一年三月一日，日本一手炮制的伪"满洲国"粉墨登场。末代皇帝溥仪投入了日本人的怀抱，成了名副其实的傀儡皇帝。

就这样，在蒋介石卖国投降的不抵抗政策下，日本帝国主义的铁蹄踩躏了东北三省，美丽富饶的锦绣山河任人践踏，善良朴实的东北人民落入了任人宰割的境地，开始了不见天日的悲惨生活。

东北人民真的可以任其宰割吗？勇敢的东北人民自发组织起的义勇军、救国军、大刀会、山林队等抗日武装，如雨后春笋，风起云涌，穿梭在白山黑水之间。联合后的东北抗日联军在总司令杨靖宇的领导下更是所向披靡，他们攻城夺寨拔据点，破路炸桥烧弹药库，打得敌人心惊胆战，惶惶不可终日。

魔鬼出世

希特勒发迹史

　　提起希特勒,爱好和平的世界人民无不咬牙切齿,他对世界人民犯下的滔天罪行罄竹难书。

　　阿道夫·希特勒于一八八九年出生在德奥边境奥地利的布劳瑙镇,从小不学无术,到处惹是生非。父母双亡后,他流浪到维也纳,成了维也纳的一道"风景",他穿着一件破旧的黑大衣,头戴一顶油腻发光的黑呢帽,一头乱发如杂草丛生。人们经常看到他急匆匆地走向施粥站去乞讨食物,或者坐在街头卖画糊口。

　　年轻的希特勒虽然没有实际参与奥地利的政治,但是已经开始在维也纳的穷客栈、施粥站、街头巷尾的听众面前练习他的讲演术了。他的演讲才能,对他后来取得的一次次成功,起了很大的作用。

　　希特勒在阅读中,看了大量的反犹太书籍,从而增加了他的种族偏见和对犹太人的仇恨。他说,他发现这一"上帝造民"的道德污点,任何放荡淫秽的事情,诸如卖淫和贩卖妇女,大部分是犹太人干的。

　　一九一三年春天,希特勒带着悲观失望的情绪,离开维也纳到德国去了。这时的希特勒没有成为画家,也没有当上建筑师,他一事无成,还是个流浪汉。他没有朋友,没有家庭,没有工作,没有居处。不过,在反动思想的驱使下,他有一样东西,就是"对自己不可抑止的信心和深刻的炽热的使命感"。

　　一九一四年,第一次世界大战爆发,早就倾心于日耳曼民族主义的希特勒欣喜若狂。他志愿加入巴伐利亚步兵团,一战结束时,他当了陆军政治部的一名侦探。

一九一九年九月的一天,希特勒奉命参加了"德国工人党"集合。席间,他发表演说,主张建立一个强大统一的民族主义德国。希特勒以他富于煽动力的演说和出色的组织能力,很快就操纵了党的领导权。一九二〇年二月,他别有用心地提出《二十五点纲领》,提出所谓"社会主义"、"取消地租"等用来欺骗百姓的口号,又将党的名称改为"国家社会主义德国工人党",按德文音译为"纳粹"。之后,他在党内确立了所谓的"领袖原则",为自己由一个流浪汉到独裁者铺平了道路。他做了纳粹党的"元首"之后,设计了一面引人注目的党徽:红底白圆心,中间嵌个黑字。他对自己的杰作甚为满意,洋洋自得地问手下:"知道我为什么这么设计吗?"手下个个头摇得像拨浪鼓似的,他笑着说:"告诉你们,红色象征着我们这个运动的伟大社会意义,白色则是我们民族主义思想的代表,"卐"字则象征争取亚利安人胜利斗争的使命。"从此这个标记便成了纳粹党和纳粹德国的恐怖标志。

一九二三年十一月八日晚九时左右,希特勒带领一群纳粹冲锋队员包围了正在举行盛大集会的贝格勃勒啤酒馆,发动了"啤酒馆"政变。接着又率三千人向慕尼黑市进发,企图先游行,争取百姓支持,然后再占领全市。游行队伍走到陆军部时,他们和一百多名荷枪实弹的警察发生了枪战。转眼间,六十名没受正规训练的纳粹党徒被击倒在地。希特勒吓得就地卧倒,一动也不敢动。枪声一停,他第一个从地上跳起来,撒腿便向后逃,登上一辆汽车,飞也似的向乡间别墅开去。结果,还是没有能逃脱被捕的命运。他在狱中不思悔改,大肆宣扬民族优劣论,叫嚣要对外扩张,以求得"生存空间"等。并口授秘书,写下臭名昭著的《我的奋斗》。为了早日实施自己远大抱负,他不得不在表面上向巴伐利亚政府"臣服",表示以后一定安分守己。

巴伐利亚司法部长见希特勒如此心悦诚服地"忏悔",放心地说道:"这头野兽已被制伏了,我们现在不怕放松铁链了。"

这样,在狱里不到一年的希特勒又重获自由。出狱后,他表面上遵纪守法,暗地里则秘密行动,大力发展纳粹党员,到一九二九年经济危机爆发时,其党员已有二十七万余人。经济危机爆发后,工人运动此起彼伏,希特

勒立即捉住有利时机,到处游说,甚至乘飞机到各地进行"飞行演说",他的最高纪录是一日做四十九场演说。他口若悬河,滔滔不绝地控诉人民的深重苦难,民族的耻辱仇恨和共和国政府的软弱无能,并向人民许下了美好的诺言。希特勒成了苦难百姓日思夜盼的大"救星",同时也成了大垄断资本家的拉拢对象。到一九三二年竞选时,希特勒获选票一千三百万张,纳粹党获二百三十个席位,一跃成为全国第一大党。他的冲锋队扩展到十万余人。一九三三年一月,在希特勒的精心策划下,又把刚刚上台执政五十七天的施莱彻尔内阁推翻了。一月三十日八时,这个维也纳街头的流浪汉，在啤酒店发动政变而锒铛入狱的囚徒，正宗的奥地利煽动家，驱车来到总理府，接受总统兴登堡授予的总理印章。他梦寐以求的第三帝国终于诞生了。

掌握政权之后的希特勒原形毕露，建立了法西斯专政，成了一个十恶不赦的"杀人魔王"。德国人民和全世界人民正一步一步地被推向苦难的深渊。

一张歪嘴打天下——墨索里尼

"法西斯蒂！全意大利！"站在汽车上的墨索里尼喊道。

"法西斯蒂！全意大利！"拥在路旁的成千上万的黑衫党与狂热的追随者也发出阵阵高呼。

这一场面发生在十九世纪三十年代的意大利，那个墨索里尼就是意大利头号法西斯分子。一个鞋匠的儿子是怎样成为这样的"枭雄"的呢？让我们来看看他的发迹史吧。

墨索里尼从小骄奢野蛮，小偷小摸，打架斗殴，还常常躲在厕所后面看女老师方便。一所学校开除他，到另一个学校后也是恶习难改。不过，墨索里尼也十分聪明，口才出众。有时他的见解荒诞不经，但说起来却口若悬河。有一次考试，他一口气说了半个小时。主考老师说："我佩服你的口才、你的雄辩。可是，你离题十万八千里了。"说着，打了个零分。

放假回家，墨索里尼总是练习演说姿势，母亲说："你为什么老是这样？"

"这有什么奇怪？我将来要让整个意大利听我的指挥。"

一九〇二年，墨索里尼从师范学校毕业。不久，他扔掉教鞭，开始闯荡江湖。为了填饱肚子，墨索里尼要过饭，做过泥瓦匠、伙夫、裁缝、脚夫、翻译等，他打一枪换一个地方，每到一个地方都要参加当地的群众集会，在公共场合发表演说。有一次，在大庭广众之下，墨索里尼大讲教会对于罗马帝国之罪恶，他口若悬河，引经据典，条理分明，赢得了听众热烈的掌声。瑞士警察局认为他的主张太激烈，有碍治安，对他下了驱逐令。

一九〇八年，墨索里尼被迫移居到奥地利，做《特伦托新闻报》的一位编辑，后来又在《人民报》做助理编辑。他利用报纸猛烈攻击奥地利的宗教势力,并力求恢复意大利已失去的土地。不久,他又因此被捕入狱,最后被驱逐出境。

墨索里尼又回到家乡,在外边嘈杂一片的一间小屋子里读他的政治经济学和社会科学。墨索里尼想:要"革命"必须大造舆论,要想成就一番事业,必须动员群众。他决心办一张报纸,来为他呼风唤雨打天下,进行舆论准备。

这张报纸就叫《阶级斗争报》,是本地社会党的机关报。墨索里尼对办报很内行。他说:"报纸不是拿文字堆积起来的。报纸是党的灵魂,党的标记。"墨索里尼利用手中的报纸,一边攻击共和党,一边污蔑社会党的"保守派"。他随心所欲地解释什么是社会主义,招来了无数的批评,但他丝毫也不在乎。批评自己的人越多,自己的名声就越大,墨索里尼心中很高兴。

一九一二年,意大利社会党在勒佐伊弥利亚举行全国代表大会。在这次会议上,墨索里尼大出风头,他的言行使很多人把他看成是全国的英雄。一向气势不振的右派失掉了势力,而左派则控制了党的领导权。墨氏由于能言善辩,被推举为《前进报》的总编辑,从而掌握了社会党中央党报的舆论大权。

墨索里尼接管《前进报》之后,报纸发行量骤然增到十五万多份,社会党的人数也由五万人发展到十五万人。墨索里尼的人生道路从此出现重大转机。一战爆发后,墨索里尼开始主张中立,但到了一九一四年十一月间,他却积极主张参战。因为他惯于见风使舵,社会党中央一气之下,宣布开除他的党籍,并撤销他《前进报》总编辑的职务。墨索里尼只好惆怅地离去。但是,到了本年的十一月十五日,在一些主战的垄断资本家的支持下,他居然又创办了一份《意大利人民报》。《意大利人民报》一创刊,就刊出了两句特别引人注目的格言。

"谁有铁,谁就有面包。"——布朗基

"革命是一种理想,需要有刀枪维持。"——拿破仑

为了夺取政权,墨索里尼在苦心经营着他的《意大利人民报》。这是他的喉舌、他的工具、他的发迹之地。正如他自己所说的:"我之所以成为一个政治家,一个新闻学家,一个主战派,一个法西斯党的领袖,都与这张报纸有关。"

墨索里尼写文章时,故意摆出一副高深莫测的样子。桌子上堆满了报纸和各种参考材料。每逢他撰写社论时,更是神秘兮兮,不让任何人打扰他。有一次叫听差拿咖啡进来,他说:"不准再有人进来,否则我要开枪。"听差说:"但是我要送咖啡进来呢?"他笑道:"那么我就对你开枪。"

墨索里尼经常这么对手下的编辑人员说:"我不喜欢不痛不痒的文字,文章要尖锐泼辣,像闪电和炸药一样,要富于煽动性。"他的《意大利人民报》就像一桶火药,时时喷发着火星。

墨索里尼除了利用《意大利人民报》大造舆论外,还创建了他自己的政党"革命同志会"。这是意大利法西斯党的前身。一九一五年一月,墨索里尼的党徒已有五千余人,他们多是流氓打手和主张侵略扩张的狂妄之徒。在一次集会上,墨索里尼鼓动他们说:"诸位都是反抗旧习俗的青年,一定能干出一番轰轰烈烈的事业来。今天要战争,明天就要革命了。我要意大利加入战争有两个目的:一是对内的,一是对外的。参战的结果,可以打倒奥匈帝国,解放意大利被侵占的土地;另外,可以把法西斯思想传播到俄、德两国,这对于世界革命、人类的自由是有贡献的。我们要揭去国家党和帝国主义党的面具,带着激进派、革命派反对宪政的精神,决心战斗到底!"

因为煽动战争,这年四月十一日,墨索里尼在罗马被捕,监禁数日后又被释放了。他继续著文,发表演说,与人相争。他利用报纸集中攻击反战派,谴责他们为卖国贼。墨索里尼说:"我想要意大利国基巩固,必须要改造国会,至少要把十几个卖国议员枪毙!"

经过墨索里尼大张旗鼓的宣传,响应者逐渐增多起来。一九一五年三月,意大利政府同时与两个交战集团谈判。在英、法、俄等国接受了意大利的讨价还价之后,意大利终于在一九一五年同协约国签订了《伦敦条约》,正式表示站在协约国方面,对德、奥等国宣战。狂热好战的墨索里尼在报纸上发表了一篇欢呼文章后,就把《意大利人民报》交给他人,自己扛起枪参军去了。

墨索里尼在名震全国的伯萨利尼联队当战士,经过短期的训练就奔赴前线作战了。由于在作战中,他打得勇猛顽强,不久就当上了排长。但由于他有社会党的背景,就不能再提升了。但墨索里尼对此并不在乎。

一九一七年二月二十二日,在一次地雷爆炸中,墨索里尼身负重伤,先后动了二十七次手术,从身上取出大小四十四块弹片,伤愈之后,他体力不支,已经不能继续在部队作战了。当局命他退伍,无奈,墨索里尼又回到米兰,继续以高度的热情主编他的《意大利人民报》。第一次世界大战后,意大利的无产阶级革命已经成熟。墨索里尼站在资产阶级的立场上声嘶力竭地叫喊:"杀!杀!杀!"他决心在所有邪恶势力的簇拥下,在意大利建立最反动最黑暗的法西斯统治。

为了实现自己的反动抱负,一九一九年三月,墨索里尼在米兰召集旧时政治上和行伍中的同伙一百五十人,组织了一个"战斗的法西斯党"。他伙同一些亡命之徒,决心在意大利建立铁血统治,实行法西斯专政。墨索里尼为自己的党设计了党徽,一束棒子捆在一起,中间捆着一把斧头,棒子象征人民,斧头象征领袖,意思是人民要绝对服从他们勇敢的领袖。他还规定,法西斯党必须行罗马式敬礼,高唱青年进行曲。他用"信仰、服从、战斗"的口号,代替了他所鄙视的民主政治的"自由、平等、博爱"。法西斯党徒穿着黑色制服,杀气腾腾,性格粗野,走在大街上,令所有行人不寒而栗。

一九一九年三月二十三日,在米兰商人俱乐部的集会上,墨索里尼的演讲,受到资本家们的热烈欢迎。事后,墨索里尼对心腹们得意地说:"我们的政策左右逢源,既讨好贵族,又讨好平民;既反动,又革命。"不过,事情的发展,并未使墨索里尼如愿以偿。十一月十六日的大选揭晓了,法西斯一败涂地,他们当中没有一个人被选入国会,甚至在墨索里尼的老巢米兰,他的票数也很少。

一九二二年七月十九日,在国会上,墨索里尼这位当选不久的国会议员对新总理进行了猛烈的攻击:"法克达总理先生,我告诉你,你的内阁不能再维持下去了。从各方面看来都是不相宜的。虽然你的朋友以慈悲为怀而捧你,但是你的内阁还是不能生存,我警告它不能再得过且过地维持寿命了。而且你所依靠的人,都是和你一样的无用之徒。"最后墨索里尼用威胁的口气说:"现在法西斯党要自行其是了,或者要做一个执政党,或者要做一个乱党,何去何从,要看局势的发展了!"

一九二二年十月二十四日,在那不勒斯召开的法西斯党代表大会上,墨索里尼对代表们鼓动说:"假使我们不能和气地接受国家政权,便带兵到罗马去,清君侧,用武力攫取政权。"墨索里尼的话音刚落,台下的党徒立刻狂叫起来:"打到罗马去!打到罗马去!跟我们的领袖到罗马去!"震惊世界的法西斯夺权运动开始了!

在进军的当天,墨索里尼以四军团总指挥的名义,在《意大利人民报》上发表了所谓的《革命宣言》:

"法西斯蒂!全意大利!"

"我们决战的时候到了!在四年前的这个时候,我们国家的军队取得了欧战的最后胜利。今日黑衫党要进军罗马,将这一胜利再献给这座历史名城。自今日起,法西斯宣布临时戒严,所有军事的、政治的、行政的职务,都由四军团负责人以独裁的形式指挥。

……

"法西斯拔剑斩断那束缚人民生活的绳索。我们请上帝与五十万战死者的精灵支持我们的行动,保佑意大利的安宁与法西斯伟大行动的胜利。

"全意大利的法西斯战士们!要不愧做一个罗马人,鼓起你们的精神和勇气吧!我们一定要胜利,我们一定能够胜利!"

十月二十九日下午,墨索里尼接到一个紧急电话,它是从罗马国王的办公处打来的。国王副官西达迪尼将军请墨索里尼速到罗马,因为国王观察现在的形势,欲将组阁的重任放在他身上。

诡计多端的墨索里尼并不完全相信这是真的,但他通过其他渠道证实了消息的真实性后,手舞足蹈,惊喜若狂,立即命令《意大利人民报》用最快的速度将王室的电报全文以号外形式通报全国。

墨索里尼冒着大雨来到罗马后,就前往皇宫会见国王,并陪同国王检阅了进入罗马的法西斯军队。只见十万法西斯武装党徒排成方队,在国王面前气焰嚣张地进行了操练,墨索里尼借以显示他的威严和"不可战胜"的力量。

墨索里尼夺权后,首先建立了属于法西斯党魁的绝对指挥和调遣的武装力量,还拼凑了一个大议会,在他的指挥下负责起草报告、文件和各种决议,然后交国会讨论通过执行。这个组织凌驾于议会之上,实际上是国会的太上皇。后来,大议会又进一步演变为法西斯意大利的立法机关。

一九二四年四月六日意大利举行大选。在法西斯党的控制下,不准人们自由竞选,禁止候选人在选民中进行活动。别人都被管制起来,法西斯党徒们却四面出击,强拉选票。待到五月二十四日第二十七届国会开幕时,会议代表几乎是清一色的法西斯分子了。墨索里尼对这个情形自欺欺人地说:"因为我们是代表人民的,所以必须将你们的和我的嫌忌抛开。只有这样,我们才能展望未来,在我们尊敬的国家实体中,在强壮透明的液体中生活。"为了有效地推行法西斯的反动政策,墨索里尼还在法西斯内部、政界、军界、外交界进行大量清洗。各个重要岗位都换成了"意志坚强的法西斯党人"。

此后,墨索里尼开始了血腥的法西斯统治,在对内采取血腥政治的同时,对外则采取侵略掠夺政策。经过四年多的努力,到一九二五年十一月,意大利完成了对各项工作的改革,实现了一切权力归法西斯、归墨索里尼的计划。墨索里尼十分得意地说:"我希望意大利伟大,受人尊敬,并且使人畏惧;我要尽我所有的能力,所有的精力,不要停止,不要中断,创造一个光辉的未来,使人民过上最美满的生活。"墨索里尼的这些冠冕堂皇的蛊惑,让某些意大利人发狂,同时给另一些意大利人带来了深重的灾难。

一九四〇年六月十日,在威尼斯宫阳台上,墨索里尼向意大利国民发出歇斯底里的参战演说:"陆、海、空的战士们,革命的黑衫队员同志们,在野军人,意大利以及埃塞俄比亚王国的诸君们,请聆听!

"命运的时刻,无法取消的决定,正在我们祖国的上空鸣响着。我们将与西欧的全权国以及反动的民主主义各国进行战争。

……

"有一句响亮的口号将把我们牢牢地联系在一起。这句话正扎根在德国人的心里,他们已经飞翔在天空,准备从阿尔卑斯山一扫到印度洋,那就是:征服吧!

"我们在一场征战之后,继而把基于正义的永久和气,推广到意大利,推广到欧洲,乃至全世界。

"意大利国民,拿起你们的武器吧!同时不要忘记发挥你们的勇气,不屈不挠的精神,以及真正人生的价值!"

……

正义终将战胜邪恶,一九四五年四月,一身罪恶的墨索里尼终于暴尸街头,他那张搅浑了整个世界的歪嘴,也终于不再发出噪音。

日本法西斯的崛起

日本在一八六八年明治维新后提出了"富国强兵"口号,主要依靠的是出身下级的武士。这些武士都是维新功臣,建立了强大的军事警察机构。自一八九四年中日甲午战争、一九〇四年的日俄战争到一九一四年的第一次世界大战,日本每隔十年就要进行一次侵略战争;随着战争而来的是军阀制度的确立,军部势力日益膨胀,他们手握军事大权,左右着内阁命运。这样,拥有特权的军部常与内阁、议会因意见不合而发生争执。尤其是第一次世界大战后,资产阶级及其政党力量不断增强,他们跃跃欲试,企图削弱军部的力量。一九一八年九月,出身律师的政友会总裁原敬接替因"米骚动"而下台的寺内正毅,组成了日本历史上第一个资产阶级政党内阁。结果,好景不长,一九二一年十一月四日下午七时,原敬在东京车站遇刺身亡。

这一时期,社会上出现了一股法西斯主义暗流。一九一九年八月,日本法西斯先驱北一辉写了一本小册子《国家改造原理大纲》,后改名为《日本改造法案大纲》,他狂热鼓吹天皇制,要求动用"天皇大权"改造日本国家,解散议会,建立"国家改造内阁",天皇直接依靠军队和退伍军人进行统治。他叫嚣侵略有理,"保护"中国、印度是天经地义之事。北一辉理论一出台,立即与民间右翼势力一拍即合,并得到军部的青睐,同年八月,他们建立了日本第一个法西斯团体犹存社。于是,形形色色的法西斯、半法西斯组织如雨后春笋,迅速出笼,到一九二九年已达数百个之多。

法西斯主义在日本各地各角落开始泛滥。尤其是在军队中,二十年代初部分青年军官开始了法西斯主义的"国家改造"活动。一九二一年十月三日,永田铁山少佐、冈村宁次少佐、小烟敏四郎少佐在德国巴登温泉聚首,订立了盟约,决心推进军队和国家的"革新",四日,当时驻德武官东条英机,这个二战中臭名昭著的"杀人狂",加入了盟约。这些人回国后,纠合幕僚军官于一九二三年建立了二叶会,一九二九年,与木曜会合并成一名会,其骨干分子均为军部实力派,是推行军部和国家法西斯化的主要力量。

一九二九年,世界爆发了前所未有的经济危机,这使持续萧条的日本经济遭到严重的打击。农民破产,城市工人失业,国内外矛盾激化。在这期间,日本法西斯势力猖獗发展。一九三〇年夏,参谋本部和陆军省的一部分中佐以下军官,在桥本王郎煽动下,建立了法西斯组织——樱会。法西斯分子适应百姓心里,纠集不法分子和野心家,在军部支持下,阴谋策动政变,制造恐怖暴乱,迫害一些进步人士,他们甚至不惜用杀死统治集团个别首脑人物的手段达到建立法西斯的目的。滨口首相、井上准之助藏相、犬养毅首相等成了刀下鬼。

在法西斯崛起中,陆军中的法西斯分子分成两派:一派主张继续搞政变,天皇依靠军队直接进行统治,称作"皇道派";另一派是主张动用军部现有地位,联合官僚、财阀,掌握内阁实权,建立高度国防国家,以加速对外侵略,为此必须"统制"军队行动,称作"统制"派。

一九三六年二月二十六日晨五时,东方刚刚露出鱼肚白,"皇道派"军官率领一千四百多名士兵,踩着夜里刚下的积雪,袭击了首相官邸和警视厅等地,杀死了一些政府要员,日本朝野上下一片混乱,这使天皇大为恼怒,统治派利用大好时机,坚决对皇道派势力进行彻底打击。十七名武装叛乱军官被判处死刑。北一辉等以"思想主谋"罪亦被判处死刑。为防不测,死刑立即执行,手执机关枪的日本军人,对准被捆在十字架上的叛乱军官进行扫射。脸蒙白布的受刑者,行刑前声嘶力竭地高喊"天皇万岁"……从此,皇道派一蹶不振,以统治派为核心的军部法西斯势力确立了统治地位,左右着内阁首相的任命、政策的制定。一九三七年,日本发动了侵华战争。

一九三六年,广田弘毅内阁为摆脱孤军作战境地,与德国缔结了《反共产国际协定》。一个月后,日本和意大利又达成妥协。德意日三个法西斯国家形成轴心国集团。整个世界,战争阴云密布。

第二次世界大战

慕尼黑阴谋

一九三八年三月十二日,德国吞并奥地利,接着便有恃无恐地进逼捷克斯洛伐克。捷克斯洛伐克位于欧洲中心,战略地位十分重要,德国如果占领捷克斯洛伐克,向东进攻苏联可以以它为桥头堡,向西进攻法国和英国,则无后顾之忧。希特勒对此地垂涎已久,他企图以苏台德问题为入侵的突破口,并制定了"绿色计划",决定于十月一日进军捷克斯洛伐克。

这使和捷克斯洛伐克有盟约的英、法两国甚为紧张。于是,一九三八年九月十五日清晨,六十七岁的英国首相张伯伦,拿着雨伞,行色匆匆地赶往德国去拜见希特勒。希特勒没有到火车站迎接。张伯伦只好自己乘车沿着蜿蜒的山路来到希特勒的高山别墅。这时,天下起了小雨,希特勒并没有上前迎接的表示,只是站在台阶上面无表情地等着。

二人的谈判在一间密室中进行。希特勒口若悬河,不给张伯伦任何讲话的机会(希特勒表示将不惜一切代价使居住在捷克斯洛伐克的三千零三名德意志人回归德国),希特勒突然问道:"英国是否同意割让苏台德地区给德国?"

这一问并没有使张伯伦惊慌失措。英、法历来主张绥靖政策,即我们常说的"事不关己高高挂起"和牺牲别国利益达到自己目的的行径。所以,张伯伦前来谈判前,早已和法国商定,两国不会帮助捷克斯洛伐克作战,并决心牺牲其以求得和希特勒的妥协。

在英法威逼利诱之下,捷克斯洛伐克政府只好屈服于纳粹。捷克总统对英法的行径无奈地说:"我们被卑鄙地出卖了。"

九月二十二日,张伯伦再次拜见希特勒。这一次他受到了隆重的欢迎:一队党卫军仪仗队在静候他的检阅,乐队奏响了"上帝保佑吾王"的英国国歌。

这一次,张伯伦总算捞到了首先发言的机会,他像下级向上级报告工作一样,唠唠叨叨地谈了一个小时,而希特勒则一反常态地沉默着。最后,张伯伦充满信心地看着希特勒,屏息静听对方反应。不料,希特勒说形势已变,又提出了新的要求,他要将包括苏台德在内的其他所有说德语的地区全部据为己有。

对于纳粹德国的暴力威胁,捷克斯洛伐克人义愤填膺,全国掀起了抗议高潮,德、捷双方军队都处于警备状态,战争大有一触即发之势。对此,英法惊恐万分,一面故作姿态向德国施加压力,一面又由张伯伦出面恳求希特勒息怒,并表示将尽一切力量"使捷国人头脑清醒一点"。另外,还致电墨索里尼,要他当面安排英、法、德、意四国首脑会议,以"和平解决"捷克斯洛伐克问题。九月二十七日,张伯伦发表广播演说,公然表示:"我们对一个在强大邻邦压境下的小国,不论抱有多么大的同情,但总不能仅仅为了他而不顾一切地使整个不列颠帝国卷入一场战争。"这时,美国也赶忙出面活动。狡猾的希特勒见时机已到,立即同意表示召开国际会议。

九月二十九日夜,英、法、德、意四国在德国慕尼黑的褐色"元首宫"里举行秘密会谈,签署了《慕尼黑协定》,依据协定,捷国必须在十月一日开始的十天内,把苏台德及其附属的一切设备全部无偿交给德国。

捷克斯洛伐克虽为当事国,但它的两名代表都被拒绝在会议室门外,坐在冷板凳上,眼巴巴地等待几个大国的最终判决。

会议结束后,张伯伦一脸倦意,不停地打着哈欠,却没有一点窘迫的神色,用他的话说:"我累,但累得很舒服。"张伯伦让人叫来了捷国代表,和法国首相达拉第一起极不耐烦地向他们宣布了协约内容,责令他们立即执行。

最后,事实并不像张伯伦吹嘘的那样带来了"我们时代的和平",反而加速了世界大战的爆发。在英法的纵容之下,希特勒侵略气焰更加嚣张。他轻蔑地称这些人为"一批可怜虫"。第二年三月,德国灭亡了捷克斯洛伐克;接着数月后,就以侵略波兰挑起了对英法的全面战争。

闪电战

古语云：兵不厌诈。军事上越是重大的行动越要隐藏。希特勒虽然早想挥师东侵，吞并苏联，但表面上却和苏联亲亲密密的，一九三九年八月二十三日，还同苏联签订了《苏德互不侵犯条约》，把他的战略意图深深地隐藏起来。同时，他还放出一些烟幕弹，故意制造德国进攻重点是英国的假象，比如大量出版了许多英国地形图，军队里都配备了英语翻译，甚至还制定了进攻英国的所谓的"鲨鱼"计划和"渔叉"计划，并故意把这些计划泄露到外界。

可实际上，希特勒暗地里正觊觎苏联，磨刀霍霍。到一九四〇年十二月，希特勒已经在极其绝密的情况下，完成了进攻苏联的"巴巴罗沙"的计划，他妄图用闪电战的方式搞突然袭击，打垮苏联。

德国人的伎俩起到了预期的作用，苏联上下都被蒙骗了。苏联高层对德国的东进战略不以为意，塔斯社不时发表一些苏德友好的新闻，而满载着苏联粮食、石油、矿石和各种物资的火车，仍源源不断地开往德国。与此同时，德国则积极做好战略调动，在一九四一年五月下旬，德国铁道部门每二十四小时开出一百列军车，包括二十八个坦克师和摩托师的四十七个德军师，只用两周便被运往德苏边境，完成了战略集结。当苏联发现这些情况时，德国人解释说这是为了进攻英国而让部队到东方休整。

六月二十一日中午，斯大林接到了苏联边境的一系列报告：在西北边境，德军拆去了他们自己设置的铁丝网；在布格河西岸，德军的发动机声音突然增高；在边境一些地方，似乎出现伪装的士兵……

各种异常情况源源不断地汇报给统帅部，可是，最高领导人却认为报告都是大惊小怪，既没有对上报的信息予以足够的重视，也没有下达战斗准备的命令。

六月二十一日一夜，是苏联最短的一夜，但却是苏联历史上最长的一夜。按照惯例，边境上的苏联军队正在联欢，广大官兵都仍沉浸在欢乐的气氛中。凌晨三时，东方将亮未亮，大地一片寂静。

突然，"轰隆隆，轰隆隆"的炮声震撼着大地，千万发炮弹飞向苏联边界，德军的闪电战开始了。这次突然袭击，希特勒总共出动了一百九十个师，三千七百辆坦克，四千九百架飞机，四万七千门大炮和一百九十艘战舰，分三路向苏联进攻。"北方"集团军群，辖第十六、第十八集团军和坦克第四集群，共二十九个师，由莱布元帅指挥，在东普鲁士的哥尼斯堡以东向列宁格勒方向实施进攻，消灭波罗的海沿岸地区的苏军，占领苏港口，使苏联舰队失去基地。"中央"集团军群，辖第四、第九集团军和坦克第二、第三集群，共五十个师又两个旅，由博克元帅指挥，由波兰的华沙向布列斯特、明特克方向突击，围歼白俄罗斯境内的苏军，而后直指莫斯科。"南方"集团军群，辖第六、第十七、第十一集团军，罗马尼亚第三、第四集团军，坦克第一集群和匈牙利一个快速军，共五十七个师又十三个旅，由龙德旅泰特元帅指挥，自波兰的赫尔姆向基辅方向进攻，攻占基辅以南地区的第聂伯河渡口，消灭第聂伯河左岸乌克兰的苏军，然后向顿巴斯发动进攻。希特勒的如意算盘是："当'巴巴罗沙'开始行动时，全世界将会大惊失色！我们只要在苏联的门上踹一脚，苏联这座破房子就会倒塌下来。"

毫无战斗准备的苏联猝不及防，在苏联五百英里长的边境线上，德军处处得手，俘虏苏军，占领城市，焚烧乡村，在战争的第一天，西部边境六十多个机场同时遭到猛烈轰炸，苏军半天之内损失飞机一千二百架。其中八百架未及起飞迎战，就被炸毁在机场。许多重要城镇、通讯设施、交通枢纽和海空军基地也遭到严重破坏。边境军区指挥机构基本陷于瘫痪，部队出现了混乱。边防值班部队虽也进行抵抗，但因得不到及时援助，势单力薄，防线迅速被突破。这一天，德军就前进了三百五十至六百英里。

希特勒的闪电战"成功"了，大规模突然袭击严重破坏了苏联的军事力量，把苏联最高当局也搞得晕头转向。但苏联人很快镇静下来，在斯大林领导下，苏联共产党和政府号召全体苏联人民起来进行伟大的卫国战争，并成立了以斯大林为领导的国防委员会，以及有莫洛托夫、朱可夫等参加的最高统帅部，动员一切力量，来打击法西斯侵略。一九四一年七月三日，斯大林发表广播演说，号召苏联人民作殊死的战斗，伟大的卫国战争开始了。

希特勒的闪电战点燃了苏联人民仇恨的烈火，德国军队在短暂的胜利后，正面临着无法逃避的毁灭的深渊。

不列颠之战

一九四〇年六月，希特勒攻占法国，凡是有点政治头脑的人都明白英国将是希特勒的下一个目标。法国崩溃后，笑里藏刀的希特勒对英国大放和谈烟幕，希望两国携手共同称霸世界。当时一贯主张执行妥协政策的张伯伦政府却信以为真，而英国人民的眼睛是雪亮的，他们对希特勒的狼子野心早看得清清楚楚，强烈反对张伯伦政府，在这事关英国生死存亡的紧急关头，一贯主张对德国采取强硬路线的原海军大臣温斯顿·丘吉尔代替了张伯伦，组成了丘吉尔内阁。

丘吉尔走马上任后，断然拒绝希特勒的和谈要求，他发表了慷慨激昂的演说，向人民发出了"战斗到底"的号召。他满怀信心地说："我们将不惜任何代价保卫领土……我们绝不投降，即使我们这座岛屿被征服并陷于饥饿之中……至于我，没有别的，我只有热血、辛劳、眼泪和汗水贡献给大家。"他誓言般的演说激起了全国人民的热情，受到了人民的拥护。希特勒见诱和目的没能得逞，气得直骂丘吉尔不识抬举。

一九四〇年七月十六日，希特勒签署了第十六号指令，即进攻英国的"海狮"作战计划。我们知道，要想在英国登陆，德国必须先横渡波涛滚滚的英吉利海峡，那里即使是最狭窄的部分也至少相距二十海里。德国海军相对于英国而言处于弱势地位，但它的空军却较英国强大，因此它必须首先取得制空权，只有充分利用自身优势，把英国海军赶出海峡，德军渡海登陆方有可能实现。

八月十日，德国集结了两千四百架战斗机开始连续不断地大规模空袭英伦本土。尽管英国战斗机起初不到七百架，与德国空军力量相差甚为悬殊，但英国军民同仇敌忾，斗志高昂。猖狂的德国战斗机把英国地图画在机身上，大大地写上"伦敦完蛋"的字样气势汹汹地扑向英国的机场、港口等。英国许多飞行员每天都要驾机出击三四次甚至更多，可他们仍然顽强拼搏。有一名叫尼科尔森的飞行员，飞机被四发炮弹击中，副油箱着火，他本人也两处受伤。就在他准备跳伞之际，发现下方有架德机。他沉着地驾机击毁该机，然后在烟火中跳伞，竟然奇迹般地活了下来。另外加上一千八百门高射炮和沿东海岸设立的一系列雷达站、观察哨等防空设施,加之又破译了德方的通讯密码,使希特勒的"空中闪击战"未能奏效。

这时激烈地空战已使德国战斗机损失超过英国一倍多。希特勒不得不痛苦地承认,他在短期内不可能赢得全面制空权。于是,他发号命令,从九月上旬开始转入"恐怖空袭",对伦敦等城市不分昼夜的狂轰滥炸,企图瓦解英国人民的斗志,逼英就范。到十一月初,德国平均每晚出动二百架战斗机,给英国造成了生命财产的极大破坏。结果,德国并未如愿以偿。希特勒无奈,只好一而再、再而三地推迟"海狮计划",最后,入侵登陆的"海狮计划"不了了之。

经过三个月的激烈空战,德国损失飞机一七三三架,英国损失九百一十五架,双方飞行员损失比约为六比一。

虽然在德军的狂轰滥炸中英国死伤约八万六千多人,被炸毁一百多万栋建筑物,但英勇的英国人在丘吉尔内阁的率领下奋勇抵抗,坚忍不屈,在生死存亡的搏斗中赢得了第一个回合,使希特勒的侵略计划第一次中途流产,在反法西斯的战争史上谱写了光荣的篇章。

阿拉曼沙漠战

一九四二年六月,德国隆美尔元帅率部攻克了号称"不屈的要塞"托希鲁克后,七月进逼离亚历山大港仅一百公里的阿拉曼,开罗告急,伦敦为之震惊。新任英国第八集团军司令蒙哥马利来到阿拉曼前沿阵地,面对一片混乱、士气低落、准备随时撤退的惨景,他并没有暴跳如雷,他召集了几十名军官和参谋长训话,他充满自信地说道:

"我们的防线就在这里——阿拉曼!如果我们失去这个阵地,我们就将失去整个北非!……我们将在此战斗,绝不后退。……如果我们不能在此生存,那我们就在此献身!"

蒙哥马利的话,让垂头丧气的军官增添了勇气和力量。随即他制定了"超级冲锋作战计划",欲与德军决一死战。

隆美尔是个诡计多端、阴险狡猾的指挥官,人称"沙漠之狐"。由于战线太长,德军供给不足,攻势只好停顿下来。蒙哥马利瞅准时机,指挥部队于十月二十三日晚对阿拉曼以西的德军发动进攻。英军投入约二十三万兵力,一千四百多辆坦克,两千多门火炮,一千二百架飞机。隆美尔也集结十万德军,五百五十八辆坦克,一千二百门火炮,三百五十架飞机发动反攻。辽阔的阿拉曼沙漠上战车隆隆,炮声震天,英国夜航轰炸机一次又一次出现,对暴露的德军进行轮番轰炸,英军的炮弹像冰雹似的落在德军阵地上,照明弹照亮了整个战场,一切都明亮得如白昼一般。德军伤亡惨重,被迫撤退。

第二天,希特勒给隆美尔发来电报,告诉他"在你目前所处的情况下,不能有别的考虑,只能坚守阵地,不后退一步,并把每一枝枪和每一个士兵都用于战斗。……你只能领导你的部队取得胜利或走向死亡,别无他路"。

看完电报,隆美尔瘫坐地上,再也无法站立,他像一个被判处死刑、缓期执行的犯人。他愤愤不平地说道:"我们需要的是枪炮、燃料和飞机,而不需要让我们死守的命令。"经过一番内心挣扎后,他还是强迫自己执行希特勒的命令,命令"停止西撤"。只可惜,部队已乱了方寸,他的指挥失灵,面对继续后撤的部队,隆美尔也只能是无可奈何地摇摇头。

到十一月四日,英军完全突破德军的重重雷区,德、意军全线溃退,在撤退过程中,隆美尔将盟军——意大利的运输车辆劫持一空。被德军抛弃的意大利四个师的兵力,走投无路,只好举手投降。这场第二次世界大战中规模最大的沙漠消耗战才宣告结束。隆美尔的副手和九名意军将领被俘,德意部队损失过半,只剩下十二辆坦克。

阿拉曼沙漠战是英国对德作战的首次决定性胜利。它使北非战局发生了有利于英国的转变,是大英帝国命运转折的关键。同时也为美、英联军不久在诺曼底登陆创造了有利条件。

莫斯科保卫战

消灭苏联是希特勒的基本方针,也是他妄图称霸欧洲和世界的决定性步骤之一。一九四〇年十二月十八日,希特勒批准了代号为"巴巴罗沙"的侵苏作战计划,指令"在对英作战尚未结束之前,德国三军即应准备用速战速决方式来击败苏联"。"巴巴罗沙"意即"红胡子",是神圣罗马帝国皇帝腓特烈一世的绰号。当初,腓特烈一世穷兵黩武,曾六次侵入意大利,并指挥过十字军东征。希特勒要做第二个腓特烈一世,妄图在神不知、鬼不觉的情况下采用闪电战方式一举攻克苏联。

一九四一年六月二十二日拂晓,太阳刚刚从东方地平线上冉冉升起,刚刚欢度完仲夏夜的苏联官兵正在酣睡中。

突然,"轰隆! 轰隆!",德国六千门大炮齐发。两千架轰炸机像乌云一样压向东方,炸弹雨点般地落在苏联大地上,德国近三百万士兵在五百英里长的边界线上发动了疯狂的突然袭击。一座座村庄、城市陷入一片火海之中。过了一个半小时后,德国方正式向苏联宣战。意大利、罗马尼亚、匈牙利、芬兰助纣为虐,相继参加了侵苏战争。法西斯兵分三路,投入了一百九十个师,四千三百辆坦克,近五千架飞机,总兵力为五百五十万人。一天之内,苏联就损失了约一千二百架飞机,共有八百多架还未来得及起飞就在地面上被炸毁。苏军损失惨重,边战边退。希特勒妄想用迅雷不及掩耳的闪电战,在一个半月到两个月时间里打垮苏联,在冬季来临前结束战争。他狂傲地宣称:"我们只要在苏联的门上踹一脚,苏联这座破房子就会倒塌下来。"真是白日做梦! 勇敢的苏联人民岂能任其随心所欲!

一九四一年九月三十日,中路德军集中兵力约七十八个师,一百八十万人,坦克一千七百辆,飞机近一千三百九十架,实施进攻莫斯科的"台风"行动。伟大的莫斯科保卫战开始了。

十月十五日前后,苏联政府的部分机构和外交使团撤到八百公里外的古比雪夫。此后,首都宣布戒严,斯大林号召全体苏联人民同法西斯作殊死搏斗。全市人民在三天动员起来,有十二万人组成民兵师和巷战小组,约四十五万人(其中大部分是妇女)参加修筑防御工事。全国人民同仇敌忾,顽强抗击法西斯侵略者,法西斯攻势受阻。

十一月七日,莫斯科照常举行了传统的阅兵式,斯大林等领导人检阅了经过红场列宁墓前直接开赴前线的部队,使全市人民群情激扬,大大增强了军民争取胜利的信心。尽管德军数次发动猛烈地进攻,但都遭到英勇的苏联人民狠狠地回击,虽然他们用望远镜可以看到克里姆林宫的尖顶,但他们已没有能力将其夷为平地。因为冬天来了,凛冽的寒风让没有准备御寒装备的德军瑟瑟发抖,他们冻伤的人数甚至超过战斗伤亡,曾经大显神威的飞机、坦克和汽车如废铁一堆,难以启动,无法发挥效用。仅从十一月十六日至十二月五日,短短数日内德军就伤亡十五点五万人,他们的攻势"已到了山穷水尽的地步"。苏军抓住有利时机,于十二月六日开始大举反攻,牢牢抓住了战场主动权,尽管希特勒亲自接任陆军总司令,却也无法挽回失败的命运。

莫斯科保卫战是德国陆军在第二次世界大战中遭到的第一次沉重打击,它标志着希特勒闪电战的破产,从而也促进了国际反法西斯联盟的建立。

自由法国运动

一九四〇年六月五日,德军向法国发动了总攻势。十三日,巴黎被宣告为"不设防城市"。次日,德军不费一枪一弹,轻而易举地占领了法国首都。十七日,卖国贼贝当组成新内阁,向德国乞求停战。当时任法国国防与陆军次长的戴高乐竭力反对贝当的卖国行径,决定离开法国,来到英国重新组织反法西斯力量。十七日早晨,他借口陪送一位英国将军回国来到机场,出人意料地登上飞机到了英国。

戴高乐到达伦敦后,在英国首相丘吉尔的支持下,于六月十八日下午,在英国广播电台发表了一次具有历史意义的广播讲话,由此开始组织领导了"自由法国"运动。讲话内容如下:

"我是戴高乐将军,我现在在伦敦。我向目前正在英国领土和将来可能来到英国领土上的持有武器和没有持有武器的法国官兵发出号召,向一切军火工厂的工程师和技术工人发出号召,请你们和我取得联系……

"无论发生什么情况,法兰西抵抗的火焰绝不应该熄灭,也绝不会熄灭……

"总有一天我们会转败为胜。"

电波传遍了英伦三岛,穿越英吉利海峡,又传遍了法国每一个角落,人民热血沸腾,称戴高乐为"六·一八英雄"。

一九四〇年六月二十二日,贝当政府正式向德国屈膝投降,两国在康

边森林的一节火车车厢里签订了条约,这里恰恰是第一次世界大战结束时德国签署投降书的所在地,如今景物犹存,境况却差之千里,胜败双方已颠倒了位置。

在戴高乐演说广播后一个星期,已有几百人集合到"自由法国"旗帜之下。六月二十九日时,又有二百多人前来报到。到七月底,已经有七千多人志愿拿起武器为"自由法国"而战。

"自由法国"总部设在泰晤士河畔的一座大厦里,而戴高乐本人则住在伦敦一套普通的公寓里,他几乎一无所有,两条裤子,四件衬衫和一张全家照是他最重要的家当。他的家人不在他身边。妹妹和一个侄子被德国的盖世太保逮捕,一个外甥在反法西斯战斗中牺牲。另外三个侄子和外甥在国内参加了"自由法国"运动。

就在戴高乐艰难地开展抵抗运动时,法国新任国防部长命令他回法国自首,准备接受军事法庭的审判。戴高乐对此置之不理。不久,卖国的法国政府对他缺席审判,先是判处四年徒刑,接着又改判死刑。

一九四〇年七月十四日是法国国庆,戴高乐在伦敦检阅了第一批"自由法国"军队,七月二十一日,戴高乐向世界宣布:"自由法国重新投入战斗了!"自由法国部队的飞行员参加了对德国鲁尔区的轰炸。此后,自由法国战士活跃在了各地反法西斯战斗中。

戴高乐积极派人在法属殖民地进行宣传活动,建立了非洲抗德根据地。一九四二年,戴高乐派同事让·穆兰回国与国内抗敌组织联系。穆兰历尽千辛万苦,终于促成了南北方抵抗运动组织的统一。戴高乐成了全法国抵抗运动的唯一领袖。

就在胜利的曙光再现时,美国伙同英国企图甩开戴高乐,以便让法国在战后成为他们的附庸。戴高乐与他们进行了坚决的斗争,并组织五十万法国军队,努力实现自己解放国土的意愿。一九四四年八月底,法国人民终于解放了自己的首都,英美只好放弃自己的梦想。

一九四五年五月,德国投降,戴高乐以法国临时政府名义,和盟军一起接受德国投降。

戴高乐以他坚强的意志、顽强的毅力和饱满的热情,为反法西斯侵略,为维护法兰西民族独立,做出了卓越的贡献。

偷袭珍珠港

一九四〇年苏德战争爆发后,日本军国主义认为建立"大东亚共荣圈"的时机已经成熟,于七月制定了向南进入侵印度支那、泰国、缅甸等国计划,妄想夺取石油等资源,称霸太平洋。这直接威胁了美国在太平洋的利益。于是,美英联合对日本实行了石油禁运。没有石油,日本作战部队就寸步难行,为了解决石油问题,日美举行了旷日持久的谈判,但始终没能

达成协议。这使日本天皇忧心如焚。为了实施"南进"计划,为了拔掉驻守在夏威夷群岛上的美国舰队这个眼中钉,日本天皇授意日本联合舰队司令山本五十六,秘密制定了远渡重洋偷袭珍珠港的计划。珍珠港是美国在太平洋上的海军基地。

一九四一年十一月二十六日,一支庞大的日本舰队在联合舰队总司令山本五十六的指挥下悄然出发,这支舰队由六艘航空母舰和十四艘战舰组成,每一艘航空母舰的飞行甲板上都排满了双翼展开的飞机,有的飞机挂着鱼雷,有的飞机装有巨型炸弹。

为了麻痹美国,日本派出大使赴美再一次施放"和谈"烟幕,鼓吹"日本和美国没有任何理由打仗","日本愿以最大的努力来防止不幸的战争"等等。此时,美国总统罗斯福仍天真地以为日本进攻矛头是印度支那和东南亚,他做梦也没想到日本早已派间谍摸清了珍珠港内的情况,此时,偷袭珍珠港的秘密舰队正在全速驶向夏威夷群岛。

一九四七年十二月七日凌晨,两个美国新兵突然发现雷达屏上的异常现象,在该岛东北一百三十多海里外有一群飞机正朝瓦胡岛方向飞来。

"敌机,敌机!"

他们立刻向陆军基地值班军官报告了情况。

"别神经过敏,那是我们自己的飞机!"

原来这天早晨,美国空军将有一队 B-17 飞机从本土飞来。所以,值班军官没有提高警惕。他打开收音机,开始欣赏檀香山电台播放的夏威夷音乐。此时,许多美军军官还沉浸在周末舞会后的睡梦中,泊在港内的美国军舰正准备举行开旗典礼,一切都如往日一样平和、宁静,士兵们丝毫没意识到危险正向他们一步一步逼近。

七时五十五分,偷袭珍珠港的总指挥官渊田中佐兴奋地大喊:"松崎大尉,松崎大尉,看!往下看,像是海岸!"

"报告队长,我看到珍珠港了!"

"发出攻击令,立即攻击!"渊田大声喊道。

不一会儿,飞机起飞的轰鸣声打破了黎明的寂静,一百八十多架飞机轻快地从六艘航空母舰上飞起,迅猛地向珍珠港所在地瓦胡岛俯冲下去,日军偷袭珍珠港行动开始了。美国士兵被惊得目瞪口呆,他们谁都不知道珍珠港正大难临头,还以为是一次"特殊的演习"。

受军国思想毒害的飞行员把此次偷袭行动当做为国效劳、为天皇尽忠的绝好机会。他们驾驶的飞机勇往直前、肆无忌惮。许多飞机在弹尽粮绝或创伤累累的情况下,不是转头回去,而是恶狠狠地扑向美机或美舰,与之同归于尽。许多美国官兵看到日本飞行员如此疯狂的举动,都惊呆了。

日本发动了历时一小时五十分钟的猛烈攻击,美军大部分战舰着火,约有二十艘大型舰只被炸沉炸伤,二百三十架飞机被击毁,美军死亡约两千三百三十四人,在港内的美国太平洋舰队几乎覆灭。这是二战中继德国进攻苏联后又一次举世震惊的突然袭击,它宣告了太平洋战争的爆发。

偷袭珍珠港,激发了美国人民的爱国主义和反法西斯热情,孤立主义在美国一夜之间销声匿迹。十二月八日,美国和英国对日宣战。美国广播电台反复广播:"珍珠港遭到卑鄙的偷袭!"罗斯福总统被日本的卑劣行径气得直跺脚,他咬牙切齿地大声疾呼:"必须记住这个奇耻大辱的日子!"接着,荷兰、澳大利亚、中国等二十多个国家也对日宣战。十二月十一日,德、意也对美宣战。至此,全世界约五分之四的人口卷入了这场空前的大搏斗,战争的范围达到了真正的世界规模。

直到今天,世界上许多人仍在关注着这次事件。许多研究人员认为,英国和美国其实在日本偷袭珍珠港之前已成功地破译了日本的密电,之所以保持缄默,是各有原因:英国的丘吉尔首相为了拉美国参战,故意装作不知;而美国呢,上层领导想参战,但国内人民反战情绪高昂;为了得到民众的支持,美军将珍珠港内的航空母舰调出,以保存实力;尽管珍珠港内没有停泊航空母舰,美国也损失惨重,这足以引发人们的切齿痛恨之情,此外,英美都想利用破译的密电在日后派上大用场。

当然,上述说法只是一种观点,是否符合事实,我们不得而知。就日本悍然发动侵略战争,在战争爆发一个多小时才宣战的行径,足以说明"多行不义必自毙",事实也正是如此!

中途岛海空大战

中途岛位于夏威夷群岛东北部,同珍珠港一样是美国重要的军事基地,美国航空母舰全部停泊在此。虽然日本偷袭珍珠港获得成功,但美国十分有战斗力的航空母舰毫发未伤,这使日本一直耿耿于怀。为了彻底摧毁对其有巨大威胁的美国航空母舰,日本准备再来一次珍珠港式的突然袭击,目标是中途岛。可惜,这次日本的闪电袭击未能奏效。因为自从有了珍珠港教训后,美国再也不敢掉以轻心了,他们时时刻刻保持着高度警惕,美国破译小组成员日夜不停地轮班监听日本的密码电报。美国破译小组对截获的一系列的密电中的"AF"两个字母疑惑不解。译电员根据种种迹象判断"AF"指中途岛。为了证实这个推断,美军发了一份电报,称中途岛淡水供应存在问题。没多久,日军密电果然称"AF"缺少淡水。美国负责中途岛作战的指挥官尼米兹上将决定将计就计,布下了天罗地网,随时恭候日本自投罗网。

日本十分重视这一仗,为了达到预期目的,日本集结了包括八艘航空母舰在内的二百多艘军舰,还配备了约七百架飞机和七千五百人的登陆部队,组成了日本海军史上最庞大的一支舰队。进攻中途岛的日本海军仍由总司令山本五十六指挥。六月四日黎明,日本四艘巨型航空母舰灯火齐明,一百零八架飞机从甲板上轻快起飞,向中途岛发动了攻击。由于美军破译了日本密码,事前了解日本舰队的动向,虽然美国所能集结的兵力无论在数量上还是在质量上都不如日本,但因掌握了敌情,准备充分,美军在主要作战海域集中力量,张网以待,对日本的"突然袭击"进行了有力的反击。

当日机在离中途岛大约三十英里时,由二十五架"野猫式"战斗机组成的美国拦截队出其不意地出现在日本人面前。接着又有四架美国鱼雷轰炸机突然出现在日本舰队上空,虽然这两次拦截行动都失败了,但在十点四十分时,激烈的战局发生了根本性转变。

三架美国"无畏式"轰炸机悄然出现在日本舰队上空,以飞快的速度朝日本"赤诚号"航空母舰垂直俯冲下来,随着一阵可怕的尖嘶声,一颗颗黑色炸弹飞泻而下,发出震耳欲聋的爆炸声。整个航空母舰机库成为一片火海,熊熊烈火不断蔓延,整个军舰千疮百孔,完全丧失了战斗力。接着另外两艘"加贺号""苍龙号"航空母舰也中弹起火,只剩下"飞龙号"一艘。山本五十六知道事情有些不妙,可他还是硬着头皮要撑到底,命令"飞龙号"立即实施报复性攻击。"飞龙号"上十八架日本俯冲轰炸机在六架零式战斗机掩护下,向美国的"约克敦号"航空母舰发起猛攻,结果,双方无一幸免,全部葬身海底。

在此次海空大战中,美国一名叫吉姆莱里的飞机驾驶员和他的战友创造了一个奇迹:交战不久,吉姆莱里驾驶的 B-26 三号机被炮弹击中,但机上所有人员镇静地向日机开火,击落了一架日机。随后,吉姆莱里又驾机向日舰猛冲过去。此时,日本航空母舰和其他护卫舰上的高射炮,都集中火力向三号机开火。吉姆莱里灵活地驾机躲避着炮火,同时不断拉近彼此的海空距离。当距离达到射程要求时,吉姆莱里平稳了机身,迅速投下了挂在机翼上的鱼雷。

"轰",日舰右舷中炮。在甲板上的日军慌作一团时,三号机上的机枪射手又是一阵狂扫,二三十个日军饮弹倒地。

吉姆莱里利用日舰不敢贸然开火的时机,迅速飞离日舰。他采用低空飞行,将前来追击的日本零式战斗机甩掉,并安全着陆于基地。

事后人们发现,吉姆莱里的三号飞机有五百多处创伤,仪器与左油箱毁坏,螺旋桨受损,无线电机被击断,两部引擎都有破洞。人们对这架飞机的生还,不由得发出了惊叹。

中途岛海战以日本的惨败而告终,日军共损失航空母舰四艘,巡洋舰一艘,飞机三百二十二架。几百名训练有素、经验丰富的飞行员死亡,几千名舰员丧生。而美国只损失航空母舰和驱逐舰各一艘,飞机一百四十七架。至此,日本丧失了在太平洋上的战略主动权,日本海军从此一蹶不振,太平洋战争出现转折。

斯大林格勒战役

一九四二年七月十七日,德军集中一百五十万兵力进攻斯大林格勒,企图切断苏联的粮食与燃料来源。

斯大林格勒(今伏尔加格勒)位于苏联内河航运干线伏尔加河下游西岸,是连接苏联欧洲部分南北水陆交通的枢纽,也是重要的军事工业基地,有着非常重要的战略地位。苏联几乎把一切可调用的兵力都集中在此。一场决定性的大战在伏尔加河畔展开。

八月二十三日,德军进行了侵苏以来第二次规模最大的空中攻击,一昼夜出动了两千架次飞机狂轰滥炸。全市成为火海。九月十三日,十七万德军在近五百辆坦克、一千七百门火炮的掩护下攻入市区。一场最为残酷、最为激烈的市区争夺战开始了。

苏军第六十二集团军司令朱可夫将军不断收到战事报告:

"七时三十分,敌人进入学院大街。"

"七时四十分,第十三机械旅第一营与主力失去联系。"

"八时,火车站陷入敌手。"

"八时四十分,火车站在我军手中。"

"九时四十分,敌人又占领了火车站。"

……

斯大林格勒原名察里津,国内战争时期,斯大林在此扭转了战局,故改名为斯大林格勒。现在,面对敌人的疯狂进攻,保卫这座英雄城市的苏联军民经受着巨大的考验,他们立下了与城共存亡的誓言。"绝不后退一步!""谁要是把这片神圣的土地让给敌人一寸,那就是莫大的耻辱。"一位曾参加过察里津保卫战的老战士写信鼓励战士们说:"孩子们和朋友们!亲爱的战士们!要同敌人拼到最后一口气,坚守住自己的阵地。……你们必须赢得这场战役,让父辈的语言在这场艰苦卓绝的斗争中鼓舞你们。"他们日日夜夜浴血奋战,同敌人进行殊死的搏斗,有时一天要击退敌人十几次疯狂的进攻。

九月底,战斗重心转移到北部工厂地区。在这里发生了许多令人感动的可歌可泣的故事。苏军战士赫沃斯坦米夫守在工厂区的一条街道上。当敌人六辆坦克沿着街道向他爬来时,他利用断墙拐角,出其不意地用火炮、反坦克枪等,一连击毁五辆坦克。第六辆坦克已经逼近他身边,他毫不犹豫地举起了最后一颗手雷,拉响引爆索,冲向坦克,"轰隆"一声,那辆坦克像火把一样燃烧起来。

希特勒原本想采取速决战,一举拿下斯大林格勒,但由于苏联军民的顽强抵抗,德军逐渐陷入困难境地。伤亡惨重,却仍然无法占领全城。斯大林格勒依然挺立在德军面前,"相距如此之近,却同时又像月亮那样遥远"。

到了十一月,斯大林格勒开始降雪,伏尔加河上漂浮着片片薄冰。德军没有御寒的衣服,士兵们把一切可以弄到手的衬衣单衫统统套在身上,在冻得硬邦邦的人造草鞋里塞进干草,士兵们疲惫不堪,叫苦连天。

一九四三年一月十日,苏军开始反攻,五千门大炮一齐轰击,德军阵地变成一片火海。二月二日,德军全部覆灭,十四万人被击毙,鲍罗斯及其他二十三名将军及九万多官兵被俘。

举世瞩目的历时二百天的斯大林格勒保卫战,是苏德战争中历时最长、最为激烈的一次战役。这次战役的胜利,让世界人民看到了胜利的曙光,使全世界人民受到极大鼓舞,它是第二次世界大战中关键性的一次战役。

诺曼底登陆战

苏德战争爆发后,英、美决定开辟欧洲第二战场。美国艾森豪威尔被任命为盟军总司令。盟军在一九四四年初就制定了一个代号"霸王"的计划。为了准备这次战争史上规模最大的两栖登陆作战行动,由艾森豪威尔指挥的盟军在英国本土集中兵力近二百八十八万,飞机一万五千七百多架和舰艇六千多艘,准备了由三十七万立方米混凝土和三百吨钢材制造的几百个空心钢筋混凝土沉箱构成的两座人造码头和一条海底输油管。

为了迷惑敌人,英国的谍报机构布置了一个迷魂阵;由英国电影片厂布景师设计了许多假的登陆艇、弹药库、医院和飞机大炮、兵营,又煞有介事地派许多人前往中立国购买加莱海岸详细的地图等等。

隆美尔断定:盟军一定是准备从法国北海岸——加莱海岸登陆。隆美尔立即下令加强这一带的防线。几天工夫,海水底下和沿海海滩密布地雷,海岸上构筑了许多隐蔽得很深的炮台等等。他得意地称其为"大西洋铁壁"。

"哈哈,敌人果然中计了!"英国首相丘吉尔不由得暗中高兴。

六月六日,预定登陆的日子到了。这天,天气阴晦,狂风呼啸,盟军四千艘舰船,七千架飞机,掩护着无数的登陆艇,从英国严密伪装的南海岸基地出发,向诺曼底进军。

而此时,隆美尔完全蒙在鼓里。六月五日,是他妻子的生日,隆美尔根据空军气象台报告,英吉利海峡气候恶劣,他估计盟军进犯不会立刻发生,于是他请假回家团聚。

六月六日凌晨二时,德军总司令伦斯特得到前线紧急报告:"有一股英美空军部队着陆,看来这是一次大规模行动……"

"这并不是什么大规模行动,这是英美惯用的声东击西伎俩。"正在睡觉的伦斯特漫不经心地说。

"报告,报告,海岸雷达荧光屏上有大量黑点,一支庞大的舰队正向诺曼底开来……"

"开什么玩笑!这种鬼天气里会有庞大舰队?一定是你们搞错了,也许是一群海鸥吧?"

六日晨六时三十分,美军第四师在强大炮火掩护下,开始在诺曼底滩头阵地登陆。七时二十分,蒙哥马利指挥的英国第二集团军也登上海岸。得到消息的隆美尔立即乘车返回司令部。

下午三时,刚刚睡醒的希特勒指派两个精锐装甲师支援诺曼底,企图在天黑前,"消灭登陆敌军,收复滩头阵地",但为时已晚。这时,盟军已在欧洲大陆建立了牢固的立足点。到七月五日,盟军登陆部队已超过一百万人。从此,希特勒的"大西洋铁壁"完全被突破,德国陷入了苏联和英美东西夹击的铁钳之中。德军为了避免覆灭,仓皇后撤。持续了近两个半月的诺曼底战役,终于以法国首都巴黎的光复而胜利结束。

在此次战役中,德军损失兵员约四十万,坦克一千三百辆,火炮两千门,飞机三千五百架和各种车辆两千辆。这次战役计划周密,规模宏大,行动巧妙,是反法西斯战争中光辉的一页。

联合国的成立

一九四五年四月二十五日,美国西部第二大城市旧金山市大歌剧院前,成千上万的市民冒雨赶来,争相领取入场券。一千五百张入场券很快被一扫而光。不过,有没有票的人们都兴高采烈,群情振奋。

是什么吸引着人们呢?原来,全世界反法西斯国家的代表将在这里聚会,讨论成立联合国。

从一九三七年七月日本帝国主义血腥侵略中国开始,全世界笼罩在战争的阴影之下。一九三九年九月,德国法西斯突然袭击波兰,第二次世界大战全面爆发。战火蔓延到了世界上六十多个国家和地区,二十多亿人陷入了战争带来的巨大苦难。人民渴望着打败德、意、日法西斯侵略者,渴望着持久的和平早日到来。

一九四三年十月,中、美、英、苏四国代表在莫斯科发表《普遍安全宣言》，这是呼吁建立国际安全机构的开端。不久后，中、美、英和苏、美、英分别举行了开罗会议和德黑兰会议，商讨战胜德国、日本及战后的共同策略。德黑兰会议期间，美国总统罗斯福和苏联部长会议主席斯大林单独会见，正式提出了成立联合国的建议。

经过世界反法西斯联盟的共同奋斗，暴虐的法西斯终于日落西山了。建立一个维护世界和平的共同机构联合国，就成了人们普遍关注的共同话题。

一九四四年八月至十月，美、苏、中、英四大国代表在美国华盛顿的敦巴顿橡胶园连续举行会议，起草联合国章程。虽然，在成立联合国问题上，各国有着相同的出发点，但是，各自又有不同的目标。特别是美、苏两国，因为意识到战后将成为主要对手，都极力在联合国的机构和权力上争取有利于各自国家的规定，在一些关键问题上，激烈争论，相持不下。

第一轮会谈讨论这个国际组织的名称时，苏联先后提议用"国际安全组织"和"世界联盟"，都遭到了美国和英国的反对。最后，采用了美国总统罗斯福提出的"联合国"这个名称。接下来，苏联提议用"安全"命名联合国下面的主要机构。这就是安全理事会的由来。

后来苏联提出，联合国安全理事会中，苏、英、美、中、法五个常任理事国拥有否决权，即只要五国中有一个国家反对，表决就无效。因为在当时，大国中只有苏联一个社会主义国家，在很多问题上，它是少数，有了否决权就可以保证苏联不会吃亏。英、美代表则坚决反对拥有"否决权"，主张少数服从多数。出于同样动机，苏联又提出让它的两个加盟共和国——乌克兰和白俄罗斯直接成为联合国成员。这样，苏联就可以有三票的表决权。这显然是英美两国所不能接受的。

双方争执不下，问题一直没有解决。直到一九四五年二月，在雅尔塔会议上，罗斯福和丘吉尔考虑到要争取苏联同意，全力击败德国并对日宣战，才同意了苏联的建议。并计划在四月间，在美国旧金山召开世界各国反法西斯国家代表大会讨论成立联合国问题，届时再以敦巴顿橡胶园会议建议案为基础，制定联合国宪章。

这样激动人心的大事，人们怎么能不激动万分呢？一九四五年四月二十五日下午四时，四十六个国家代表乘坐的一长列小轿车，在蒙蒙的细雨中,驶向了旧金山市歌剧院。人群沸腾起来。美国代表共一百五十六人,是人数最多的代表团,中国代表七十五人,英国代表六十五人,苏联代表十五人。四个发起国与其他国家的代表共八百五十人进入了歌剧院。一千八百名各国记者也蜂拥入场。成千上万的没领到入场券的市民则伫立在歌剧院外翘首以待。

第二天,按照会议议程,美国、中国、苏联、英国四个发起国的外长依次发言,共同表示要为维护世界和平而竭尽全力。苏联外长莫洛托夫的演说,获得了全世界爱好和平人民的好评。

会议前后开了整整两个月,这时的会员国已增加到了五十个。六月二十六日,大会一致通过联合国宪章,各国代表在宪章上签字。中国共产党的代表董必武第一个在宪章上签了字。东道主美国最后一个签字。

根据旧金山会议决定,联合国于一九四五年十月二十四日宣告成立。同日,联合国宪章正式生效,这一天就定为了"联合国日"。它的永久总部设在美国东海岸的纽约。

今天,在联合国总部大厦,那面蔚蓝色的旗帜依然高高飘扬在纽约上空。五大洲的投影地图和两束橄榄枝,向世界人民昭示着团结与和平。

多行不义必自毙

攻克柏林

希特勒的倒行逆施引起了全世界人民的极大愤慨,全世界人民团结起来,矛盾直指法西斯。

柏林战役是苏军对德法西斯的最后一击,规模也最大。苏联投入了包括波兰军队在内的兵力二百五十万人,坦克六千二百五十辆,飞机七千五百架和各式火炮四万二千六百门,直捣希特勒老窝——柏林。希特勒企图垂死挣扎,也集中了百万余众,一千五百辆坦克,三千五百架飞机和上万门火炮,构筑了三道防线,负隅顽抗。

为了纪念即将到来的列宁诞辰七十五周年,苏军于一九四五年四月十六日发起了进攻柏林的战役。凌晨五时整,苏联十二军数千门大炮、迫击炮和火箭炮齐鸣,在坦克和飞机的掩护下步兵发起了一次次猛烈的冲锋。经过激战,三路苏军突破敌人第一道防线,强渡奥德河,向柏林市区挺进。

被强大攻势吓破了胆的希特勒不得不像缩头乌龟一样躲进了离地面五十英尺的地下室。当他听到空军总司令戈林、卫队头目希姆莱携金私逃的消息时,脸都气绿了,希特勒暴跳如雷地破口大骂"懦弱、叛徒……"

头顶上苏军的炮弹正在隆隆作响,希特勒明白:自己的末日就要来临了,他眼前不禁浮现出墨索里尼被暴尸街头的惨状,他仿佛看到自己的尸体正倒挂在广场上,被成千上万的人民尽情地唾骂、无情地鞭挞着……希特勒痛苦地将头埋在双臂之间。突然,他"噌"地一下站起来,仿佛做了什么重大决定似的,他转身对卫队长格林说:"你去准备两条羊毛毯子,再拿些汽油来,我和爱娃将在此自尽。我们死后,你用毛毯裹着遗体,抬到花园里烧掉,千万别落到苏军手里……"

四月二十九日,希特勒任命海军元帅邓尼茨为他的法定"继承人"。当天夜里,他和他的情妇爱娃·勃劳恩在地下室里举行了匆匆忙忙、冷冷清清的婚礼。

四月三十日下午三时左右,希特勒坐在办公室的沙发上,用一枝七点六五毫米口径的手枪在自己右太阳穴上开了一枪,结束了自己罪恶的一生。爱娃·勃劳恩则服了氰化钾,她蜷缩地躺在希特勒的右边,满意地睡着了。

卫队长格林遵从希特勒旨意,用毛毯裹着他们,放在总理府花园里的一个小坑内,浇上准备好的汽油,然后点燃尸体,火焰熊熊地燃烧起来。

就在希特勒自杀当日的傍晚,苏军攻入德国国会大厦,经过艰难的逐屋争夺战,胜利的红旗终于在五月一日清晨高高飘扬在德国国会大厦主楼圆顶上。五月二日,苏军占领了整个柏林,三十万法西斯官兵全部就俘,历时十六个昼夜的柏林战役胜利结束。

五月七日,在艾森豪威尔主持下,德国代表在西方盟军司令部所在地巴黎附近的兰斯签署了无条件投降书。但斯大林对兰斯投降仪式不太满意,德国代表无奈又于五月八日午夜在柏林苏军司令部由朱可夫主持再次签署投降书,五月九日零时开始生效。至此,欧洲战场的反法西斯战争宣告结束。五月八日这一天,被定为欧洲胜利日。

暴尸街头的元首

一九四三年七月十日,为了彻底争夺地中海制海权,重返欧洲大陆,盟军在地中海航线中端、与意大利本土隔海仅三公里的战略要地西西里岛登陆。

其实,意大利自参战以来是屡战屡败,士气也很低落。加之连年战争,本土屡遭轰炸,人民反战情绪日益高涨。面临严重的军事、经济、政治危机,意大利已无力再战。此时的墨索里尼已是众叛亲离,七月二十五日,意大利统治集团内部发生政变,墨索里尼成了阶下囚。不久,意大利宣布投降,退出战争。但此事希特勒早已察觉,他事前从西欧调来大批精锐部队,于十日迅速占领罗马和意大利北部。十二日,德伞兵机降小分队又劫走被囚禁在意大利中部一个山顶旅馆中的墨索里尼。

在希特勒的扶植下,九月十四日,墨索里尼组织了所谓"意大利社会共和国"的傀儡政府。他上台后,立即下令枪决半年前发动政变赶他下台的人,就连他的女婿齐亚诺也不放过。从这时起,墨索里尼又苟延残喘了一年多时间。

一九四五年年初,德国一道道防线被攻破。到了四月十六日,希特勒老巢被苏军紧紧围攻,希特勒已自顾不暇。墨索里尼清楚地意识到自己的末日即将来临。一九四五年四月二十六日,他化装成德国人,企图混在德国人的车队里逃出边境,亡命天涯。不料,在逃至边界线穆索附近时被游击队截住。墨索里尼蜷缩着躲在车的角落里,身上盖着一件德国军大衣。可惜他身上穿着的那条只有高级军官才有的镶着金色条纹的法西斯军裤出卖了他,他只好高举双手,以示投降。

四月二十八日傍晚,墨索里尼和他的情妇贝塔西被押到贝尔蒙特别墅附近的一块高地,游击队总参谋部派瓦瓦莱里奥以意大利人民的名义宣判他们死刑。此时的墨索里尼垂头丧气,吓得瑟瑟发抖。在"砰砰"两枪之后,墨索里尼和贝塔西砰然倒地,这是他们应有的下场。

处决后,墨索里尼的尸体被运回米兰洛雷托广场,倒挂在一个加油站棚顶的铁架上。愤怒的人们有的对着他的尸体吐唾沫;有的指着他的身体尽情臭骂;有的群众对其恶行实在是怒不可遏,便拿着皮鞭子不停地抽打着他,边抽打边骂,打累了,就停下来歇一会儿,骂得口渴了,就喝口水……

这个昔日骄横跋扈的法西斯罪魁祸首终于得到了应有的惩罚。

日本上空的"蘑菇云"

一九四五年八月六日清晨,日本广岛上空云晴气朗,像往常一样平静。如果不是美军飞机几乎每天都要投下成吨成吨的炸弹,整个广岛倒是一片太平盛世的景象。因为每天都有美军的飞机来轰炸,人们对空袭警报也显得习以为常了。这不,刚刚一个小时的工夫,就响了两遍防空警报,而人们却没有显出特别的惊慌,甚至没去防空洞。

然而,一场巨大的灾难正悄悄袭来。

九时十四分十七秒,一架在广岛上空盘旋的美机上,飞行员将瞄准仪对准了广岛一座大桥的正中,他的手有些发抖,似乎不是一名训练有素的飞行员。然而,自动装置却准确无误地打开了。六十秒钟后,一颗不同寻常的"炸弹"从打开的舱门落入空中。飞行员让飞机做了一个漂亮的一百五十五度的转弯,将飞行高度下降了三百多米,飞速地远离爆炸地点。

四十五秒钟后,这颗不同寻常的"炸弹"在离广岛六百米的空中爆炸。爆炸先是在天空中点亮了一道巨大的白色闪电,就像是天空中又出现了一颗太阳。白光闪过之后,随即一声震耳欲聋的爆炸声响彻广岛上空。爆炸形成的烟尘好像是从地面生长出的一朵巨大的蘑菇,伴随着剧烈的闪光越来越高、越来越大。它的中心爆发出无数火焰,在地面上竖起了几百根火柱,广岛市陷入了焦热的火海。

广岛市一片惨景,爆炸的光波使成千上万的人双目失明;冲击波形成了狂风,所有的建筑物坍塌变成了废墟。爆炸形成了十亿度的高温,它不但瞬间把钢铁熔化得无影无踪,甚至把人影子印在了瓦片上。在爆炸的中心,人和物像原子分离一样分崩离析,直接消失在空气之中。离中心远一点的地方,遍地散落着烧焦了的男人、女人和儿童的残骸,惨不忍睹。更远一些的地方,那些侥幸活下来的人们,或是被严重烧伤,或是双眼被烧成了两个窟窿,他们的头发用手一碰就一把一把地脱落。好多广岛的幸存者被强烈的辐射所折磨,在后半生忍受着各种各样的病痛,缓慢地走向死亡。

据后来的调查,这一天中死去的广岛市民有八万八千多人,负伤和失踪的为五万一千多人。全市房屋有四万八千幢完全毁坏,二千二百幢严重毁坏。

是什么炸弹具有这样大的破坏力呢?直到第二天设在广岛的日本第二军总司令部还蒙在鼓里,在给日本的陆海军统帅部的报告中称这种炸弹是一种具有"从未见过的破坏力的炸弹"。日本军参谋本部决定组成有原子能权威人士参加的调查委员会,立即赶赴广岛。很快,调查的结果证明,这种新型的炸弹就是原子弹!这一消息马上上报给了天皇。

原来,美国早在一九四五年七月十六日就成功地爆炸了一颗原子弹。这是一种靠原子分子爆炸连锁反应而产生巨大能量释放的威力无比的炸弹,它的发明标志着人类对原子能研究取得的重大突破。

美国自发明原子弹后,一直没有用武之地,曾经多次讨论对日本使用

原子弹。日本的失败虽然已成定局,但是一些狂热的军国主义分子控制着日本本土,扬言要不惜"宁为玉碎",誓不投降。美国最终下定决心使用原子弹,以最终迫使日本投降。就在原子弹爆炸的第二天,美国的杜鲁门总统在广播上劝说日本人无条件投降:"七月二十六日,在波茨坦发出最后通牒旨在拯救日本人民免遭彻底的毁灭,他们的领袖迅速地拒绝了最后通牒。如果他们现在还不接受我们的条件,他们的毁灭将自空中而降……"

广岛的悲剧,让日本高层领导惊慌失措。然而,他们还是希望苏联出面进行调停,达成日本同反法西斯同盟国的停战。

负隅顽抗的日本法西斯最后的希望破灭了:苏联政府宣布从八月九日起对日宣战,出兵中国东北。就在苏联出兵的上午十一时三十分,美国又在日本长崎投下了第二颗原子弹。当日死去的人就有六万余人,成为广岛之后的又一个悲剧。

纽伦堡——历史的审判台

第二次世界大战胜利结束了,但是法西斯帝国主义对世界和本国人民已犯下了不可饶恕的罪行。据不完全统计,战争总共造成约六千万人死亡,全部交战国直接战费总额计一万一千五百四十亿美元。惩治战争的罪魁祸首,是世界上所有爱好和平的人们的共同呼声。

一九四五年十一月二十日,纽伦堡法院的正义宫,宽敞的大厅正面悬挂着苏、美、英、法四大同盟国国旗,国旗前是法官席,对面是辩护律师席,被告席设在律师身后。纳粹德国的二十二名甲级战犯中的主犯,将在这个欧洲国际军事法庭上受到审判。

十时零三分,法庭内的嘈杂声突然停止,只见侧门一开,几名威风凛凛的美国军人在前开道,四国法官带着威严的表情走进法庭大厅。苏联检察官和法官穿着笔挺的军服,美、英、法三国检察官和法官身着黑色法衣。法官们坐定后,二十一名在押被告在美国军人的押解下,神情沮丧地进入大厅,分两排坐在被告座上。士兵们严肃地站在被告座位后面,监视着他们的一举一动。

审判长是英国的杰弗里·劳伦斯大法官,他身材魁梧,声音洪亮。只听得他一字一顿地宣布道:"欧洲国际军事法庭现在开庭!"

顿时,排山倒海般的掌声响彻大厅,观众席上,很多人掏出手帕,擦着眼角激动的泪水,而二十一名战犯则目光呆滞地坐在被告席上。这些家伙,个个衣衫破烂,心神不宁,脸上再没有往日趾高气扬的神采。

坐在被告席上第一排第一号的是戈林,一度肥胖得像头大象的戈林,因在狱中担惊受怕,加上疾病折磨,体重减轻了八十磅。他穿着一套褪色的德国空军制服,时不时露出一丝狡黠的笑容。他作为纳粹政权第二号人物,一九二二年便加入纳粹党,历任国会议员、议长、不管部部长、航空总监、普鲁士总理、陆军将军、警察总监等等。

鲁道夫·赫斯,木呆呆地坐在戈林身旁,他是刚从伦敦被押解至此的。若不是一九四一年驾机逃到英国,他很有可能比戈林更有权势。当时,他已是纳粹党副领袖,且深得希特勒的信任。此刻,却是形容枯槁,双目凹陷。从伦敦到这儿后,他就作出一副健忘之态,企图逃避审判。但医生却诊断他只患有间歇性歇斯底里健忘症,而非完全不清醒。因此,赫斯只得老老实实坐在这里受审。

约翰·里宾特洛甫,纳粹党的"天才"外交家,战争期间担任德国外交部长。他的所作所为是纳粹党一连串背信弃义的记录。当处长的他,过去无论何时都是一副傲慢自大的神气。但现在却不免缩头缩尾,掩饰不住内心的沮丧。据说,他因恐惧,已患上轻度的精神分裂症。

威廉·凯特尔,德国陆军元帅,国防军最高统帅部长官,他紧挨着里宾特洛甫而坐。正是他实施了吞并奥地利的计划,为希特勒的侵略立下了"赫赫战功"。在陆军中,凯特尔元帅最受希特勒喜爱,希特勒时不时地给他加点薪、评点功,他便死心塌地地为主子卖力。

尤利乌斯·施特莱歇尔也在被告席上。他一九二一年加入了纳粹党,曾参加慕尼黑啤酒馆暴动,被公认为"天字第一号犹太迫害狂"。一九二三年开始,他成为反犹刊物《前锋报》的主编,操纵宣传工具,诬蔑犹太人是"细菌"、"寄生虫"和"瘟疫",积极鼓吹一九三五年制订的迫害犹太人的《纽伦堡法》,对"最后解决"犹太人的暴行推波助澜。失去昔日天堂的施特莱歇尔看来像个颓丧衰弱的老者,满头大汗地坐在凳子上。

弗里茨·冯克尔,一名老资格的纳粹党党员,曾佩戴冲锋队和党卫队将军军衔,并有冲锋队和党卫队副总指挥的头衔。一九四二年,被希特勒任命为劳动力调配全权总代表,凭着一贯信奉的"用最低费用达到最高限度的剥削"的信条,不知榨取了多少占领区奴隶劳工的血汗。他依靠暴力有组织地利用被占领区的劳工资源,强制运到德国的劳工达几百万人。此刻,他如坐针毡般在凳子上扭来扭去,眯缝着一双小眼,活像一只仍然伺机咬人的恶狼。

挨着冯克尔的是巴尔杜·冯·席腊赫,长期任希特勒青年团领袖和德国全国青年领袖,向青年灌输纳粹思想。由于干得卖力,一九四〇年被任命为维也纳总督,替希特勒管理德国"东部地区"。他并非纯日耳曼人种,血管中流着四分之三的美国血液,看起来还很年轻。

恩斯特·卡尔滕布龙纳,党龄不很长,直到一九三二年才加入奥地利纳粹党,但因冷酷无情、忠诚于纳粹大业而很快升迁。当海德里希一命归天后,卡尔滕布龙纳便坐上了德国保安局局长交椅,继续完成海德里希遗留下来的党卫军和盖世太保对犹太人和进步人士的血腥屠杀计划。即便坐在被告席上,他的双目还是射出逼人的凶光。

阿尔弗霍德·罗森堡,相貌平常,神情木然。他曾是纳粹最有名的"理论家"。他主宰着纳粹党报刊,撰写了《二十世纪的神话》一书,使许多青年相信了纳粹党人的鬼话。从一九三〇年起当选为国会议员,充当纳粹的外交代表。一九三三年四月,他成为纳粹党的全国领袖和外交事务局局长,他和雷德尔一起,是策划进攻挪威的主谋之一。从一九四一年起他担任德国东部占领区部长,忠实执行希特勒对被占领区的种种政策,对被占领区的公私财物进行有组织的掠夺。制定实行日耳曼化、剥削和奴役劳工的政策,以及灭绝犹太人和消灭敌对者的计划。

汉斯·弗兰克,皮肤黝黑,五短身材,在被告席上始终低着头,似乎对自己的罪过还有些幡然醒悟之意。他是纳粹老党员,也是纳粹法律界举足轻重的人物,他才思敏捷,精力充沛,不仅精通法律,一般知识也相当渊博。纳粹同伙们都称他为做事利落、残忍成性、嗜血冷酷的人。一九三九年十月,弗兰克就任波兰辖区总督。就职第二天,看起来和善而有教养的弗兰克便下令:"波兰人应该成为德意志帝国的奴隶!"那时弗兰克肆无忌惮地掠夺波兰的经济资源,先后竟向德国输送了一百多万名波兰劳工,还有无数波兰人因他的命令而惨死。也许正因为如此,他才得以牢牢地坐稳波兰总督的宝座。

威廉·弗立克,曾任德国内政部长,内阁国防委员会成员。一九四三年八月起作为波希米和摩拉维西地区所谓的"保护长官",宣布"犹太人不受保护",取缔所有非纳粹组织;最残忍的莫过于将他辖区内的老、弱、病、残及精神失常者成批杀害。

阿尔弗雷德·约德尔,陆军中将,战争期间任德国国防军最高统帅部作战处处长,上可直接向希特勒汇报战事,下可向三军传达希特勒的指令,亲手策划了对许多欧洲国家的侵略行动。最终却也正是他,签署了纳粹德国的投降书。

赛斯·英夸特,党卫队将军。他本人是位口才颇佳的维也纳青年律师,却野心十足,在纳粹德国吞并奥地利的过程中,他里应外合,扮演了可耻的角色。他到处宣讲"日耳曼人的奥地利是德意志共和国的一个组成部分"。奥地利被吞并后,英夸特历任德国驻奥地利总督、德国不管部部长、德国驻荷兰总督等等。奥地利人民痛斥其为"奥地利卖国贼"。他罪行累累,任奥地利总督时,迫害犹太人,掠夺他们的财产,把政敌关进集中营进行虐待和杀害,任波兰副总督和荷兰总督期间,除掠夺财富外,还大肆虐杀抵抗战士,强制向德国遣送奴隶劳工,其中仅荷兰劳工就有五十万人。在他统治期间,荷兰的十四万名犹太人中有十二万人被送往奥斯维辛集中营"最后解决"。

埃里希·雷德尔,海军元帅,一九三五年起任海军总司令,指挥纳粹海军在大西洋海域横冲直撞,气势汹汹,之后被希特勒赶下台来。

瓦尔特·冯克,在希特勒未上台以前,这个油光满面、大腹便便的矮胖子预言:"我们企业界相信,在近期,伟大的希特勒即将掌权!"说出此话不久,他便辞去职务,投奔希特勒,充当纳粹和企业界之间的牵线人。希特勒自然也对他委以重任。因此冯克于一九三九年底开始接替银行家沙赫特就任德国经济部长、战争经济全权代表、国家银行总裁,从此冯克更加积极地参与迫害犹太人,卖力地为侵略战争进行经济准备,战争中对占领区横征暴敛,是一个贪婪的掠夺者。

冯·牛赖特,一个老牌的职业外交官,是一个既无信仰,又缺乏原则的大骗子。他阴沉地坐在椅子上,不知是回味"辉煌"的过去,还是思忖眼前的困境。从一九三〇年一直到一九三八年二月,他狡猾地迷惑了欧洲许多国家,对德国退出国际裁军会议和国际联盟,重占莱茵兰和侵略奥地利等重大事件负有责任。他还和英法绥靖分子合作,炮制出臭名远扬的《慕尼黑协定》,使希特勒的闪电计划一举得逞。

坐在被告席上的还有前国家银行总裁耶马尔·沙赫特,老朽不堪的前德国总理冯·巴本,被称为"海底魔王"的希特勒的指定继承人、海军元帅长尔·邓尼茨,敢于和希特勒顶嘴的阿尔伯特·斯佩尔以及为纳粹党的倒行逆施巧妙掩饰,并鼓吹反动的"种族优越论"的谣言家汉斯·弗里切。

在座的二十一名战犯就是这样的一群人。在纳粹党争夺政权和统治德国的年代,他们都曾充当希特勒的左膀右臂,竭尽全力为其效劳。

这些人信奉日耳曼"种族优越论",在人民之间散播种族仇恨的种子,疯狂地实行侵略和掠夺政策,妄图称霸全世界。

在个人被起诉的同时,还有六个犯罪集团和组织也被起诉。他们是:德国内阁、德国民族社会主义工人党(即纳粹党)政治领袖集团、党卫队、盖世太保和保安勤务处、德国民族社会主义工人党冲锋队、参谋总部和国防军最高统帅部。

四国检察官起诉完毕,依照程序,劳伦斯大法官叫起每一位被告,让他们据实回答自己是否有罪。第一个被叫起的自然是被告中的"一号人物"戈林,他扭动着胖墩墩的身子挪到麦克风前,手里拿着一份材料,依然傲气十足地为自己辩解。

劳伦斯大法官赶紧打断他的妄语,厉声警告他:"被告,请你回答是否服罪!"

"不服罪,"戈林立刻嘟哝一句,但马上又补充说,"就起诉书而言。"

其他罪犯也都一口否认自己的罪行。为了让罪犯彻底服罪,一月二十九日,法庭安排了一场特殊的电影。电影的内容是纳粹党集中营的实况。战犯们看到这一幕幕惨景时,不禁大惊失色。面色苍白的弗里切看到德军把俘虏关在仓库内活活烧死时,不禁双手掩面不敢再看。凯特尔则取下身上的麦克风,僵硬地擦拭着满头的汗水。形容憔悴的赫斯双眼直瞪着银幕,双腿忍不住颤抖。再看自诩"正直无私"的斯佩尔,也是大汗淋漓,神情狼狈。突然,被告席上传来一阵呜呜咽咽的哭声。众人定睛一瞧,却是纳粹德国国家银行总裁冯克,肩膀一耸一耸的。尽管这样,战犯们还是百般抵赖。

一九四六年九月三十日,长达二百四十八天的审判进入最高潮,纽伦堡国际军事法庭宣读了长达二百五十页的判决书。

判刑情况如下:

戈林、里宾特洛甫、罗森堡、凯特尔、施特莱歇尔、约德尔、冯克尔、弗兰克、弗立克、卡尔滕布龙纳、赛斯·英夸特、鲍曼(缺席审判),这十二人判处绞刑。

赫斯、冯克、雷德尔三人被判处无期徒刑。

席腊赫、斯佩尔两人判处二十年徒刑。

牛赖特被判处十五年徒刑。

判处十年徒刑者一名:邓尼茨判处十年徒刑。

巴本、沙赫特、弗里切被宣判无罪,予以释放。

以下各组织被宣判为犯罪组织:德国政治领袖集团、秘密警察和保安勤务处、党卫队被宣判为犯罪组织。德国内阁、参谋总部及国防军最高统帅部、冲锋队则被宣告无罪。

最有戏剧性的是戈林,他换上了他最好的衣服出席宣判仪式,他以为他能够被判处枪决。当他的耳朵里传来庭长劳伦斯缓慢而清晰有力的声音"被告赫尔曼·戈林,根据起诉书你被认为有罪的各项,国际军事法庭判处你绞刑!"时,戈林似乎懵了,他一动不动地站了一会儿,直愣愣望着鸦雀无声的法庭,脸色灰白。然后,他把耳机摘下来掼到桌上,转过身去,最后一个离开了法庭。回到囚室,一个人躺在铺上,双眼淌出了泪水。

其他战犯在听取判决时,有的人故作镇静,有的人惊恐万状,有的人目瞪口呆,至于被无罪释放的三人,则又惊又喜。

行刑日期定在一九四六年十月十六日。

戈林是被看守得最严密的,自从宣判时起,他的情绪就极不稳定,有时歇斯底里地发作。晚上八点三十分,看守换岗。新来的看守不停地走来走去,从窥视孔看每个被告有无任何可疑举动。

戈林几乎一直躺在铁床上,看一会儿书,休息一会儿,似乎彻底平静了。八点获准参观绞刑的新闻记者最后观察死囚时,看到戈林缩在床上,宽肩膀懒洋洋地抵靠在粉白的墙上,在读一本关于非洲鸟的破书,看守像猫看老鼠一般盯着戈林,防止他上吊。晚上十点四十四分,新换班的看守突然发现戈林的情况不对,全身扭动紧缩,显然是吞服了剧毒药氰化钾。当牢房门"咣当"一声打开,看守、狱医冲进来时,戈林已经死去。原来,戈林自被俘以来,身边一直带着毒药。

一九四六年十月十六日凌晨一时十一分,战犯们依次走上绞刑架。

纽伦堡审判就这样结束了。人类历史上,第一次由国际组织给予侵略战争的密谋者、组织者、执行者以公开的、公正的处分,为全世界五千万惨遭屠戮的无辜人民,为满目疮痍的受害国家伸张了正义。这是世界人民在反法西斯战争取得决定性的胜利之后对法西斯主义的残渣余孽又一次火力强猛的打击。经此打击,法西斯主义及其追随者们被钉在了历史的耻辱柱上,作为遗臭万年的角色而永远成为反面教材昭示历史,昭示后人。

远东国际法庭上邪恶与正义的较量

一九四六年上午八时五十分,一辆美式军用客车由军警开道,挤过黑压压的围观人潮,"嘎"的一声停在一座老式建筑——日本东京谷山的前陆军士官学校的门前。战争时期日本的陆军省和参谋本部设在这里,现在,它成了远东国际军事法庭的所在地,法庭庭长的办公室原来是头号战犯东条英机的办公室,这真是戏剧性的安排。

须臾,车中间那道铁门缓缓开启,先是跳下几个头戴白盔、腿套白色护套的身强力壮的美国宪兵,接着,二十八名战犯走下车来。这二十八名战犯都是二战期间日本军界和政界的主要首脑。他们是日本侵略战争的策划者、发动者、指挥者、执行者,任过如陆军大臣、参谋长、军务局长、海军大臣、外务省大臣、内阁首相等职务,对世界人民犯下了不可饶恕的罪行。

二十八名被告按顺序经过几百人的狭长通道,被全副武装的美国宪兵押解到位后,高大魁梧、声音洪亮的韦伯宣布开庭。参加这次审判的中国代表梅汝璈坐在了第二审判席上,他不仅代表着受苦难最深的中国人民向法西斯申讨正义,而且还肩负着捍卫中国国际地位的责任。自此,一场历时一年半的漫长审判开始了。

对中国的侵略,是日本犯下的最卑劣罪行之一,应该是起诉书中的重要的内容,而它却被排在第二十七条。"偷袭珍珠港",对东南亚各国的进犯,在战争中使用违反战争公约的手段等等,也均被列入起诉书。但是,日本军队运用的影响极坏、手段极卑鄙的细菌战和化学战却未被列入起诉书。大多数法官以为只有德国才使用毒气杀人的残酷办法,而日本似乎尚未学会。因此,无人追问此事。

头一轮诉讼完毕后,法官们照例要询问被告是否承认有罪。在座的二十七名被告竟全都自称"无罪"。东条英机还强调说:"对一切诉因,我声明无罪。"那曾任外相,精通英语的松冈洋佑,似乎在炫耀自己的才华,甚至用英语回答了法庭的问话。为了麻痹诸位法官和检察官,战犯们的律师拼命加大辩护书的篇幅,延长宣读时间,东条英机的证词长达二百八十五页,整整宣读了三天。木户幸一的证言也有二百零一页之长,两天才读完。枯燥无味的宣读令听者昏昏欲睡,法官、公诉人也不免心猿意马,某些重要

情节便被法官们忽略,直看得战犯们喜上心头。

在接下来的审判中,日本战犯与其律师们又耍起新的把戏,即诋毁控方证人的人格、品德,通过无赖式的狡辩使证人与证言受到怀疑。例如,陆军中将田中隆吉即是控方的一名有力证人。他战时曾担任陆军省军务局长,谙熟军机大事,和不少战犯过从甚密。太平洋战争开始后,田中看到日本前途渺茫,便引退在家,不问政事。此次作证,战犯与其律师先是攻击田中本人为一军国主义者,应负战争责任,没有资格当证人,后又指责他证词失实。另一位证人冈田启介,其本人为开脱罪责说过谎话,但他提供的满

413

洲事变的证词是真实翔实的。但辩护律师们攻其一端,把他的证词搅得一钱不值,起不了一点作用。

战犯们狡辩的时候,也闹出了不少笑话。有时他们为使自己减少罪责,竟不惜对另一战犯栽赃陷害。他们这样的你来我往,反使各战犯的罪行更加暴露无遗,真是欲盖弥彰。

从一九四六年六月三日到一九四八年四月十六日,公诉方、辩护方展开了长达两年半的"战争"。后来统计,法庭共开庭八百一十八次,法官内部会议一百三十一次,有四百九十一位证人出庭作证,七百七十九位证人提供供述书和宣誓陈述书,受理证据四万三千三百六十份,审判记录竟多达四万八千四百一十二页,堆起来有一幢两层楼房高!

一九四八年十一月四日的下午,东京军事法庭的大厅里座无虚席,众人屏息凝神听着审判庭长的宣读:

本法庭根据法庭宪章第十五条宣布如下:

荒木贞夫:

根据判决有罪的罪状,远东国际军事法庭处以无期徒刑。

土肥原贤二:

根据判决为有罪的罪状,远东国际军事法庭处以绞刑。

……

被判决的二十五名(原二十七人中有两人病死)被告全部有罪。其中罪大恶极的东条英机、广田弘毅、松井石根、土肥原贤二、板垣征四郎、武藤章、木村兵太郎等人被判处绞刑;荒木贞夫、桥土欣五郎、烟俊六、平沼骐一郎、星野直树、贺屋兴宣、木户幸一、小矶国昭、南次郎、冈敬纯、大岛浩、佐藤贤子、岛田繁太郎、亘鸟敏夫、梅津美治郎、铃木贞一等十六人,被判处无期徒刑;外交官东乡茂德和重光葵分别被判处二十年和七年有期徒刑。但是,东京审判庭由于美国等大国的操纵,大批战犯——如大资本家能川和航空工业巨头中岛等人被释放,真正的战争根源得不到彻底清算。

判决之后,日本战犯们仍在进行丑恶的表演。土肥原贤二等其他几个被判处死刑的人仍不甘心就此了结,当他们得知自己的死刑仍由东京法庭以微弱多数通过时,几个人纠集起来,竟要越过国际法庭,直接向美国最高法院提起上诉。结果,美国最高法院竟然接受了。

消息传出,世界舆论一片哗然。东京法庭的中国法官梅汝璈实在气愤不过,发表公开讲话表示:"如若代表十一国的国际法庭所作出的决定还要由一国法庭重新审理,不管这一法庭有多高,也不禁会使人担心,任何其他国际行动都同样会受到一个国家的任意重审而改变。"苏联等国也向美国当局表示强烈不满。美国没料到众怒难犯,只得驳回战犯们的上诉。

十二月二十三日凌晨,东条英机等七人身穿灰色死囚服,脑袋剃得精光,被带到绞刑架下。当天晚上,七具尸体被卡车拉到横滨市久保山火葬场烧成了灰。

漫长的东京审判就此宣告结束。

在东京审判的同时,上海、马尼拉、新加坡、仰光、西贡以及苏联的伯力等地也设立了军事法庭。受审的战犯共五千四百一十六人,其中九百三十七名恶贯满盈的战犯被处以死刑。

这些穷凶极恶的法西斯分子,最终受到了正义的审判,真是应了中国的老话:多行不义必自毙。

历史不会忘记

黑太阳七三一

"九·一八"事变不久,日本法西斯为了征服中国,除了开展更为残酷的战争外,还采用了"清剿讨伐"、"归屯并村"、"三光政策"等方法。尤为可怕的是,日本人使用细菌武器,通过危害巨大的细菌来毒杀中国人民。

一九三七年和一九三八年,日本军队在内蒙古部分地区散播鼠疫病菌;

一九四〇年,日本军队在黑龙江省北部地区散播炭疽病菌;

一九四〇年夏天,日本用飞机在华东的宁波一带散布鼠疫细菌;

一九四一年,日本用飞机在湖南的常德地区撒播传染鼠疫的跳蚤;

一九四二年,日本用飞机在华中部分战区散播细菌,等等。日军的"细菌战",造成了上述地区疫病流行,中国居民大量死亡,危害极大,后患无穷。

日本军队的细菌,都是由其细菌部队生产的,这背后,有成千上万条中国冤魂成了他们的实验品。

日军的细菌部队是由日本陆军省和参谋本部批准与领导的,其基地有两个,一个在哈尔滨,一个在长春。哈尔滨的细菌部队被秘称为"第七三一部队",长春的细菌部队被称为"第一〇〇部队"。这是两只来自地狱的恶魔。

七三一部队由石井主持,这个杀人狂是日本著名的细菌战专家、军医中将,他在一九三二年到一九三三年间,曾在黑龙江省肇东县满沟和五常县背阴河进行细菌研究工作。七三一部队驻在距哈尔滨市二十公里的平房一带,建有庞大的军用市镇,其中有许多办公室和实验室,储存大量原料。周围划有禁区,严守秘密。营房占地三十多平方公里,拥有三千多工作人员。

七三一部队培养的细菌有:鼠疫、霍乱、坏疽、炭疽、伤寒、副伤寒以及其他细菌。在研制过程中,七三一部队灭绝人性地大量使用活人做实验。在七三一部队的营地里,设有可容纳三四百人的内部监狱。监狱里关押着他们抓来的无辜的中国平民,有男有女,有老有少,以满足他们的实验需要。为了对外保密和掩盖他们的罪行,日本人把中国人称为"木头"。

七三一部队把中国人当成细菌的培养基,他们把一些可怕的病菌注射到中国人体内,让细菌大量繁殖,以便生产出更多的细菌去残害中国人民。日军还用中国人做细菌实验,故意让他们感染病菌,然后观察病菌发作与危害能力。例如,为观察伤寒病菌的致病性,日本法西斯们便把伤寒病菌兑到甜水中,然后,分给中国"犯人"喝;为观察鼠疫的致病性,日本人便把传播鼠疫的跳蚤放入监狱中。感染了病菌的这些人,由日军关到屋子里严格看管,而那些日本医生或研究者则毫无人性地在一旁观察。

中国战俘感染病菌后,有的经受一段时间的痛苦折磨后死去,有的在一次大难下侥幸不死,日军就接二连三地拿他实验,直至其死亡。

七三一部队除了用活人进行各种强烈性传染病的实验之外,还广泛地拿人做各种生理实验。日军进行冰冻活人四肢的试验。每次试验时用两人到十人不等,中国人被看押在严寒的室外,强迫他们把手放在水桶里,然后冰冻若干小时,直到被冻伤为止,再带到实验室里进行研究。而进行这种实验的结果是,被实验者多半是四肢腐烂,被割去四肢,最终死亡。

在负压实验中,日本人把中国人关在负压室里,逐渐抽取里面的空气,直至中国人肺部爆裂。有些在减压时,"木头"出现神经错乱和头发脱落的现象,他们痛苦得用手和头去撞击墙壁,声嘶力竭地喊叫,到了完全真空的时候,被试验的人才悲惨地死去。

七三一部队还拿中国人做活体解剖实验。中国人被麻醉后放到实验台上,日本军医剖开他的躯体,取出各种鲜血淋漓的人体器官。有时,日本人为了研究人的生命承受力,对中国人不加麻醉地解剖,被试验者声嘶力竭的叫声,惊天地,泣鬼神。

七三一部队还进行类似战斗环境的野外活人细菌实验。他们借助电流爆炸细菌弹,使被实验的人被弹片炸伤,受炭疽热的传染。

除去实验,七三一部队专门制造散布细菌的特种武器,该部队生产细菌的设备规模庞大,产量惊人,它生产的细菌武器,如瓷质飞机弹、"石井式飞机弹"等,给中国人民带来了巨大的灾难,犯下了永不可饶恕的罪行。

南京大屠杀

一九三七年十二月十三日的南京中山码头聚集着一大批难民,他们焦急地望着水面,却没有一条船开来。突然间,一群日本兵出现在他们面前:他们端着机枪、步枪和挥舞着战刀,疯狂地冲向这些手无寸铁的难民,进行围歼。一时间,枪声震天,一片片的难民倒下去了,码头上血流成河,尸横遍地。

这是怎么回事,怎么日本兵在国民政府的首都这样丧心病狂?国民党的守军呢?

原来,七七事变之后,由于日军进行了周密的准备和策划,再加上装备精良,得以长驱直入。一九三七年十一月二十日,日军占领上海,就把侵略的矛头指向了国民政府的首都南京。守卫南京城的国民党军队虽然守卫了两天,但伤亡惨重,接到蒋介石的命令后开始了大撤退。而将一场惨不忍睹的浩劫留给了无辜的百姓!

十二月十三日,日军攻入南京城。丧心病狂的松井石根指挥官为了从精神上摧垮中国人民的斗志,命令其部队"发扬日本武威,慑服中国"。就这样,这群灭绝人性的法西斯分子在南京展开了一场史无前例的大屠杀。

首先遭殃的是南京城的古文化遗产。日军在十三日攻入南京后,就将中华门、夫子庙、朱雀路等地的古建筑物纵火焚烧,六朝古都,千年文化之精华被付之一炬。繁华的南京城变成了一片满目凄凉的焦土。南京城里,从一文不名的穷人到富丽堂皇的古建筑,都成了日军疯狂劫掠的对象。抢完之后,他们就放火焚烧,毁灭罪证。

然而,这并没有满足日本法西斯的兽性,他们开始进行大规模的屠杀,南京城成为人间地狱。在日本军国主义分子的屠刀下,每天都有几万中国人被杀;有时一夜就有几万中国人被杀,就连几岁的儿童也不放过。本文开始描述的一幕只是一个缩影。在燕子矶有十万多难民和俘虏被赶到江边沙滩后用机枪扫射,十万多人如割麦一样倒了下去……

日军把杀人当做游戏,他们甚至为此而展开竞赛。两个日本军官富冈和野田竟为了争夺一瓶从店里抢来的白兰地酒,互相约定谁先杀到一百人,谁就是胜利者,结果两人为了一瓶白兰地酒残害了二百一十一个中国人的生命。还有的日本兵互相打赌,猜孕妇腹中的胎儿是男是女,竟用刺刀将孕妇腹部挑开,取出胎儿来验证谁输谁赢。也有的日本兵将孕妇用刺刀开膛破肚,取出胎儿蒸食! 真是禽兽不如!

杀人放火还不算,日本法西斯更为了发泄其兽性,到处对中国妇女进行强奸、轮奸。小到八九岁的幼女,大到七八十岁的老妪,他们都不放过。从大学的操场到普通居民的家庭,到处是妇女的惨叫声和法西斯暴徒的淫笑声。当时在南京的外国记者和一些牧师在日记和信件中记下他们的所见所闻,他们称"这种毫无人性的做法是无法想象的"。英国记者田伯烈目睹了日军所犯下的罪行。他在所著的《外国人目睹日军暴行》一书中写道:"凡是可以想象的任何事情,日军进攻后,就毫无顾忌,毫无节制,一一实行。在这一个新时代中,我们找不出什么东西足以超越日军的暴行。"

在南京城中,包括外侨组织的国际委员会划定的安全区在内,没有一块可供中国人藏身之处。金陵女子大学原为国际救济委员会所办,设有妇女收容所。日军竟每天到这里用卡车劫走大批妇女,其惨状目不忍睹。

后来据国民党南京地方法院的调查报告表明,日军在南京杀死中国同胞逾三十万人! 而日本军国主义者竟不承认这一血淋淋的事实,他们甚至在教科书中篡改历史,不承认日本军队是侵略行为! 我们必须记住血的教训,奋发图强,保持警惕。

安妮日记

一九四〇年五月,在荷兰阿姆斯特丹有一所面对运河的楼,这幢楼看起来十分破旧,黑乎乎的墙壁好像从建成就没有粉刷过。乍一看,你肯定以为这里没人住已经很长时间了。可是当你仔细观察时,你就会发现,偶尔从这所破旧的房屋里传出一些轻微的声音,还有一两个人影一晃而过。难道这里面还有人居住?

是的,这里不但有人居住,而且还住着三户人家。有奥托·弗兰克一家、丹恩一家和一名犹太医生。他们怎么住在这个终年不见天日的屋子里,还那么躲躲藏藏的?

原来,他们都是犹太人。希特勒在德国上台后,在全德境内掀起反犹、排犹浪潮。这些人先是从德国迁居荷兰,现在荷兰也被纳粹德国占领了。他们又得迁移了。可是,往哪儿走呢?整个欧洲都陷于战争,大半地方被法西斯德国所占领。无奈之下,他们只好躲在这个不见天日的破屋子里。

在这里,他们过着非人的生活:不能大声说话,不能出去走动,更不用说什么社交活动了。他们得与这个世界完全隔绝,过上隐身人的生活才能活命,就连晚上也不能点灯。好在奥托还有一架无线电收音机,可以听一听外面发生的事情。奥托有四个好心的雇员偷偷地给他们运来食物和书报。这些人就在这个小小的笼子里生活。他们只能偷偷摸摸看一眼以前是那样蔚蓝而现在却又是那样吝啬的天空,陪伴他们的只是无尽的阴影和愁闷的叹息。这些处于崩溃边缘的人们有时靠争执与吵架度过一天。这里甚至不如监狱。

在这样的一个环境里,一个生性活泼、开朗、好动的十四岁姑娘会是怎样的呢?你或许怎么也想不到,安妮,就是这样一个孩子,她的青春就是在这样一个暗无天日的破房子中度过的。这个懂事的孩子没跟父母吵闹着要出去玩,而是自己动手写起了日记。一个刚刚十四岁的小女孩,用笔记下了自己在这个人间地狱中的成长过程。就在这样一本日记中,充满了安妮青春岁月的影子:有她青春期的骚动与渴望,也有她心理上的压抑、郁闷与苦恼,甚至记录了她初恋的甜蜜与战栗。她不但记下了自己成长过程中的心理活动、思想感受、孤独苦闷的心情,还记下了她在这个暗无天日的建筑中的日常生活,她和这个临时大家庭中每一个成员的关系。

小安妮做过各种各样的梦,她常常梦见自己变成一只小鸟,在黑暗中飞翔,拼命地想冲出这个牢笼。就在她的生命露出一线曙光时,她那并不强壮的翅膀却撞在了囚禁她的笼子上。在她的日记中,安妮写道:"我就像一只被折去翅膀的小鸟,在一片黑暗中飞翔,却碰在了囚禁的笼子上。"

后来,不幸的安妮被法西斯残酷地杀害了。她的日记却幸存下来。一九四五年,奥托·弗兰克回到解放了的阿姆斯特丹,他的助手把安妮的日记交给了他。奥托读着女儿的日记,回想起女儿的音容笑貌,回想起在那个暗无天日的建筑中生活的日日夜夜，不禁老泪纵横。他觉得自己对不起女儿，女儿就那样一天一天在自己身边长大，他却没有注意到她那颗幼小心灵的变化。这也难怪，在那样一个岁月里，他自己都朝不保夕，更何况自己的女儿呢！那本日记就放在他的公文包里，他却从没想到去读读它！

安妮本人曾在日记中表达了以后出版日记的愿望，再加上朋友们的催促和帮助，奥托在阿姆斯特丹出版了这本日记，名为《附属楼——安妮·弗兰克日记》。这本日记的出版立即引起强烈反响，它还被译为英文、日文、法文、意大利文、德文和中文相继出版。人们给奥托写来了热情洋溢的信，寄来各种各样的小礼品。每当安妮的生日时，就有很多人送来许多鲜花。

安妮日记的出版使德国人深受震动，人们开始深深地反省法西斯的沉重罪行。德国人还将安妮日记改编成剧本《安妮·弗兰克》在德国众多城市上演。一位过去的纳粹党员来信说："我曾是一个忠实的纳粹党员，但直到那天夜里看这出戏前一直不知道纳粹意味着什么。"实际上，正像一位评论家所说的那样，《安妮·弗兰克》一剧之所以获得成功，是因为它使观众理解了历史。德国人观看这出戏就像观看一份用最谦卑而可怜的措辞写的控诉书，控诉德国法西斯的残暴。人们并没有去谴责德国人，而这个剧的上演却使德国人自己谴责自己。

《绞刑架下的报告》

这是一部用鲜血和爱国热情写成的不朽著作。作者伏契克是捷克斯洛伐克优秀共产党员、著名的反法西斯战士，长期从事革命新闻工作。他在当时是一位颇有名气的作家、评论家，尤其是在一九三六至一九三九年间，伏契克写了许多文章，犀利地揭露了希特勒的狼子野心和反动阴谋，告诫当局要多加提防，早做准备。

一九三八年十月七日，在德国策动下，斯洛伐克成立了"自治政府"，并于一九三九年三月十四日宣布独立。三月十五日，德军进驻波希米亚和摩拉维亚，捷克斯洛伐克装备精良、训练有素的四十个师和闻名欧洲的斯科达兵工厂成了德国的囊中之物。勇敢的捷克斯洛伐克人民不畏强暴，掀起了轰轰烈烈的反法西斯德国的爱国运动。伏契克以强烈的爱国热情积极参加并领导了地下斗争。

一九四二年四月二十四日晚,化装成跛脚老头的捷克斯洛伐克共产党中央委员伏契克按约定时间准时来到地下党同志碰头地点——叶林涅克夫妇家中。弗里德夫妇和助手米列克已先到一步,他们正在小声地谈论时局。谁料伏契克刚进门还未来得及坐下,便响起了急促的门铃声。在场同志都大吃一惊,面面相觑。

"开门,开门,快开门,我们是警察局的!"

"快,你们几个从窗口撤退,我来掩护你们。"伏契克边掏出手枪边说着。

但已经来不及了,一队警察已包围了整座房子,正用枪瞄准房子的每一个出口。为了救其他五位同志,伏契克毅然从隐蔽的地方走了出来,伏契克被捕了。他知道,这次行踪相当隐秘,一定有内奸出卖了他,可他做梦也没想到这个无耻的叛徒竟是他的助手米列克。

在狱中,伏契克受到敌人的严刑拷问。

"说!你同谁联系?说!秘密联络点在哪儿!说!快说!不说老子就打死你!"

无情的皮鞭恶狠狠地抽打在伏契克身上,伏契克闭着眼睛,紧紧地咬着嘴唇,任凭敌人怎样拷问,就是不开口。

"说!还有谁是中央委员?电台设在什么地方?……"

伏契克仍一声不吭地忍受着,一副视死如归、大义凛然的样子,气得敌人无可奈何。

凌晨三点钟,敌人抓来了伏契克的妻子。伏契克连忙舔了舔血迹,因为他不想让妻子看到他血迹斑斑的样子。

"你认不认识他?"一个警察问。

"不认识!"伏契克的妻子镇静地说。

伏契克嘴角露出了一丝只有他妻子才会意的笑容,仿佛在赞美妻子:"真勇敢!"

伏契克在秘密警察狱中被囚禁了四百一十一天,任敌人多么残酷地毒打,伏契克都咬紧牙关挺了过来。在狱中,伏契克仍积极活动着,组织和领导狱友们的集体斗争。他的巨大的爱国热情和坚强的毅力使一位捷克斯洛伐克看守十分敬佩,在这位好心看守的帮助下,伏契克在狱中用铅笔头在一张张碎纸片上写下了《绞刑架下的报告》。

一九四三年九月八日,伏契克在勃洛琛斯狱中被秘密杀害。

伏契克不愧为捷克斯洛伐克人民伟大的儿子,无畏的反法西斯战士,在他走向绞刑架前,他还不忘告诫同胞:"人们,我是爱你们的!你们可要警惕呀!"

伏契克虽然离去了,但他的精神却时时刻刻地激励着人们为摧毁法西斯,为美好的明天而英勇斗争。

直到一九四五年五月希特勒政权土崩瓦解后,伏契克的妻子才从狱中出来,重新获得自由。几经周折,她找到了那位好心的看守,从他那里搜集了伏契克的手稿,整理成《绞刑架下的报告》。

杀人工厂

提起德国法西斯在二战期间对世界人民犯下的滔天罪行,人人恨之入骨。其手段之残忍,心肠之狠毒简直到了令人发指的地步。

一九三九年九月一日凌晨四时四十五分,希特勒按照准备已久的"白色"侵略方略,向波兰发动了突然袭击,九月二十八日,完全占领波兰。不久,德国法西斯在波兰南部的奥斯维辛建起了一座巨大的杀人工厂——奥斯维辛集中营,里面设有专供杀人的毒气室、焚烧场、化验室,甚至还有"医院"。

在这里,被关押的囚犯来自世界各地,有美国人、中国人、波兰人、犹太人、俄罗斯人,等等。他们中间有的是平民,有的是战俘。初到集中营,"囚犯"们首先被送入消毒站,剃去头发,换上印有编号的囚服,同时囚犯们被缝在身上的不同颜色的三角布分成不同类别,红色是政治犯,黄色是犹太人的标记,等等。囚犯们出了消毒站后,被分派到各个工地做苦役。

看守集中营的都是那些杀人不眨眼的盖世太保,这些人都是希特勒这个杀人魔王手下最最忠实的走狗。他们每个人的领章和军帽上都戴有象征他们所执行的使命的标志——黑底上刻着一个白色骷髅头和两根交叉的骨头。

对于稍不听话的"囚犯",他们绝不手软,要么抽打二十五皮鞭或二十五钢索,把他打得皮开肉绽、血肉模糊;要么使用一种狭小的只能站下两个

人的笼子,让一名活"囚犯"贴着一个死"囚犯",一同挤在一个小笼子,直到活"囚犯"变成死"囚犯"……

在集中营的一角有一个"浴室",四周围是绿油油的草地,有各种各样的花,浴室两旁还有乐队在欢快地演奏维也纳的轻音乐。"囚犯"们的"待遇"不错吧!即使是当时的"囚犯"们也被这美好的假象欺骗了。当成批的"囚犯"被带进浴室时,他们还以为是给他们"消毒",等到他们被塞进"淋浴间",厚重的"浴室"铁门"咣当"一声被推上,并上了锁,他们才反应过来上当了。任他们怎样撞击铁门,都无济于事,他们只能眼睁睁地看着紫蓝色的毒药被丧心病狂的盖世太保徐徐倒下,他们只有坐以待毙的份儿。一会儿工夫,屋内"囚犯"个个身上发青,血迹斑斑。半小时后,囚犯们被毒死,尸体被运到"浴室"边上的焚化场。这个"浴室"就是毒气室,就是这个毒气室,有时一天竟能毒死六千多人。

在集中营的医院里,医生们整天忙忙碌碌,没有一刻得闲,他们是在给"囚犯"看病吗?不,他们是披着人皮的狼,都是一群杀人不眨眼的刽子手。他们把那些患有重病或丧失劳动能力及体质虚弱的人赶进"医院","医生"们为他们进行"诊治",分别给每个人心脏注射一针毒液,几秒钟,病人就立即痛苦地死去。

……

诸如此类的残忍手段真是数不胜数,也只有德、意、日那些灭绝人性的法西斯杀人狂才会有如此令人叹为观止的"发明"。

从一九四〇年至一九四五年一月奥斯维辛被苏联红军解放为止,共有四百多万人在这里被折磨而死,其中俄罗斯人和波兰人就占二分之一。

挥不去的阴云

两大阵营的对峙与冷战

富尔顿威斯敏斯特学院之中,人头攒动,有一个神采飞扬、笑容可掬的英国人正在滔滔不绝地发表高论,全场鸦雀无声。仔细看过去,这不是大名鼎鼎的丘吉尔吗!他跑到美国来干什么来了?再仔细听他说的内容,不得不让人吃惊。这个喜欢高谈阔论的家伙真是语出惊人:"从波罗的海岸的什切表到亚得里亚海边的里雅斯特,一道铁幕降下,横断欧洲大陆。"原来丘吉尔是在讲如何把欧洲分为两个互相敌对的部分,一个以苏联为中心,另一个以英美为核心,又如何在这两个部分之间落下一道铁幕。再仔细看周围的人,竟还有美国总统杜鲁门在旁边一个劲地鼓掌,看来他也是十分赞同丘吉尔的说法。知情的人知道,这个演说正是杜鲁门一手策划的。

"铁幕"不是纳粹德国发明的词吗?怎么现在被这位英国的前首相用在这里了?更让人感到奇怪的是,第二次世界大战中,苏联、英国、美国不都是友好盟国吗,现在怎么无形地隔了一道铁幕了呢?

这话还得从头说起。早在波茨坦会议期间,苏、美、英三个大国之间的关系就已经发生了裂痕。尤其是继任总统的杜鲁门,曾经在会议期间对斯大林进行过核威胁,想迫使斯大林就范。斯大林可不吃这一套,不但不怕,而且回来之后加强了准备。他在一次对选民的讲话中,他公开宣称:"只要资本主义存在,战争就不可避免。"

此言一出,举世哗然。美国更是反应强烈,朝野上下一片议论之声。

美国的国务院便要求驻苏的代表乔治·凯南写一份分析苏联外交政策的报告。这个凯南可不是一个等闲之辈,十几天内写了篇八千字的电报,大谈美、苏之间由于意识形态等各方面的差异不可能有亲近的关系,主张美国要"遏制"苏联。这份电报一发,加强了美国的反苏情绪,当时正在积极准备反共的杜鲁门总统如获至宝,到一九四七年的三月十二日,他在国会发表了一份咨文,要对当时的希腊和土耳其政府进行援助。这份咨文表明杜鲁门准备要在全世界范围内推行干涉活动,被称为杜鲁门主义。

财大气粗的美国在杜鲁门主义推出后不久,又推出了对欧洲提供大规模援助、重建欧洲的马歇尔计划。当时美国的国务卿马歇尔假惺惺地说什么要援助欧洲国家"反对饥饿、贫困、绝望和混乱",但实际上他真正要反对的是苏联。很快这一目的就明显地显露出来:他不接受苏联提出的各国分别接受援助的计划,企图干涉各国内政。苏联当然不会上他的当,苏联外长莫洛托夫宣布退出马歇尔计划。

苏联退出马歇尔计划后,在他所控制下的东欧国家范围内实行了彼此经济合作的"莫洛托夫计划"。这样一来欧洲真的像丘吉尔所说的那样,无形之中落下了一道铁幕,分成了在地理上接近却在交往上疏远的两个阵营:西欧的"欧洲经济共同体"和以苏联为首的"经济互助委员会"。

这还不算,两个阵营又进一步发展了两个军事集团,一个以美国为首的北大西洋公约组织,一个是以苏联为首的华沙条约组织。这样,先是两个世界之间互相嘴上你来我往,互不相让,接着就是经济上"分家",互不往来;最后是军事上互相对垒。

欧洲被彻底分为两个部分,两大阵营形成了对峙与冷战的局面。

朝鲜半岛的战火

一九五〇年六月二十五日的清晨,朝鲜三八线上小雨淅淅沥沥地下着,万物受着它的润泽,生机勃勃,一派欣欣向荣的景象。然而,这里的人们并没有心思去欣赏大自然的生机与繁荣,而是整日愁容满面,担心着战争的爆发。

正像人们所担心的那样,这一天刚刚破晓,三八线上就重炮轰鸣,枪声大作。南朝鲜向北朝鲜发起了全面的进攻,三八线上,南北朝鲜两方军队展开了你死我活的厮杀。

这是怎么回事,不是说南北朝鲜两方以三八线为界,互不干涉吗?怎么现在南朝鲜又越过三八线向北朝鲜发动进攻了呢?

原来,这条三八线本是美、苏两国接受日军投降的一个分界线,没想到后来这条线却像一把利斧,砍断了好端端的一个朝鲜。南朝鲜的李承晚野心勃勃,妄图一统江山,消灭北朝鲜。美国驻远东军总司令麦克阿瑟也声称要帮助李承晚"拆去人为障碍"。在美国的支持下,李承晚在三八线上聚集了重兵,对北朝鲜虎视眈眈,终于发动了对北朝鲜蓄谋已久的进攻。

谁知，战火一开，南朝鲜的军队却不堪一击。在金日成的号召下，朝鲜人民军大举反攻，势如破竹，如秋风横扫落叶一般，不出三日便轻取南朝鲜的汉城。李承晚的军队全面崩溃，这些军队打仗不行逃跑却是积极得不得了，竟把道路挤得水泄不通。麦克阿瑟见此景象，赶忙派来救兵，结果初战告败，号称常胜军的美军第二十四军被困在大田，师长迪安举手投降；第八集团军被困沃克，气得司令直骂娘。

正在这时，美帝国主义又纠集了所谓的"联合国军"参加到战争中来。由于美国方面人数众多，装备精良，北朝鲜军队终究寡不敌众，美军仗着人多势众，不但夺下了汉城，而且使北朝鲜军队伤亡惨重。

这回麦克阿瑟更加不可一世了，扬言要占领整个朝鲜，还派飞机轰炸中国东北和苏联西伯利亚的一些地方。有一次杜鲁门总统问他对中国可能会出动军队的看法时，他竟狂妄地说："我要把他们杀个片甲不留，那将是对他们的屠杀！"

早在这之前，周恩来总理就已经警告过美国，让他们不要越过三八线。现在，眼看着自己的邻国受到美帝国主义的侵略，敌人快把战火烧到了自己的国土上，中国人民怎么能忍受呢？

刚刚成立不久的新中国的领袖们经过深思熟虑，做出了出兵朝鲜的决定。一声令下，数十万志愿大军火速云集东北，个个斗志昂扬，决心同美帝国主义一决高下。这一年的十月二十五日，我中国人民志愿军雄赳赳、气昂昂地跨过了鸭绿江，赶赴抗美援朝的前线。

赶赴朝鲜的志愿军如神兵天降，在出兵的第二天就将南朝鲜的第六师第七团全部歼灭，南朝鲜军队望风而逃，几天之内竟有三个师全军溃退！我英勇的人民志愿军乘胜追击，将在云山附近的美军第八骑兵团打得丢盔弃甲，狼狈逃窜。

麦克阿瑟怎么也没想到，中国人民志愿军如此厉害。等到他承认这一事实时，为时已完，美军已是损兵折将。志愿军接着又发起第二轮的攻势，在清川江和长津湖歼灭美军第十军和英国等军队，不出几日，便连克数城，收复了平壤并一直打到三八线。当初麦克阿瑟所说的圣诞节前结束战争的话成了人们的笑柄。这次战役美军损失惨重，美国的《新闻周刊》哀叹："这是珍珠港以来美军的最大失败，也许是美国历史上最大的军事灾难。"

这只不过是中国人民志愿军给美军的一点颜色，更大的"灾难"还在后面呢！中国人民志愿军以迅雷不及掩耳之势在一九五〇年的除夕之夜又发动了第三次攻势。元旦天刚亮,志愿军就突破了多处防线,挥师直逼汉城。刚刚上任的李奇微还想挽回败局,可谁还信得过他,美军只顾逃跑,跑得越远越好。汉城很快成了志愿军的战利品,李奇微只得弃城南逃。

战场上一连的失败让美国国内一片指责之声,麦克阿瑟也坐不住了,他竟指责起美国的总统杜鲁门来,杜鲁门一气之下撤了麦克阿瑟的职。这位曾经不可一世的远东军总司令只得卷起铺盖卷打道回府了。

美军经过这一连三次的交锋,终于知道了志愿军的厉害,不得不小心从事。李奇微调集重兵,凭借优势空军和精良装备开始反扑。志愿军又发动第四次攻势,把李奇微打得昏头涨脑。等到李奇微清醒过来进行反扑时,志愿军又主动撤出汉城。李奇微"收复"汉城,自是非常高兴,可谁曾想他一通吹嘘还没落地,志愿军就又展开第五轮攻势,把过了三八线的美军又打回三八线。从此以后,两军在三八线上展开了拉锯战。美军发动过多次进攻,但始终没有奏效。

经过长时间的战斗,美国最后认识到了中国人民不是好欺负的,只好在停战协定上签字。美军总司令拉克克将军在停战协定上签字后叹了一口气,说:"我是美国第一个在未取得胜利的停战协定上签字的将军。"自此,朝鲜战争结束。

越南战争

一九四五年九月二十三日,黎明刚至,太阳从东方升起,万丈光芒,越南人民正处于举国欢庆之中,西贡更是一派解放的扬眉吐气景象。原来,在第二次世界大战中,越南成了日本的殖民地饱受战乱之苦,现在,日本宣布投降,越南人民终于可以逃脱苦海、走上和平与发展的道路了,人们怎么能不高兴呢?

谁也不会想到,就在前两天,一批法国军队乘英国船悄悄登陆,正在向西贡扑来!这些法国佬不甘心自己的殖民地就这样乘机独立,想扑灭越南人民独立的熊熊大火。就这样,和平的曙光在越南这块古老的土地上一闪即逝,越南人民从此被投入到一场旷日持久的腥风血雨的战争之中。

越南国内各种各样的势力犬牙交错,微妙复杂。北有中国、南有英国、法国,还有一些没有撤退的日军。以胡志明为首的越南共产党虽然深得民心,但是力量太弱,胡志明自己曾经叹道:"我们只能用棍棒来对抗敌人的飞机、大炮!"

就在这场蚂蚁与大象的斗争中,越南人民表现出了无与伦比的坚强斗志,始终没有让法国殖民者的阴谋得逞。但是,情况依然十分复杂,胡志明的民主政府在国际上无人承认,被人讥称为"影子政府"。

一九四九年,与越南为邻的中华人民共和国成立了。中国政府率先承认胡志明政府,并全面支持越南人民反抗殖民者。这使越南战争发生了转机。到一九五四年,胡志明开始同法军展开总决战,在蒙边府一役中,越南人民终于迫使法军投降,给法国殖民者以沉重的打击,持续九年的抗法战争从此结束。

越南人民赶走了法国殖民者、日本侵略者,但是事情并没有就此结束,另一个妄图称霸全球的美帝国主义却将黑手伸向了越南。

在日内瓦协议上,美国拒绝签字,早已为后来的战争埋下伏笔。从肯尼迪开始,美国政府便开始支持贪污腐败、专制独裁的吴庭艳政权,妄图剿灭正在蓬勃发展的越南共产党。

美军自第二次世界大战之后愈加狂妄自大不可一世。肯尼迪总统先是派出了四百名擅长丛林战的特种部队,后又派军事顾问泰勒将军前往调查,狂妄地预言十八个月内平定南越。肯尼迪也昏了头脑,下令大规模增兵。这样,越南又成了千军万马奔来踏去的战场。

这时南越的总统兼总理吴庭艳正愁没法对付越共和越南人民的反抗,见美国出兵相助,自是喜上眉头,同美军司令哈金斯两人勾搭成奸,一同在南越烧杀抢劫,无恶不作。尤其是,他们想出了极为歹毒的一招:建立"战略村"。他们把南越大部分居民关进了"战略村",把这些越南人生长的旧居故土夷为"无人区",想以此来制伏游击队。然而,这一招非但没有制伏越南游击队,反而让游击队将"战略村"变成了"战斗村",他们采用了像什么"螳螂枪"、"竹蜂战"等名目繁多的战术让美军的战术不能得逞。这样,美军当初"十八个月平定南越"的作战计划便传为笑柄。

形势越来越复杂,肯尼迪和吴庭艳两人先后被暗杀,一命归西。

这肯尼迪一死,把一堆烂摊子留给了他的副手约翰逊。谁想这约翰逊一点也不吸取他前任的教训,反倒使越南战争进一步升级,一上任就执行

了一个什么34A计划,竟把战火烧到北越。美国将军哈金斯虽然屡战屡败、屡败屡战,但34A计划仍很快被越南共产党粉碎。

为了制造公开进攻越南北部的借口,被约翰逊新换上来的威廉将军竟制造出北越袭击美国军舰的谣言,迷惑群众。约翰逊以此为借口,对越南北方进行经年累月的"地毯式轰炸"。成群结队的B-52轰炸机遮天蔽日对越南北部重要目标进行轰炸,成吨成吨的炸药将北越几乎夷为平地。

然而,越南人民并没有屈服。他们从地面向南越渗透,不断袭击美国军事基地,大批的美军在战争中送命,而约翰逊还不断地增兵,越南战场成了一片泥潭，美军深陷其中，他们越是挣扎，就越陷越深。最后，约翰逊再也撑不住了，灰溜溜地下台。

越南战争的事实不但教育了美国人民，也使美国的统治者认识到了事态的严重性。尼克松继任后，开始逐步退出越南战争。巴黎协议后，一九七三年三月二十九日美军全部撤离南越。后来，越南共产党又统一了南越，建立起越南社会主义共和国。十年越战至此告一段落。

布拉格之春

一九六八年一月五日，在布拉格，一场对共产主义制度进行改造的尝试开始了，一株欲待成长的自由之花抽芽了。这一天，杜布切克接任捷共第一书记。一上台，他便开始推行改革政策，提出建设"有人性的社会主义"的口号，四月份又公布了"捷克斯洛伐克走向新社会主义之路"的改革纲领。此后，捷共改革派大张旗鼓地平反斯大林大清洗时代的冤假错案，释放被关押的无辜知识分子，放松新闻钳制，鼓励学术讨论，允许公民走出国门，放松对宗教的控制，在党内选举中推广无记名投票方式，限制领导人任期，取消干部终身制。一时间，捷克出现了一种思想活跃、朝气蓬勃的激动人心的局面，一股政治宽松、思想解放的清流从这里向东欧各共产党国家蔓延，布拉格也成为世界注目的中心。

布拉格的改革受到莫斯科的反对。从一九六八年三月至八月，苏联领导人勃列日涅夫及华沙条约国其他领导人同杜布切克举行过五次"高层会谈"，逼迫杜布切克终止捷克民主改革进程。杜布切克顶住压力，拒不就范。于是，苏联一方面大唱加强华沙条约国之间合作的高调，一方面积极筹备入侵捷克的军事力量。

镇压捷克之前，苏军曾经两次出兵干涉东欧国家内政，镇压"叛乱"。一九五三年六月十七日，苏军镇压了东柏林及东德其他大城市自发的工人反政府游行，造成数十人死亡，上万人被捕。一九六五年十月，匈牙利发生革命，苏军紧急镇压，造成数千人死亡，上万人受伤，此后苏军的镇压及清洗持续一年，数以十万计的匈牙利人被关押、判刑、流放。可见，苏联镇压兄弟国家是素有经验的。

八月二十日，华沙集团动用了巨大的军事力量入侵捷克。第一批进入捷克的军队就达十六万人，坦克四千六百辆，五天之后，捷克领土总共有侵略军四十万，坦克六千三百辆，飞机八百架，大炮两千门。这么大的兵力，快赶上希特勒进攻苏联时的装备了。

然而，事件的进展不像双方预想的那样严重。面对苏军的坦克，捷克人民没有进行武装反抗，反抗一直是以和平方式进行的。大敌压境，民族蒙受屈辱，但武装反抗无疑是鸡蛋碰石头。捷克人没有屈服于恐怖，而是表现了极大的智慧、理性和克制。杜布切克在苏军入侵后被逮捕，他拒不放弃改革主张，苏军被迫将杜布切克及其同仁押往莫斯科，逼其签署了一个妥协性文件，然后不得不将他们释放。回国后，杜布切克重新担任捷克中央第一书记直到一九六九年四月。在此期间，杜布切克虽然不能继续进行民主改革，但仍扩大了斯洛伐克民族的自主权。

以苏联为首的华沙条约集团入侵捷克的事件，激起了国际社会的强烈义愤，中国总理周恩来在罗马尼亚使馆发表谈话，强烈谴责苏联镇压布拉格之春，欧洲共产党也对这一霸权行径表示了不同看法。美国总统约翰逊则认为，苏联入侵捷克"反映了令人悲哀的共产主义心态：捷克斯洛伐克的一点点自由的迹象就被认为是对苏联体制安全的致命威胁"。

一九六九年四月以后，在苏军大兵压境的情况下，以胡萨克为首的捷共中央开始所谓"正常化"运动，捷克进入其现代史上最黑暗的时代，数以千计的人被关押，五十万人被开除出党，数以万计的人被开除公职，而且波及他们的家庭、子女。

苏联的入侵，并没有征服捷克人民，一九六九年三月二十八日，捷克国家冰球队在世界锦标赛上战胜苏联队，全捷克斯洛伐克六十九个城市五十多万人上街游行欢庆，表达了他们不屈的意志和民族自尊。

布拉格之春动摇了人们对共产主义的信念，苏联对捷克的武装干涉却动摇了共产主义制度。一九八九年，捷克斯洛伐克爆发大规模反共反苏浪潮，政治经济与民族矛盾不断恶化，最终国家解体、性质巨变。布拉格之春的营造者杜布切克重新复出，出任捷克联邦议会主席。

中东战争

二十世纪近下半叶以来，中东地区是世界上最不安定、最为动荡的地区。在短短五十年间,这里发生了五次局部战争。一九四八年五月十五日凌晨,为争夺巴勒斯坦,以色列和阿拉伯国家之间发生了大规模的战争,史称第一次中东战争。

二次大战之中,犹太人遭到了残酷的杀戮,他们渴望建立一个犹太民族的国家。战争后,犹太人在英美等国的支持下,大批涌向巴勒斯坦地区,占领了大量阿拉伯人的家园,两个民族的冲突从此开始了。一九四七年十一月二十九日,"联大"通过了巴勒斯坦分治决议,巴勒斯坦阿拉伯人和阿拉伯国家纷纷举行示威,强烈反对。三十日清晨,在耶路撒冷和一些阿犹混合的城镇,爆发了犹太人和阿拉伯人之间的激烈武装冲突,这被称为是巴勒斯坦"非正式战争"的开始。一九四八年五月十四日,犹太复国主义者宣布成立以色列国,十五日,阿拉伯联盟国家埃及、约旦、伊拉克、叙利亚和黎巴嫩的军队相继进入巴勒斯坦,第一次中东战争正式开始。

战争初期,阿拉伯国家军队在数量上略占优势,进攻取得一些胜利。埃及军队沿海岸公路通过加沙向特拉维夫进发,受到以色列军队的拼命抵抗,夜间,先头部队遭到袭击。埃军改变攻击目标,占领了内格夫的一些要地及公路干线。叙利亚军队向太巴列湖南端出击,他们陆续攻克了约旦河两岸的三个犹太居民点,在太巴列湖南端同以军激战。约旦部队主攻耶路撒冷,占领耶路撒冷旧城阿拉伯人区,包围了旧城的犹太区,并向犹太人的耶路撒冷新城发动进攻。耶路撒冷新城的战斗出现僵局。伊拉克军队向北部的盖谢尔和贝桑进攻,进展不大,转而进攻纳布卢斯,相继占领了纳布卢斯等地区。黎巴嫩在北部的进攻规模较小,先是攻占了马勒基亚边防哨所,后被以色列夺回。六月五日,黎军再次攻占此地,并固守到战争结束。

正当阿拉伯国家处于有利的地位,以色列军队节节败退时,美国代表向联合国安理会递交了一份议案,建议安理会命令战争双方在三十六小时内停火。苏联代表也要求安理会立即表决,并指责阿拉伯国家发动进攻,要求他们停止行动。六月十一日,阿以双方同意停火四周。停火后,以色列紧急扩充兵员,大量采购武器,装备轰炸机、坦克和大口径火炮,抓紧建设陆海空三军。以军还做了新的军事筹划,编制了周密的作战方案。

一九四八年七月九日,做了充分准备的以色列军队向阿拉伯军队发动"十天进攻",战斗到七月十八日结束。以军在进攻重点的中部战线,打退了"阿拉伯军团",打开了通往耶路撒冷的通道。在北线,以军向叙利亚军队发动进攻,企图夺回米什马尔哈耶丁居民点,但被叙军击退。于是,以军改变进攻方向,向拿撒勒等地区发动进攻,最后夺取了整个加利利地区。以军另一进攻路线是耶路撒冷,经过反复争夺,以军攻占了马纳哈谷地。十天的战斗,以色列改善了自己的战略处境,而阿拉伯军队的战局每况愈下,内部矛盾进一步激化。

十月十五日,以色列军队再次发起进攻,打了几次成功的战役,把阿拉伯军队打出了原来所占的巴勒斯坦地区。一九四九年七月二十日,巴以双方签订停战协定,这场历时十五个月的战争以以色列获胜而告终。战争中,阿拉伯国家军队死亡一万五千人,以色列军队死亡约六千人。除加沙和约旦河西岸部分地区外,以色列占领了巴勒斯坦五分之四的土地,计两万多平方公里,比联合国分治决议规定的面积多了六千七百多平方公里。战争激化了阿拉伯国家和以色列的矛盾,从此,中东地区战乱不断。

一九五六年十月二十九日,英法为夺得苏伊士运河的控制权,与以色列联合,对埃及发动了突然袭击,这就是第二次中东战争。战争中,以军地面部队对米特拉山口、西奈半岛东北部、阿布奥格拉等埃及战略重点进攻,但都受到埃及有利的抵抗。与此同时,英法空军在十月三十一日下午对埃及的十五个机场、一些兵营和开罗、亚历山大、塞得港、伊斯梅利亚、苏伊士等城市的重要经济、交通设施,进行了疯狂的轰炸,同时还轰炸西奈的埃及部队。十一月五日,英法向塞得港空投伞兵,十一月六日,英法军队炮击塞得港防御阵地,然后,二点二万名海军陆战队队员开始登陆,企图一举占领运河区,遭到埃军英勇抗击。英法的行为受到国际社会的谴责,于十一月六日宣布停火。十二月,英法军队全部撤出埃及。次年三月,以军也撤出埃及。

随着以色列军事力量的增强,以军征服阿拉伯地区的野心在膨胀,巴勒斯坦武装力量"法塔赫"的成立,更激化了巴以矛盾。一九六七年六月五日早晨,以军发动第三次中东战争。以色列采取突然袭击的方式,出动了几乎全部空军,对埃及、叙利亚和伊拉克的一切机场进行了闪电式的袭击,摧毁了这些国家的防空力量。空袭后,以军地面部队发动进攻,阿拉伯国家虽然做出抵抗,但节节失利。在六天的战争中,埃及、约旦、叙利亚三个阿拉伯国家损失严重,飞机与机场基本被毁,军队伤亡和被俘达六万余人,加沙地带、西奈半岛、约旦河西岸、耶路撒冷旧城和叙利亚的戈兰高地共六万五千平方公里的土地落入敌手。

第三次中东战争是以军的一个优秀战例,其作战计划周详严密,战斗技术超凡拔萃。比如,以军飞机为躲过敌方雷达,在离海面、地面十至二十米的高度飞行,攻击中,以军飞行员遵循"先打跑道,后打飞机"的原则,取得了举世震惊的袭击效果。

第三次中东战争中,埃及损失严重。所以,一心想收复失地,报仇雪恨。一九七三年十月六日是犹太教的赎罪日,这一天犹太人要绝对休息,从日出至日落,他们不吃、不喝、不吸烟、不广播,大多数官兵都留在营中,前沿士兵很少。傍晚时分,埃、叙联军突然出击,引发第四次中东战争。南线的埃及军队两千门火炮一齐发射,猛烈轰击以军防线,工兵用高压水龙头冲刷以军沿河岸修建的沙堤,打开进军通道,渡河后消灭了以军的一个装甲旅,击落以战机二百多架。与此同时,北线叙利亚军队在戈兰高地出动三个师,一千多辆坦克,在空军和地空导弹部队的掩护下向以军阵地进攻,经过激战,装备九十辆坦克的以军一八八装甲旅几乎被全歼,仅剩十余辆坦克。以色列国危在旦夕,总理梅厄夫人紧急向美国求救,白宫立即派出一百五十名空军飞行员,高空侦察卫星,加强对中东战场的监视和拍照,为以军提供详细情报。十一日,以军向戈兰高地增兵,进行反攻,对南线的埃军攻势做了有力的抵抗,在激战中,以军损失五十辆坦克,埃军损失了二百五十辆坦克,力量对比发生变化,埃军进攻失败。十五日,以色列军队向运河出击,以军不顾埃及军队的猛烈炮火,终于突破运河,把战火烧到埃及的土地上。以军有了桥头堡后,大批部队源源而入,对埃及第三集团军构成了包围态势。在戈兰高地上以军与叙利亚军队激战后出现对峙,叙利亚丧失优势。至此,阿拉伯陷入危机。埃及总统萨达特心急如焚,向苏联呼吁,请苏联政府和军队解救被围的埃及部队。苏联决心干预。十月二十四日,苏联下令四个空降师进入战备状态,同时致电美国:"如果美国在这件事上不同苏联共同行动,苏联有必要紧急考虑单方面采取适当步骤的问题。"白宫迫于苏联压力,打电话给梅厄总理:如果埃及第三集团军仍处于断绝给养的状态,美国也将不得不停止对以色列的补给。这样,以色列不得不停止进攻,第四次中东战争结束。这场战争共投入兵力约一百一十万人,坦克五千五百多辆,作战飞机一千五百多架。战争结果,阿拉伯国家死亡约两万余人,被击毁坦克两千余辆,损失飞机约四百架;以色列军队死亡五千多人，损失坦克一千多辆，飞机二百架。以色列新占运河西岸埃及领土一千九百余平方公里和叙利亚戈兰高地以东四百四十平方公里的土地。

一九八二年六月六日，以色列借口其驻英国大使被巴勒斯坦游击队刺杀，出动陆海空军十万多人，对黎巴嫩境内的巴勒斯坦解放组织游击队和叙利亚驻军发动了大规模的进攻。巴解大部分有生力量被消灭，叙军装甲部队和贝卡谷地的导弹基地基本被摧毁，其经营十年、耗资二十亿美元的防空体系毁于一旦，黎巴嫩则丢失半壁江山，首都一度被以军占领。这就是第五次中东战争。

频繁的阿以之战给双方都带来了巨大的灾难，停战与媾和成为共同要求。一九七八年，埃以双方缔结了和平条约，以方归还整个西奈半岛，两国终于结束了长期的战争状态。此后，其他阿拉伯国家开始与以色列接触，分别签订和约，在二十世纪末，巴以互相承认，历史的一个新的纪元开始了。

两伊战争

波斯湾地区有着世界上最为丰富和最易开采的石油资源。在这一地区生活的阿拉伯国家大多依靠石油开采作为国民经济的主要支柱，成为世界最为富裕的地区之一。然而，这里丰富的资源并没有给这里的居民带来和平安宁的生活。正相反，这里丰富的石油资源却使一些国家垂涎三尺，甚至铤而走险，不惜发动战争，使这里的人民遭受战争之苦。人常说富家不太平，也真有一些道理。自从这里发现了石油，就没有一天太平过。

一九八〇年九月二十二日，伊朗领空上突然出现了大批的伊拉克飞机。这些飞机呼呼生风直奔伊朗首都德黑兰和伊朗设在各地的主要空军基地进行轰炸。从此以后，阿拉伯河两岸狼烟四起，炮声不断，旷日持久的两伊战争就这样拉开了帷幕。

伊朗和伊拉克是近邻，怎么刀兵相见，反目成仇了呢？实际上，这一点也不奇怪。两个国家宗教不同，民族不同，虽只是一河之隔，却今天你骂我，明天我骂你，早有积怨。再加上两国领导人之间的新仇旧恨，这下一起涌上心头，还有个不动手的。这动手可不是闹着玩的。两国之间一打就是八年，八年之中，今天炸油田，明天轰市区，给两国造成了巨大的人力和物力上的损失。据不完全统计,在这场战争中,两国伤亡人数的总和超过了一百万,经济损失超过五百亿美元,间接损失更是不可数计。

战争一开始,伊拉克有阿拉伯国家作为后盾,有恃无恐。总统萨达姆下达了命令,要对伊朗的军事目标进行"威慑性打击"。那些飞进伊朗进行轰炸的飞机就是完成这个任务的。空袭过后,伊拉克军队分兵三路进入伊朗境内。

萨达姆万万也没想到,伊朗的军队会是如此的顽强。伊拉克军队所到之处都遭到了强烈的抵抗,伊拉克军队气势汹汹的劲头很快被遏制住了。伊朗的军队为了保卫自己的祖国而舍生忘死地战斗,而伊拉克的军队却士气低沉,战斗力不强。这样,虽然伊拉克经过精心的准备,但是并没有在战争开始时尝到什么甜头。战争慢慢地进入相持状态,秋季的大雨更使伊拉克的计划落空。在战场上伊拉克军队连连失利。

伊拉克军队战场上的连连失败使萨达姆非常难堪,他开始意识到事情不好,于是赶忙宣布单方面停火并从伊朗撤军,想和伊朗谈判。这伊朗自然不肯轻易放过伊拉克,提出了极为苛刻的条件。霍梅尼更是强硬表示,如果"全部条件得不到满足,我们将继续这场战争"。伊拉克自然不会答应,于是两国又开始了新一轮的残酷战争。

一九八二年七月十四日,这一天是伊斯兰教的"斋月"。根据伊斯兰教的规定,"斋月"是不准杀生的。可是这一天伊朗军队却向伊拉克边境发起了猛烈的进攻。大约有十二万伊朗军队投入了战斗,这成为海湾地区现代史上第一次大规模的战争。伊朗军队竟动用成千上万的中小学生做掩体,为伊朗扫雷!伊朗军队本以为伊拉克军队已经退让,必然士气低落,不堪一击。可没想到这些伊拉克军队一回到本国却来了力量。他们一扫往日在伊朗境内一蹶不振的表现,在这场战争中打得极为顽强,他们不但阻止住了伊朗的进攻,而且包围了伊朗军队,使伊朗军队损失惨重。

自此之后,伊朗"圣战"连连,萨达姆也不甘示弱,双方推陈出新,在战场上玩起了各种各样的新花样。伊拉克先是发起了"袭船战",后又玩"袭城战",后来又升级到"导弹战"。两伊杀红了眼,成吨成吨的炸药像雨一样倾泻,炼油厂、大城市、油轮这下可倒了霉。到处是残垣断壁,到处是鲜血成河,战争像出笼的魔鬼,到处制造着人间地狱。

战争到最后,伊朗的实力明显不支,伊拉克开始进行反击,不仅收复失地,而且一鼓作气攻进伊朗境内。萨达姆主动提出停火。伊朗再也支撑不下去了,只好接受了联合国的第五九八号停火决议。两伊战争终于在八年之后以双方的巨大损失而告终。

海湾战争

一九九〇年八月二日,人们正在熟睡,虽然已是凌晨,但科威特境内一片寂静,这个富得流油的阿拉伯国家还在美美地享受着大自然给予他们的恩赐。正在这时,一群"飞鸟"掠过天空离人们越来越近。待到近前,这群"飞鸟"的身影越来越清晰:这哪里是什么鸟,原来是一群挂满了炸弹的战斗机!人们还没反应过来是怎么回事,就开始听见机械化的装甲部队隆隆推进的轰鸣声。十多万伊拉克军队犹如出笼猛虎一样。一时间炮弹呼啸着掠过天空,所到之处掀起漫天的灰尘;火箭闪着令人心惊肉跳的火焰,直奔科威特的军事目标⋯⋯

这是怎么回事,伊拉克和科威特都是阿拉伯国家,又是友好近邻,怎么伊拉克会对科威特动起武来了呢?原来伊拉克早就对科威特垂涎三尺。在进攻科威特之前,就曾进行过大规模的宣传攻势,并为这次进攻做了大量的准备。

伊拉克进攻科威特的行为很快遭到了世界人民的谴责。美国、英国等国立即做出反应,美国说服了沙特阿拉伯允许在其国家驻扎美军。八月七日,布什总统就正式批准了"沙漠盾牌"行动计划。很快的,驻扎在各地的美军纷纷赶往海湾。到十一月初,到达海湾地区的美军总兵力达到二十四万五千万人。地面部队达到十七万人,各型坦克达八百余辆,飞机达四百四十四架,各型舰船达八十五艘,舰载机达五百五十三架。各种各样的军需物资堆积如山,美国在海湾期间运送的物资总量竟然相当于一座中等城市!

美国原以为这样强大的阵容会把伊拉克吓倒,但布什想错了,伊拉克面对美国如此强大的阵容,竟毫不示弱,反而加紧了战争准备。美国又继续增兵,到一九九一年一月十五日联合国给伊拉克规定的撤兵最后期限时,在海湾的多国部队总人数已达七十万,飞机三千五百一十架,舰船四百余艘,坦克达两千九百辆。伊拉克也动员了全国的力量,总兵力达一百二

十万人,坦克五千六百辆,但飞机的数量远远少于多国部队。

一九九一年一月十七日的夜晚,星星和月亮藏起了自己的光芒,天空显得特别的黑。地面上大风卷着沙砾,发出令人心惊的声音。就在这样一个漆黑的夜晚,第一架美国 F—15E 战斗轰炸机腾空而起,另外的数百架各种型号的飞机也相继起飞,列队向伊拉克飞去。

这时巴格达的夜空,恬静而美丽,像一个睡美人,正在梦乡之中。这时一架绰号"黑色幽灵"的 F—117 隐形战斗轰炸机悄悄而至。机上的飞行员似乎不愿打破这个恬静而美丽的夜,但他还是从容地拉下了投弹控制杆,一枚两千磅重的精确制导炸弹准确地投到位于巴格达闹市区的美国电话电报公司大楼的正中。紧接着密集的炸弹从天而降,像是下了一场大雨。然而,这可不是润物细无声的春雨,这些炸弹所落之处,立即浓烟滚滚,烈焰翻腾,爆炸声震天动地。

巴格达的伊拉克军队也立即做出了反应,隐藏在各处的高射炮群、高射地空导弹一起开火,像是一道道人工织出的彩虹,同那些高空落下的炸弹交织在一起,构成了一幅壮丽而又让人不寒而栗的画卷。

然而,多国部队的空袭绝对不是伊拉克相对微弱的防空力量所能敌的。强烈的电子干扰使伊拉克的防空雷达、电子指挥系统很快被压制住。防空力量只是盲目地对空射击,像没头的苍蝇。多国部队很快取得了制空权。从此以后,伊拉克的领空成了多国部队飞机的训练场。每天都要有多国部队的飞机不停地飞来飞去,扔下成吨成吨的炸药。

面对多国部队的进攻,伊拉克既无招架之功,亦无还手之力,只能等在那里,被动地挨打。伊拉克也进行过一些还击,但却只是伤了多国部队的皮毛,伊拉克的"飞毛腿"导弹也纷纷被"爱国者"导弹击落。

到二月二十三日美军终于展开了地面进攻,十一路大军像十一把尖刀直插伊拉克军队的防线,坦克、战斗机、轰炸机的吼声响成一团。那些被炸得焦头烂额的伊军部队哪里还能抵挡,纷纷溃退。二月二十六日,伊拉克总统萨达姆下令在科威特的伊军全线撤退。这一下,伊军完全暴露在多国部队的空军炮火范围之内。各式各样的飞机在伊拉克军队溃退的道路上扔下像雨点一样的炸弹,伊军退却的六号公路顿时变成了一条"死亡公路"。二十七日的凌晨,一支由装甲车、坦克组成的车队解放了科威特城,科威特人民成群结队地涌上街头,欢庆自己的解放。

海湾战争就这样结束了,前后正好用了一百个小时。伊军伤亡惨重,共被击溃、歼灭四十个师,死伤八万多人,而多国部队却只有一百多人的死伤,只有几辆坦克和飞机损伤。这场战争成为现代化战争的样板,作为里程碑载入史册。

把人类推向新高

爱因斯坦与相对论

爱因斯坦是二十世纪世界最著名的科学家之一,他创立的相对论开创了物理学的新纪元,堪称是世界历史发展进程中影响深远的百件大事之一,他把物理学家们引入了一个崭新的物理世界。

爱伯特·爱因斯坦一八七九年三月十四日诞生于德国南部小城乌尔姆的一个犹太家庭里。一岁时随父母搬到慕尼黑生活。少年时,爱因斯坦从叔父那儿学习了关于化学领域的一些知识,热衷于与叔父一起讨论数学问题。十六岁,他考入瑞士的苏黎世联邦职业大学深造。毕业后,在伯恩的专利局找到一份理想工作。这使爱因斯坦有更多机会接触到许多发明创造,激起了他强烈的求知欲,鼓励他不断地探索物理学。他充分利用业余时间阅读大量有关书籍,深入思考问题,尤其是在新的物理实验中牛顿理论无法解释的一些新课题。经过多年的勤奋劳动,爱因斯坦克服了大量困难,于一九〇五年发表了《论动体的电动力学》一文,创立了狭义相对论。它提出了关于等速运动相对性的完整理论和关于空间——时间的崭新观念。与此同时,他根据狭义相对论推导出物体的质量也与运动密切相关,并得出质能关系式 $E = MC^2$,揭示了原子内部所蕴藏的巨大能量的秘密,为人类利用核能展现了无限广阔的前程。之后,经过十余年的艰辛研究,爱因斯坦于一九一六年又发表了《广义相对论的基础》,并把它寄给了英国皇家学会。一九一九年五月二十九日正逢日食,于是皇家学会派遣一支观察队,拍摄了日食方向星光的照片,观察结果完全证实了广义相对论

的预言。十一月的一天,伦敦《泰晤士报》以"科学上的大革命"、"已经有人超越了牛顿"为标题,报道了这一震惊世界的大新闻,从此爱因斯坦和他的相对论传遍千家万户。

家喻户晓、人尽皆知的大科学家爱因斯坦并没有因此而洋洋自得,他依旧是个纯朴、谦虚的"普通人",物质的东西对他毫无意义。他身上从来不带钱,甚至只用一把剃刀和清水刮胡子,当有人建议他用一下刮胡膏时,他说:"剃刀和水就够了。"他是个地地道道的理论家,他对自己思想和理论的实际应用丝毫不感兴趣。他提出的 $E = cm^2$ 也许是有史以来最最著名的公式,然而他却不愿费举足之劳去看反应堆产生原子能。他因其光电理论而获得了诺贝尔奖金,但对于观察他的理论怎样使电视得以产生却没一点好奇心。

一九三三年冬,德国纳粹在全国对犹太人开始了疯狂的迫害,他们抄了爱因斯坦在柏林的家,没收了他的财产,焚烧了他的著作,幸好他当时在美国讲学才免遭劫难。纳粹分子不见其踪影,于是悬赏两万马克要他的脑袋。无奈,他只好公开声明放弃德国国籍,流亡美国。许多不甘心纳粹迫害的科学家也纷纷来到美国,美国成了世界物理的中心,也正因为如此,它才会抢先制成原子弹。

第二次世界大战前夕,为了促使日本早日投降,美国政府在日本长崎、广岛投下了两颗原子弹,二十多万人丧生。爱因斯坦得知后,悲愤万分,他认为"原子弹之父"的称号带给他的是奇耻大辱。一想到日本二十万丧生的居民,他就不寒而栗,仿佛自己是一个刽子手。在他生命的最后年月里,他一刻也没有停止反对使用原子武器的活动。

一九五五年,伟大的科学家爱因斯坦告别了他钟爱的事业,与世长辞了。没有宗教仪式,没有鲜花点缀,没有纪念碑,没有坟墓,但他的科学精神、科学思想却永留人间。

人的飞翔

自古以来,人类就有一个梦想,梦想自己有一对如鸟一般的翅膀,在蔚蓝的天空中振翅高飞,自由翱翔。但这终究只是一个幻想而已。直至一九〇三年十二月七日,莱特兄弟将人类世世代代的梦想变成了现实,使神话《天方夜谭》中的"飞行地毯"活生生地出现在人类现实生活之中。

莱特兄弟,哥哥叫威尔伯·莱特,一八六七年生于美国印第安纳州的密切维。四年后,弟弟奥维尔·莱特生于俄亥俄州的代顿市。哥俩聪明伶俐,就有点"不务正业",对老师教的课不感兴趣,虽上过中学,但谁也没获得毕业证书。但他俩都对载人飞机情有独钟。他俩刻苦攻读了鄂图·李连塔尔(德国航空工程师及发明家)、奥克塔夫、契纽特等航空学家的著作。一八九二年,俩人共同开设了一家联营公司,出售、修理、制造自行车,这为他们日后研究、制造飞机提供了充足的经费。一八九九年,他俩携手合作开始亲自着手研究飞行问题,首先他们利用滑翔机学习驾驶,试制动力,一九〇〇年,他们在北卡罗米纳州的猫头鹰村测试一台足以载人的滑翔机的性能,结果却不尽如人意。但这并没有让莱特兄弟灰心丧气,哥俩依然锲而不舍地投到新的设计、制造工作中去,经过无数个不眠之夜的反复测算、试制,他们成功地发明了飞机飞行的三轴操纵法,从而获得了控制操纵飞机的能力。同时他们在一位机械师的帮助下,设计出了自己的引擎,接着又设计出了自己的推进口。

一九〇三年十二月七日,莱特兄弟在北卡罗米纳州的猫头鹰村附近的歼魔山上进行了首次飞行。哥俩各做了一次飞行。弟弟奥维尔一马当先,做出第一次记录:一百二十英尺,十二秒。第二次由威尔伯做出,飞行八百五十二英尺,五十一秒。这架飞机机重约七百五十磅,机翼长约四十英尺,造价一千美元左右。兄弟俩将其命名为"飞行者一号"。如今,这架飞机陈列于华盛顿美国国家航天博物馆内。当日虽有五人目击了人类史上的首次飞行,但并未引起世人轰动。

"飞行者号"试行后,莱特兄弟回到了家乡。在那里,他们制造出了人类史上第二架飞机,两人命名其为"飞行者二号"。在一九〇四年仅一年当中,飞行者二号试飞行一百零五次次。令人遗憾的是,人们对此并没有给予高度的重视。一九〇五年,他们又制成了飞行者三号,但人们仍是半信半疑,一九〇六年,巴黎《先驱论坛报》刊登了一篇题为《飞行者还是撒谎者》的文章,对载人飞机提出质疑。

为了消除人们的怀疑,一九〇八年,威尔伯在法国巴黎公开表演了飞机的性能,与此同时,奥维尔在美国也进行了类似的公开表演。不幸的是,弟弟奥维尔驾驶的飞机坠毁,一人死亡,奥维尔自己则摔断了一条腿、两根肋骨。这是俩人自试制飞机以来遇到过的唯一一次事故。他们成功的飞行引起了美国政府的关注,美国政府与他们签署了一项订购合同。他们终于成功了。

一九二一年,威尔伯·莱特因患伤寒医治无效而病逝,终年四十五岁。弟弟奥维尔·莱特则于一九四八年去世。兄弟俩终生未娶,把毕生精力都奉献给了人类的飞行事业。

青霉素问世记

一九二八年九月的一天早晨,在伦敦圣玛丽学院的实验室里,细菌学家弗莱明博士像往常一样,开始对前一天放在培养皿中的菌种进行观察。弗莱明博士是位优秀的细菌学家,他曾经发现能杀死细菌的溶菌酶,一时轰动了科学界,现在,他正为寻找一种能杀死病原菌的药物而努力探索。

几天前,弗莱明从病人的脓中提取出一些葡萄球菌,开始培养。这种菌存在广泛,危害很大,伤口感染化脓就是它在捣鬼。弗莱明试验了各种药剂,力图找到一种能杀死它的理想药品,但是一直没有成功。这天进入实验室后,弗莱明便逐个检查整齐摆放玻璃培养皿,观察培养器皿中细菌的变化。当他来到靠近窗户的一只培养器前时,他皱了下眉头,自言自语道:"唉,怎么搞的,竟然变成了这个样子!"原来,这只培养皿里不是长满了金黄色的葡萄球菌,而是像发了霉似的,长出一团青色的霉花。

弗莱明的助手听见他的话,赶紧过来说:"可能这是被杂菌污染了,把它倒掉吧。"弗莱明没吱声,而是继续观察着。令弗莱明惊奇的是:在青色霉菌的周围,有一小圈空白的区域,原来生长的葡萄状球菌消失了。难道是这种青霉菌的分泌物把葡萄状球菌杀灭了吗?难道这种绿色霉菌有强大的威力吗?难道它就是我要找的那种杀菌物质吗?一丝灵感在脑海闪过,一股莫名的力量把他吸引。弗莱明弯下腰,手托培养皿,仔细研究起这种绿色的霉菌来。

弗莱明身心充满激动,他立即吩咐助手培养这种绿色的霉菌。又过几天,青霉菌已经繁殖起来,弗莱明诚惶诚恐地开始了试验:他用一根细线蘸上溶dm水的葡萄状球菌,把细线放到青霉菌的培养皿中,几小时后再取出线头,葡萄状球菌已全部死亡。接着,他分别把带有白喉菌、肺炎菌、链状球菌、炭疽菌的线头放进青霉素培养皿中,这些细菌也很快死亡。经过多次试验和观察,他确认:这种绿色霉菌具有强大的杀菌能力,正是自己梦寐以求的杀菌物质。弗莱明给这种从青霉菌中分泌出的杀菌物质命名为"青霉素"。

此后,弗莱明又试验了青霉素的杀菌能力和安全性。他把青霉菌培养液加水稀释,一倍、两倍……几百倍,结果它仍然能杀灭葡萄状球菌和肺炎菌。弗莱明把青霉菌溶液注射进了兔子的血管,结果兔子安然无恙,证明这种菌液体没有毒性。

一九二九年六月,在《新英格兰医学杂志》上,弗莱明发表了题为《青霉素——它的实际应用》这篇论文,标志着人类在抗生素研究中取得了关键性的进展。

然而,当时青霉素的培养方法和提纯方法都没有得到解决,培养液中所含的青霉素太少,一次有效的注射要用几升培养液,而且只会从霉烂的食品中培养青霉素,医生和病人无法接受。这样,弗莱明的伟大发明未得到应用,一直到十六年以后,青霉素才造福于人类。

第二次世界大战全面爆发后,战争造成的大量伤亡使人们盼望有较好的抗菌消炎类药品,对特效药的呼声顿时强烈起来。时间到了一九四〇年,在牛津大学主持病理研究工作的澳大利亚病理学家弗洛里,带着年轻的助手——德国化学家钱恩,坐在牛津大学的图书馆里,为研制新药而查找资料。两位科学家仔细阅读了弗莱明关于青霉素的论文,他们对这种能杀灭多种病菌的物质产生了浓厚的兴趣。但是,要提取出这种物质,需要各方面科学家的共同努力。为此,弗洛里组织了一个联合实验组。在他的领导下,联合实验组紧张地开展了研制工作。细菌学家们每天配制几十吨培养液,把它们灌入一个个培养瓶中,在里面接种青霉菌菌种,等它充分繁殖后,再装进大罐里,然后送到钱恩那里进行提炼。

提炼工作极其艰难,一大罐培养液只能提炼出针尖大小的一点点青霉素。经过一年多的探索和无数次实验后,弗洛里和钱恩终于在一九四一年二月,从发霉的肉汤里提取到了极少量的青霉素,使青霉素与霉菌分离成功。

接着,他们又用几十种病原菌进行对抗实验,再次认定了青霉素对多种病原体的巨大杀伤力。在动物实验中,他们把青霉素溶解在水中,用来杀灭葡萄球菌,效果良好,而且当稀释到二百万倍时,药液仍具杀灭能力。

联合实验组的治疗试验很有戏剧性。他们选择了五十只小白鼠,给每只都注射了同样量的足以致死的链状球菌,然后给其中二十五只注射青霉素,另外二十五只不注射。实验结果,不注射青霉素的白鼠全部死亡,而注射的只有一只死去。

取得以上结果之后,弗洛里和钱恩开始了谨慎的人体实验。第一个试用者是败血症患者,这位四十五岁的警察生命已危在旦夕。使用青霉素后,患者的病情明显好转,遗憾的是青霉素量太少了,几天后药品用完了,患者病情又再度恶化,不久就死了。

第二个受试者是个患血中毒的生命垂危的十五岁少年,弗洛里和钱恩不断地给他注射青霉素,直到他康复。这是第一个被青霉素救活的人。青霉素作为治病救人的灵丹妙药得到了充分有力的证明,他们的探索成功了。

然而英伦三岛处于德军的猛烈空袭之下,大量生产青霉素几乎不可能。于是,弗洛里和钱恩远涉重洋,到美国去寻求投产药厂。两位科学家费尽千辛万苦,好不容易找到两家合作的小厂。他们首先要找到产量最高的菌种。在西瓜皮上,弗洛里和钱恩终于找到了产量最高的八三二绿霉菌菌种。

他们又找出了八三二菌种最爱吃的食物,也就是最利于它们繁殖的物质——玉米。经过努力,终于制成了以玉米汁为培养基,在摄氏二十四度的温度下进行生产的设备。用它提炼出的青霉素,纯度高,产量大,从而很快开始了在临床上的广泛应用,一些传染病的死亡率大大下降,无数人的生命得到了拯救。

新药被送往前线,大显奇效,垂危病人被救活,病毒感染患者恢复了健康,被高烧折磨得胡话连天的病人恢复了平静。新药拯救了成千上万的战士的生命。在一九四四年六月至七月的诺曼底登陆战役中,青霉素救活了数万名英、美、加盟军官兵,很多过去治不了的病人用药后几十天甚至才十几天就痊愈出院,重返前线。有位将军评价说:在诺曼底,青霉素可以抵得上二十个师的兵力。

一九四五年,战争结束后的第一届诺贝尔生理学或医学奖,颁给了青霉素的发明者——英国细菌学家弗莱明博士、病理学家弗洛里博士和德国化学家钱恩。

电影——魔幻的世界

一八二三年,法国人尼埃普斯拍出了第一张照片——"餐桌",当时拍摄需要十四小时的曝光时间。一八五一年,曝光时间缩短到只要几秒钟,照相这门新的手工艺受到人们的欢迎,成为很多人谋生的职业。

一八七二年以后,英国人慕布里奇在旧金山第一次做了关于摄影的实验。加利福尼亚州一个靠商业和铁路起家的富翁——利兰德·斯坦福曾和人打赌,要按照法国学者马莱在一八六八年所描写的那样,把马跑的速度和动作姿态拍摄下来。这个怪人不惜拿出一笔财产让慕布里奇去设计像下面所说的那种特殊的设备。

慕布里奇在沿着马跑的道路设置了二十四个小暗室,在这些暗室内有二十四位摄影师,他们只要听到一声笛响,就得赶快把二十四张底版立即准备妥当,因为这些底版如果干了的话,几分钟以后就会失去感光作用。在二十四架摄影机都装好了底版以后,就让马在跑道上奔驰,利用马蹄踢断跑道上的绳子的一刹那工夫,把马跑的姿态摄入镜头。这一试验整整费去好几年工夫(从一八七二年至一八七八年),而且中间还因为绳子太牢,马蹄不断而发生过连暗室、摄影机、底版、摄影师都被拖倒的可笑事情。

从一八七八年以后,加利福尼亚拍摄的照片在各地公布。它们引起了科学研究者的强烈兴趣。生理学家马莱二十年来一直用针尖在黑烟灰上划线的方法,来研究动物的动作速度。到一八八二年慕布里奇旅行欧洲以后,马莱受到启发,决定利用照片来进行实验。他的实验工作因当时市上已有一种涂胶质溴素的照相底版出售而得到了很多便利。从此以后,可以用配好的药品很容易地把快摄的底版冲洗出来,并且能够把底版保存好多年。

马莱创造了"摄影枪"———一种轮转摄影机,其后他又对"固定底片连续摄影机"继续进行研究,其后又发明活动底片连续摄影机。一八八八年十月,马莱第一次把利用这种胶卷拍摄出来的照片献给法国科学院,在实验室里将摄成的胶卷成功地在银幕上映出。这时他已发明现代的摄影机和摄影术了。

一八八七年,爱迪生想把活动照片联系在一起来改进他的留声机。经过两三次无结果的试验以后,他转而采用了马莱的"连续摄影机"的方法。在爱迪生指导下进行研究的英国人狄克逊,在这方面做了一些改进,主要是在影片上凿孔和使用了柯达公司特制的长达五十英尺的胶质软片。爱迪生拒绝公开在银幕上放映他的影片,他认为人们对无声片绝不会产生兴趣的。由于他在研究有声电影上遭到了失败,不能把和真人一样大小的人物放映出来,所以在一八九四年,他决心把他的"电影视镜"公之于世。这种"电影视镜"形状像一只大钱柜,上面装有放大镜,可以容纳五十英尺的凿孔影片。

这时,电影爱好者已有多人,他们自拍电影,向朋友放映。其中最著名的是卢米埃尔。他在里昂经营一个制造照相器材的大工厂。爱迪生的"电影视镜"刚刚输入法国的时候,他已经开始了电影机的研究工作。一八九五年十二月二十八日在巴黎嘉布遣路的"大咖啡馆"里,卢米埃尔将所拍影片公映,画面是巴黎一家工厂上班的情景,涌动的人潮,升腾的蒸汽,迎面开来的火车,令所有观者大为惊叹。卢米埃尔获得了巨大的成功。

到了一八九六年底,电影已经完全脱离了实验阶段而与观众见面了。享有专利权的电影机器,为数达百余种之多,都已在电影企业中奠定了基础,每天晚上都有好几千观众拥挤在漆黑的电影院里了。

早期电影常用的一些主题有:跳跃的马、伶俐的狗、体操教师、跳绳女郎、芭蕾舞女、一对跳华尔兹的舞伴、走绳索的人、拳击家、摔跤者、决斗者、酒鬼、两个拿着唧筒的救火队员、一个患牙疼病人的滑稽面孔、锯木头的木匠、宪兵和小偷、打铁的铁匠、理发师、母鸡啄食、滑稽小丑等。雷诺的《更衣室旁》是当时最丰富、最复杂的一部作品。在这部可以连续演十五分钟的画片里,已经具备了现代动画片的一切特点,诸如:一定的放映时间、巧妙的剧情、典型的人物、噱头、特技摄影、紧凑生动的故事情节、美丽的布景,以及动人的色彩等。

画片开始是用海水浴者的笑声来表达海边的气氛,而这种气氛又由于海鸥不断地来回飞翔而变得更为浓厚。鸟的飞翔是一个很新颖的场面,在戏剧里从未见过,因而成为吸引观众的原因之一。接着是一个简单的但却安排得很生动而幽默的情节:一对巴黎的夫妇来到海边;一个"风流客"对巴黎太太大献殷勤;因为偷看她在更衣室里脱衣服,结果屁股上被踢了一脚;巴黎夫妇在海里游泳;"风流客"被关在更衣室里。经过一段打架的场面以后,出现了一艘张帆的船,帆上写着"剧终"二字,故事由此而告结束。

电影作为一个新兴的行业,很快得到一些商人的重视,一些电影公司应运而生了。在美国,出现了爱迪生和比沃格拉夫的电影托拉斯,在欧洲,出现了百代和梅里爱等几个大制片公司。这些电影公司,虽然拍的多为一些幻灯片似的题材,但对摄影方法、脚本、故事情节开始了新的探索,建立了规模庞大的摄影场、服装车间和样片洗印厂等。一九〇八年初,摄影师托马斯·伯森斯和导演弗兰西斯·鲍格斯为了拍摄影片《基督山伯爵》,到了洛杉矶市的郊外。他们在一个荒凉的小村建立了一所小小的摄影棚,这个小村被卖主起名为好莱坞,意即长青的橡树林,虽然这种树木在加利福尼亚州根本不能生长。

好莱坞在成为国际摄影史上的强大势力以后,它摄制的题材也变得国际化了。在它最卖座的无声片中,以美国为背景的为数很少。在这些影片中,只有詹姆斯·克鲁兹导演的那部极著名的《篷车》直接取材于美国历史,这是一部歌颂开拓西部地区者的史诗。这期间,很多电影取材于报纸的连载小说,比如一九一五年,法国人皮埃尔·德库塞勒在《晨报》上发表长篇小说《纽约的秘密》,把《宝莲历险记》及《捏紧的手》穿插在一起,写成十二个插曲,拍成电影后受到极大欢迎。偶尔有人把文学名著改编成电影,如百代曾把一些成功的作品搬上舞台。系列影片在美国曾以"牛仔"故事或一些复杂的情节为题材,流行了相当长的时间。《拐骗妇女的人》、《深山之虎》以及被机器人追逐的《魔术师胡底尼》,就是这类影片的代表。

为了争取新的有才干的演员,好莱坞的启斯东公司以每周一百五十美元的高额报酬,特地聘请了一位哑剧演员,他就是当时在美国各地做巡回演出的英国年轻演员查尔斯·卓别林。

卓别林在剧团学习跳舞、翻跟斗、杂技等,他除了学得无声艺术的一般手法之外,还学得一种使他所有的动作具有一种非常优美的感觉的技术。这些非常适合表演无声电影。卓别林给电影带来了兴旺和巨大的效益。

卓别林的第一部影片摄于一九一四年,名叫《谋生》。在这部影片里,卓别林打扮成一个英国绅士的模样:头戴一顶灰色丝绒礼帽,身穿燕尾服,嘴上留着浓浓的八字胡,单鼻架眼镜,脚上穿着一双漆皮鞋。他扮演一个狡猾凶恶的骗子。在剧中,卓别林即兴演出,轻松活泼,富有生气,表现出一种不易模仿的迷人力量,立即赢得了观众的瞩目。

卓别林的成功使资本家们发现了新的赚钱秘密。随之出现了《捏紧的手》、《笑面》不少非常叫座的影片。

电影刚问世时是无声的。人们只能通过演员动作和表情体会故事情节。一八九六年,德国柏林的奥斯卡·麦斯脱制造了一些有声电影短片,他使用的音响系统是同步的柏林牌留声机唱片。一九〇六年,英国的斯托克维尔和尤金·劳斯特第一次成功地把声音直接录在电影胶片上,并取得专利权。一九二四年,英国的德福斯特风诺电影公司拍摄了第一部进行商业发行的有声故事片《爱情的甜歌》。美国的布罗斯于一九二六年使用盘式录音机与摄影同步,采用精制的放大器和扩音机,拍成第一部有声电影《朱安先生》。此后,一系列有声电影占据了电影市场。有声电影时代来临了!

随之,好莱坞成了世界电影的首都,一部部制作精良、故事情节曲折生动的电影,让世界影迷为之欢呼,为之发疯。再看看奥斯卡颁奖晚会,让多少人瞩目,让多少人心动。金棕榈奖、戛纳电影节、金熊奖、《飘》、《勇敢的心》、《爱情故事》、《泰坦尼克号》……秀兰·邓波儿、费雯丽、斯皮尔伯格、玛丽莲·梦露……电影占据了世界多大的位置,占领了人们多少心理空间啊!真是一个电影的时代!

今天,电影的地位虽然受到了电视的冲击,但是电影的魅力依然吸引着亿万观众。因为,电影永远是一个充满无限魅力的魔幻世界。

计算机的发明

大家都用过算盘,这可真是一项了不起的发明,用它来进行计算,那可真是又准又快,它是我国古代人民智慧的一个结晶。可是到了现代,人类又发明了一种计算机,这可不是算盘所能比的,它不仅能进行各种各样的计算,而且能用来玩游戏,看电影,写论文,连到互联网上,还可以用它来邀游世界,收发信件……这可真是一个神奇的东西。最让人称奇的是用这种计算机做成的机器人还可以帮助人进行各种各样的劳动,不但制造汽车、飞机,还可以帮人洗衣服、打扫房间,甚至可以像人一样同人交谈,堪称一件宝贝。可是这样一个东西是怎么发明出来的呢?

西方很早以前曾有一种用来计算的工具叫手摇计算机,这种装置虽然比人工快,但还是不能满足人们越来越多的计算的需要。这时,宾夕法尼亚大学莫尔学院的一名青年物理学家莫克利提出了一种设计方案,根据这种方案,可以使计算机速度成倍提高。这激起了美国陆军的兴趣,赶忙找到莫克利,投资数十万美元进行研究。经过两年多的艰苦研究,终于诞生了世界上第一台电子计算机,称"埃尼阿克"(ENIAC),全称叫电子数值积分和计算机。

　　这世界上第一台计算机是什么模样可不是你凭想象所能想象出来的。它根本不像现在的计算机,它有一万八千个电子管,重达三十余吨,光这一台计算机就占地一百七十平方米。要是偶尔在哪里看见这位计算机的祖宗,你肯定不知它为何物。可是这台计算机每秒运算加法五千次,乘法五百次,一小时运算相当于二百人工作一个月,也算是功夫不浅了。

　　四年之后,剑桥大学依据一项最新设计成果研制成功了一种更为先进的计算机,这种计算机采用了程序内存设计,更接近于人脑的工作方式,这种新型计算机的诞生标志着电脑时代的开始。

　　那么这种新的设计是谁发明的呢？这得归功于一位叫冯·诺依曼的犹太人。这个诺依曼天生聪明,小小年纪就开始发表科学论文,成为教授,真正奠定他在科学界地位的就是这种计算机新型的内存程序方式。这种方式将存储装置与基本指令组合为一体,把控制指令内藏于存储装置之中。由于这种方法的应用,电子计算机从单纯的运算机械进化为拥有无限潜能的万能机械。

　　计算机的发明成为二十世纪乃至人类历史的一个里程碑。在第一台计算机出现后的短短几十年中,人类的智慧充分地展现出来了,计算机的运算速度变得越来越快,体积越来越小,功能越来越实用。

　　在计算机的发展历史上个人计算机的发展成为一个里程碑。个人计算机以其飞快的发展速度和令人应接不暇的花样翻新而成为当今时代的新宠。计算机从第一代到现在已经发展到了第五代,速度更快,功能也更加强劲。个人计算机的主处理器芯片从 8086 一直发展到 586,又飞快地升级到 PⅡ、PⅢ,直到当下流行的 PIV。从软件方面来看,各种各样的软件更新更是令人眼花缭乱,单看微软的操作系统就从 Dos1. 发展到 Dos6.22,再到 Windows3.1、Windows95、Windows98 直到 Windows2000,每一次发展都代表了软件业的一次飞越。计算机正在发挥着越来越重要的作用。

　　个人计算机是我们每一个人经常能接触到的,而在那些与我们日常生活联系较少的地方计算机也发挥着重要的作用。从工业领域里广泛运用的自动控制系统,到用于科学研究的大型计算机,都有着计算机的影子。无论是航天业的飞机、飞船,还是地下的矿藏勘探都离不开计算机的应用。而且,随着科学技术的不断发展,人们开始越来越离不开计算机。

电视的发明

如今,举国上下各个商场里都摆满了琳琅满目的电视机,黑白、彩电,还有袖珍电视等,品种繁多,令挑选者眼花缭乱。亲爱的朋友,当你和家人围坐在电视旁津津有味地看着电视节目,时不时捧腹大笑时,你是否想到它的发明者?你知道它的发明者是谁吗?

他就是贝尔德,一八八八年生于英格兰西部的一座小城市,他把自己有限的一生都贡献给了电视事业。

一九〇六年，十八岁的贝尔德立志要制造出世界上第一个电视机。他是个雷厉风行的人，说干就干，他首先在黑斯廷斯建立一个非常简陋的实验室，找来有关书籍进行仔细研读。弄懂了原理后，他便开始了他的实验。这一实验就是十几年。缺乏经费，他就充分利用他所能找到的废物。他的一整套实验装置包括一只盥洗盆柜架，一只从旧货摊上拾来的茶叶箱，一台从电器商房屋后废物堆里拾来的电动机，一盏自制的装在破旧饼干盒里的投影灯及一些从废弃的军用电报机上拆下来的部件等。

贝尔德不厌其烦地在实验室里忙来忙去，功夫不负有心人，经过十八年的艰辛努力后，他成功地用有线电发射了一朵十字花，只是图像不太清晰，忽隐忽现，发射距离也不太远，约有三米。贝尔德猜想，很可能是电压不足。于是，他找来几百个干电池连接起来，约有两千伏电压。谁知，他刚一接上，自己一不留神左手触到了一根裸露的电线上，强大的电流把他击倒在地，昏了过去。

第二天早晨，伦敦《每日快报》报道了贝尔德触电的消息。聪明的贝尔德苏醒后，看了"发明家触电倒地"的新闻，不但未生气，反而哈哈大笑，因为他想到了一个解决他经费不足的好方法。他为慕名而来的记者进行了一次现场表演，伦敦一家无线电老板答应为他提供经费，但直到经费用光，仍无重大进展。无线电老板见无利可图，也不再资助。

这时的贝尔德生活十分拮据，衣衫褴褛，身体日渐消瘦，几乎是陷入了绝境。但他仍咬紧牙关，坚持试验。就在他山穷水尽之际，两个好心的堂兄弟给他寄来了五百英镑，真是久旱逢甘露，贝尔德兴奋地在实验室里待了三天三夜未合眼。终于，在一九二五年十月二日，贝尔德成功地研制出了世界上第一台电视机，接受机上图像清清楚楚甚至连头发都一清二楚。

贝尔德兴奋极了，他狂奔到楼下，抓着一个十五岁的小男孩就往楼上跑，小男孩被这个光着脚，蓬头垢面的"疯子"吓得直打哆嗦。到楼上后，他不由分说地把小孩按坐在一个椅子上，开始调制他的机器，几秒钟后，在他的"魔镜"里出现了第一张人脸，只可惜这张脸充满了惊恐。

从此，贝尔德名声大振。但他并没有骄傲自满，仍不懈地进行研究。即使是在二战期间，他也不曾放弃研究。一九四一年十二月，正当希特勒发动闪电战时，贝尔德传送的首批完善的彩色图像已获成功。可惜，他的实验室被希特勒的飞弹炸得片甲未留。

这点困难对贝尔德来说根本不算什么,他又建起一座实验室,继续他的实验。

一九四六年六月的某一日,英国广播公司第一次播放彩色电视节目《胜利大游行》,人们边看节目边高声欢呼,而此时的贝尔德却病倒在床上。不久,便告别了他心爱的实验室和他的"宝贝"电视,终年五十八岁。他发明的第一架电视机至今仍保存完好,陈列在英国南肯宰顿科学博物馆中。

月球上的脚印

自古以来,许多人就梦想着有朝一日能到皎洁的月亮上旅行。这个幻想在二十世纪六十年代末终于成为现实!

一九六九年七月十六日上午九时,百余万心情激动的观众聚集在美国肯尼迪空间中心的周围,等待着观看一个历史性的壮观场面——"阿波罗十一号"宇宙飞船即将从这里起飞!

九时三十二分整,激动人心的一刻终于到了,"阿波罗十一号"宇宙飞船载着指令长阿姆斯特朗,指令舱驾驶员考林斯和登月舱驾驶员奥尔德林三人腾空而起。十二分钟后,飞船进入环绕地球运转的轨道,宇航员们一丝不苟地检验着飞船内的全部仪器。三小时后,一切彻底检查完毕。"太棒了!一切正常。"对此,宇航员和地面控制中心都很满意。随着地面的指令,第三次火箭又一次点火,飞船转动着脱离了地球轨道,带着人类的希望和梦想,宇航员沿着一条准确的路线,向月球飞驰而去。

发射后的第三天中午十二时,飞船进入了月球的引力范围,此刻呈现在宇航员面前的是一个硕大无比的月亮。当"阿波罗"飞船绕到月亮背面时,与地面的无线电联络中断了,地面控制中心死一般的沉静,人们"度秒如年",三十五秒钟后,地面控制中心终于按时听到了阿姆斯特朗响亮的声音,"阿波罗十一号"已顺利进入了月球轨道。

七月二十日十一时二十三分,奥尔德林和阿姆斯特朗先后进入他们称为"鹰"的登月舱,而考林斯则留在取名为"哥伦比亚"的母舱内单独控制母舱。他们三人又用五个小时对舱内每一部设备和仪器进行了详细检查。

当飞船再一次从月球那边绕过时,考林斯操纵分离把,把登月舱和母舱分离开来。"成功了,'鹰'展翅了!"无线电话里传来阿姆斯特朗兴奋的声音。

七月二十一日格林威治时间三时五十一分,这是一个不平凡的时刻。在这一刻,舱门打开了,一个"衣服"臃肿的人慢慢地走下扶梯,每走一步都要稍稍停留一下,必须站稳后再行动。这是因为月球重力只有地球重力的六分之一的缘故。扶梯共有九个梯级,可这个人足足走了三分钟。当他下到梯底时,看到月球表面布满了灰层,登月舱的四只脚埋在灰里。他当即报告说:"'鹰'的脚插进月球灰里约有二三寸,月球灰像是细微的砂粒。"接着,他又说:"我走出登月舱了!"这个人就是阿姆斯特朗。

四时零七分,阿姆斯特朗小心翼翼地伸出左脚,试探性地触及了一下月球,然后他鼓起勇气,在月球上踏上了人类第一个脚印,他激动地向全世界宣告:"对一个人来说,这只不过是一小步,但对整个人类而言,这却是一个巨大的飞跃。"十八分钟后,奥尔德林也踏上了月球,他们走起路来,头重脚轻,只能飘拂着行走。很快,聪明的奥尔德林发明了一种弹跳法,像大羚羊那样,用双脚跳,这比步行既快又省力。他们争分夺秒地在这个荒凉陌生的地方采集土壤岩石样品,拍摄月球景色照片,用铝箔捕捉太阳风质点。

与此同时,世界上最孤独的人考林斯正驾驶着"哥伦比亚"在月球轨道上飞行着,等待着"鹰"登月后返回。不过,他也没闲着,他抓紧时间拍摄照片,进行科学试验。

十二小时后,"鹰"的火箭发动机点火了,宇航员们向活动了二十二个小时的荒芜不毛的月球告别,六分三十秒左右,"鹰"平安进入轨道,飞行了约一万五千公里后,逐渐追上了"哥伦比亚"。二者并排前进。考林斯聚精会神地操纵着"哥伦比亚",慢慢地向"鹰"靠近,再靠近,终于,二者又稳稳地对接到一起了。两个宇航员迫不及待地从登月舱爬回母舱,三个亲密的战友又团聚了。"鹰"圆满地完成了既定任务,宇航员们把它甩弃在月球轨道上,它真的变成了一只自由飞翔的"鹰"了。

七月二十四日中午十二时三十五秒,"阿波罗十一号"经过近一百万公里的长途跋涉,溅落在中部太平洋上。一艘特大的美国"大黄蜂号"航空母舰立即赶到溅落地点,将三名创下奇迹的宇航员打捞上岸。

　　"阿波罗十一号"的总的飞行时间是一百九十五小时十八分三十五秒,它向全世界庄严地宣告"人类的首次登月考察成功!"这一行动,作为人类开发宇宙的光辉一页而载入史册。

互　联　网

　　计算机的发明成为人类二十世纪的一大成果,它极大地扩大了人类智力所及的范围,在人类生产和生活的各个方面起着极为重要的作用。可是开始时，这些计算机互相之间并没有什么联系，就像是大海中的一个一个的孤岛，只是孤零零地漂浮在信息的大海中。

美国一个未来学家阿尔文·托夫勒曾经说过，电脑网络的建立与普及将彻底地改变人类生活的模式，而控制与掌握网络的人就是人类未来命运的主宰。谁掌握了信息，控制了网络，谁就将拥有整个世界。确实是这样，现代互联网的发展表明，网络正像一张铺天盖地撒来的大网，可我们不是自投罗网，而去认真地学习它，使用它。否则就会被网罩住，听任它的摆布，在现代科技的发展中落在别人的后面。在科技成为第一生产力的今天，网络作为一种无所不包的传播媒体正在起着越来越重要的作用。网络的作用正可用一句话来形容，那就是无"网"不胜。

有句古诗这样写道："忽如一夜春风来，千树万树梨花开。"人类科技的发展正像一缕春风，而互联网则正像千树万树盛开的梨花，一夜之间来到人间，为人类的生活平添了许多亮色。

互联网的产生很快引起了人们的广泛的关注。在网上，人们或是聊天，网上煮酒论英雄；或是疯狂大购物，把网络当成了百货商店；一些大企业挤上网来，在网上宣传自己的产品；甚至一些政客也纷纷上网，为自己的选举招徕选票。克林顿就曾被人送了个"网络总统"的雅号。

网络产业的飞速发展已经引发了新一轮的淘金热。网络的发展极大地开拓了像光缆、网卡、服务器等硬件的市场，网络硬件商们大赚了一笔；大批大批的网站纷纷到互联网上安家，一些网站的经营者白手起家，一夜暴富；一些人开始跑到互联网上开起各种各样的商店，坐在家里点钞票，一本万利……在这轮淘金热中，像比尔·盖茨、杨致远、张朝阳这样新一代的富豪应运而生，他们的股票在华尔街股票市场被广泛看好，成为华尔街的新贵。

网络正在为人类的新生活开启新的篇章，随着网络的不断发展，终有一天，我们坐在家里，通过互联网就能实现我们要做的一切。你不信，现在你就可以在网络上安个家，建立个人主页，尽展个人风采；通过互联网收发电子邮件，快捷、方便地互相沟通；上网搜索自己需要的资料，突破了时间与空间的限制。你甚至可以通过网络订购盒饭，让自己享受一顿丰盛的晚餐；坐在家里看电影，尽情享受好莱坞大片；工作累了或是有什么不顺心的事，你可以到网上找个网友神聊一通……

这么大的一张网,是谁织出来的呢？说来还真是让人不能相信,竟是冷战织出了互联网。如果我们非得说出现在这张庞大的互联网的祖宗是谁的话,我们只好向前追溯到APPANET,这是美国耗资巨大进行建设的一项工程,当初只是为了保持美军在战略通信上的绝对领先地位。正是这项工程使互联网上两个最重要的协议TCP和IP协议得以问世,后来,美国国防高级计划署决定将这两个协议向全世界无条件地免费提供,这两个协议成为解决电脑网络可靠性的核心技术。

互联网的发展极为迅速,每天都有大量的网站在建成,都有大量的计算机连入互联网。伺服主机的数量从一九九三年到一九九六年竟翻了一千倍！人们纷纷挤到网上,在这里,他们找到了他们的新生活。人们的智慧与知识正在不断通过互联网在全世界范围内自由地流通,互联网成了智慧与知识的高速公路,将会为人类做出巨大的贡献。

基因工程

人类进入二十世纪后,生物科学发展迅速,尤其是从微观角度对生命秘密的认识越来越深。基因工程是这个潮流的重要结果,这一新的技术,正在改变自然生命和人类生活。

基因的概念是奥地利遗传学家孟德尔在一八六五年提出来的,他在论文《植物杂交试验》中首先使用基因这个概念,根据豌豆杂交试验的结果,阐明了基因的遗传规律。但他所说的基因是个猜测,基因同染色体的关系纯粹是推理出来的。

到了一九〇八年,美国生物学家摩尔根开始实验,他要证明基因的存在与作用。摩尔根养殖了许多果蝇。这种大个昆虫容易饲养,突变性多,唾腺染色体大,很适合做遗传学实验的材料。摩尔根发现,果蝇有红眼与白眼之分,细胞中的染色体是决定性别的主要成分,也就是说染色体是遗传因子的真正携带者。摩尔根做了两年的实验,一九一一年,首次绘制出了果蝇性别基因的遗传图,成功地证实和建立了基因学说。一九三三年,摩尔根获得了诺贝尔生理学与医学奖。

二十多年后,美国科学家沃森和克里克又提出了染色体的DNA双螺旋理论,揭示了基因的物质基础与结构,大大地推进了基因理论。他俩获得了一九六二年度诺贝尔奖。后来,科学家们又进一步发现,DNA 的化学构成是氨基酸,二十多种氨基酸的不同组合形成不同的 DNA。

基因学说提出后,各国科学家们很快接受了这一理论。科学家们进一步发现,生物的各种形状是由基因决定的,重新组织生物的基因,就可以改变生物,得到新的物种。这是令人振奋的想法。如果我们可以把西瓜的基因与葡萄结合,那么葡萄的个头就会很大,产量就会增加;如果把人类遗传性疾病的决定性基因剔除,那么人就不会得相应的病了。

但是,基因是很小很小的微粒,把不属于某物种的基因放到它的染色体上,或把造成某不良性状的基因从染色体上剔除都很难,而且,确定某个基因决定什么性状也不是件容易的事。因此,科学家们先对微观的生物技术开展研究。为此,细胞工程得到了巨大的发展。细胞工程是相对于常规育种技术而言的,它的操作单位是细胞或亚细胞,它的理论依据是植物细胞全能性的发现和细胞全能性理论的建立。细胞工程涉及面很广,主要包括细胞培养、细胞融合、组织重组和遗传物质转移等多个方面,这个技术可以通过小小的细胞"手术",对细胞的各个更为微小的部分进行拆分与整合。

到了二十世纪八十年代,细胞工程取得了令人惊叹的成绩。一九七七年十一月十日,英国科学家培育成功试管婴儿,他们把布朗夫妇的精子和卵子在体外受精,然后在含有特殊液体的玻璃瓶中培养,之后再把受精卵放入布朗夫人体内,九个月后,婴儿降生,体重五斤半,一切正常。在此后,一九九六年七月五日,英国爱丁堡卢斯林研究所胚胎学家伊恩维尔穆特,成功地克隆了一只威尔士高山羊"多利",同年八月,美国俄勒冈灵长类研究中心又克隆出了两只恒河猴,之后科学家又克隆出猪、牛、羊等。这些为基因工程进一步奠定了基础。

基因工程又称为基因重组工程。形象地说即对基因进行剪、粘、载、住等四步简单的处理。科学家先利用酶将 DNA 剪切开,再用酶将目的基因与载体 DNA 相连。然后将它送入宿主细胞。这样,细胞拥有了新的基因组,经过对细胞培育,可以更快速、更精准地改造生命。

基因工程已经获得巨大发展,尤其是新的仪器与方法的不断创新,使基因工程的前程越来越广阔。这门上个世纪末兴起的新学科,将会越来越深入地改变我们对自然界的认识和创造力。

原子能的开发与利用

原子能的开发和利用是二十世纪最伟大的科学成就之一,从此人类获得了又一个重要的新能源。

十九世纪末以前,科学家们普遍认为原子是不可分裂的安定的粒子。一八九二年,生于新西兰的物理学家欧纳斯特·卢瑟福在实验中发现:铀并不安定,它一直在分裂,就如夜光表的针一样,发出某种放射线,他称之为"原子崩溃论"。一八九五年,德国科学家伦琴发现了"X射线"。在以后短短的几年里,人们很快解开了原子之谜。一九〇二年,卢瑟福与英国学者弗雷里克·索迪合作发表了划时代的"原子蜕变理论",指出"放射能是放射性元素之原子蜕变为其他元素时所产生的现象"。这个理论成了后来制造原子弹的重要依据。经过无数次实验研究,一九一〇年,卢瑟福的"原子论"问世了。根据这一理论,一个原子的质量几乎全部集中于构成原子中心的原子核心面,而原子核由一些带正电、既小又硬的"质子"形成,质子和围绕原子核旋转的带负电的电子保持平衡。如果放射性的粒子和某一原子核直接作用,就会改变电子和原子核内与电子保持平衡的质子的数目,从而使原子变成其他种类的原子。

二十世纪三十年代,原子物理学有了突飞猛进的发展。一九三二年中子的发现开辟了核物理学的新纪元。中子与质子并存于核子里边且不带电,它能够从中单独分离出来,用它作为冲击原子的粒子,就不会被带正电的核或带负电的电子所排斥。一九三四年十月,意大利物理学家昂利克·费米发现用中子轰击重元素铀,可造成铀的核裂变,产生新的"超铀元素",同时发现慢中子效应所产生的人工放射性更强。一九三八年,奥地利女科学家丽莎·梅特内和德国科学家奥托·哈恩、弗里茨·施特拉斯曼继续费米的实验,进一步论证了核裂变的链式反应。同时,科学家们还发现铀二三五原子的核裂变比天然铀核裂变所获得的能量还要大。核子在分裂的同时还要产生高达几百万度的热,能将质量如氢原子一样轻的质子变成像氦原子一样重的原子。至此,欧洲科学家们已经找到了人工获得原子能的理论和途径,但技术上获得、利用原子能却在美国率先实现。三十年代,法西斯主义猖獗于欧洲大陆,战争阴云密布。法西斯残酷地迫害使一大批科学家如爱因斯坦、费米等流之美国,美国渐渐成为世界科技中心。

来到美国的科学家们出于反法西斯的正义感和责任心而积极工作。当他们得知纳粹德国正在加紧研究制造原子弹时,为了赶在德国前面造出原子弹,在许多科学家倡议、支持下,一九三九年八月二日,爱因斯坦致信罗斯福总统:"我预料在不久的将来,铀元素会成为一种重要的新能源。……如有必要,政府方面还应迅速行动。"美国接受了建议,制定了"曼哈顿计划",大量拨款研制原子武器。一九四二年十二月二日,在费米领导下,世界上第一座核反应堆在美国芝加哥大学建立。

一九四五年七月十六日五点十分整,在美国新墨西哥州的一片荒漠上成功地爆炸了世界上第一颗原子弹,随着一声震耳欲聋的巨大爆炸声,一团云被卷了起来,升入万米高空,形成了蘑菇状,然后爆发出无数火焰。这是一颗铀弹,其威力相当于两万吨 TNT 炸药,在半径一千六百米范围内的一切动植物全部死亡。

为了争夺战后世界霸权,美国不顾当初参加研制原子弹的科学家们的多次上书反对,于一九四五年八月六日和八月九日向日本广岛和长崎分别投掷了一枚铀弹和钚弹,造成了二十多万居民的伤亡。

其实原子能用途极为广泛,它本该为人类带来更多的光明和幸福,然而,不幸的是,它却被超级大国利用,当做争霸世界的武器。

图书在版编目(CIP)数据

世界上下五千年/付金柱,耿君主编.
－北京:北京燕山出版社,2004.1(2013.7重印)
ISBN 978-7-5402-1578-1

Ⅰ.世… Ⅱ.①付… ②耿… Ⅲ.世界史-普及读物 Ⅳ.K109

中国版本图书馆 CIP 数据核字(2003)第 122317 号

世界上下五千年

付金柱　耿　君 主编
责任编辑/张红梅　张娟平
装帧设计/小　贾

北京燕山出版社出版发行
北京市宣武区陶然亭路 53 号　邮编 100054
全国新华书店经销
三河市北燕印装有限公司印刷

开本 915×1220　1/32　印张 15　字数 450,000
2013 年 7 月第 4 版　2013 年 7 月第 7 次印刷

定价:28.00 元

版权所有　盗版必究